한일관계사 1965-2015

Ⅲ 사회·문화

한일관계사 1965-2015

III 사회·문화

이종구·이소자키 노리요 외 지음

책을 펴내며

2015년은 한일 양국이 국교정상화를 이룩한 1965년으로부터 50주년을 맞이하는 뜻깊은 해이다. 지난 50년을 돌이켜 보면 한일관계는 정치, 외교안보, 경제, 사회·문화 등 모든 측면에서 눈부신 발전을 거듭해 왔고 많은 실적을 축적해 왔다고 할 수 있다. 반면 과거사와 독도 문제를 둘러싸고 적지 않은 마찰과 대립도 겪었다. 그러나 보다 장기적인 관점에서 보면, 한일관계는 비대칭적이고 수직적인 제국과 식민지의 관계라는 부정적인 역사적 유산에도 불구하고 국교정상화 이후 불과 50여 년 만에 대칭적이고 수평적인 양국관계가 형성된 세계사에서도 드물게 보는 성공적인 사례라고 할 수 있다.

근래 들어 한일관계는 급속히 악화되어 정상 간 대면조차 꺼리는 양상이 지속되고 있고 양 국민의 상대방에 대한 호감도도 급속히 떨어지는 비정상적인 상황에 직면해 있다. 이른바 '한일관계 1965년 체제'의 내부 모순이 역사 마찰의 빈발과 더불어 집중적으로 제기되는가 하면 한일관계의 가장 중요한 외연이라고 할 수 있는 미국, 중국과의 관계를 바라보는 인식에도 현저한 시각차가 드러나고 있다. 그럼에도 불구하고 1990년대 이래 한일 양국의 국내 체제는 시장, 인권, 민주주의라는 가치와 규범을 공유하게 되었으며, 경제적 상호협력과 시민사회 간 교류 및 인적 왕래가 폭발적으로 증가하여 사회적·경제적 한일관계가 다원화되는 현상도 두드러지게 나타냈다.

'한일관계사 1965~2015' 시리즈(Ⅰ~Ⅲ)는 한일 국교정상화 50주년을 맞아 한일관계를 정치, 경제, 사회·문화의 세 영역으로 구분하여 50년에 걸친 역사를 보다 균형 잡힌 시각으로 성찰하고 객관적으로 조망해 보고자 하는 목적으로 기획되었다. 한일관계의 현재를 제대로 진단하고 미래 비전을 새롭게 설계하기 위해 필수적으로 요구되는 과제는, 지난 50년의 궤적에 대한 다각적인 분석과 검토 작업을 추진하는 것이다. 그러나 한일관계 50년을 정리하는 작업은 어느 한 사람만의 노력으로 이루기에 너무 방대하고 복잡한 일이므로 세 분야에서 많은 연구자들이 참여할 필요가 있었다.

이 시리즈의 기획은 2013년 말 한국과 일본의 편집 책임자 6명이 도쿄에서 가진 회합에서 시작되었다. 이 모임에서 2015년에 한국과 일본에서 동시 출판할 수 있도록 공동연구의 일정을 확정하고 각 장의 집필자 선정에 관해서도 합의를 보았다. 정치 분야(Ⅰ권)는 이원덕과 기미야 다다시가 공동으로 편집 책임을 맡았고, 경제 분야(Ⅱ권)는 김도형과 아베 마코토, 사회·문화 분야(Ⅲ권)는 이종구와 이소자키 노리요가 각각 공동 편집 책임을 담당하였다.

각 권의 집필자는 주로 한국과 일본의 대학과 연구소에서 한일관계를 주제로 왕성하게 활동하고 있는 중견 및 소장파 연구자들로 구성했다. 이 공동연구를 수행하기 위해 기획 단계부터 완성된 원고를 취합하기까지 여러 차례 집필회의 및 연구모임과 워크숍을 개최하였다. 2015년 6월 제주에서 개최된 한일국교 50주년 기념 학술행사에서는 이 책의 집필에 참여한 연구자들이 그동안의 연구성과를 발표하고 토론하는 기회를 갖기도 했다. '한일관계사 1965~2015' 시리즈는 이러한 경위를 거쳐서 한일의 연구자 51명이 만들어낸 성과물이다.

'한일관계사'는 공동연구의 성과물이지만 기본적으로 각 장의 집필을 맡은 연구자들의 학문적인 입장은 최대한 존중하는 것을 원칙으로 하였음을 밝혀 둔다. 각 장의 글은 집필자가 연구자로서의 자율성과 책임하에 집필하였고, 편집 책임자라 하더라도 내용이나 주장에 대해 관여하지 않았다. 한일관계의 민감한 현안 혹은 대립적인 쟁점에 대해서도 연구자의 개인적 시각이나 입장을 최대한 개진할 수 있도록 허용했다. 따라서 이 시리즈에 실린 각 글의 최종 책임자는 51명의 연구자라고 할 수 있다.

이 책의 기획 단계에서 출판에 이르기까지 동북아역사재단과 일한문화교류기금이 물심양면으로 지원을 해주었다. 두 기관은 여러 가지로 곤란한 현실에도 불구하고 한일관계의 현 상황을 우려하여 전향적으로 미래를 개척할 필요성을 공감하고 지원을 아끼지 않았다. 동북아역사재단의 김학준 전 이사장과 김호섭 이사장, 조윤수 박사, 남상구 박사에게 깊은 감사의 말씀을 드린다. 그리고 일한문화교류기금의 오노 마사아키小野正昭 이사장, 오사 히사미쓰長久光 씨, 오타 다카코大田高子 씨, 아이 사키코相沙希子 씨에게도 감사를 전한다. 더불어 우리의 의향에 공감하여 출판을 맡아 주고 각고의 노력을 기울여 편집 작업에 애써주신 역사공간 대표와 실무진에게도 감사드리고 싶다.

2015년 10월
이원덕, 김도형, 이종구
기미야 다다시, 아베 마코토, 이소자키 노리요

차례

1965~

2015

III 사회·문화 영역의 한일관계 상황: 쟁점과 상호작용

IV 지역사회의 한일관계와 현지조사의 시각

일러두기

이 책은 한국과 일본에서 각국의 언어로 출판되며, 집필 책임자 간의 합의에 따른 상호주의 원칙에 입각하여 용어 사용에 관한 용례를 정했다는 점을 밝힌다. 이에 따라 이 책에서 동일 지명, 동일 내용의 학술용어 등의 사용에 관해 상대국과 자국의 표기법을 가능한 한 그대로 한글로 번역 표기하여 사용하도록 허용했다. 나아가 양국 학계와 업계 등에서 합당한 공통용어를 여전히 찾기 어려운 경우에는 영문표기를 병기하여 최대한 독자의 이해를 돕고자 했음을 밝혀 둔다.

| 서장 |

사회·문화적 교류와 한일관계의 형성

이종구 · 이소자키 노리요

제한된 접촉에서 교류의 확산으로

한일 국교정상화 이후 50년이 경과한 지금의 상황을 살펴보면 양국의 사회·문화 영역에서는 상호 침투 현상이 일상적으로 일어나고 있다. 일본의 식탁에는 김치가 정착했고, 한창 때만큼은 아니지만 위성방송에서는 한국 드라마가 연일 방영되고 있다. 한국에서는 일본의 베스트셀러 소설이 곧바로 번역 출판되며, 일본의 유행에도 민감하다. 양국의 도시 풍경은 언뜻 보기에 분간하기 어려운 경우도 있다.

1965년에 이루어진 국교정상화로 한일 간에 정식 외교관계가 시작되었고, 이를 계기로 양국의 경제관계도 본격적으로 활성화되었다. 반면에 사회·문화 영역에서는 1965년부터 즉시 자유로운 상호 교류가 이루어질 수 없었다. 50년의 세월 가운데 전반기는 접촉 자체가 매우 어려웠고 후반기인 1990년대 이후에 들어와 비로소 접촉과 교류의 확대가 급속하게 진전되었다. 즉 50년에 걸쳐 전개된 사회·문화 영역의 한일관계는 정치영역이나 경제영역의 한일관계와 다른 모습을 가지고 있다.

한국 내부의 정치적 변화가 이상과 같은 같은 상황 변화를 초래한 최대의 요인이었다. 1987년 6월 29일에 발표된 '민주화 선언'을 계기로 한국의 정치체제가 전환되기 이전에는 한국 정부의 사회통제 때문에 한일 시민사회의 자유로운 교류나 관계 형성은 엄격한 제약을 받고 있었다. 민주화 이전의 한국에서는 국가의 사회통제가 엄격했으며, 검열 때문에 정보 유통이 제한되었고, 일반 국민이 자유롭게 해외로 나갈 수도 없었다. 일본 내부의 한국에 대한 인식은 제한된 통로를 거쳐 유입되는 정보에 의존하고 있었다. 즉, '국교정상화 50년'의 전반기에 해당하는 1980년대 말까지 양국 시민사회의 직접 교류는 실제로 난관이 많았다.

'국교 정상화 50년'의 후반기에 들어와 상황은 완전히 달라진다. 한국의 민주화에 따른 시민사회의 활성화, 냉전의 종언과 국제환경의 변화, IT의 발전에 따른 정보 유통의 비약적인 증대와 같은 변화가 이 시기에 동시적으로 진행되는 것과 함께 사회·문화 영역의 한일관계도 획기적으로 변모했다.

인적 교류의 측면을 보면, 일본에서는 한국 정치의 민주화와 서울올림픽(1988)을 계기로 하여 시민들이 한국 사회에 활기에 주목하게 되고, 한국에서는 해외여행이 전면적으로 자유화(1989)되었던 1980년대 후반에 커다란 전기가 만들어지기 시작했다. 1990년대 초에는 한국의 지방자치가 복원되었으므로 한일 간에도 지방과 도시 수준의 자치단체 교류가 활성화되고, 이를 배경으로 한 인적 교류도 계속 증가했다.

문화 교류의 상황도 2000년대 무렵부터는 이전과 수준이 달라졌다. 한국에서는 공식적으로 '해금' 조치가 시행된 1998년까지 일본의 만화·애니메이션·영화·가요 등 대중문화가 장기간 '금지' 대상이었다. 다만 정부의 눈을 피해 밀반입된 문화콘텐츠가 소규모로 유통되고 있었다. 그러나 '해금'과 더불어 상황이 완전히 달라졌다. 일본에서는 2004년 '겨울 연가'의 방영을 계기로 한류붐이 일어났으며, 이전에는 거의 관심의 대상이 되지 않았던 한국 드라마나 K-pop이 일본 사회에 침투하게 되었다.

그러나 압축적으로 한일관계가 구축되는 것과 동시에 마찰도 발생하고 있다. '국교정상화 50년'의 후반기에 접어들면서 고조되고 있는 한일 양국의 민족주의 때문에 역사 문제를 둘러싸고 사회 영역에서 대립이 심각해지는 모습이 나타나고 있다. 이러한 변화의 배경을 살펴보면 냉전 시대에는 한일 양국 정부가 공산주의와 대결해야 하는 현실적 과제를 우선적으로 중시하였으므로 역사 문제를 봉인해 왔다. 그러나 미소 냉전의 종언이 가시화된 1990년대 이후 민주화로 발언권이 높아진 한국 시민사회가 이의를 제기했기 때문에 역사 문제가 정치적으로 쟁점화된 측면도 있다. 한국 시민들은 민주화 시대를 맞아 오랫동안 억압당한 자기 권리를 마침내 주장할 수 있게 되었으므로, 식민지 시대에 발생한 피해 문제에 대해서도 이의를 제기하고 있다. 반면에 일본은 패전으로 1945년 8월 이후 식민지에서 물러났고 1965년 이후에도 일본 사회 내부에서는 역사 문제에 대한 논의를 금기시해왔다. 이 때문에 전후 세대 일본인들은 과거사 문제가 이미 한참 전에 끝난 일로 인식하고 있다. 한일 간에는 1945년부터 1965년에 이르는 20년간의 공백이 있을 뿐만 아니라, 1965년 이후에도 사회 수준에서 교류, 의견 교환, 관계 구축이 자유롭게 이루어지지 않았다. 따라서 상호 인식의 격차와 '국민감정'의 마찰이 발생할 수 있는 여지가 남아 있다. 1990년대 이후 사회·문화 영역에서 한편으로는 한일 교류가 급속하게 활발해지고 관계 구축이 진전된 반면, 다른 한편으로는 '반일', '혐한嫌韓'이라는 말로 상징되는 대립이 가시화되고 있는 것이다.

이상과 같이 사회·문화 영역의 한일관계에서 나타나는 양상은 50년을 전반기와 후반기로 구분할 수 있을 정도로 시대에 따라 다르다. 여기에서도 한국의 민주화와 냉전의 종언이라는 정치 영역에 속하는 요인의 영향력이 크게 작용하고 있다는 사실을 확인할 수 있다.

사회·문화적 한일관계의 중층적 성격

전술한 바와 같이, 사회·문화 영역에서 50년간 전개된 한일관계는 정치 영역에 속하는 요인의 영향을 크게 받고 있다. 그러나 다수의 행위주체가 관여하고 있는 사회·문화 영역에서 이루어지는 한일관계나 한일교류는 다양하게 중층적으로 전개되고 있으며, 이를 모두 정치 영역의 관계로 환원해 설명할 수는 없다. 민주화되기 이전에도 한국 정부의 통제에 저항하는 양국의 행위 주체가 관계를 맺은 사례가 있다. 사회·문화 영역에서도 양국의 정치적 통제가 미치지 않는 지점에서 전개되는 한일관계가 존재했다. 정부 간 한일관계의 악화가 문제시되고 있는 최근에도 정치상황에 좌우되지 않는 사회·문화 영역의 한일관계가 구축되고 있다.

사회·문화 영역의 한일관계를 논의할 때에도 한편으로는 정치 영역의 한일관계를 배경으로 현상을 파악하는 접근방법이 있지만, 다른 한편으로는 정치로 환원되지 않는 사회 영역에서 독자적으로 형성되는 관계를 규명하려고 시도하는 접근방법도 있다. 이러한 두 가지 시각은 결코 이율배반적인 것이 아니다. 사회·문화 영역에서 전개되는 한일관계와 한일교류를 고찰하려면 무엇을 문제로 삼아 어떻게 접근할 것인가를 제시하는 분석틀을 설정할 필요가 있다. 이때에도 정치가 고찰 대상과 가지는 관계의 비중을 평가하는 문제가 등장하게 마련이다. 즉, 분석의 중점에 대한 시각의 차이가 있다. 본래 사회·문화 영역의 연구는 대상이 매우 넓으며 소재와 분석방법을 선택하는 과정에서도 여러 가지 접근방법이 존재하므로, 사회학·정치학·문화인류학을 비롯한 다양한 학문적 배경을 가진 연구자가 참여한 공동작업이 필요하다. 특히 양국이 놓여 있는 내외 정치 환경때문에 엄청난 제약이 초래되었지만 1990년대 이전에도 한일관계가 사회·문화 영역에서 중층적으로 전개되고 있었다는 사실을 다양한 측면에서 파악할 수 있다는 점이 무엇보다도 중요하다.

이 책의 저자들은 공동연구라는 이점을 살려 다양하고 중층적인 사회·문화 영역의 한일관계를 분석하기 위해 사회학·정치학·문화인류학·경제학 등 다양한 전문 분야의 연구자들이 각자의 시각에서 한일관계를 파악하려 시도했다. 이질적인 전문 분야의 연구자들이 사회·문화 영역의 한일관계를 다루면서 중요한 소재를 선택하고 다양한 시각으로 한일관계의 실태를 고찰하는 작업으로 나아갔다. 또한 필진은 지금까지 언급한 '정치적 관련'뿐만 아니라, '경제적 관련'에도 주목했다. 이는 사회구조 변화에 초점을 맞춘 거시적 접근방법을 사용할 경우에는 양국 경제발전 유형과 한일관계 사이에 존재하는 연관성을 중시할 수밖에 없기 때문이었다. 이 공동연구는 전체적으로 다음과 같은 세 가지 사항에 유의했다는 특징을 가지고 있다.

첫째, 한일관계를 중앙정치에 초점을 맞춰 고찰하는 논자들에게는 보이지 않는 현실을 규명하기 위해 지역사회에 초점을 맞춘 연구를 중시하였다. 이 책에는 규슈九州와 쓰시마對馬에 초점을 맞춘 글이 수록되었다. 둘째, 일본 사회에 거주하는 재일조선인의 위상과 한일관계에 대한 논의가 사회·문화 영역의 한일관계를 고찰할 때 다뤄야 할 중요한 문제로 포함되었다. 셋째, 사회·문화 영역에서 진행되는 한일교류에 실질적으로 관여하고 있는 당사자의 기록도 한일관계 고찰에 기여하는 중요한 자료라고 판단하여 이 책에 수록했다. 이러한 판단은 사회·문화 영역의 한일관계에서는 '풀뿌리 교류'의 실태를 파악하는 작업을 출발점으로 하여 미래의 연구를 구상하고 새로운 한일관계의 구축방향을 생각할 필요가 있다는 생각에서 나왔다.

구성과 의미

이 책은 모두 4개의 부로 구성되어 있다.

우선, I부는 사회 수준의 한일관계가 거쳐 온 궤적을 개관하고 있으며, 지난 50년 동안의 한일관계가 응축되어 있는 문제에 초점을 맞춘 글로 구성되어 있다. 1장(이종구)은 이 책의 총론과 같은 의미를 가지며 방법론적 세계시민주의에 입각한 시각을 가지고 한국과 일본의 시민사회에서 공론의 장이 형성되는 과정에 초점을 맞춰 50년간의 역사를 검토하고 있다. 양국의 사회운동이 공통된 문제의식을 발전시키고 문제에 대응해 온 과정 및 문화 교류가 공론 형성에 이바지한 과정을 중심으로 사회·문화적인 상호작용을 개관하고 있다. 1장이 지식인과 사회운동이 형성하는 공론의 장에 초점을 맞추고 있는 것과 대조적으로 2장(이소자키 노리요磯崎典世)은 일반 시민 수준에서 형성되는 상대방의 국가에 대한 인식에 초점을 맞춰 50년을 개관하고 있다. 이 글은 수시로 국민감정 수준에서 발생하는 마찰이나 상호 불신 때문에 물의가 일어나고 있는 가운데 일반 시민이 상대방의 국가에 대해 가지고 있는 인식이 어떻게 변천되고 지금과 같은 모습을 가지게 되었는가에 대해 살펴보고 있다. 3장(문경수)은 한국과 일본이라는 두 개의 국가를 중심으로 구성된 인식 체계에서는 보이지 않는 재일조선인의 존재에 초점을 맞춰 한일관계를 재고하고 있다. 저자는 재일조선인 사회가 거쳐온 변용 과정을 살펴보고 있으며, 현재 진행되고 있는 한국 사회와 일본 사회의 변화를 바탕으로 하여 한일관계의 방향성과 재일조선인의 위치를 고찰하고 있다. 이상의 세 장은 상호보완적으로 통사를 구성하고 있다. 반면에 4장(오하타 히로시大畑裕嗣)은 한일 국교정상화가 시작된 기점에 초점을 맞춰 일본 내부의 한일기본조약 반대운동이 가지고 있었던 문제를 밝히는 동시에 지금도 이와 비슷한 문제가 남아 있다는 사실을 지적하고 있으며 또한 한국을 대하는 일본인의 태도를 비판적으로 검토하고 있다. 5장(기무라 간木村幹)은 현재 양국 사회가 대립하는 쟁점의 핵심인 역사인식의 차이에 대한 문제를 다루고 있다. 교과서 문제와 일본군'위안부' 문제를 사례로 들어 문제의 전개과정을 검증하고 있으며, 오늘날 필요한 대응 방안을 논의하고 있다.

II부는 한일 간에 진행되는 문화와 지식의 교류 및 여기에서 기인하는 사회적 역동성을 고찰한 글을 묶었다. 6장(이지원)은 한일 문화교류의 맥락과 상대방 문화에 대한 인식의 형성을 1965년 이전의 시기로 거슬러 올라가 고찰하고 있으며, 한국에서 형성된 일본 문화에 대한 비판적 언설의 변천 과정을 검토하고 있다. 7장(김효진)은 한국에서 진행된 일본 애니메이션·만화의 수용과정에 초점을 맞춰 일본 대중문화에 대한 해금조치가 시행된 1998년 이후의 상황을 중심적으로 검토하고 있다. 이 글은 일본에서도 화제가 된 만화 『원피스』에서 일본군의 깃발이었던 욱일기旭日旗가 등장한 사건과 같이 최근에 발생하고 있는 '우익을 인정하는' 문제를 분석하고 있으며, 또한 일본의 오타쿠 문화를 한국의 소비자가 수용하는 과정에서 나타나는 새로운 동향을 고찰하고 있다. 이와 같은 두 개의 장에 덧붙여 한류 붐을 비롯한 일본의 한국 문화 수용에 대한 글도 게재할 예정이었지만 아쉽게도 실현되지 못했다. 이어서 8장(구도완)은 한국과 일본의 환경문제에 대한 실천적 대응을 주제로 하고 있으며 환경운동 분야에서 진행된 지식의 한일 교류가 환경문제에 대한 양국 시민의 대응을 전향적으로 발전시킨 과정을 규명하고 있다. 이는 1장에서 제시한 바와 같이, 양국의 시민사회가 글로벌 수준의 과제에 대해 협력하고 공동으로 대응하는 모습을 보여주는 사례이기도 하다.

III부는 한일 양국 사회에서 발생하는 여러 문제를 다양한 시각에서 다루고 있다. 9장(세치야마 가쿠瀬地山角)은 한국과 일본의 사회를 젠더의 관점에서 비교 검토하고 있다. 이 장에서 저자는 한일관계의 개선으로 1990년 무렵에 들어와 한일 사회의 비교가 가능해졌다는 측면을 거론하면서, 여성노동의 상태를 비교하고 양국이 현재 공통적으로 직면하고 있는 문제인 저출산 문제나 초고령 사회의 도래와 같은 상황을 규명했을 뿐만 아니라 대응방안도 검토하고 있다. 10장(아리타 신有田伸)은 한국과 일본에서 중요도가 커지고 있는 비정규 고용 문제와 관련된 논의이다. 저자는 피고용자를 비정규 고용으로 규정하는 분류체계의 한일 간 '전파'와 '토착화'에 주목하고 있으며 한일 간에 진행되고 있는 제도의 이식이라는 사회현상에 반영되어 있는 한일관계와 양국 사회의 특징을 논의하고 있다. 이와 같이 두 개의 장은 한일 각국의 사회구조에 초점을 맞추고 있으며 비교 연구가 가능한 사회관계에 대한 논의를 통해 한일관계를 고찰하는 시각을 제공하고 있다. 11장(최규승)은 한일 양국의 교육현장에서 진행된 수업을 통한 실천 활동에 20년간 종사하며 교류를 이어온 당사자의 활동 기록이다. 양국의 교사들이 역사교육을 둘러싼 관점의 차이 등을 이해하고 오해를 해소하는 과정을 거쳐 '단 한 명의 아이도 버리지 않는 교육'이라는 공통의 문제를 다루어 온 과정을 정리하고 교류의 중요성을 호소하고 있다. 12장(임경택)은 한일 양국에서 진행된 신흥종교의 상호 수용과정을 종교문화의 교류현상으로 파악하고 있으며, 또한 현황을 분석하고 있다. 이 글은 어디까지나 현황 파악에 무게 중심이 놓여 있지만, 이 글은 지금까지 간과되어온 문제를 새로운 관점에서 제기하고, 앞으로 이 주제에 대한 연구가 중요하다는 사실을 강조하고 있다.

IV부는 지역사회와 현지조사로부터 도출된 시각을 제시한 글을 모았다. 13장(가부 다카요시加峯隆義)은 큐슈의 한일 교류 상황을 정리하고 큐슈와 부산을 연계하는 광역경제권 구상을 소개하고 있다. 이 글은 중앙정부에 초점을 맞춘 한일관계 연구에서는 드러나지 않는 지방 교류의 실제 모습을 보여주고 있다. 14장(나카무라 야에中村八重)은 국경과 인접한 쓰시마를 찾는 한국인 관광객에 초점을 맞춰 한일 관광교류를 논의하고 있다. 이 글은 역사적으로도 한일 교류의 현관이라는 위상을 지녀온 쓰시마와 한국인 관광객의 관계에 대해 현지조사를 바탕으로 정리하고 있다. 15장(이시재)은 한국의 부천과 일본의 가와사키川崎 사이에 진행된 시민 교류를 기반으로 한 지방자치단체 교류의 경과를 정리하고 있다. 민주화와 더불어 한국에서 지방자치가 부활했을 때 한국의 지방자치단체는 자치 행정을 선진적으로 운영하고 있는 일본의 지자체와 교류하며 행정 서비스의 향상을 위한 방안을 모색했으며, 시민사회 수준에서도 상호이해를 심화시킬 수 있었다. 이 장에는 연구자인 동시에 교류를 추진하는 당사자이기도 한 저자가 체험한 교류 과정이 정리되어 있다. 마지막 두 개의 장은 한국과 일본의 지역사회에 초점을 맞추어 한일관계를 고찰하고 있다. 여기에서는 양국의 문화인류학자가 상대방 국가의 사회에 접근하고 연구해 온 과정 자체에 대해 주목하는 시각이 제시되고 있다. 16장(박동성)은 한국 인류학의 발전과정을 재검토한 뒤 한일 학술교류 및 한국 내부의 일본연구에 대해 논의하고 있다. 17장(혼다 히로시本田洋)은 한국 사회에 대한 일본 인류학자의 접근방법이 변천되는 과정을 한국 사회의 변화, 학문적 교류 및 연구성과의 축적을 배경으로 하여 논의하고 있다.

이상에서 살펴본 바와 같이, 이 책은 거시적 접근방법으로 사회구조를 분석하는 연구, 미시적 시각에서 사회·문화적 한일관계를 그려내는 연구, 교류상황에 대한 기록 등을 포함한 다양한 시각에서 작성한 글로 구성되어 있다. 공동연구에 참여한 저자들은 다양하고 중층적인 사회·문화 영역의 한일관계를 그려내려면, 한편으로는 각자의 시각에서 개별 문제를 다루고, 다른 한편으로는 다양하고 중층적인 관계를 전체적으로 제시하는 것이 '최적'의 방법이라는 판단을 공유했다.

또한 이 책은 50년간의 한일관계를 입체적으로 이해할 수 있는 시야를 제공하려는 의도를 가지고 만들어졌다. 최근에 들어와 교류가 급속하게 확대되는 과정에서 발생한 '엇박자'도 노출되고 있지만, 문제의 원인을 이해하고 공동으로 대응할 수 있는 길은 열려 있다. 그러나 '엇박자'가 사회 수준의 한일관계에서 차지하는 비중은 부분적인 것에 지나지 않는다. 양국 시민이 입체적으로 한일관계를 파악하고 중층적인 사회·문화 관계 속에서 상호 이해를 심화시켜 나가면 한일관계의 총체적인 '진화'를 촉진하는 방향 감각이 확산될 수 있다. 마지막으로 저자 일동은 미래지향적인 한일관계 구축에 일조하기를 바라는 마음에서 한일 공동연구에 참여하였으며, 앞으로 이 책에서 발견되는 모든 오류와 흠결에 대한 독자 여러분들의 아낌없는 지적과 비판을 고대하고 있다는 입장을 밝힌다.

I

사회 수준에서 전개된 한일관계의 궤적과 단면

1장

한일관계와 사회·문화적 상호작용

이종구

머리말 : 한일관계의 다원화와 사회적 공간의 공유

1965년에 국교정상화가 이루어진 이후 50년간 진행된 한일관계를 학술적으로 평가하는 작업의 출발점은 양국의 시민사회 내부에서 통용되고 있는 한일기본조약에 대한 시각이 다르다는 사실을 인정하는 일이다. 한국 정부는 미국의 반공 동맹 체제 구축에 협조하고 경제발전에 필요한 재원을 확보하려는 의도에서 한일 국교정상화를 추진했다. 그러나 한국 사회에 남아있는 식민지 시대의 기억과 상흔은 국교정상화 조치만으로 해소되지 않았으며 과거사 문제는 현재까지도 앙금을 남기고 있다. 또한 일본에서도 혁신 진영은 한일 국교수립을 한반도의 분단과 동북아 지역의 냉전 질서가 고착되는 계기로 파악했으며 북한의 존재를 의식해 한국에 대해 소극적인 태도를 유지하고 있었다. 일본 정부에게 한일 국교정상화는 아시아의 전쟁 피해국과 배상 문제를 정리하고 경제 교류를 재개하여 시장을 안정적으로 확보하고 친미정권의 자립을 지원함으로써 전후처리를 마무리하는 절차였다(小林英夫, 1983: 2~8). 일본의 보수 진영은 한국 시민의 여론이나 정서적 거부감에 대한 배려가 부족했으며, 최근까지 대부분의 일본 시민들에게 한국은 거북한 이웃으로 남아 있었다. 한일 시민 간의 사회적 거리도 신속하게 좁혀지지 않았다.

현실적으로는 상대방에 대한 정서적 선호와 무관하게 정치, 경제, 사회, 문화를 비롯한 모든 영역에서 한일 양국의 상호 연계성은 높아지고 있다. 사회 영역, 문화 영역의 한일관계에 영향을 미치는 환경 변화는 '한국의 경제발전, 민주화, 해외여행 자유화', '일본의 국제화와 개방', '양국의 세대교체와 역사 문제에 대한 인식 변화', '정보화와 대중문화의 공유' 등으로 요약할 수 있다. 현실적으로 세계 자본주의 체제에 편입되어 있는 양국의 시장 개방은 확대되고 있다. 정치적으로도 한미동맹과 미일동맹으로 연계된 양국의 안보 협력체제는 강화되어 왔다. 여행, 관광, 스포츠, 유학, 연수, 국제결혼을 비롯한 각종 인적 교류를 바탕으로 하는 사회적 접촉만이 아니라 문화적 접촉과 교류도 지속적으로 확대되고 있다. 특히 1980년대의 위성방송과 1990년대의 인터넷이 대표하는 정보통신기술의 혁신은 국경의 벽을 넘어 지식, 정보, 문화상품의 교류가 활성화되는 기반이 되고 있다.

사회적, 문화적 교류의 확대 과정을 통해 한일 양국은 사회·문화적 상호작용이 이루어지는 사회적 공간을 공유하게 되었다. 한일 양국이 공유하는 사회적 공간은 근대 국민국가 시대를 전제로 한 국경의 벽이 급속하게 낮아지고 있는 정보화와 세계화globalization라는 거대한 흐름(Manuel Castells, 1997: 68~69) 속에 존재하고 있다. 즉, 개별 국가를 초월하는 사회적 공간을 단위로 설정하고 사회 현상을 고찰하는 시각이 중요한 의미를 가지게 되었다. 이러한 시각의 기반이 되고 있는 준거틀frame of reference은 국제사회의 형성이다. 실제로 비정부 국제 조직NGO과 같은 비국가 주체가 국제관계에서 큰 역할을 수행하고 있는 사례가 늘고 있으며 사회문제의 국제화와 국제문제의 사회화가 진행되고 있다. 사회학에서도 국제사회학이라는 학문 분야가 등장했다(小倉充夫, 2002: 1~5; 梶田孝道, 1991: 2).

정보화와 세계화의 진행으로 동북아 지역에서도 국경의 벽이 낮아지고 공간적 거리가 압축되고 있으며 각국의 사회는 서로 긴밀한 상호작용을 교환하게 되었다. 동북아 지역의 시민들은 언제라도 남북한의 무력 충돌이 일어날 수 있는 한반도나 일본과 중국의 영유권 분쟁이 가열되고 있는 센카쿠열도에서 발생하는 국제정치적 위험을 감수하고 있다. 또한 이들은 중국의 급속한 산업화에 따른 대기 오염의 국제적 확산, 방사능 물질을 대량으로 배출한 2011년 후쿠시마 원전사고와 같은 환경적 위험에도 노출되어 있다. 이 지역의 산업화와 경제발전은 자본, 생산설비, 기업조직, 노동력의 국제적 재배치를 촉진하고 있다. 외국인 주민의 증가는 사회 구성원의 문화적 배경을 다양하게 만들고 있다. 국민의 민족적 동질성을 당연시하고 있던 한국과 일본에서도 1980년대 이후에는 다문화 사회의 실현이 중요한 정책 과제의 하나로 떠오르게 되었다.

동북아 지역에서 진행되고 있는 국제환경과 국제관계의 변화는 한국과 일본의 국내 사회관계가 재편성되는 과정과 연동되어 있다. 현실적으로 세계에서 가장 긴장이 고조되어 있는 지역의 하나인 동북아에서 평화가 정착하려면 한일 간의 진정한 화해를 기반으로 한 국제질서의 재편이 불가피하다. 일본군'위안부' 문제, 교과서 문제의 전개과정에서 나타나는 일본 사회의 보수화는 한일 간의 갈등을 격화시키는 요인이 되고 있을 뿐만 아니라 일본과 북한의 국교정상화도 저해하고 있다.

글로벌 위험사회와 세계시민의식

동북아 지역 각국의 상황을 냉정하게 보면 개방과 발전의 이면에서 갈등이 고조될 가능성도 커지고 있다. 이러한 사회 현실을 고찰하려면 울리히 벡Ulrich Beck이 제시한 글로벌 위험사회의 진행이라는 문제의식에 주목할 필요가 있다. 근대화, 산업화, 세계화를 포함한 발전의 역기능에 주목한 벡은 사회 구성원이 위험사회의 진행이라는 문제에 대처할 수 있는 성찰성을 가지기 위해서는 국경을 넘는 '공론의 장'의 생성이 필요하다고 지적했다. 현실적으로 한일관계의 상황은 동북아 지역의 평화와 불가분의 관계에 있다. 양국 사이의 갈등을 진정으로 해결하려면 정치적, 경제적 이해득실에 집착하는 타성에서 벗어나 시민사회 수준에서 상호 이해와 협력을 증진해야 한다. 벡은 "세계시민적 감수성과 도덕성은 나의 생존과 모두의 생존이 경험상 더 이상 분리될 수 없다는 사실과 함께 생겨난다"(Urlich Beck, 2002: 85~89)는 시각을 제시하고 있다. 벡에 의하면, 사회 구성원이 타자의 역사와 기억을 인정하고 자국의 역사와 이를 통합하여 화해를 이룩하기 위해서는 세계시민적 기억으로부터 출발해야 한다는 인식을 가질 필요가 있다. 이는 방법론적 일국주의methodological nationalism를 지양하고 방법론적 세계시민주의methodological cosmopolitanism를 채택하자는 주장이다. 또한 그는 초국가적 갈등이 규제되지 않으면 민족주의가 부활하는 반동의 시대가 도래하며 갈등을 핑계 삼아 고도의 기술 관료 체제가 지배하는 탈정치 시대로 돌입할 가능성이 있다고 경고하고 있다(Urlich Beck, 2002: 89~93).

방법론적 세계시민주의에 입각하여 지난 50년간의 한일관계를 미래지향적 관점에서 고찰하려면 국가 단위를 초월한 공동의 '사회적 공간'에서 '공론의 장'이 형성되는 과정에 초점을 맞출 필요가 있다. 즉, 상대방의 가치관을 이해하고 문제를 해결하기 위한 공동 행동이 실현되는 '공론의 장'이 만들어지면

시민사회 수준의 국제관계가 전향적으로 발전하고 일본의 식민지 지배가 남긴 역사 문제를 둘러싼 갈등도 해소될 수 있다. 1965년에 국교가 정상화된 이후에도 한일관계에 대한 논의는 오랫동안 경제협력과 안보문제에 집중되어 있었다. 반면에 시민적 주체의 역할에 대한 고찰은 미흡했다. 이와 같이 인식과 논의에서 나타나는 편향은 정치적, 경제적 교류의 확대에도 불구하고 시민사회 수준에서는 우호적 한일관계의 형성이 지체되고 있는 중요한 요인의 하나로 작용하고 있다. 한일 공동의 '사회적 공간'에서 형성되는 '공론의 장'에 주목하는 시각은 양국의 우호 증진을 위해서도 중요한 의미를 가진다.

한국에서 나타나는 모습만 보면 사회·문화 영역의 한일관계에서도 한편으로는 대일 경계론과 갈등, 다른 한편으로는 교류와 상호 이해의 확대가 동시에 진행되고 있었다. 전자의 주요 내용은 문화침략 경계론, 왜색 종교 경계론만이 아니라 징병·징용·일본군'위안부' 피해자 문제, 독도 문제, 문화재 반환 등의 사안을 중심으로 전개되는 갈등이다. 후자는 시민 교류와 문화 교류가 확대되는 과정을 통해 양국의 시민사회가 공유하는 '사회적 공간'과 '공론의 장'이 형성되어 왔다는 사실을 말한다. 즉, 사회·문화 영역에서도 과거사 청산의 미진함이 남긴 갈등과 사회적 공유 공간의 확대가 동시에 진행되어 왔다.

그러나 교류와 갈등이 공존하는 사회·문화 영역의 한일관계는 정치, 경제 영역의 한일관계와 분리된 것이 아니다. 한국에 투자한 일본기업에서 발생하는 환경문제와 노동문제는 경제협력의 부정적 파생물이기도 했다. 즉, 양국 시민이 공동으로 일본기업의 반사회적 행동을 규탄하는 운동을 전개하는 과정을 통해 사회운동의 교류와 협력이 활성화될 수 있었다. 한국 시민은 경제협력이라는 명분하에 양국의 정재계 인사가 결탁하여 사적 이권을 추구하는 정경유착 구조를 비판하고 있었다. 일본의 개혁적인 기독교계 인사와 여성운동은 한국 시민의 입장을 이해하고 일본인 관광객의 퇴폐적 행태를 사회적으로 고발하는 연대 행동을 일으켰다. 인권 보호라는 보편적 가치관을 추구하는 일본의 사회운동은 권위주의적 군사정권에 저항하는 한국의 민주화운동을 지원하기 위해 노력했다. 또한 일본은 한국 민주화운동의 해외 거점이기도 했다. 한국에서 1987년 6월에 전개된 전국적인 대규모 시민항쟁은 군사정권을 종식시키는 성과를 낳았다. 또한 노동운동을 비롯한 사회운동이 급격하게 고조되었다. 이는 일본의 시민과 사회운동이 한국의 민주화와 노동운동에 대해 적극적으로 관심을 가지게 되는 계기가 되었다. 한국에서 1998년에 이루어진 일본 대중문화 수입 개방 조치 및 일본에서 2000년대에 들어와 급속하게 확산된 한류 붐의 영향으로 사회·문화 영역의 한일관계가 대중적인 주목을 받게 되었으며 양국 시민이 체감하는 사회적 거리는 줄어들었다. 2002년에 축구 월드컵 대회를 한일 공동으로 개최한 것도 양국 시민의 사회적 접촉이 획기적으로 확대되는 계기가 되었다.

반면에 한일 국교정상화 이후 50년간 양국에서 진행된 세대교체가 사회·문화적 상호작용에 미치는 영향은 양면적이다. 우선, 선입견과 피해의식이 희박한 전후 세대가 양국에서 사회의 주역이 되고 있으므로 문화와 정보의 공유가 용이해지고 있다. 그러나 역설적으로 역사 문제에 대한 양국 시민의 인식이 괴리될 가능성도 높아지고 있다. 양국에서 동시에 나타나고 있는 상업적 민족주의나 보수적 대중운동의 등장을 비롯한 복고주의적 사회 현상을 보면 역사 해석에 대한 '공론의 장'을 형성하는 과제의 중요성을 실감할 수 있다. 일본에서는 민족주의와 대중운동의 결합이라는 복고적 흐름이 재일동포를 희생양으로 삼아 저주하는 재특회在特会[1]와 같은 조직으로 현실화되고 있으며(安田浩一,

1 재일한국인의 특권을 용납하지 않는 시민의 모임(在日特権を許さない市民の会).

2012), 한국에서도 이와 유사한 맹목적 애국주의 단체가 출현하고 있다. 이러한 상황을 감안하면 사회 현상을 고찰할 때에도 방법론적 일국주의에 입각한 시각을 극복하는 일이 중요하다. 오히려 양국의 시민사회가 공동의 '사회적 공간'에서 '공론의 장'을 형성하며, 세계화 시대에 통용되는 보편적 가치에 입각한 세계시민의식을 공유할 수 있는 태세를 갖출 필요가 있다.

사회운동과 공론의 장

1965년 한일 국교정상화 이후 공동의 '사회적 공간'에서 진행되는 한일관계는 국가와 기업을 제외한 비국가 주체가 주도하는 접촉과 교류의 확대 과정으로 해석할 수 있다. 양국 시민의 상호작용은 공동의 '사회적 공간'을 창출하며, 이 공간에서 형성되는 '공론의 장'에 참여하는 시민은 보편적 가치에 입각하여 자국의 영토 외부에서 발생하는 사회현상을 인식하고 개입할 수 있는 세계시민으로서의 주체성을 가지게 된다. 이러한 사회 과정이 진행되는 맥락을 파악하기 위해서는 양국의 시민이 공동으로 체험한 다음과 같은 역사적 계기에 주목할 필요가 있다.

1. 1972년: 한국의 10월 유신과 국제 인권운동

한국은 박정희 정권이 군대를 동원해 강행한 10월 유신(1972. 10. 17.)으로 국회가 해산되고 민주 헌정은 중단되었다. 군사독재 시대에 한국의 해외 민주인사들은 본국의 민주화운동을 지원하는 조직을 결성했다. 일본은 해외에서 전개되는 한국 민주화운동의 가장 중요한 거점이었다. 일본의 지식인, 기독교

성직자와 신도, 시민, 사회운동가들은 한국의 민주화운동을 지원하는 활동을 헌신적으로 펼쳤다. 1973년 8월의 김대중 납치 사건과 구출운동, 1974년 4월의 민청학련 사건과 한국의 양심수에 대한 지원, 『세카이世界』지에 장기간 연재된 'TK생의 편지'와 같은 한국 민주화운동 관련 정보의 공개, 북한의 간첩이라는 혐의를 받아 억울하게 체포된 재일동포 출신 정치범의 구출운동, 한국의 민간주도 통일운동에 대한 지원 등을 비롯한 일본 시민사회의 전향적 행동은 중대한 역사적 의미가 있다. 민주주의, 인권, 평화의 가치를 존중하는 시민의 연대와 공동 행동을 통해 쌓은 신뢰관계는 지금도 양국에서 편협한 민족주의를 내걸고 정치적 영향력을 확대하려 시도하는 보수파를 견제할 수 있는 사회세력의 기반을 형성하고 있다(쇼지 쓰토무, 2012).

2. 1973년: 김대중 납치사건과 구출운동

한국의 중앙정보부는 야당 정치인으로 해외에서 민주화운동을 하던 김대중을 도쿄에서 서울로 납치했다. 양국 정부는 이 사건을 정치적 타협으로 끝냈으나 일본에서는 진상 규명과 김대중의 원상회복을 요구하는 사회운동이 대대적으로 일어났다. 이후에도 김대중의 구속(1976. 3.), 재구속(1980. 5.)과 사형선고(1981. 1.)로 이어지는 일련의 사태를 계기로 하여 일본의 지식인과 시민은 본격적으로 구명운동을 전개했다. 이러한 과정을 겪으며 한일 양국의 인권운동은 깊은 신뢰 관계를 가지게 되었다. 또한 양국의 시민 사이에는 상대방을 이해하기 위한 지식과 정보의 교류가 활성화되었다(이토 나리히코, 2012; 와다 하루키, 2012; 정근주, 2012).

3. 1970년대 중반: 일본 공해산업의 한국 이전 반대운동

국교정상화 이후 한국에서는 일본 자본의 도입과 함께 공해 문제가 새로운 사회적 쟁점으로 등장했다. 당시 일본에서는 공해를 비판하는 사회운동이 고조되고 있었으므로 비교적 환경 규제가 느슨한 한국으로 오염 물질을 배출하는 설비를 이전하는 기업이 증가하기 시작했다. 한국과 일본의 시민은 일본기업의 공해 수출을 비판하는 사회운동을 전개하기 시작했다. 이를 계기로 하여 한국에서는 공해에 대한 인식이 고조되었다. 일본에서도 한국 이전을 시도하는 기업이 위치한 지역의 주민이 공해 문제가 있다는 사실을 확인하고 항의하는 사례가 나타났다. 일본의 지원자가 제공한 자료와 정보는 한국 환경운동의 발전에 크게 기여했다. 현재 양국의 환경운동은 공동으로 동북아 지역의 환경문제를 해결하기 위하여 노력을 기울이고 있다. 2011년에 발생한 후쿠시마 원전사고 이후에 양국에서 환경운동에 종사하는 활동가와 연구자는 국제적인 협력과 연대를 더욱 강화하고 있다(와다 하루키, 2012: 227~229).

4. 1987년 이후: 한국에서 발생한 일본기업의 노동문제

한국에서는 1987년 6월에 민주화를 요구하는 시민항쟁이 정점에 달했으며 전두환 정권은 대통령 직선제를 실시하도록 헌법을 개정한다는 내용이 포함된 6·29선언을 발표했다. 이와 같은 제도적 민주화는 노동운동의 활성화를 가져와 1987년 7월부터 전국 각지에서 대규모 노동쟁의가 잇달아 발생하고 노동조건 개선이 급속하게 이루어지기 시작했다. 이와 함께 본래 저임금 노동력을 활용할 목적으로 한국에 진출한 일본기업들은 철수하기 시작했다. 스미다전기 사건, 아시아 스와니 사건, TND 사건과 같이 적법한 절차를 밟지 않고 공장을 폐쇄한 일본기업에 고용된 한국 노동자들이 일본의 본사로 찾아가 부당노동행위에 대해 항의하는 사태가 벌어졌다. 일본의 노동운동은 한국 노동자들의 원정 투쟁을 적극적으로 지원했다. 마산수출자유지역을 비롯한 한국 각지에 진출한 일본기업에서 발생한 노동문제에 대해 공동으로 투쟁한 경험은 지속적으로 양국 노동자의 교류를 활성화하고 상호 이해를 심화시키는 기반이 되었다. 교류 과정에서 양국의 노동자는 상대방 사회와 노동운동에 대한 이해를 깊게 할 수 있었다. 아시아 스와니의 소재지였던 전북 지방의 노동단체와 일본 원정 투쟁을 하는 한국 노동자를 지원한 간사이關西 지역의 노동단체는 현재까지도 매년 정기적인 교환 방문을 실시하고 있다. 이밖에도 다양한 노동운동 조직에서 한일 교류가 활성화되고 있다. 이와 같은 노동운동과 노동자의 교류는 양국의 시민사회가 공유하는 '사회적 공간'이 확대되고 있는 추세를 반영하고 있다(斎藤諭, 1988; 労働情報編集委員会, 1990; 한일민주노동자연대전북모임, 2005).

5. 1980년대 이후: 교과서 문제

1980년대에 들어와 일본의 중고교용 교과서에는 제2차 세계대전에서 패전하기 이전에 발생한 대외 침략과 전쟁 범죄에 대한 사실을 왜곡한 내용이 기술되어 국내, 국외에서 문제시되었다. 장기간 지속되고 있는 교과서 문제는 일본 사회의 보수회귀 현상을 반영하는 대표적인 사례이며, 국제적으로 일본의 보수화 경향에 대한 경각심을 환기시키고 있다. 그러나 역사 왜곡을 비판하는 일본의 양심적인 시민과 지식인의 역할도 부각되었다. 침략 전쟁을 미화하는 편향성을 가진 교과서의 채택이 저조하다는 사실은 균형감각을 가진 일본 시민이 발휘하는 영향력을 보여 주고 있다. 여기에서 실질적으로 교과서 문제를 합리적으로 해결하려면 역사교과서를 국제적으로 공동 연구하고 교사의 국제 교류를 촉진하는 등의 노력을 기울여 '공론의 장'을 확대할 필요가 있다는 함의를 찾을 수 있다. 이미 한국과 일본의 역사 연구자, 교사, 시민 사이에는 공동으로 식민지 지배의 역사를 연구하고, 제대로 역사 교육을 실시하려는 흐름이 형성되고 있다(신주백, 2001; 주진오, 2002; 하종문, 2002).

6. 1990년대 이후: 일본군'위안부' 문제

일본이 전쟁 수행 과정에서 식민지와 점령지의 여성을 일본군'위안부'로 강제 동원한 것은 가장 심각한 인권 침해였다. 그러나 졸속한 전후 처리 과정과 피해자의 취약한 사회적 발언권 때문에 1990년대에 들어와 비로소 아시아 각지에서 일본군'위안부' 강제 동원 사건에 대해 본격적으로 문제가 제기되었다. 피해자측은 이 사건을 전쟁 범죄로 지탄하고 있다. 한국과 일본의 여성운동과 인권운동은 일본군'위안부' 강제 동원에 대한 국가의 책임을 부정하고 있는 일본 정부를 상대로 끈질기게 항의했으며 국제 여론에 호소했다. 이러한 노력이 결실을 맺어 일본군이 위안소 운영에 개입했으며 일본군'위안부'의 모집과 관리에 강제성이 있었다는 사실을 인정하고 사과와 반성의 뜻을 표시한 고노[2] 담화(1993. 8. 4.), 일본군'위안부' 문제에 대해 마음으로부터 깊은 사과와 반성의 뜻을 나타낸 무라야마[3] 담화(1994. 8. 31.)가 발표되었다. 그러나 일본 정부는 공식 사과와 피해자 개인에 대한 배상을 거부했으며, 대안으로 아

2 고노 요헤이(河野洋平) 관방장관.

3 무라야마 도미이치(村山富市) 총리.

시아여성기금[4](1995~2007)을 설치하여 국민 모금으로 배상 문제를 해결하려 시도했다. 이 기금은 아시아 각지와 네덜란드의 피해자에게 보상을 실시했으나 한국에서는 피해자의 반발에 부딪쳐 소기의 목적을 달성하지 못했다(村山富市·和田春樹 編, 2014). 일본 정부는 1965년에 맺어진 한일기본조약으로 개인에 대한 배상이 종결되었다는 공식 견해를 유지하고 있다. 그러나 양국의 시민들은 일본군'위안부' 문제에 대한 항의운동을 계속하고 있다. 이 문제는 국제적으로도 여성운동, 평화운동, 인권운동의 가장 중요한 쟁점의 하나로 남아 있다.

여기에서 살펴본 바와 같이 양국의 시민은 사회운동을 기반으로 형성된 '사회적 공간'과 '공론의 장'을 공유하고 있다. 1970년대부터 일본의 시민, 지식인, 기독교 성직자와 신도는 한국의 민주화운동을 지원하기 시작했다. 김대중 납치 사건을 비롯한 인권 문제에 대한 공동 대응으로 시작한 한일 시민사회의 연대는 환경운동, 노동운동, 역사를 왜곡하는 교과서의 제작과 보급에 반대하는 운동, 일본군'위안부' 강제동원에 대한 사죄와 보상을 촉구하는 운동 등을 포함한 넓은 영역으로 확대되었다. 즉, 한일 간에는 보편적 가치관과 이성적인 역사의식에 입각한 '공론의 장'이 형성되고 있다. 이를 기반으로 양국의 시민사회는 미래지향적 한일관계를 구축하기 위해 공동으로 노력할 필요가 있다.

4 재단법인 여성을 위한 아시아평화국민기금(財団法人女性のためのアジア平和国民基金).

문화 교류와 공론의 장

문화 영역의 한일관계를 살펴보면 지금까지도 공개적인 논의를 억압하는 금기가 많으며 명분과 현실의 괴리에서 발생하는 갈등이 빈발하고 있다. 한국에는 식민지 시대에 유입된 일본 대중문화의 영향이 남아 있으며, 일반 시민은 일본의 문화 침략을 경계하고 있다. 한국에서는 '왜색 문화'라는 낙인이 찍힌 문화 상품의 제작, 수입, 유통에 간여한 인사들은 공적 제재와 함께 여론의 비난을 감수해야 했다. 반면에 일본에서는 한국 문화의 유입 자체가 미미했으므로 갈등이 발생할 소지가 없었다. 또한 해방 이후에도 일본어 해독 능력 보유자가 많은 한국은 근대화 과정에서 필요한 선진국의 지식과 정보를 흡수하기 위해 일본 출판물을 대량으로 수입했다. 이 과정에서 유행이나 패션과 같은 소비문화도 흘러 들어왔다. 문화 교류에 대해서는 예능, 예술, 영화, 공연, 방송콘텐츠 등과 같은 대중문화만이 아니라 학술 교류와 종교 교류도 포함한 고찰과 논의가 필요하다.

국교정상화 이후에도 반공을 강조하는 한국 정부는 일본으로부터 좌익 사상만이 아니라 자유주의 정신이나 국제 정세에 대한 정보가 유입되는 것을 경계하고 있었다. 학술서적이나 잡지는 엄격한 규제의 대상이었다. 문학 작품이나 대중잡지의 수입은 비교적 용이했지만 음반이나 영상물에 대한 규제는 엄격하게 유지되었다. 그러나 한국과 일본 사이의 경제적, 인적 교류가 활성화되는 추세가 지속되고 있었으므로 비공식적 통로를 거쳐 일본 문화가 한국에 유입되는 현상을 인위적으로 차단할 수는 없었다. 이러한 상황 속에서 저급 일본 문화의 유통은 방치되었다. 반면에 고급 일본문화도 제대로 소개되지 않았다. 결과적으로 일본 문화에 대한 균형 잡힌 소개가 장기간 이루어지지 않는 문제가 발생했다. 그러나 한국의 민주화와 함께 문화 활동의 자유가 확대되었다. 세계화와 정보화의 흐름 속에서 사실상 외국 문화의 유입을 규제하는 정책은 실질적으로 의미를 잃게 되었다. 또한 사회적 접촉의 확대는 문화, 정보, 지식 교류의 확대로 이어졌다. 공식적인 규제에도 불구하고 일본의 각종 문화상품이 흘러 들어오고 있는 현실을 묵인하고 있는 모순은 1990년대 말에 한국 정부가 일본 대중문화에 대한 개방 조치를 시행함으로써 해소되기 시작했다(정준영·김창남·김덕봉·김명철, 1999). 오히려 2000년대에 들어와서는 한국에서 일본으로 한류 드라마와 같은 대중문화가 수출되기 시작했다. 이와 같이 문화 교류의 성격과 방향은 한일관계의 전개 과정과 밀접하게 연계되어 있다.

한국 사회의 제도적 민주화는 군사정권의 퇴진과 민주적 헌정 질서의 회복을 약속한 1987년의 6·29선언 이후에 획기적으로 진전되었다. 시민이 문화적 창조성을 발휘할 수 있도록 창작과 표현의 자유를 보장하는 정치적 민주화와 노동조건의 향상에 수반한 소득분배 구조의 개선은 문화산업 발전에 유리한 환경을 조성했다. 정보화와 세계화는 한국과 일본의 문화 교류를 저해하는 인위적 장벽을 획기적으로 낮추는 결과를 가져왔다. 1980년대 중반 이후 일본에서 전개된 국제화 캠페인은 시민이 개방적 태도를 가지고 외국 문화를 이해하고 수용할 것을 촉구하고 있었다. 이와 같이 문화의 유통과 소비가 탈국경화되는 과정이 진행되었으므로 한국 대중문화가 일본으로 확산될 수 있었다. 또한 한국의 아동과 청소년이 일본의 애니메이션을 직접 즐기고, 일본의 시청자가 한류 드라마를 일상적으로 감상할 수 있게 되었다. 한일 양국에서 침략 전쟁과 식민지 지배를 직접 경험하지 않은 세대가 사회의 주역으로 등장하는 세대교체가 진행됨으로써 정치적 선입견에 얽매이지 않고 상대방의 문화를 있는 그대로 수용할 수 있는 사회 환경이 만들어졌다. 한국의 소득 증대와 해외여행 자유화는 일본을 포함한 해외여행 경험이 있는 시민이 증가하는 결과를 가져왔다. 일본에서도 한국 문화를 즐기려 한국을 찾는 관광객이 늘어났다. 이러한 현실은 국교정상화 직후인 1960년대 후반과 1970년대에 한일 양국의 여론이 일본인의 매춘관광을 비판하던 상황과 선명하게 대비된다. 관광객과 현지 사회의 접촉 과정에서 친화감이 강화되기도 하지만 갈등도 발생하므로 일반 시민도 한일관계의 실상과 개선해야 할 문제점을 느끼게 되었다.

일본에서 한국으로 지식, 정보, 문화가 일방적으로 흘러가는 시대는 끝났다고 할 수 있다. 문화 영역의 한일 관계에서도 국경의 폐쇄성이 완화되고 초국경 사회네트워크의 형성이 촉진되고 있으며 공동의 '사회적 공간'과 '공론의 장'이 형성되고 있다. 한일 양국에서는 대중문화의 상호 교류가 확대되고 있으나 다른 한편으로는 아직도 상업적 민족주의 정서가 영향력을 발휘하고 있다. 이와 같이 호감과 증오가 공존하는 상황은 시장 논리에 입각한 대중문화 교류가 활성화되어 있으나 상대방 문화에 대한 평가를 공론화하는 기제만이 아니라 고급 문화의 교류도 미흡한 현실을 반영하고 있다.

한국과 일본 학계의 학술 교류도 확대되고 있다. 양국의 인문사회과학 분야에서 구미 학문의 도입과 소개가 학술 활동의 주류이던 시대는 지났으며 아시아 지역을 기반으로 하여 독자적인 시각과 방법을 개발하는 작업이 중요한 과제로 등장하고 있다. 정보화와 세계화의 영향으로 개별 국가의 경계선이 낮아지고 있는 현실에서 학문 활동의 국제협력이 가지는 중요성은 더욱 강조된다. 실제로 한일 간에는 식민지 지배의 역사 해석을 둘러싼 문제 이외에도 학술적 협력이 필요한 공동의 과제가 다수 존재한다. 예를 들어 양국의 연구자는 상대방에게 미치는 영향을 감안하면서 자유무역협정FTA을 비롯한 다양한 유형의 시장통합을 지향하는 국제경제 질서의 출현, 중국의 국제적 영향력 강화와 미국을 중심으로 한 지역 안보체제의 미래를 둘러싼 논란, 환경오염과 인권문제에 대해 국경을 초월해 개입하는 NGO의 활동 증대와 같은 국제 환경의 변화를 해석하고 정책적인 대응 방안을 강구할 수밖에 없다. 또한 양국의 학술

교류를 내실화하려면 식민지 시대에 일본을 경유해 한국에 도입된 근대 학문의 성격과 영향을 평가할 필요가 있다. 학문 영역에 따른 편차는 있으나 해방 이전에 한국에서 활동한 일본 연구자들이 생성한 자료 및 연구 기록은 직간접적으로 한국과 일본의 학문 세계에 흔적을 남기고 있다. 이에 대한 고찰은 학계를 포함한 지식인 사회에서 형성되는 한일관계의 성격을 규명하고 식민지 지배가 남긴 영향을 둘러싼 논쟁을 해결하는 데 기여할 수 있다.

한일 양국의 비판적 지식인들은 대학이나 학회와 같은 제도화된 교류 통로의 외부에서 자율적인 '사회적 공간'과 '공론의 장'을 형성했다. 한국의 인권 상황 개선을 위해 활동한 일본의 지식인들은 민주화운동에 참가하는 한국의 지식인들과 교류 관계를 맺게 되었다. 이 과정에서 만들어진 깊은 신뢰를 바탕으로 양국의 지식인들은 상대방 사회에 대한 객관적 상황을 자기 사회에 소개했으며 특히 인권, 평화, 민주 등의 보편적 가치를 공유하며 양국 사이에 갈등을 유발하는 중요 현안에 대해서도 공동으로 입장을 밝히게 되었다. 한국 사회의 민주화와 냉전 시대의 유물인 한반도의 분단이 불가분의 관계에 있다는 인식을 가지게 된 일본의 지식인들은 북한 사정과 한반도 통일 방안에 대한 연구를 추진했다. 이와 관련해 역사학자인 다카사키 소지高崎宗司의 활동을 대표적인 사례로 들 수 있다. 이들은 한반도를 둘러싼 국제 정세에 대해 사회 여론을 환기시키는 활동을 전개하여 남북한의 화해와 평화통일을 바라는 한국 시민을 도왔다. 한국의 민주화와 한반도의 통일을 지원하는 실천적 사회운동에 참가한 경험을 바탕으로 일본의 지식인들은 동북아 지역의 평화 정착이 가지는 의미를 중시하게 되었다. 가장 적극적으로 한국의 민주화운동을 지원한 지식인으로 평가되는 와다 하루키和田春樹가 제시한 '동북아 공동의 집' 구상은 국제적인 개방성을 가진 시민사회를 형성하려는 노력의 중요성을 보여주는 사례이다(和田春樹, 2003).

종교 교류도 사회·문화 영역의 한일관계 연구에서 짚고 넘어가야 할 부문이다. 종교는 넓은 의미의 문화에 포함되는 사회 구성원의 가치관, 행동, 인간관계, 사회의식, 관혼상제와 같은 생활방식에 많은 영향을 끼치고 있다. 정부, 기업, 사회운동의 의도적 개입이 어려운 종교 영역에서 전개되고 있는 한일관계는 양국 시민이 상대방에 대해 가지고 있는 태도와 의식을 반영하는 지표이기도 하다. 한일 국교정상화 직후부터 한국에서는 창가학회創價學會를 비롯한 소위 '왜색' 종교의 확산이 사회 문제로 지적되어 왔다. 한국에서 발생한 통일교는 국교정상화 이전부터 일본에 전파되었다. 한국과 일본에서 발생하여 상대방 국가로 전파된 종교가 중대한 영향력을 발휘하는 사회세력은 아니지만 주변적 현상으로 간주할 수 없을 정도로 성장한 것도 사실이다. 이와 함께 종교 교류의 실체를 규명하는 작업은 중요한 의미를 지닌다. 공식적인 국제관계는 아니지만 종교 영역에서 민간 주도로 진행되는 한일관계는 사회 구성원들에게 현실에 대한 독자적인 해석을 제공하고 상대방에 대한 거부감을 희석시키며 인적 교류를 활성화시키는 기능을 발휘하고 있다. 한일 양국으로 전파된 한국계 종교와 일본계 종교가 독자적인 '사회적 공간'을 형성하고 있는 것은 사실이다. 그러나 이를 보편적 가치관에 입각한 '공론의 장'으로 규정하기는 곤란하다.

이상과 같은 시각에서 살펴보면, 국교정상화 이후 출판물, 음향과 영상물, 관광, 지식, 정보, 종교를 포함한 넓은 의미의 문화 교류를 통해 한일 간에 접촉면이 확대되는 과정이 나타난다. 한국의 민주화, 일본의 국제화로 요약되는 양국의 내부 변화는 문화 교류의 확대를 촉진하였다. 또한 한일 양국은 세계화와 정보화라는 거시적 변동을 동일하게 경험하고 있으므로 문화 영역에서 '사회적 공간'을 공유하고 '공론의 장'을 지속적으로 확대할 수 있었다. 문화 교류를 통한 한일관계의 미래지향적 발전의 기반은 양국 사회의 개방성과 이를 뒷받침하는 사회 구성원의 보편적 가치관에 입각한 세계시민의식이라고 할 수 있다. 즉, 국민국가 시대의 민족주의를 극복하고 세계화 시대에 적합한 공공성을 추구할 수 있는 사회의식을 확립하기 위한 양국 시민사회의 공동 노력이 요구되고 있다.

맺음말: 개방과 상호 이해

한국과 일본의 시민과 연구자들이 한일관계를 평가하는 시각에는 협력론과 갈등론의 입장이 교차하고 있다. 학계에서도 한일관계 연구는 항상 양국의 국내 정세와 국제 정세를 고려하여 접근할 수밖에 없는 민감한 주제였다. 장기 전망과 객관적인 시각에 입각한 한일관계 연구가 필요하다는 사실에 대해서는 누구나 동의하고 있다. 현실적으로 한일관계는 연구자가 여론 동향으로부터 가장 자유롭지 못한 연구 주제이기도 하다. 그러나 미래지향적 한일관계를 구축하려면 양국의 시민사회가 협소한 국익 논쟁에서 벗어나 보편적인 가치관에 바탕을 둔 역사의식을 공유할 필요가 있다.

한일관계는 양국 내부의 사회 변화와 밀접하게 연계되어 있다. 한국의 민주화와 경제발전은 국교정상화 이후 장기간에 걸친 논쟁의 초점이었던 한국의 대일 종속을 우려하는 여론을 진정시켰다. 정보화와 세계화는 양국의 지리적 거리를 단축시키고 있다. 한일관계에서도 비국가 주체가 주역으로 등장하는 상호작용의 비중이 높아지고 있으며 사회적, 문화적 교류와 협력이 중요한 의미를 가지게 되었다. 한일관계를 둘러싼 환경이 변화하는 가운데 한일 양국의 연구자들이 한일 간의 사회·문화적 상호작용을 공동으로 연구할 수 있다는 사실 자체가 중요한 의미를 갖는다.

국교정상화 이후 50년 동안 진행된 한일관계는 질적으로 변화하고 있다. 정치와 경제 영역에 치중된 기존 한일관계 연구의 균형을 회복하기 위해서도 양국의 시민사회는 접촉면을 확대하여 공동의 '사회적 공간'과 '공론의 장'을 형성하고 상호 이해를 심화하며 세계시민의식을 공유할 수 있도록 노력을 기울여야 한다. 이와 동시에 연구자 집단도 방법론적 일국주의를 지양하고 방법론적 세계시민주의의 시각으로 접근하여 양국 시민사회가 공동으로 문제를 인식하고 갈등을 해소할 수 있도록 기여할 필요가 있다.

이 글에서는 한일 간의 사회문화적 상호작용을 구체적으로 논의하기 위해 고찰의 대상을 시민사회 영역의 한일관계로 규정했으며, 공동의 사회적 공간과 공론의 장이 형성되는 과정을 시민이 주체가 되는 사회운동과 문화 교류의 전개과정을 중심으로 살펴보는 접근방법을 시도했다. 이러한 고찰을 통해 한일관계의 다원화와 함께 양국 시민사회가 교환하는 상호작용의 고도화 과정이 확인되었다.

참고문헌

쇼지 쓰토무(2012), 「제5장 한일 기독교인 연대운동」, 류상영·와다 하루키·이토 나리히코 편, 『김대중과 한일관계 – 민주주의와 평화의 한일현대사』, 서울: 연세대학교 대학출판문화원.

신주백(2001), 「역사왜곡에 대한 대응의 역사 – 1982년에 일어난 일」, 일본교과서바로잡기 운동본부 편, 『문답으로 읽는 일본교과서 역사왜곡』, 서울: 역사비평사.

와다 하루키(2012), 「제6장 지식인 및 시민들의 한일연대운동(1974~1978)」, 류상영·와다 하루키·이토 나리히코 편, 『김대중과 한일관계 – 민주주의와 평화의 한일현대사』, 서울: 연세대학교 대학출판문화원.

이토 나리히코(2012), 「제4장 김대중 납치사건과 일본정치」, 류상영·와다 하루키·이토 나리히코 편, 『김대중과 한일관계 – 민주주의와 평화의 한일현대사』, 서울: 연세대학교 대학출판문화원.

정근주(2012), 「제7장 '김대중 내란음모사건'과 일본사회의 대응: 구명운동을 중심으로」, 류상영·와다 하루키·이토 나리히코 편, 『김대중과 한일관계 – 민주주의와 평화의 한일 현대사 – 』, 서울: 연세대학교 대학출판문화원.

정준영·김창남·김덕봉·김명철(1999), 「한일 대중문화 산업의 현황과 문화교류」, 성공회대 사회문화연구소 편, 『한일관계와 사회문화적 상호작용』, 서울: 성공회대출판부.

주진오(2002), 「위험한 역사교과서, 위기의 동아시아 – 새로운 교과서를 중심으로」, 일본교과서바로잡기운동본부 편, 『한·중·일 역사인식과 일본교과서』, 서울: 역사비평사.

하종문(2002), 「2001년도 교과서 문제와 한국정부의 대응 – 검정 통과 이전을 중심으로」, 일본교과서바로잡기운동본부 편, 『한·중·일 역사인식과 일본교과서』, 서울: 역사비평사.

한일민주노동자연대전북모임(2005), 『전북·오사카 한일노동자 연대운동 15년사』, 전주: 한일민주노동자연대전북모임.

小倉充夫(2002), 「総論 国際社会学序説」, 小倉充夫·加納弘勝編, 『講座社会学 16 国際社会』, 東京: 東京大学出版会.

梶田孝道(1991), 「序章」, 梶田孝道 編, 『国際社会学－国境を越える現象をどうとらえるか－』, 名古屋: 名古屋大学出版会.

小林英夫(1983), 『戦後日本資本主義と東アジア経済圏』, 東京: 御茶の水書房.

斎藤諭(1988. 10. 20.), 「韓国への進出と撤退が示すアジア規模の連帯の必要性」, 『労働情報』 増刊号, 東京: 労働情報編輯委員会.

村山富市·和田春樹 編(2014), 『デジタル記念館 慰安婦問題とアジア女性基金』, 東京: 青燈社.

労働情報編輯委員会(1990), 『労働情報』 317·8合併号(1990. 9. 1.), 東京: 労働情報編輯委員会.

安田浩一(2012), 『ネットと愛国 在特会の「闇」を追いかけて』, 東京: 講談社.

和田春樹(2003), 『東北アジア共同の家』, 東京: 平凡社[이원덕 역(2004), 『동북아시아 공동의 집』, 서울: 일조각].

Beck, Urlich(2002), Macht und Gegenmacht im globalen Zeitalter, Frankfurt am Main: Suhrkamp Verlag[홍찬숙 역(2011), 『세계화 시대의 권력과 대항권력－새로운 세계정치경제』, 서울: 도서출판 길].

Castells, Manuel(1997), The power of Identity, Malden: Blackwell.

2장

한일관계와 시민사회의 상호 인식

이소자키 노리요

머리말

한일 국교정상화 50주년을 맞는 2015년을 눈앞에 두고 한일관계는 심각한 국면에 놓였다. 2014년 4월 11일 『워싱턴 포스트』지에 게재된 오가타 사다코緖方貞子(전 유엔난민기구 고등판무관), 한승주(전 한국 외무부 장관), 에즈라 보겔(하버드대 명예교수)의 연명 기고문은 당시의 한일관계를 '제2차 세계대전 이후 최악의 상황'이라 평하고 양국의 정치 지도자들에게 관계 개선을 제언했지만 1년이 지나도록 관계가 개선될 조짐은 거의 보이지 않는다. 기고문은 양국의 관계 악화 요인으로, 한편으로는 정부 차원의 정치·외교적 대립이 양국의 적대적 국민감정을 자극하고, 다른 한편으로는 국내의 강경 여론이 정치 지도자들을 강경한 자세로 내모는 국가와 사회의 상호작용을 지적하고 있다. 즉 지금의 한일관계의 악화는 정부 수준의 대립에 더해 사회 수준에서 상대국에 대한 감정이 작용하고 있다는 것이다. 이처럼 최근 한일관계의 악화 요인으로 사회 차원의 대립이나 내셔널리즘의 고양이 종종 지적되고 있다.

타국을 어떤 존재로 볼 것인가 하는 문제는 그 나라와 어떤 관계를 맺고자 하는가 하는 대외정책과도 관련되며 국제관계를 파악할 때 열쇠가 된다. '한 국가가 스스로를 어떤 존재로 규정하고 어떤 대외관계를 구축하고자 하는가' 하는 내셔널 아이덴티티를 실마리로 국가의 대외정책이나 안전보장정책을 분석[1]하는 일련의 연구는, 내셔널 아이덴티티와 대외인식, 그리고 대외정책의 상관성에 주목해서 국제관계를 파악해왔다. 최근에는 한일 사회의 '반일', '혐한' 현상이 주목을 모으고 있으며, 한일 대립이나 중일 대립을 '내셔널 아이덴티티'를 실마리로 논하는 연구가 늘고 있다.[2]

이와 같이 최근에는 '한일 내셔널 아이덴티티의 충돌'이나 '반일과 혐한'이라는 국민감정의 충돌이 주목을 받고 있지만 그 전에는 일본의 한류 붐 등으로 '우호관계'에 관심이 모아지고 있었다. 따라서 현 상황이 지난 50년간의 한일관계 속에 어떻게 자리매김될지 의문이 생기며, 또 이러한 내셔널리즘의 고양은 1장에서 제시된 시민사회에서의 사회문화적 상호작용과는 상반되는 면이 있기 때문에 이를 어떻게 이해할지도 문제가 된다.

이 글에서는 이러한 한일 일반 국민 차원의 상대국에 대한 인식이 지난 50

---

1 Katzenstein, Peter J. ed.(1996), *The Culture of National Security: Norms and Identities in World Politics*, New York: Columbia University Press.

2 Linus Hagstrom and Karl Gustafsson(2015), "Japan and identity change: why it matters in International Relations," *The Pacific Review*, Volume 28-1, pp. 1-22; Brad Glosserman and Scott A. Snyder(2015), *The Japan-South Korea Identity clash: East Asian Security and the United States*, New York: Columbia University Press.

년간 어떻게 변화되어 왔는지 통사적으로 검토하고 현재의 상황이 그 변천 속에 어떻게 자리매김되는지 고찰한다.

그런데 50년간에 걸쳐 형성된 한일 사회의 상호 인식이라고 해도 사회 수준의 관계는 전반과 후반이 질적으로 크게 다르다. 1987년에 한국이 민주화되기 이전에는 국가가 한국 사회를 통제했을 뿐 아니라 대외적인 교류도 국가가 통제했다. 한국에서 해외여행이 전면 자유화된 것은 1989년의 일이며 일본인도 1988년 서울 올림픽 무렵까지는 한국을 일반적인 해외여행지로는 생각하지 않았다. 양국 국민들이 자유롭게 왕래하게 된 것은 50년 가운데 후반기에 불과하다. 게다가 전반기에는 정보기술IT도 지금처럼 발달하지 않았기 때문에 정보의 유통에도 통제가 작용했다.

즉 한일 시민사회의 상호 인식이라고 해도, 사회에 대한 정치적 통제의 강약이나 국가-사회관계라는 문맥을 고려해야 하기 때문에 민주화를 전후로 교류의 양상이 다른 점에 유의할 필요가 있다. 따라서 이 글에서는 국내정치를 중심으로 국가-사회관계나 국제관계를 배경으로, 한일 양국 국민이 상대국을 어떻게 인식했는지 시간순으로 검토한다.

민주화 이전의 한국에서는 사회에 대한 국가의 통제가 강해서, 정보가 한정된 가운데 일반 국민이 일본에 대해 어떤 인식을 가지고 있었는지 검토할 수 있는 자료는 한정되어 있다. 1980년대가 되면 양국 신문사에 의해 공동 여론조사도 실시되지만 1970년대의 한국에서는 불가능했다. 따라서 여기에서는 양국의 미디어가 전하는 한국 및 일본에 대한 정보를 실마리로 해서 상대국을 어떻게 인식했는지 검토한다. 직접교류가 어렵고 정보의 유통도 통제되던 상황에서 일반 국민이 얻을 수 있는 정보의 대부분은 상대국에 대한 미디어의 보도였고, 각각이 상대국의 이미지 형성에 큰 역할을 했을 것으로 생각되기 때문이다. 당시의 대표적인 미디어였던 신문을 소재로 해서 '아사히신문사

기쿠조朝日新聞社 聞藏 II 비주얼'과 '조선일보 아카이브'를 이용하여 기사의 크기나 빈도에 따른 영향력도 중시하면서 상대국에 관한 보도 내용을 분석해서 정리한다. 신문기사의 데이터베이스화로 검색어를 포함한 기사수도 쉽게 파악할 수 있게 되었지만 기사수로는 기사의 크기에 따른 영향력 등은 가늠해볼 수 없기 때문에 상대국이나 한일관계에 관한 기사를 선정해서 정성적定性的인 분석을 행한다. 신문보도 이외에도 당시 상대국에 관한 정보 전달에 중요했던 것은 함께 다룬다.

한국이 민주화한 후에는 양국의 사람·물자·정보의 교류도 증가하고 미디어도 다양화하기 때문에 국민이 상대국을 어떻게 파악했는지 신문 보도만을 소재로 분석하는 것은 불가능하다. 따라서 이 시기에 관해서는 양국의 여론조사 결과를 실마리로 상대국을 어떻게 파악했는지, 그것은 무엇에 규정되었는지 검토한다. 처음에는 정치에 좌우되지 않는 사회 차원의 교류가 증가함으로써 정치관계로부터 자율적인 상호 이해나 신뢰 양성이 진전되지 않을까 하는 기대도 있었지만 최근의 상황은 꼭 그런 방향으로 흘러가고 있지는 않다. 그것은 한일관계와 상호 인식의 변천 속에 어떻게 자리매김할 수 있는가? 이 점도 함께 염두에 두고 민주화 이후의 시기를 다루기로 하겠다.

구성상으로는 먼저 1965년 국교정상화 시점, 그 후 한국 대통령의 독재적 권한이 강했던 1970년대, 그리고 민주화 이전의 1980년대로 시기를 구분해서, 양국의 미디어가 상대국에 대해 어떻게 전했는지 분석하고 직접교류가 어려운 상황에서 상대국을 어떻게 인식하고 있었는지 검토한다. 다음으로 민주화와 냉전 종결로 인해 한일관계가 어떻게 변화했고 양국 국민은 상대국을 어떻게 파악했는지 여론조사를 실마리로 고찰한다. 또한 50년간의 변천을 검토한 데 기반해서 현재의 상황은 이러한 상호 인식의 변천 속에 어떻게 자리매김할 수 있을지 검토하겠다.

기점으로서의 한일 국교정상화: 상대를 어떻게 파악하고 있었나

1965년 6월 22일에 한일기본조약이 조인되었다. 20년 가까이 국교가 없었던 상황을 양국 정부가 타개했다고 할 수 있지만, 특히 한국의 반발이 커서 국내의 반대를 억누르고 맺어진 것이었다. 한일관계의 기점에서 양국의 미디어는 상대국을 어떻게 묘사하고 한일관계의 전망을 어떻게 제시했을까? 당시 박정희 정권은 1970년대만큼 독재적 권력을 강화하지 못한 상태로 정부의 보도통제도 그다지 엄격하지 않았기 때문에 한국의 미디어도 정부에 대한 비판을 포함해서 다양한 논의를 제기하고 있다. 국교의 오랜 '공백기'를 거쳐 관계를 맺은 한일 양국의 미디어가 새롭게 관계를 맺게 된 상대에 관해 자국 국민에게 어떤 내용을 제시했는지 보도록 하자.

우선 일본의 『아사히신문』은 6월 23일자 조간 제2면에 '일한 조인과 향후 과제'라는 제목의 사설을 게재하고 있다. 일본 정부가 '영토문제의 보류'를 비롯해서 한국 측에 양보하고 타결을 서두른 점을 비판하고 한일관계와 아시아 국제관계의 전망과 과제에 대해서 논하고 있다. 한일관계에 대해서는 "양국 간 경제협력은 가장 중시되어야 한다"고 논하고, 국제관계에 대해서는 한국만을 상대로 국교정상화를 한 탓에 남북한의 대립이 국내에 영향을 미칠 수 있으며 일본과 북한의 관계가 악화될 수 있음을 우려하고, 동아시아의 긴장 완화로 나아가야 할 중요성을 제기하고 있다. 그러나 국교를 맺은 한국은 어떤 나라이며 상대국 국민과 어떠한 관계를 맺어야 하는가 하는 시각에 입각한 고찰은 없다.

같은 면에는 '일한 신시대'라는 특집기사가 있어서 양국 간 관계를 국민감정의 차원에서 생각하는 과제의 중요성도 언급되어 있는데, "일본의 조선 통치로 인한 한국 국민의 뿌리깊은 반일감정, 그로 인한 불신감"을 지적하고 한국 내 반대운동에 대해서도 이해를 표하지만 일본 측이 그것에 어떻게 대응해야 할 것인가 하는 점은 고찰하고 있지 않다. 한국의 반대운동과 일본 측의 반대운동(한국만을 상대로 국교정상화를 하는 것에 대한 반대)이 있다고 나란히 언급한 뒤, 양쪽에 대응하는 것을 향후의 과제로 제시하고 있을 뿐이다. 또한 사회면(15면)에는 '친선을 향한 길'이라는 제목으로 하타다 다카시旗田巍 도쿄도립대학 교수의 "일본인은 지금도 그들에게 우월감, 차별의식을 지니고 있다. 조선인은 더럽다거나 난폭하다고 생각하는 이도 많다. 그러나 그런 사람들은 그들과 사귀어 본 적이 있을까? 선입관이나 과거의 차별 정책으로 인한 것에 불과하다"는 담화를 게재해 교제의 중요성을 제시하고 있지만, 국교정상화에 따른 한일관계 특집 등에서 한국 사회·한국 국민의 구체적 모습을 소개하는 기사는 거의 찾아볼 수 없다.

이상과 같이 제시되어 있는 내용을 보면 국제관계상의 우려나 과제 중심으로, 한국과 국교를 맺는 의의는 불명확하고 한국 사회나 국민에 대한 관심도 거의 찾아볼 수 없다. 같은 해 12월 양국 국회에서 비준이 통과할 때까지 한국에 관한 보도의 중심은 학생들 중심으로 전개된 격렬한 비준 반대운동이었다. 일본 국내의 비준 반대운동도 연일 보도되어, 한일관계라는 것이 격렬한 대립을 불러일으키는 첨예한 정치문제라는 인상을 주고 있다.

그렇다면 『조선일보』의 경우는 어떨까? 조약이 조인된 6월 23일자 사설은 '잊지 못할 반세기의 한'이라는 표제 하에 일본에게 역사에 대해 책임을 질 것을 요구하고 한국 국민에게는 '민족의 주체의식'의 중요성을 호소하고 있다. 그 후에도 비준 시기까지는 '주체성과 일본 바람 – 무엇을 어떻게 막을 것인가'라는 연재 등 조인된 조약의 문제점과 대책을 다룬 특집이 비준 반대운동에 관한 기사와 함께 게재되어 있다. 거기에는 두 번 다시 종속적인 관계에 빠지지 않도록 경계를 촉구하는 내용이 많다.

국회의 강행 체결을 거쳐 비준서가 교환된 같은 해 12월 18일의 다음 날에는 '국교를 개시한 한일 양국의 금후'라는 제목의 사설에서 "기탄없이 말하면, 오늘 현재로는 양국의 국교정상화는 양국 정부의 국교정상화의 선에 머물고 있지, 양국 국민의 국교정상화는 아닌 것이다"라고 논하고 있다. 그리고 조약이 체결된 이상 한일 국교의 개척시대가 열렸다며 국민의 적극적인 관심을 촉구하고, 일본을 대할 때 가장 중요한 것은 '우리의 주체의식'이며 '떳떳한 독립국가의 자주 국민의 슬기로운 마음 가짐과 자세'로 일본을 대하는 것의 중요성을 호소하고 있다. 직후인 1966년 1월에는 '일본을 알자'라는 특집을 편성해서 샐러리맨, 농민, 어민 등 직업인을 통해 일본 사회를 묘사하는 도쿄 특파원의 기사가 연재되었지만, 그 후에는 일본 사회를 다루기보다는 한국 내 일본 상사의 활동이나 국교정상화로 인한 부산의 변화 등 '한국 내 일본'에 주목하는 기사가 눈에 띌 뿐 일본 사회를 알고자 하는 시도는 보이지 않는다.

이상과 같이 국교정상화 시점의 양국 신문기사는 국가 간 관계 변화가 자국에 미치는 영향에 대한 고찰이 중심이었으며 서로 시각의 차가 컸다. 또한 상대국 국민을 이해하고 구체적인 관계 구축으로 나아가려는 지향성이 약했고 실마리가 될 만한 정보도 거의 제공되지 않았다. 이러한 경향은 이후에도 계속되었다.

1970년대의 상호 인식: 유신체제와 '정치적 이미지'

1960년대의 한국은 군사 쿠데타로 권력을 장악한 박정희 대통령이 통치하고 있었지만 정치적 자유나 참정권이 어느 정도는 보장되고 있었다. 그러나 1972년의 유신체제 하에서 한국 국민의 기본적인 인권은 크게 제약되었고 보도에 대한 정부의 규제도 강해졌다.

일본 국내의 진보세력은 애초부터 박정희 정권을 반공 독재정권으로 비판했지만 1970년대에 접어들어 억압적인 정치가 전개되자 신문보도에도 비판적인 내용의 기사가 많아졌다. 특히 한국에서 유학 중이던 재일조선인이 북한 간첩 혐의로 체포된 '한국 학원간첩 사건'은 서승에 대한 사형 판결이 1면에 보도(1971. 10. 12.)되는 등 대대적으로 다뤄졌고 일본 국내의 구명운동도 연일 보도되었다. 게다가 1973년에는 한국 야당 정치가 김대중이 일본에서 납치되어 서울로 연행된 김대중 사건이 발생(1973. 8. 8.)해서 연일 보도가 이어졌고, 1974년 7월에는 일본인 유학생이 간첩 혐의로 체포된 사건이 크게 다뤄졌다. 그 사이 한국 정치에 대한 이와 같은 연속 보도로 인해 '한국=독재'라는 이미지가 정착되었다.

신문 이외에도 이와나미서점의 잡지 『세계』가 한국 문제를 중점적으로 다루었다. 신기하게도 김대중 납치 사건이 일어난 당일 발매된 9월호(1973)에는 김대중의 인터뷰 '한국 민주화의 길－박 정권의 모순은 확대되고 있다'가 게재되어 사건에 대한 주목도를 높였다. 『세계』 10월호는 '김대중 사건－무엇이 문제인가'라는 특집을 편성해서 한국의 인권탄압이나 민주화 요구라는 문제를 본격적으로 다루게 되었다. 전후 일본 논단에서 『세계』는 큰 영향력을 가지고 있었기 때문에 구독층을 중심으로 한국에 대한 관심이 높아졌다. 이미 『세계』 1973년 5월호부터 'T·K생'이라는 익명의 한국인 필자가 '한국으로부터의 통신'이라는 연재를 시작해서 군사정권하의 억압과 저항을 전하고 있었다. 한국에 대한 관심이 높아지는 가운데 1974년 6월까지 연재된 글을 정리한 이와나미 신서 『한국으로부터의 통신』(1974)은 같은 해 베스트셀러가 되었다. 연재 자체는 한국이 민주화되는 1988년까지 계속되어 전4권의 신서로 간행되었고, 한국발 정보가 한정되어 있었던 1970년대부터 1980년대 전반에

걸쳐 일본 내부의 한국에 대한 이미지 형성에 큰 영향을 주었다.[3]

그러한 가운데 1974년 8월 15일에 문세광 사건이 발생했다. 재일한국인 문세광이 일본 여권으로 한국에 입국해서 박정희 대통령을 저격해 유탄에 맞은 영부인이 사망한 사건은 흉기가 일본 파출소에서 훔친 권총이었다는 점을 포함해서 커다란 충격을 주었다. 신문에서도 배후 관계에 대한 의혹 등이 대대적으로 보도되어, 북한을 포함한 한일관계는 '간첩'이나 '암살' 등이 등장하는 영역이라는 인상을 주었고 '무섭다'는 감정을 안겨주게 되었다. 사건과 관련해서 한국에서는 박정희 정권을 지지하는 일본 규탄 데모가 일어나 수만 명의 인파가 일본 대사관 앞에서 항의 행동을 전개했으며, 9월 6일에는 일본 대사관 난입 사건까지 발발했다. 『아사히신문』은 이날 석간 1면 기사로 사진과 함께 사건을 보도하고 있다. '독재와 민중의 저항'이라는 도식으로는 파악할 수 없는 이러한 한국의 반일운동에 대해 『아사히신문』에서는 서울 특파원이 '한국 민중의 분노'라는 표제의 해설을 써서(1974. 9. 7.), '반공'과 '반일'이 뒤섞여 일본에 대한 분노가 분출했다며 한국 내부의 주장[4]을 정리해서 제시하고 있다.

이처럼 1970년대 중반에 한일관계는 매우 악화되었지만, 『아사히신문』은 1975년 1월 5일부터 34회에 걸쳐 '일본과 한국'이라는 제목의 연재를 실어 한

3 2003년에 이 'T·K 생'이라는 익명의 필자가 당시 망명 같은 형태로 일본에 와 있던 지명관(전 『사상계』 주간, 1970·1980년대는 도쿄 여자대학 교수)이었다는 것이 밝혀졌다. '한국으로부터의 통신'에 관한 인터뷰 증언으로 池明観(2003), 「国際共同プロジェクトとしての「韓国からの通信」」, 『世界』 第718号(9月号), 49~67쪽을 참조하기 바란다.

4 나중에 설명하는 바와 같이 한국은 자국과 적대적 관계에 있는 북한에 대한 일본의 정책을 비판해왔다. 이 기사는 그러한 배경에서 발생한 문세광 사건을 계기로 드러난 일반 국민의 반일감정의 이유에 대해서 ① 대통령 저격범은 일본에 거점을 둔 북한 간첩조직인데, 일본은 한국에 적대적인 이 조직을 온존시키고 있다, ② 흉기가 된 일본 경찰의 권총이나 일본 여권 등의 입수를 방임한 책임이 있다, ③ 그것에 대한 사죄도 없다는 등으로 정리하고 있다.

국에서 계속 사용되고 있는 일본어, 일본에 대한 경계, '애국자가 되기 위해' 일본어를 배우는 '신 일본어 세대' 등 일본에 대한 한국 사회의 반응을 소개하고 있다. 이 연재는 정부 중심으로 한국을 이야기하는 것이 아니라 '사회'에 초점을 맞춰 한국인의 모습과 한국의 대일관을 전하고 한일관계를 파악하고자 장기적으로 모색한 새로운 시도였지만, 한국 사람들의 생활을 구체적으로 전하기보다는 '한국을 어떻게 이해해야 할까'에 대한 해설로서의 색채가 강했다. 결국 이 시기 한국에 대해 관심을 가지고 '인권'을 통한 시민사회의 연대를 모색한 것은 '지식인'이나 인텔리로 불리던 층이었으며 일반적인 일본인에게 아직 한국은 멀기만 한 이웃나라였다. 1978년 쓰지무라 아키라辻村明 등이 실시한 조사에서도 한국은 북한을 포함한 15개국과 비교할 때 소련에 이어 두 번째로 '독재적인 나라', 소련·중국에 이어 세 번째로 '자유가 없는 나라'로 여겨지는 등 북한보다 부정적으로 인식되고 있어서,[5] '반공 독재국가'의 이미지가 강했다고 할 수 있다.

다음으로 『조선일보』가 일본에 대해 어떻게 보도하고 있는지 검토해보자. 1970년대 전반은 동아시아의 냉전구조가 크게 변용되는 시기다. 1971년 키신저의 극비 방중으로부터 닉슨 쇼크, 1972년 닉슨의 방중과 중미 화해, 중일 국교정상화 등 데탕트의 흐름에 박정희 대통령은 미국이나 일본이 공산권에 접근하고 있다는 위기감을 강하게 느꼈다. 유신체제는 권력을 강화하는 명분으로 이러한 국제관계에 대한 대응을 내세우고 있다. 대일관계를 보면, 한국 정부는 일본이 중국의 공산당 정권과 국교를 수립했을 뿐 아니라 한반도에서도 북한과 관계 개선을 하려는 움직임을 보이는 것에 대해 불신이 커졌고 신

---

5 鄭大均(2010), 『韓国のイメージ: 戦後日本人の隣国観(増補版)』, 中央公論新社, 10쪽.

문 보도에도 반영되어 있다. 유신체제하에서는 보도 통제도 강화되어 언론기관의 자유가 크게 제약되던 시기였다.

앞에서 말한 것처럼 1973~1974년에 한일관계는 위기적 상황에 빠졌는데, 그 이전부터 일본의 대북정책에 관한 비판적 보도가 잦아지고, 사실 전달에 불과한 작은 기사도 모두 1면에서 다뤄지고 있다. 예를 들어 1972년 1월 22일의 1면 머리 기사는 평양을 방문한 일본의 초당파 의원단이 북한과 무역 확대에 합의했다는 기사였다. 다음날 1면에서는 이를 한일기본조약 위반으로 보는 한국 정부가 대응책을 검토 중이라는 사실이 보도되어, 일본이 한국과 맺은 조약을 위반하고 적대관계에 있는 북한에 접근하고 있다고 크게 보도되고 있다. 그 이후에도 북한을 방문한 총련 소속 재일조선인들에게 일본 정부가 재입국을 허가했다는 기사가 그때그때 게재되어 일본의 한일기본조약 위반을 지적하고 있다.

이와 같이 일본 정부가 한국과 북한에 대해서 '양다리 외교'를 펼치면서 한국의 존재를 부정하는 북한도 중시하는 정책을 취하고 있으며, 이는 한국을 위기로 몰아넣고 있다는 비판이 신문보도에서도 강하게 제시되어 있다. 이러한 일본에 대한 인식이 문세광 사건 이후의 '반일' 행동으로 이어졌다고 할 수 있을 것이다. 특히 인상적인 것이 사건 당일 유탄에 맞아 사망한 영부인의 국민장 다음 날의 지면(1974. 8. 20.)이다. 1면 머리기사로 국민장을 크게 다루고 장례 행렬을 전송하기 위해 광화문 일대에 모인 백만 명이 넘는 시민을 상공에서 찍은 사진이 게재되어 있는데, 사진 바로 옆에는 '일본, 북괴 승인 고려'라고 두 번째로 큰 표제가 붙어 있다. 그 기사는 '기무라 외상, 유엔은 한국문제 입장 바꿀 때'라는 부제와 더불어 일본 외상이 참의원 예산위원회에서 "아직은 시기가 너무 빠르다. 그러나 장래 언제인가 유엔의 입장에 변화가 생긴다면, 우리는 이(북한의 승인)를 고려할 수 있을 것이다"라고 말했다고 전하고 있다. 즉 외상의 답변은 일본은 아직 북한을 승인할 상황은 아니라는 취지이며 기사를 읽어보면 그것을 알 수 있지만 표제만으로는 일본이 이미 북한의 승인을 고려하고 있는 듯한 오해를 불러일으킨다. 즉 1면 전체에서 영부인 암살의 충격과 슬픔을 전하는 것과 동시에 일본이 한국에 적대적이라는 인상을 주는 지면으로 구성되어 있다. 한국에서는 정부가 '반공 국시'를 내걸고 이데올로기적으로도 국민을 통제하고 있었기 때문에, 그 휘하에 있는 미디어도 데탕트를 추진하고자 하는 일본의 외교 자세는 공산주의에 접근해서 한국을 부정하고 위험에 빠뜨리는 것이라 주장하고 있었다고 할 수 있을 것이다.

이러한 프레임은 이 시기에 활발해진 일본의 '한일 연대운동'에 대한 비판으로도 작용했다. 일본의 시민운동은 한국 독재정권의 인권탄압을 비판하고 한국의 '민주화운동에 대한 연대'를 내걸고 있었다. 한국 정부는 이를 '반체제세력을 지원하는' 좌파세력의 운동이며, 한국이라는 국가를 부정하는 '반한세력'으로 규정했다.[6] 1970년대 한국의 민주화운동은 1980년대 운동처럼 대중적 확산을 지니지 못한 엘리트 중심의 운동이었다. 이를 지원하는 일본의 운동도 이러한 프레임 때문에 한국의 일반 국민에게는 '반한국적'인 운동으로 받아들여졌다고 할 수 있다.

이상과 같이 일본에서는 '자유가 없는 반공 독재국가'라는 한국의 이미지가 확산되었고, 박정희 정권이 한국에 퍼트린 일본의 이미지는 자국에 적대적인 것이었다. 한국의 민주화운동을 지지했던 일본의 시민운동은 박정희 정권에

6 예를 들어 『조선일보』(1974. 8. 30.) 사설은 평소의 두 배는 되는 길이로, 「일본의 진보적 지식인－그들을 비판하는 양심적 지식인에 기대한다」는 제목하에 박정희 정권을 비판하는 일본의 '진보적 지식인'은 한국을 멸시하고 편견을 조장하는 좌파세력이라고 강하게 비판하고 있다.

의해 '한국이라는 국가를 부정하는 운동'으로 규정되었다. 게다가 그러한 일본의 시민운동은 일본 정부가 한국 정부를 지원하고 있다고 비판했지만, 한국 정부가 대내용으로 제시한 일본 정부의 이미지는 북한에도 접근하는 교활한 '양다리 외교' 국가였다. 이것은 국내 반체제 세력으로부터 '대일종속'을 비판 받던 박정희 정권이 대내용으로는 일본에 대해 강경한 자세를 취했던 것과 표리일체였다. 이 시기 한일 시민운동의 연대라는 새로운 움직임이 나타났지만 양국 사회에 퍼져 있는 상대국에 대한 인식은 국가 이미지가 중심이 된 부정적인 것이었다.

1980년대의 '한일 신시대': 새로운 이미지의 등장

1979년에 발생한 박정희 대통령의 암살로 유신체제가 붕괴되고 민주화에 대한 기대가 높아졌다. '서울의 봄'을 지나 다시 군이 정치에 개입했고 1980년에 군인이었던 전두환이 대통령에 취임했다. 전두환 정권은 광주 민주화항쟁을 군을 동원해 진압하는 등 민주화의 흐름을 군의 힘으로 막고 권위주의 체제를 재구축했다. 그러나 자신들의 정치체제가 독재라는 비판을 받았던 유신체제와는 다른 것이라는 인상을 주려고 했다. 즉 1981년에 헌법을 개정하고, 대통령이 국회의원의 3분의 1을 지명하는 권한과 국회 심의를 거치지 않고 대통령령을 제정할 수 있었던 권한을 폐지해서 보다 다원적인 정치체제를 지향한다고 표명했던 것이다. 한일관계에 있어서도 전두환 정권은 박정희 정권과는 다른 새로운 관계 구축을 일본 정부에 압박했다. 새롭게 국가 엘리트가 된 세력은 군을 장악해서 정치에 개입하고 권력을 장악한 뒤 퇴역해서 정권을 잡은 그룹으로 박정희 정권 시절의 여당 유력 정치가도 처음에는 정치활동을 금지

당했다. 1970년대까지 유효했던 양국 정치 엘리트 간의 라인이 제 기능을 못하는 가운데 한일관계의 재구축이 목표로 설정됐다. 더구나 1982년 6월에는 제1차 교과서 문제가 발생해서 한일관계 회복에 어두운 그림자를 드리웠다. 최종적으로는 1982년 11월에 집권한 나카소네中曽根 정권과 전두환 정권 사이에서 한일관계가 회복되었고, 1983년 1월에는 나카소네 수상이 일본의 총리대신으로는 처음으로 한국을 공식 방문했으며, 1984년에는 전두환 대통령이 한국의 국가원수로서는 처음으로 일본을 공식 방문하기에 이르러 '한일 신시대'가 강하게 천명되었다.

전두환 정권은 정권 장악 과정의 폭력적 이미지를 불식시키려고 노력했다. 1981년 IOC 총회에서 1988년의 올림픽을 서울에 유치했으며, 올림픽 개최를 목표로 내걸고 전국민의 일치단결된 통합을 꾀함으로써 올림픽 개최를 대외 이미지 개선의 지렛대로 삼고자 했다. 정치적 불만을 다른 곳으로 돌려 사회를 안정시키기 위해서 비정치적 영역의 자유화를 서서히 추진했다. 1982년에는 36년 만에 야간통행 금지를 해제하고, 1983년에는 해외여행의 부분적 자유화도 실시했다. 그로 인해 1980년대 이후 한국 사회 내부의 인적 교류, 해외 접촉, 정보의 유통이 늘게 되었다.

이러한 시기에 1983년 1월 1일부터 1년에 걸쳐 『조선일보』에 연재된 '극일의 길 – 일본을 알자'(전47회)는 획기적인 것이었다. 테마가 된 '극일'이라는 말은 대일관계 재구축 문제가 해결되지 않은 가운데 1982년 교과서 문제에 봉착한 전두환 정권이 외치기 시작했다. 신문기사에도 1982년부터 등장해서 1983년에는 이 장기 연재에 사용되었고 1984년에도 연재에 등장하지만 이후에는 지면에 거의 등장하지 않는다. 말하자면 이 말은 이 시기의 대일 자세를 상징하는 슬로건이었다. 한국 정부로서는 '극일'을 외침으로써 일본에 대한 내셔널리즘을 자극해서 체제를 공고히 하고자 하는 의도가 있었다. 1983

년의 이 연재는 단순한 일본 비판이 아니라 일본을 따라잡고 뛰어넘기 위해서는 일본을 알 필요가 있다는 입장이 선명하게 드러나 있어서 확실히 '반일'이 아니라 '극일'을 내걸고 있다. 연재의 마지막인 좌담회 기사(1983. 12. 17.)에서는 '배울 건 배워야'라는 주장도 표제어로 쓰이고 있다. 1982년 말에 이미 나카소네 정권과의 사이에서 관계가 재구축되었고, 1983년 1월 수상 방한을 계기로 1983년을 '한일 신시대'라 부르게 된 것도 이러한 평가의 배경에 있다고 볼 수 있다.

연재에서 그때까지 일본에 관한 정보는 '일본 식민지 지배' 경험자의 옛날 이야기 중심이었다, 미디어가 현대 일본을 다루는 경우도 '한일관계'라는 관점이었다는 등의 지적을 한 뒤 일본 그 자체의 모습을 보고자 시도했다. 고도 성장기 일본의 사회나 문화의 특징을 '장점'도 포함해서 거론하고 있고, 한국에 부족한 모든 요인이 일본의 '발전'을 가져왔다는 평가와 함께 일본을 용인하는 것에 대한 복잡한 감정도 종종 드러내고 있다. 연재에서 거론한 대상은 '천황'에서 시작해서 '의회', '관료' 등 엘리트층으로부터 중소기업을 포함한 경제계, 여성에 초점을 맞춘 가족관계, 생활과 정신문화 등 여러 분야에 걸쳐 있으며 무엇보다 일상생활이나 가족의 모습을 정면으로 다룬 최초의 기획이라는 점에서 특기할 만하다. 그때까지는 일본이라고 하면 '식민지 지배'나 전후 '경제대국'을 연상해서 국교정상화 후에도 여전히 정치나 경제 뉴스 중심으로 보도되어 왔지만 이 장기 연재로 일본인의 생활 이미지가 제공되었던 것이다. 그러나 서술 방식을 보면 일본에 대한 친밀감을 환기시키는 것이라기보다 경쟁심을 자극하는 것으로 신뢰보다는 경계를 배경으로 한 평가라는 느낌이 든다.

전두환 대통령이 일본을 방문한 1984년에는 대통령의 귀국 다음 날 방일을 사진과 함께 보도한 머리기사 옆에 '역사의 아픔을 넘어서 — 진정한 극일의 길, 새 한일관계의 미래'(전6회)의 연재를 시작하고 있다. 이 연재의 제3회 기사 옆에는 '북괴 "자력갱생"의 파산'(1984. 9. 12.)이라는 표제어를 나란히 배치, 북한의 사회주의 계획경제는 파탄에 빠졌고 한국과의 경제 격차는 더욱 확대되고 있다는 것을 대서특필하고 있다. 한국이 북한에 대한 체제경쟁에 승리하면서 대일관계도 안정되고 1970년대 일본을 향해 가던 '양다리 외교'라는 비판도 더 이상 강조하지 않게 되었다.

한편 일본에서는 박정희 대통령의 암살 이후 민주화의 흐름을 막고 군이 정치에 개입하는 과정이 보도되면서 한국에 대한 부정적 이미지가 강해졌다. 특히 광주민주화운동에 군을 투입해서 탄압한 '광주 사건'은 전두환 정권의 폭력성을 각인시켰다. 이러한 전두환 정권의 억압적인 통치로 인해 민주화운동은 한때 겨울 같은 시절을 맞이했지만 1980년대 중반부터 소생하기 시작해서 1987년에 정점에 달하게 된다. 그 사이 정권의 폭력성이나 인권탄압, 민주화운동의 저항에 관해서는 앞서 말한 『한국으로부터의 통신』의 연재 등으로 소식이 계속 전해져서 1970년대보다 더욱 저변이 확대된 한국 민주화운동에 대한 관심을 자극했다.

그런데 정치 수준의 '한일 신시대' 선언이나 서울 올림픽 유치 성공 등을 거치면서 1980년대 중반부터 이전과는 다른 한국 이미지도 급속히 확대되어 갔다. 한국이 비정치적인 부분의 자유화를 진전시킴과 더불어 경제적 이익이나 '민주주의', '인권' 등 정치적 관심과는 다른 차원에서 한국에 접근하는 일본인이 나타나 한국에 대한 새로운 이미지가 전달되었다.

첫 사례가 1984년 간행된 세키가와 나쓰오關川夏央의 『서울 연습문제: 이문화에 대한 투시 노트』(정보센터 출판국)일 것이다. 이 책은 저자의 한국 여행기인데, 2005년 새로 간행된 신장판新裝版[7] 뒷표지에 "1980년대 초 한 청년이 '가깝고도 멀다'고 여겨지던 나라를 여행했다. 그는 그 나라 말을 배우고, 거리를 걷고, 그리고 사랑을 나눴다. '선진국화' 이전의 서울의 여기저기와 그곳에 살던 꾸밈없는 한국인들을 생생하게 묘사함으로써, 그때까지 통용되던 틀에 박힌 보도나 비굴과 존대를 오갈 뿐이던 일본인의 한국관을 극적으로 바꾼 기행문학의 걸작"이라고 소개되어 있듯이, 한국의 이미지를 뒤바꿔놓은 책으로, 발매 후 1년 반 만에 12쇄를 넘어 한국 관련서적으로는 이례적인 베스트셀러가 되었다. 정대균은 "일본인의 한국론으로서는 한국인과의 상호작용을 그린 거의 최초의 시도"라 논하고 있다.[8]

또한 조선사 연구자 요시다 미쓰오吉田光男는 1980년대 한국 이미지의 획기적인 변화로 젊은 남성들을 대상으로 한 주간지 『헤이본 펀치』 1985년 신년 특대호에 주목하고 있다. 표지에 한국 여배우 사진을 싣고 "전혀 몰랐네/한국이 이렇게/멋진 나라인줄/ …… /한국/진짜 좋아져버렸어"라고 노래한 '전 페이지 한국 특집호'로, 증쇄를 해야 했을 정도로 팔려나갔다고 한다.[9] 그때까지 '독재', '어둡다', '가난하다' 등의 이미지로 파악되던 한국이 1980년대 후반이 되면서 플러스 이미지로 주목을 받게 되었던 것이다. NHK 방송국이 '한글 강좌' TV 방송을 시작한 것도 1984년이었다.

이러한 일본의 '한국 붐'은 올림픽에 편승한 '소비문화적'인 것이었고, 욕망의 대상이 되었던 한국에서 비판의 목소리가 나오는 것이 당연했다. 그러나

---

7 関川夏央(2005), 『新装版ソウルの練習問題』, 集英社.

8 鄭大均(2003), 『韓国のナショナリズム』, 岩波書店.

9 吉田光男(1999), 「変わる朝鮮認識: 朝鮮史研究者のジレンマ」, 『大航海』 No. 30, 96~105쪽.

이전에는 관심의 대상조차 되지 못했던 한국으로 눈길을 돌려 한국을 방문하는 사람이 늘어났다. '새로운 한국의 모습'이 다양한 채널을 통해 일본에 전해지고 유통되는 계기가 되어 한국의 문화나 사람들의 생활에 대해 흥미를 불러일으키게 되었다.

정치체제의 전환이나 교류의 자유화보다 앞서 상대국에 대한 정보는 이전보다 다양화해갔다. 이 시기에 상대국을 어떻게 파악하고 있었는지는 여론조사를 통해 확인할 수 있다. 전두환 대통령이 방일한 1984년에 일본의 『아사히신문』과 한국의 『동아일보』가 제1회 공동 여론조사를 실시한 것이다. 한국인이 일본이라는 말을 들었을 때 연상하는 것은 식민지 시대의 '36년간의 고통', '36년간의 기억'이 40%를 차지했지만, 일본인이 한국에서 연상하는 것은 '김치, 한국요리 등의 음식', '민족의상, 춤, 문화'가 각각 8%로 가장 많았다. 일본 측이 새로운 소비문화적 흥미에서 한국을 바라보는 것에 비해 한국 측은 일본을 식민지 통치와 떼어놓고 생각할 수 없다는 차이가 드러나고 있다.

그러나 이 시기의 교과서 문제나 나카소네 수상의 야스쿠니 참배는 일본 사회에서도 전쟁·식민지 지배 책임 문제를 아시아의 시점에서 바라보고자 하는 문제의식을 자극했고 '전후 처리' 문제가 일본 국내에서도 정치 문제화되었다. 요시다 유타카吉田裕[10]에 따르면, 1982년 여론조사에서는 메이지 이후 일본의 대외 팽창을 '침략의 역사'로 보는 사람이 과반수에 달해, 전쟁의 침략성이나 가해성을 많은 국민이 인식하게 되었다. 그런가 하면, 같은 조사에서 '자원이 적고 가난한 일본이 타국으로 군사 진출해 간 것은 생존을 위해 어쩔 수 없는 행위였다'고 한 사람도 44.8%에 달해 '어쩔 수 없이 침략 행위를 했다'는

10 吉田裕(1995), 『日本人の戦争観』, 岩波書店.

견해가 주류였다. 역사 문제가 한일 시민사회까지 관여시키며 전개되는 것은 한국의 민주화 이후의 일이지만, 일본 국내에서도 전쟁 책임 문제가 가시화되고 있었다.

한편 1987년에 한국 민주화운동이 고조되어 많은 국민이 민주화를 요구하며 가두로 몰려나가는 상황이 일본에서도 주목을 받았다. 마침 이 시기에 일본에서는 민영방송 최초 황금 시간대 뉴스 프로그램으로 등장한 '뉴스 스테이션'이 안정적인 시청률을 확보하게 되었다. 아시아 정세에 관한 뉴스도 영상으로 널리 전해져 한국의 민주화도 주목의 대상이 되었다. 운동의 고조에 권위주의 체제의 지배층이 '민주화 선언'으로 대응하고, 대통령 선거를 거쳐 새로운 정권하에서 올림픽을 개최한다는 다이나믹한 전개는 정치에 흥미가 없는 사람들에게도 한국 민주주의의 '성숙'을 각인시켰다. 더구나 일본 국내의 냉전적인 이데올로기 대립으로 인해 일본의 좌파 세력은 북한을 지지하고 한국을 국가로 인정하지 않았었지만, 한국의 민주화 진전을 평가해서 1988년에는 공산당이, 1989년에는 사회당이 대한민국을 인정했고, 좌파 세력이 묘사하는 한국의 상도 1970년대와는 크게 달라졌다. 그런 가운데 '일본의 한국에 대한 친근감'에 대한 여론조사 결과는 1988년에 처음으로 '친근감을 느낀다'가 50%에 달해, '친근감을 느끼지 않는다'를 웃돌고 있다(그러나 그 후에는 다시 '친근감을 느끼지 않는다'의 비율이 높아졌다).

유동기의 한일관계

1. 냉전의 종언과 동아시아 국제관계의 변동

상호 교류에 제약이 많았던 민주화 이전에도 1980년대가 되자 보다 다양한 정보가 전해지게 되었다. 한국의 민주화가 진전되어 사회가 개방되자 직접교류는 민간 차원까지 확대되어 갔다. 한국은 1988년 7월부터 해외여행 제한 규제를 점진적으로 철폐해서 1989년 완전 자유화했다. 이것을 계기로 일본을 방문하는 외국인 여행자 수는 한국이 제일 많아졌고 한국을 방문하는 일본인도 올림픽을 계기로 증가했다. 1980년대 말이 되면 쉽게 갈 수 있는 해외여행지로서 한일 상호 교류가 활발해져, 1990년대 이후 양국 국민이 직접 접하는 기회가 점차 증가하게 되었다.

이러한 전개는 민주화에 따른 한일 교류의 확대가 상호 이해로 나아갈 것 같은 기대를 가지게 했다. 그 후 사반세기가 지난 현재는 한일 교류의 확대가 상호 이해를 촉진하고 양국 관계에 더 큰 발전을 가져왔다고는 단정지어 말하기 힘들다. 그렇다면 이 25년 동안 한일 간 사회 차원의 교류는 어떻게 전개되었고 상호 간 인식은 어떻게 변화해 왔을까? 여기서는 이를 검토하고자 한다.

먼저 확인해두어야 할 것은, 한일 양국 간 관계에 영향을 미치는 국제환경이나 양국의 국내정치가 이전과는 크게 달라졌다는 점이다. 한국이 민주화된 시기에 국제정치에서도 냉전의 종언이라는 커다란 변화가 찾아왔다. 초대국 간 대립을 정점으로 하는, 어느 의미에서는 안정되어 있던 국제관계 구조가 변화해 오히려 매우 불안정한 상태가 되었던 것이다. 특히 동아시아에서는 중국이나 북한이라는 구공산권 독재국가가 존속하는 가운데 지역에서 평화롭고 안정적인 국제관계, 즉 포스트 냉전기의 지역 질서를 어떻게 구축할 것인가라는 커다란 과제가 등장했다. 1990년대 이후 국내외의 변화와 과제는 다음과 같이 정리할 수 있다.

첫 번째로, 냉전의 종언이라는 흐름 속에 한국은 1991년에는 당시 소련과, 1992년에는 중화인민공화국과 국교를 수립했다. 그때까지 한국이 인접국과 가지는 관계는 안전보장이라는 면에서도, 경제발전이라는 면에서도 대일 관계가 '절대 유일'이었지만 대중관계라는 요소가 새로 추가된 것이다. 이후 북한이 핵개발로 위협을 강화하자 이에 대한 대응이 과제가 되었고, 더욱이 중국이 군사적·경제적으로 대국화가 진전됨에 따라 중국에 어떻게 대응할 것인가도 중요한 과제가 되어간다. 동아시아 안전보장 환경의 변화로 한일 양국 모두 기존의 외교·안보정책을 전환하는 방향에 대한 모색이 국내정치에서 쟁점화한다. 한국과 일본도 미국과의 동맹관계를 가장 중요시해서 냉전기에는 공산주의에 대항하기 위한 한일의 협조가 중시되었다. 그러나 포스트 냉전기가 되자 대중정책이나 대북정책, 나아가 지역 질서 구상 등에서 차이가 생겨 전에 없던 알력이 가시화하게 되었던 것이다.

두 번째로, 정치체제의 민주화에 따라 한국에서는 그때까지 권리를 억압당해온 사람들의 이의제기가 활발해졌다. 국내정치의 민주화와 글로벌한 냉전의 종언이 같은 시기에 일어남으로써 안정되어 있던 권력구조의 붕괴뿐 아니라 권력을 지탱하고 있던 선악의 기준도 재조명되었다. 과거에는 '공산주의자들의 반체제운동'으로 탄압 받았던 것이 '민주화운동'으로 재평가되고, 탄압행위에 대한 단죄나 피해자의 명예회복 등 '과거의 재규명'이 진전되어 갔다. 즉, 구체제 권력자에 의한 학살이나 인권유린의 책임을 묻는 이행기 정의transitional justice의 문제이다. 한국의 경우 권위주의 체제기의 여당이 계속 정권을 잡아 정권 교체는 민주화로부터 10년 후에 이루어졌지만, 그 사이에도 과거 정권에 대한 책임 추궁이 이루어져서 권위주의 체제기의 역사 재규명도 큰 정치과제로 제기되었다. 이를 추진한 것은 시민사회의 활발한 이의제기였다.

세 번째로, 한국에서도 일본에서도 국내 정당정치의 유동화가 진행되어 대외정책이 국내정치에 의해 좌우되는 현상이 가시화되었다. 한국에서는 5년마다 대통령 선거를 통해 권력의 교대가 이루어져, 정권의 지지율이 안정적인 정권 운영을 좌우하고 외교도 여론의 영향을 받는 상황이 되었다. 일본에서도 1955년 이래 계속해서 정권을 잡아온 자민당 장기정권이 1993년에 호소가와 細川 비자민당 연립정권의 성립으로 막을 내리고, 정당의 이합집산이 일상화되는 장기적인 정치구조 변동기에 접어든다. 한일 양국의 국내정치는 그때까지 장기적으로 지속되어온 정치시스템이 불가피하게 변화되는 시기를 맞았다. 유동화하는 국내정치하에서 포스트 냉전기에 맞는 새로운 질서 구축을 모색하게 되었다. 대외정책이 국내정치에 좌우되는 현상이 가시화된 것이다.

2. 한일관계의 변동

국내외 정치의 유동화는 한일관계에도 변화를 가져왔다. 1990년대의 변화를 중심으로 정리해보자.

우선 한국 시민사회의 이의제기는 식민지 지배 책임 문제에까지 미치게 되었다. 민주화 과정의 이행기 정의 문제는 구체제하에서의 인권탄압 등의 책임을 묻는 것이다. 그러나 한국의 경우 식민지기 문제에 대한 항의를 권위주의 체제가 '봉인'하고 냉전기 국가 안전보장을 우선시했기 때문에 민주화 이후에 식민지 지배 책임을 묻는 목소리가 분출하게 된다. 일본 정부는 식민지 지배의 보상 문제는 '1965년의 한일 청구권·경제협력협정으로 최종적으로 완전히 해결', '국민 개인의 청구권을 포함해서 해결'했다는 입장이었는데, 민주화 이후 한국에서 이러한 한일 정부에 의한 해결을 부정하는 움직임이 나왔다.

한일기본조약은 비민주적인 한국 정부가 국민의 의지를 무시하고 맺은 것이라며, 권위주의 체제하에서는 문제 삼을 수 없었던 일본 정부의 책임을 추궁하고 개인에 대한 보상을 요구한 것이다. 그중에서도 크게 문제가 된 것은 일본군'위안부' 문제였다. 1991년 여름에 과거 일본군'위안부'였던 김학순이 자신의 체험을 공개하며 일본의 책임을 고발했고, 같은 해 12월에 다른 익명의 피해자들과 함께 일본 정부에 대한 보상요구 소송을 제기한 것이 계기가 되어 정치 문제화되었다.

다음으로 이러한 식민지 지배 책임 추궁에 대한 대응 과정에서 냉전기와는 다른 관계가 맺어지는 움직임이 나타난다. 지금까지 논한 것처럼, 한국이 민주화되기 이전에 냉전의 최전선에서 권위주의 체제를 유지하던 시기에는 일본의 보수세력이 한국의 체제를 지원하는 중요한 파트너였다. 반면 한국 내 반체제 운동을 지원하는 일본의 진보세력은 한국 내에서는 한국을 부정하는 '반한'세력으로 규정되었다. 그러나 1980년대 이후 일본의 식민지 지배 책임이 문제시되는 가운데 자민당의 유력 정치가 등 보수세력이 식민지 지배의 정당성을 주장하는 움직임을 보임으로써 한국 국민의 불신을 야기시켰다. 반면 권위주의 체제하에서 '반한'으로 간주되던 일본의 진보세력은 식민지 지배 문제가 가시화되는 가운데 일본의 책임을 주장하게 되었고 오히려 한국에서 '양심적' 세력으로 취급받게 된다. 양국 국내정치의 유동화도 작용해서 한일 보수세력끼리 정치 엘리트로서 결탁되었던 관계가 동요하기 시작한다.

정치가 유동화하는 가운데 민족주의적 주장을 통해 자신의 정치적 기반을 넓히고자 하는 정치가가 동아시아 국제관계의 변화를 배경으로 국내에서 그러한 주장을 펼침으로써 국제관계에 영향을 미치는 사태도 심화된다. 양국 정치가의 국내용 언동이 상대국에도 보도되어 상호 불신을 초래하게 되었다. 또한 자유화로 미디어 경쟁이 격화되면서 선정적인 보도가 전개된 것도 거기에 박차를 가했다. 게다가 이즈음부터 비약적으로 발달한 정보통신기술로 인해 국내용 정보가 곧바로 타국으로 전해지는 것도 비슷한 효과를 가져왔다.

권위주의 체제하의 장기정권과 자민당 단독 장기정권이 계속되던 전반의 25년과는 달리 양국 정계 간의 라인이 부실해져서 한일 간 외교마찰을 조정하는 기능도 약해졌다. 냉전기에는 공산주의의 위협에 대비한다는 안전보장상의 기본 입장을 같이함으로써 동아시아 지역 질서의 안정을 위해서는 외교문제에 마찰이 생겨도 최종적으로는 정부간의 '정치적 해결'이 가능했지만, 냉전 후에는 양국의 외교적 방향성이 꼭 일치하는 것만은 아니어서 정부간의 정치적 해결을 가능하게 조정하는 양국의 정계 간 의사소통 라인도 기능하기 어려워진 것이다.

한일관계의 정치적 조정이 곤란해진 가운데 새로운 역할이 기대된 것은 사회 차원의 교류였다. 한국에서 민주화의 진전으로 시민사회의 힘이 증대된 가운데 국내정치뿐 아니라 양국 관계에서도 시민사회의 역할에 대한 기대가 높아진 것이다. 시민사회의 교류를 통해 상호 이해가 진전되고 공통의 이익, 가치관, 목표 등이 생기면, 이들이 양국의 민주적 제도를 통해 정책에도 반영되고, 한일 양국은 협조관계하에서 공통가치의 실현을 지향할 수 있게 될 것이라는 생각이 있었다. 즉 민주제하에서 힘이 커진 시민사회가 상호 교류를 통해 한일관계를 조정해갈 것으로 기대했다.[11]

11 이러한 시민사회에 대한 '기대'는 냉전 후 국제정치의 이해에 있어 '민주적 평화론'이 주목된 것도 배경에 있을 것이다. 이것은 '민주제 국가 간에 전쟁할 가능성은 낮다'는 주장으로 브루스 러셋(Bruce M. Russett)의 이론이 대표적이다. 그 이유로는 민주제 국가에서는 피해를 두려워해서 전쟁을 기피하는 시민사회의 목소리가 국가정책에 반영되기 때문이라는 해석이 제시되어, 포스트 냉전 초기, 민주주의와 평화의 결합이라는 낙관적 이미지가 확산되었던 것이 영향을 미쳤을 것으로 생각된다.

확실히 1990년대 이후 사람들의 직접 왕래가 증가했고 문화교류도 진전되었다. 한국에서 오랫동안 금지되었던 일본의 애니메이션·가요·만화·영화 등 대중문화는 1998년 이후 단계적으로 해금되었다. 영화 『러브레터』의 히트로 일본어 붐이 일어나 주목받았다. 일본에서는 한국 드라마 '겨울 연가'의 방영(2003) 무렵부터 한국 붐이 일어나 한국 드라마나 K-pop이 침투하게 되었다. 이렇게 해서 사람·물자·정보의 왕래는 진전되었는데 상대국에 대한 인식은 어떻게 변화했을까? 여론조사를 실마리로 사회 차원의 상호 인식을 간단히 검토해 보자. 안타깝게도 계속해서 같은 문항으로 상대국에 대한 인식을 질문한 조사가 없기 때문에 부정기적으로 실시된 신문사의 공동 여론조사를 이용한다.

우선 1983년부터 부정기적으로 실시된 『아사히신문』과 『동아일보』의 공동 여론조사를 살펴보자. 질문 문항은 그때그때 다르지만 일관되게 묻고 있는 좋은가 싫은가 하는 질문에 대한 대답은 〈표 1〉과 같이 정리된다. 특징을 보면, 첫째로 한국에서는 민주화 이후에 오히려 '싫다'라는 답변이 늘어나고 있다.[12] 특히, 역사 문제가 정치 쟁점화한 김영삼 정권기의 1995·1997년, '다케시마의 날' 제정으로 영토 문제가 쟁점화한 2005년에는 '싫다'라는 답변 비율이 60%를 넘어, 역사 문제의 쟁점화가 혐오감의 증대에 큰 영향을 미치고 있다고 생각할 수 있다. 둘째로 일본에서는 '어느 쪽도 아니다'가 일관되게 가장

12 이것은 같은 공동 여론조사의 북한 관련 문항에서, 북한에 대해 '싫다'고 답변한 비율이 1983년의 76%에서 2000년의 22%에 이르기까지 계속해서 감소하는 것과는 대조적이다. 이 점을 포함해서 한국과 일본의 북한 및 중국에 대한 우호·적대감정의 변천에 대해서는 다음 논문을 참조하기 바란다. 磯崎典世(2015), 「市民社会から組み立てる安全保障」, 木宮正史 編, 『シリーズ 日本の安全保障6 朝鮮半島と東アジア』, 岩波書店, 209~242쪽.

표 1 여론조사로 보는 상대국에 대한 감정

		1984	1988	1990	1995	1997	1999	2001	2005	2012
한국에 대한 일본의 감정	좋다	11	11	12	11	8	13	21	15	17
	싫다	19	21	23	21	17	12	15	22	17
	어느 쪽도 아니다	64	63	61	65	73	72	61	61	65
일본에 대한 한국의 감정	좋다	23	14	5	6	8	10	12	8	12
	싫다	39	51	66	69	65	43	57	63	50
	어느 쪽도 아니다	34	26	24	22	27	48	31	29	37

* 『아사히신문』, 『동아일보』의 공동 여론조사

그림 1 한국에 대한 일본인의 친근감

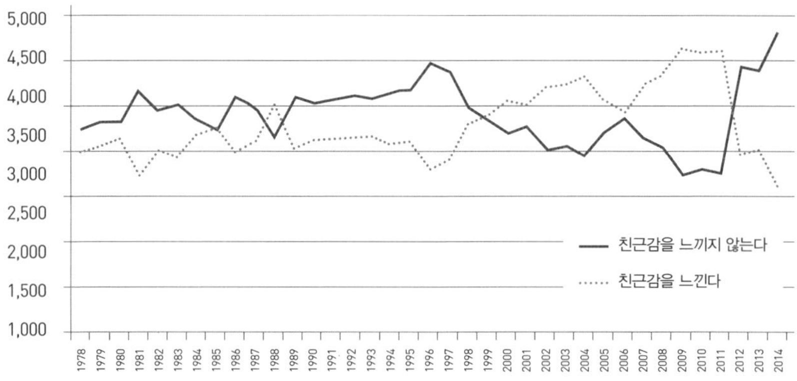

* 내각부 여론조사

많아서 '좋다', '싫다'가 명확하지 않지만 2000년대에는 '좋다'가 증가하고 있다. 비율은 크지 않지만 김대중 정권 이후 스포츠교류, 문화교류가 증가하면서 '한국이 좋다'고 명확하게 답변한 층이 늘고 있는 듯하다. '어느 쪽도 아니다'라는 한국에 대한 일본의 애매한 감정을 검토하기 위해, 일본 내각부가 '친근감을 느끼는가 아닌가'로 조사한 결과를 그래프로 나타낸 〈그림 1〉을 보면, 한국에서 '싫다'가 높은 1990년대 중반에는 일본에서도 '친근감을 느끼지 않는다'가 많고, '한일 파트너십 선언'(1998)이 나온 김대중 정권 이후에는 친근감이 늘고 있다. 영토 문제가 격화된 2000년대 중반에는 친근감은 감소하고, 2012년 이후로는 급속히 떨어지고 있음을 알 수 있다. 역사 문제나 영토 문제가 쟁점화되어 한일 간 대립이 격화되면 한국에 대한 친근감이 감소하는 것처럼 양자가 상관되어 있음을 보여준다고 할 수 있다.

한국에서 이러한 조사가 지속적으로 실시되었는가는 확인하지 못했지만, 앞의 신문 여론조사에서는 역사 문제에서 나타난 대립의 가시화가 일본에 대한 감정 악화에 영향을 주고 있다. 이는 시기가 일치하는 것만이 아니라 다른 질문 내용에 대한 응답에서도 어느 정도 추측된다.

3. 역사 문제의 쟁점화: 왜 상호 이해가 진전되지 않는가

사회 수준의 교류가 활발해져서 상호 이해의 실마리가 늘어남에도 불구하고 상대에 대한 감정은 역사 문제에 좌우되며, 이것이 정치 문제화되면 더욱 악화되는 이유는 무엇일까? 또 역사 문제에 대한 정치 수준의 대응과는 다른 수준에서 한일 시민사회가 한일 간 최대 현안이 되어 있는 이 문제에 관여해 대응을 하는 것은 불가능했던 것일까? 이 문제는 현재 한일관계가 역사 문제를 둘러싸고 악화되고 있는 이유를 고찰하는 것과도 연결된다. 이 문제에 대해서 주요 쟁점이 되고 있는 일본군'위안부' 문제를 중심으로 고찰한다.

앞에서 논한 바와 같이 1980년대 일본 사회는 식민지 지배 책임을 인식하고 보상 문제에 대한 대응도 시작했지만 1991년에 제기된 일본군'위안부' 문제는 일본에서도 충격으로 받아들여졌다. 일본군'위안부' 문제는 식민지 지배 책임 문제이자 여성에 대한 성폭력이라는 측면이 있어서 그때까지 식민지 지배 책임에는 관여하지 않았던 사람들에게까지 반향을 불러일으켰다. 한국 내에서는 그때까지 미군 기지촌의 성매매 문제나 성폭력 등에 관여해왔던 여성운동단체가 여성의 인권옹호라는 측면을 내걸고 지원했다. 일본에서도 여성문제나 전후 보상 문제에 관여하던 개인이나 단체가 대응하기 시작해서 일본을 거점으로 한국뿐 아니라 아시아 각지로 확산되는 일본군'위안부' 문제 대응 네트워크를 조직화해가게 되었다. 또한 1992년에는 NGO가 유엔에 문제제기를 해서 일본군'위안부' 문제가 국제 인권 문제로서도 다뤄지게 되었다.

한일을 비롯한 각국의 시민단체가 연대해서 대응을 모색함으로써 일본군'위안부' 문제는 보편적인 인권문제로서 해결되어야 한다는 방향을 지향하게 되었다. 그러나 문제의 정치화가 양국 내셔널리즘의 대립을 과열시켜 결과적으로 문제 해결이 이루어지지 못한 채 20년 이상이 경과하고 말았다.

일본 정부는 식민지기 보상에 관해서는 "1965년 일한 청구권·경제협력협정으로 최종적으로 완전히 해결", "국민 개인의 청구권을 포함해서 해결"했다는 입장을 견지하며 '보상을 대신한 조치'로 대응을 모색했다. 자민당·사회당·사키가케당 3당 연립으로 발족한 무라야마村山 내각은 1994년에 이 문제에 대한 대응책으로 '여성을 위한 아시아평화국민기금(약칭 아시아여성기금)'을 설립했다.[13] 정부에 의한 개인 보상은 불가능하다는 전제하에 피해자에 대한 보상을 위해서 반관반민조직을 구성해, 사무경비 등은 국고에서 지출하고 민

13 디지털기념관인 '위안부문제와 아시아여성기금(일본어판·영어판·한국어판)(www.awf.or.jp)'은 아시아여성기금의 활동기록으로서 인터넷상에 설치되어, 일본군'위안부' 문제의 해설과 아시아여성기금의 활동보고, 관련 자료 등을 제공하고 있다. 일본어판은 책자로도 간행[村山富市·和田春樹(2014), 『デジタル記念館: 慰安婦問題とアジア女性基金』, 青灯社]되어 있다.

간기금으로 과거 일본군'위안부'에 대한 '보상금'을 지급하겠다는 것이었다. 이 아시아여성기금에는 오랜 기간 전후 보상 문제에 관여해온 '진보적 지식인'도 피해자 구제를 위한 현실적인 방안이라며 적극적으로 관여했지만, 일본 정부의 책임을 애매하게 만드는 것이라는 비판을 초래했고, 한국에서는 반발해서 거부하는 피해자가 많았다. 문제가 정치 쟁점화함에 따라 양국에서는 국가주의적인 반응이 야기되어 해결을 더욱 어렵게 했다. 한국에서는 아시아여성기금이 일본 정부의 식민지 지배 책임을 묻는 운동의 상징으로 자리매김되었고, 일본에서는 일본군'위안부' 문제의 존재 자체를 부정하는 집단이 나타나 과거 역사를 부정적으로 보고 계속해서 사죄하는 정부를 비판하는 주장을 하기 시작했다. 아시아여성기금은 피해자에 대한 보상사업 등을 실시했지만 한국의 피해자 대다수는 이를 해결책으로 받아들이지 않은 채 2007년에 종료했다. 한국에서는 일본 정부의 사죄와 보상을 요구하는 피해자들의 항의 활동이 계속되고 있으며 한일 간에 커다란 미해결 문제로 남아 있다.

이러한 과정에서 일본에서는 '할 바는 다 했다'는 의식이 강해져갔다. 앞에서 말한 『아사히신문』·『동아일보』의 공동 여론조사 결과를 보면, 1995년 단계에서는 '식민지 지배의 보상은 충분한가'라는 질문에 대해 일본 '충분 26%, 불충분 56%, 기타·무응답 18%', 한국 '충분 0%, 어느 정도 10%, 불충분 87%, 기타·무응답 3%'로 나타나 일본에서도 과반수 이상이 보상이 불충분하다고 답했다. 하지만 2005년의 조사에서는 '식민지 지배의 사죄는 충분한가'라는 질문에 대해 일본 '충분 55%, 불충분 30%', 한국 '충분 1%, 불충분 97%'로 나타났고, '식민지 피해자에 대한 보상의 재검토는 필요한가'라는 질문에 대해서는 일본 '재검토 필요 30%, 불필요 57%', 한국 '재검토 필요 89%, 불필요 8%'로 나타나는 등 일본 측에서는 사죄와 보상이 불충분하다는 응답의 비율이 30%로 감소해서 한일 간 인식의 차이가 커졌다.

또한 2005년에는 '식민지 배상 문제는 해결되었는가'라는 질문에 대한 응답은 일본 '해결 30%, 미해결 60%', 한국 '해결 5%, 미해결 95%'로 나타나, 일본에서도 문제는 해결되지 않았다는 의식은 강하지만 사죄와 보상에 관해서는 할 바는 다 했다는 의식이 강해진 것을 알 수 있다. 이러한 한일 간 인식의 차이는 2015년 현재 더욱 커졌을 가능성이 있다. 식민지 지배 책임을 둘러싼 문제를 일본 대 한국이라는 내셔널리즘의 대립으로 단순화시키는 담론이 수용되기 쉬운 상황이 되어 있기 때문이다.

일본군'위안부' 문제가 처음에는 식민지 지배의 책임인 동시에 여성에 대한 인권침해로 인식되어 한일 시민사회가 보편적 여성 인권 문제로서 문제제기를 하고 해결을 위해 노력했다. 그러나 이와 같은 문제 해결을 위한 노력도 내셔널리즘의 대립으로 혼란에 빠져버린 것처럼, 1990년대 이후 가시화된 식민지 지배에 대한 역사인식을 둘러싼 문제는 한일 간 최대의 문제가 되어 시민사회의 공동 대응을 가로막아왔다. 문제 해결을 위한 협력이나 타협의 시도를 대립하는 내셔널리즘의 이분법적 틀 속으로 몰아넣고 마는 힘이 작용하고 있다.[14] 시민사회가 국가 간 관계를 선도한다고 할 때에는 공통의 이익, 가치관, 목표를 가진 '국가를 넘어선 시민사회'가 연대해서 문제에 대응하는 것을 생각한다고 할 수 있는데, 역사 문제 앞에서는 시민사회도 목소리를 내기 어렵게 되고 말았다.

---

14 예를 들어 일본의 시민단체가 한국 피해자들이 일본 정부의 책임을 묻는 것에 찬동해서 협력하면 '반일적'이라는 레테르를 붙이는 일본 국내의 풍조나 아시아여성기금 등 일본 측이 제시한 '타협안'을 수용하려는 당사자에게 압력이 가해지는 등의 한국 내 풍조가 있다. 전자는 일본의 인터넷상에 많은 사례가 있으며, 후자에 대해서는 大沼保昭(2007), 『「慰安婦」問題とは何だったのか: メディア·NGO·政府の功罪』, 中央公論新社를 참조하기 바란다.

덧붙여 역사 문제의 해결이 내셔널리즘으로 가로막혀 있는 이유로서 인터넷으로 인한 내셔널리즘의 고조라는 새로운 요인을 생각할 수 있다. 인터넷 게시판에서 차별적 표현으로 특정 집단을 능멸하는 풍조가 퍼졌고 일본의 '2ch(니찬네루)'나 한국의 '일베'가 그것을 결집한 사이트로 주목받고 있다. 그러한 인터넷 공간에서 전개되는 '혐한'이나 '반일' 담론은 상대에게 던지는 말이라기보다 커뮤니티 내에서 끼리끼리 표현의 과격도를 겨루며 일방적으로 이루어지는 험담이지만, 이것이 인터넷상에서 이루어지다 보니 상대에게 주목을 받고 다시 상대방 커뮤니티 내에서 일방적인 험담이 유포되는 과정으로 이어지는 악순환이 계속되고 있다. 인터넷이 보편화되기 시작했을 때 '쌍방향의 논의를 가능하게 하는 도구'로 여겨졌지만 현실에서는 전혀 논의가 성립되지 않으며 무책임한 온갖 욕설이 서로 간에 유통되고 있다. 이전에는 언어의 장벽으로 '커뮤니티 내의 차별적 화제'가 해외로 유통되는 데는 한계가 있었지만 요즘에는 인터넷상의 자동 번역 기능이 발달해서 정보 유통이 용이해졌다. 이렇게 해서 확산되는 정보가 내셔널리즘을 한층 더 자극시킴과 동시에 상대국 국민에 대한 편견을 조장하는 요인도 되고 있다. 최근 한일 국민감정이 악화되는 과정을 보면 매스미디어가 인터넷 공간의 상황을 추종해서 악성 언설을 스스로 더욱 확산시키고 있는 측면이 관찰된다. 자신들이 주목하는 상대국의 극단적인 사례가 상대국의 일반적 이미지로 확산되어 상호 오해를 확대시키고 있는 가능성도 있어서 앞으로 실증적으로 검토할 필요가 있을 것이다.

이상에서는 한국의 민주화로 인해 한일 간 사회 차원의 교류가 활발해진 이후의 변화를 간단히 살펴보았다. 과거 봉인되어 왔던 식민지 지배를 둘러싼 역사 문제가 분출되고 시민단체 차원에서도 해결을 위한 대응이 모색되었지만 내셔널리즘 대립의 틀에 갇혀 눈에 보이는 성과를 내지 못한 채 20년 이상이 지났다. 역사 문제의 쟁점화는 1945년 일본의 패전·식민지 해방 이후 '국교가 없던 20년'과 '역사 문제가 봉인되었던 20년'이라는 긴 '공백' 기간을 거친 뒤 불거진 일이기 때문에 양쪽에서 '이제껏 해결이 안 된다', '이제 와서 항의해온다'는 불만이 더 강하게 작용하게 되었다. 이와 같이 역사 문제를 둘러싼 대립 속에 지난 사반세기의 세월이 흐르고 말았다.

한일 간에 사회 수준에서 전개되는 대립에는 역사 문제가 크게 작용하고 있다. 한일관계는 이러한 대립의 측면이 전부일까? 물론 역사 문제는 매우 중요하고 그 해결이 중요과제임을 부정하는 것은 아니지만 역사 문제의 정치 쟁점화로 인해 양국 간 사회 수준에서의 관계가 완전히 차단되어 버리는 것은 아니다. 확실히 여론조사에 나타나는 '좋다', '싫다'라든가 '친근감'의 감정은 역사 문제의 정치 쟁점화에 크게 규정되고 있다는 생각이 들지만 여기에서 몇 가지 유의해야 할 점이 있다. 한국의 반일감정을 중심으로 검토해 보자.

먼저 한국의 여론조사에서는 일관되게 '일본은 싫다'라는 응답 비율이 높지만, 이 경우의 '일본'은 무엇을 가리키는 것일까? 필자도 "일본은 싫지만 일본인은 싫지 않다", "일본은 안 좋아하지만 일본 만화나 애니메이션은 좋아한다"라는 말을 들은 경험이 있지만, 한국인은 '일본'과 '일본인', '일본 문화' 등을 구별하고 있다는 지적이 많다.[15] '싫다'는 '일본'은 필자의 경험에 따르면 '일본 정부(의 정책)'을 가리키는 것으로 생각된다. 이러한 점을 보다 엄밀히 확인할 필요가 있다.

다음으로, 한국인이 '싫다'고 할 때의 대상이 한정적이라면 싫다고 하면서 수용하고 있는 부분에 주목할 필요가 있다. 여론조사에서 '싫다'가 압도적으

15 예를 들어 고하리 스스무(小針進)는, 양적조사를 하면 한국인은 '일본', '일본인', '일본 문화' 순으로 낮게 평가하는 경향이 보인다고 좌담회 자리에서 발언한 바 있다. 小倉紀蔵·小針進 編(2014), 『日韓関係の争点』, 藤原書店.

로 나오면 우선 원인을 찾는 것이 중요하지만, 오히려 '싫다'는 응답에 수렴되지 않는 중층적中層的 의식을 살피는 시각을 갖는 것이 사회 차원의 한일관계를 생각할 때 중요할 것이다.

이러한 관점에서 보면 단순히 '좋다', '싫다'의 선택이나 역사 문제에 대한 인식을 질문하는 것만이 아니라 앞으로는 리서치 디자인을 명확히 한 조사도 필요할 것이다. 예를 들어 최종호 등의 연구는 '일본의 방위정책에 대한 평가', '한일 FTA에 대한 평가', '이민에 대한 허용도', '일본 방문 경험' 등의 요인이 대일감정에 영향을 미친다는 가설을 세우고 그것을 검증하기 위한 여론조사를 실시해서 조사결과로부터 통계적으로 의미 있는 요인을 밝힌 연구의 효시이다.[16] 향후 이러한 연구의 축적과 함께 '일본은 싫다'라고 하면서 '일본의 ○○'에 대해서는 긍정적으로 평가하고 선호하는 등의 실태를 해명하는 리서치도 요구된다.

한일관계에서 역사 문제는 현안이다. 현재도 역사 문제가 국민감정을 좌우하고 있는 측면은 크지만, 이것으로 환원되지 않는 중층적 인식이 존재하고 있다. 역사 문제가 정치 쟁점화되어도 사회 수준의 관계나 교류가 지속되고 있다는 점은 이 책의 다른 장에도 제시되어 있다. 그러한 관계의 중층성, 나아가 상대에 대한 인식의 다면성을 해명하는 것이 단일 문제로 한일관계가 악화되는 것을 막기 위해서도 중요하다고 할 수 있을 것이다.

---

16 최종호 외(2014), 「한국인의 대일본 감정에 미치는 요인에 대한 경험적 분석: 일본의 군사대국화, 경제협력, 그리고 정체성」, 『국제관계연구』 19-1, 41~76쪽.

맺음말

이 글에서는 1965년의 국교정상화 이후, 한일 각각의 상대에 대한 인식이나 이미지를 직접교류가 제한되었던 1990년대 이전과 이후로 크게 나누어 전자에 대해서는 미디어 보도를, 후자에 대해서는 여론조사를 기본적인 소재로 삼아 검토했다.

'국교정상화 50년'의 전반기에는 동아시아 냉전구조 속의 양국관계나 국내정치에 영향을 받아 상대국을 거시적인 틀 속에서 보고 파악한 이미지가 강했다고 할 수 있다. 한국을 군사독재로 보거나 일본을 교활한 '양다리 외교' 국가로 보는 것이 전형적인 예일 것이다. 1980년대가 되면 상대국의 사회나 국민에 대한 정보가 늘어나기 시작하고 한국의 민주화로 직접교류도 활발해져서 상대 측에 대한 인식도 다양화하는 계기가 되었다. 그러나 국제관계와 국내정치가 유동화하는 가운데 역사 문제가 정치 쟁점화되어 한일관계를 규정하는 요인으로 작용하고 국가 간 관계뿐 아니라 사회 수준의 관계에도 큰 영향을 미치고 있는 것이다.

그러나 상대국이나 사회를 보는 인식의 틀은 역사 문제에만 좌우되는 단일한 존재가 아니다. 접촉 기회가 다르면 다른 틀로 이해하고 평가하게 되는 것이 관찰된다. 이는 아직 명확히 실증되어 있지 않다. 이러한 중층적인 인식을 해명하는 것이 앞으로의 과제가 될 것이다.

이상과 같이 지난 50년간 진행된 한일 양 사회에서의 상호 인식의 전개를 검토해보면 현재의 양국 관계를 '전후 최악'이라고 단정하는 것은 불가능할 것이다. 교류가 차단되어 관계 구축조차 어려웠던 1970년대에 비하면 지금의 사회 차원의 관계는 진전된 상태이다. 역사 문제를 둘러싼 감정 대립은 있지만 한일관계는 이 문제로만 환원되지 않는다. 역사 문제 해결을 위해서도 상호 이해를 도모해 나가는 것이 중요하다.

이 점과 관련해서 마지막으로 한 가지 중요한 점을 지적해두고 싶다. 이 글에서는 민주화 이후 사회 수준에서 양국의 직접교류가 활발해졌다고 보고 있으며, 교류의 진전에도 불구하고 상호 이해가 진전되지 않는 현실을 고찰했다. 분명 시간 순으로 보면 상호 방문자 수는 크게 증가했지만, 이는 민주화 이전과 비교한 '상대적'인 수치이다. 국민 전체로 보면 결코 교류가 활발하다고는 단언할 수 없다. 방문자 수와 인구를 비교해 보면 분명하다.

이 점은 일본의 언론 NPO와 한국의 EAI(동아시아연구원)가 2013년에 실시한 한일 공동 여론조사[17]에서도 확인할 수 있다. 상대국 방문 경험이 있다는 응답이 일본은 21.4%, 한국은 23.8%였고, 방문 목적은 양쪽 모두 '관광·여행'이 압도적으로 많았으며, 유학이나 장기 거주는 양쪽 다 1% 정도였다. 더구나 상대국 국민에게 친구·지인이 있는가라는 질문에 대한 응답은 일본이 22.0%, 한국은 9.7%로 양국 모두 80~90%가 상대국 국민 중에 아는 사람이 없다고 응답하고 있다. 즉 직접교류의 비율은 아직 그 정도에 불과하다. 확실히 직접교류는 이전에 비하면 급속도로 증가했지만 절대량을 보면 '직접교류는 활발해졌는데'라고 말할 수 없는 상황이다. 반면에 25년간 미디어에 의한 정보 유통은 절대량에서도 급속히 증가하고 있다. 이러한 상황에서 한일 양국의 시민은 상대국을 구체적으로 파악하지 못한 채 넘치는 정보를 소화하지 못하고 있으며, 양국 사회에서는 가장 널리 유통되는 알기 쉬운 이미지를 바탕으로 '현재의 주요한 인식'이 형성되고 있을 가능성이 있다. 즉 직접교류의 증

17 '제1회 한일 공동 여론조사'의 일본어판 보고서는 언론 NPO의 홈페이지에 게재되어 있다(www.genron-npo.net/world/genre/cat212/post-229.html#1). 한국어 보고서에 관해서는 동아시아연구원 홈페이지(www.eai.or.kr)를 참조하기 바란다.

가로 인해 상대에 대한 이해가 진전될 가능성은 아직 남아있는 것이다.

앞으로 직접교류의 전개와 함께 과거 문제를 해결하고 한일관계를 진전시켜 나갈 수 있는 기반이 양국 사회에서 창출될 가능성이 있다. 이러한 가능성을 모색하기 위해서도 지금까지 사회 수준에서 전개된 한일관계와 현재 상황에 대한 보다 깊은 연구가 요청되고 있다.

참고문헌

박인휘·강원택·김호기·장훈 엮음(2012), 『탈냉전사의 인식: 세계화 시대 한국사회의 문제의식』, 한길사.

최종호·정한울·정헌주(2014), 「한국인의 대일본 감정에 미치는 요인에 대한 경험적 분석: 일본의 군사대국화, 경제협력, 그리고 정체성」, 『국제관계연구』 제19권 1호.

磯崎典世(2015), 「市民社会から組み立てる安全保障」, 木宮正史編著, 『シリーズ日本の安全保障6 朝鮮半島と東アジア』, 岩波書店.

大沼保昭(2007), 『「慰安婦」問題とは何だったのか: メディア·NGO·政府の功罪』, 中央公論新社.

小倉紀蔵·小針進 編(2014), 『日韓関係の争点』, 藤原書店.

関川夏央(2005), 『新装版 ソウルの練習問題』, 集英社.

池明観(2003), 「国際共同プロジェクトとしての「韓国からの通信」」, 『世界』 第718号, 2003年 9月号.

鄭大均(2003), 『韓国のナショナリズム』, 岩波書店.

鄭大均(2010), 『韓国のイメージ: 戦後日本人の隣国観(増補版)』, 中央公論新社.

朝鮮日報 編(1984), 『韓国人が見た日本: 日本を動かしているもの』, サイマル出版会.

村山富市·和田春樹(2014), 『デジタル記念館: 慰安婦問題とアジア女性基金』, 青灯社.

吉田光男(1999), 「変わる朝鮮認識: 朝鮮史研究者のジレンマ」, 『大航海』 No. 30.

吉田裕(1995), 『日本人の戦争観』, 岩波書店.

Berger, Thomas U.(2012), *War, Guilt, and World Politics after World War II*, Cambridge University Press.

Glosserman, Brad and Scott A. Snyder(2015), *The Japan–South Korea Identity clash: East Asian Security and the United States*, New York: Columbia University Press.

Hagstrom, Linus and Karl Gustafsson(2015), "Japan and identity change: why it matters in International Relations", *The Pacific Review*, Volume 28–1.

Katzenstein, Peter J. ed.(1996), *The Culture of National Security: Norms and Identities in World Politics*, Columbia University Press.

3장

재일조선인이 보는 한일관계

'국민'의 틈새에서

문경수

머리말

한국, 북한, 그리고 일본이라고 하는, 주민의 등질성이나 응집력이 뛰어나게 높은 나라들의 틈새에 끼어 살아오면서, 전후의 재일조선인만큼 '국민'이나 '민족'에 관련된 강한 자장磁場 안에서 살아온 마이너리티도 드물 것이다. 특히, 제2차 세계대전 이후부터 일본에서 고도의 경제 성장이 진전된 1960년대에 이르는 시기는, 일본과 남북한의 쌍방으로부터 국민화의 압력이 극도로 높아지고, 그 과정에서 재일조선인에 대한 국민이나 국적의 논리에 의한 분단과 포섭이 진전된다. 필자는 지금까지, 이 '국민화'의 과정을 구식민지 출신자의 선거권이나 일본 국적의 박탈, 그리고 재일조선인 운동의 노선전환(1955년의 재일조선인 총연합회의 결성)이라는, 주로 일본의 패전에서부터 1950년대에 이르는 일본 정부의 재일조선인 정책이나 재일조선인 운동의 전개 과정을 통해서 생각해 왔다(文京洙, 2007). 이 글에서는 먼저 1950년대에 이르는 이러한 과정을, 미군정하의 제도개혁에서부터 새로운 국민통합을 지향한 한국에서의 동향이나 초기의 한일협상의 경위 등도 언급하면서 서술해 보겠다.

1950년대 '국민화'의 시대를 거쳐, 38선을 둘러싼 동아시아의 냉전적 대치 상황이 격화된 1950년대 말에서 1970년대에 이르는 시기는, 경직된 국민 개념에 의거한 분단과 포섭의 논리가 정점에 달한 시기였다. 그 당시의 재일조선인은, 남한인이냐 북한인이냐, 민족으로 귀속이냐 일본인으로 동화냐, 본명이냐 통칭이냐라는 택일적인 질문 앞에 심하게 흔들릴 수밖에 없었다.

두 번째로는, 재일조선인 사회가 '국민'이나 '민족'의 논리에 의해 뿌리째 흔들린 모습을 서술한다. 만일 제2차 세계대전 이후 1950년대에 이르는 시기가 '국민화'의 시대라면, 1980년대 후반 이후의 글로벌화 시대는, 그러한 '국민'의 관념이 드디어 흔들리기 시작하는 시대라고 할 수 있다. 등질적인 민족이나 국민에 대한 강한 집착을 보인 한국 사회에서도 1990년대 후반 이후에는 '국민' 관념이 흔들리는 현상이 분명하게 나타난다. 그러나 최근에는 그러한 '국민' 관념이 흔들리게 되는 추세에 대한 반동이라 해야 할 움직임이 새로운 내셔널리즘의 형태를 가지고 나타나 경쟁 사회의 압력에 시달리는 한일 두 사회를 휩쓸기 시작했다. 이는 한일관계에 영향을 미쳐, 재일조선인도 다시 내셔널리즘에 기인하는 '국민화'의 압력에 직면하고 있다. 마지막으로는, 이러한 '국민' 관념의 동요와 반동의 양상을 확인한다.

어쨌든, 재일조선인에게는 단지 한일 양국이 친밀한 우호관계에 있는 것만으로는 충분치 않다. 국적이나 민족에 관한 획일적인 시각으로는 결코 파악할 수 없는 재일조선인의 있는 그대로의 영위나 생각이 수용될 만큼 양국 사회가 다원적으로 열리는 것이 긴요하다. 이 글에서는 이러한 재일조선인의 입장에서 전후 한일관계의 발자취를 살펴보고, 오늘의 과제를 생각하고자 한다.

'국민화'의 시대: 해방부터 1950년대까지

1. 재일조선인의 외국인화

조선인들의 일본 이주가 본격화되는 것은 일본이 제1차 세계대전의 군수경기에 들끓은 1910년대 후반경이었다. '강제 연행'으로 비난받는, 전쟁 시기의 조선인 노동자의 대량동원은 1939년에 시작되지만, 그때까지 이미 80만 명이 넘는 조선인이 일본에 살고 있었다. 일본의 패전으로 1년 남짓한 사이에 약 150만 명의 조선인이 본국으로 귀환했지만, 이 사람들은 주로 '전시 동원' 등에 의한 일본에서의 거주경력이 짧은 조선인을 말하는 것으로, 일본에 남게 된 60만 명 안팎의 사람들 대부분은, 1930년대까지 이미 일본에서 생활의 뿌리를 내리고 있었던, 이른바 '정주자定住者'들이었다.

물론 '정주'라고 해도 그 당시 재일조선인들의 삶이 실제 '사람이 산다'고 할 만큼의 내실을 갖고 있었던 것인지 의심스럽지만, 그래도 일본에 산 것에 따르는 무엇인가—일본 출생의 아이(1930년대에는 이미 20~30%가 일본에서 출생한 2세였다)를 포함한 친족이든지, 친구나 이웃과의 관계라든지, 그 나름의 자산이나 집과 토지 등—를 가지고 있었다. 즉, 일제강점기에 일본에 뿌리를 내린 조선인들은 '해방'이라는 지극히 유동적인 상황에서 조선인으로서의 아이덴티티의 농담濃淡이나 거주지 선택의 지향성 등에서 실로 다양한 집단이 되어 있었다고 할 수 있다. 재일조선인 주민에게 주어져야 할 국적만 해도, 반드시 자명한 것으로 규정할 수 있었던 것은 아니다.

일본 점령을 앞둔 미국 정부의 일부도 그러한 재일조선인의 정주라는 사실을 고려해서 국적 선택의 가능성을 언급하고 있다(金太基, 1993). 그러나 결국, 점령 당국은 동아시아에서 새롭게 성립된 국민국가의 체계 안에서 재일조

표 1 식민지기 재일조선인 인구 추이

연도(년)	조선인 인구(명)	연도(년)	조선인 인구(명)
1911	2,527	1935	625,678
1915	3,917	1937	735,689
1920	30,189	1940	1,190,444
1925	129,870	1941	1,469,230
1930	298,091	1944	1,936,843

* 내무성 경보국 자료에 의한 수치

선인이 가져야 할 지위에 관한 명확하고 일관된 인식을 결여한 상태에서 치안적 관점만이 선행하는 일종의 기회주의적 입장을 가지고 있었다. 이러한 와중에서 재일조선인의 국적 문제는 대체로 일본 정부의 손에 맡겨지고, 재일조선인의 '외국인화'라고 해야 할 과정이 GHQ의 점령하에서 이루어진다.

즉, 법적인 형식은 여전히 일본 국민이었던 일본에 거주하는 조선인에게 부여된 선거권이 정지(1945. 12. 중의원 의원 선거법 개정)된 것을 비롯해서, 타이완인, 조선인을 외국인으로 간주한다는 소위 '간주 규정'에 의해 재일조선인을 외국인 관리하에 둔 외국인등록령의 제정(1947. 5.)을 거쳐, 단독 강화 조약의 발효(1952. 4.)에 따르는 구식민지 출신자의 일본 국적 상실을 공고한 법무성 민사국장 통달(제438호 민사국장통달 '평화조약의 발효에 따르는 조선인·타이완인 등에 관한 국적 및 호적사무의 처리')에 이르는, 재일조선인의 외국인화 과정이 점령기에 진전된다(文京洙, 2007). 이 과정은 '불탄 자리의 민주화'라고 일컬어지는 '전후 민주주의'를 표방하는 새로운 일본의 출발과 함께 진행되었다. 즉, '인간'이 된 천황을 국민통합의 상징으로서, 평화와 민주주의 혹은 빈곤으로부터의 탈출이라고 하는 전후적 가치를 담은 새로운 일본 국민이 탄생하려고 하고 있었다. 재일조선인의 외국인화는 그러한 새로운 국민 형성 과정에 있어서 '국민'의 범위를 좁히고, 재일조선인을 민주주의나 인권과 같은 전후의 시대적 가치가 미치지 못하는 사각으로 쫓아 보내는 일이었다.

2. 일본인의 조선관

재일조선인의 외국인화의 저변에는, 역사적으로 축적된 일본 사회의 차별적인 조선관이 깔려 있었다. 근대 일본의 국민 형성 과정에서, 조선인은 문명화라고 하는 척도에서는 '미개'하거나 '야만'스러운 존재가 되었으며, 천황제를 기축으로 하는 전통의 재창조라고 하는 관점에서는 '신공황후 어일정神功皇后御一征'(3세기에 신공 황후가 한반도에 출병해 신라를 정복했다고 하는 전설)의 땅의 국민으로 간주되어 이중 삼중으로 차별받는 존재였다. 그러한 차별적인 시각은 제1차 세계대전 이후 도일한 많은 가난한 조선인들과의 일상생활에서의 접촉을 통해서 구체화되고, 일본인 사이에 널리 정착되게 되었다. 패전을 전후하여 일본인의 대외인식은, '탈아脫亞 입구入歐' → '귀축鬼畜 미영' → '탈아脫亞 입미入米'로 변했다고도 하지만, 일본인의 조선(나아가서는 아시아)에 대한 차별이나 멸시는, 패전이라고 하는 충격을 거치면서도 조금도 불식되지 않았다.

당시 점령군도 많든 적든 간에 재일조선인을 성가신 사람, 점령 통치의 저해 요인이라고 생각하고 있었다. 그러한 시각은 1946년에 접어들어 재일조선인을 한반도로 송환하여 문제를 '해소'할 수 있는 가능성이 상실된 뒤에, 재일조선인연맹(1945. 10. 결성)이 대표하는 재일조선인 운동과 일본공산당의 연계가 분명해지자 한층 강해진다.

한편, '오족五族공화'나 '대동아공영권'의 구호 밑에서 구축된 전전의 다민족제국의 붕괴는, '순수한 일본인'으로부터 이루어지는 '소국주의' 혹은 '일민족 일국가'를 표방하는 의식을 고양시키게 된다. 폐쇄적인 동질사회를 전제로 '내부'에 속하지 않은 타자에게는 동화와 배제라고 하는 두 가지 관점으로밖에 대처할 수 없는 황폐화된 타자에 대한 인식이 전후 일본 사회 풀뿌리 수준에서 재생산되고 있었다. 그런 가운데 재일조선인은 점령자로서 나타난 미국인을 제외하면 일본인이 의식하는 유일한 타자였다. 스스로 '해방 민족'이라고 부르며, 암시장에서 단속에 저항하고 가두에서 시위를 벌이는 등 자칫하면 탈선해 버릴 경향도 있었던 재일조선인의 행동에 기가 죽은 일본인도 적지 않았을 것이다. 패전 직후 '불탄 자리' 밖에 남아있는 것이 없었던 시대에 사춘기를 보낸 일본인들 중에는 그 당시 재일조선인의 거친 언행을 조선인관의 원형으로 마음속에 새겨 넣은 사람이 적지 않다. 더구나 1950년대에는 한국 정부가 '이승만 라인'[1]을 선언하고, 일본 어선의 임검·나포·억류가 잇따르자, 일본 사회의 한국에 대한 반발이 강해졌다. 식민지 지배에 대한 반성은커녕, 패전 이후 1950년대에 이르는 시기에도 일본인의 조선관은 다소 과장해서 말하면, 근대 이후 사상 최악이라고 해도 좋을 만큼 악화되고 있었다.

3. 한일협상과 재일조선인의 국적

재일조선인의 외국인화는 한국의 입장에서는 한일 합병 이전 상태로 '현상 복귀'가 이루어진 것과 다르지 않으며, "일본 국적 상실 조치가 어떠한 법적 근거·절차에 의해 이루어졌다고 해도, 결과 자체는 당연한 일"(金敬得·金英達,

---

1 정식으로는 '대한민국 인접 해양의 주권에 관한 대통령선언'으로 한국에서는 '평화선'이라고 불렸다. 한일어업협정의 성립(1965)에 의해 폐지될 때까지 한국 정부가 구속한 일본인 억류자는 3,929명, 나포된 선박수는 328척에 이르렀다.

1994)로서 의식되고 있었다. 해방 직후의 한국에서는, 재외 조선인의 '현상복귀'는 "민족해방이 구체적인 표현"이며, 귀환 동포에 대한 원조가 각종 원호단체에 의해 대대적으로 진행되었다. 그러나 이러한 '조국'의 호소에 호응한 재일 2세들은 '언어적 차별'이나 '왕따'의 대상이 되는 일도 적지 않았다고 한다. 획일적인 민족 이미지를 전제로 이질적인 타자에게 보내는 배제의 눈길은 억압받은 자들의 내셔널리즘에도 확실히 나타나고 있었다.

그런데 앞서 말한 법무성 민사국장 통달에 의해 국적을 상실한 '구식민지 출신자'의 기준이 된 것은 호적이었다. 일제강점기에는 같은 '일본 신민'으로 취급되면서도, 조선인은 호적상 '외지적'(1923년의 조선 호적법의 제정 이후는 '조선 호적')으로서 차별받는 존재였으며, '외지적'(조선 호적)과 '내지적' 사이의 이동은 혼인이나 양자 결혼 등의 신분행위가 없는 한 허용되지 않았다. 그리고 조선 호적은 해방 후의 미군정하에서도 실질적으로 유지되어, 1948년 5월의 '국적에 관한 임시조례'나 12월에 제정된 부계혈통주의에 근거하는 국적법에서도 한국인의 기준으로 채택되어 사실상 유효성을 유지했다(金英達, 2002: 142).

새롭게 제정된 대한민국의 국적법은 "유교의 가부장제를 계승하고, 남성혈통 중심으로 단일 민족 국가를 보존한다는 사고 방식을 반영한 것"(全宰鎬, 2003: 254)이었다. 다시 말하면 이는 식민지화에 의해 좌절된 대한제국 시기(1897~1910)에 시작한 국민 형성이라는 과제를 공화제(민국)의 기치 아래 재개하는 과정에서 핵심적 제도로 기능했다. 1951년 10월에 시작되는 한일회담에서도 한국 측은 국적법에 근거해서 '재일한국인이 대한민국 국민'이라는 것을 확인하도록 강하게 촉구하고 있다(吉澤文寿, 2005: 39).

한일회담은 아직 일본이 점령하에 있었던 1951년 10월 예비회담으로 시작되지만, 처음부터 식민지 지배의 평가를 둘러싸고 한일 양국이 정면으로 격돌

했다. 한국 합병은 무효(null and void)이라 해서 식민지 지배의 보상을 요구하는 한국에 대하여, 일본 측도 식민지였던 조선에 형성한 일본인 자산의 반환을 요구하는 꼴이었다.

재일조선인의 국적이나 법적 지위에 관해서도 한일의 주장은 당초부터 차이가 컸다. 일본 측은 강화조약의 발효와 동시에 재일조선인은 일본 국적을 상실하게 될 것으로 주장했지만, 한국 측은 한국 국적은 식민지 지배에 의해 그 기능만이 상실되고, 일본의 패전과 동시에 자동적으로 그 기능을 회복했다, 따라서 재일조선인의 일본 국적은 일본이 포츠담 선언을 수락한 1945년 8월 9일에 이미 상실되어 강화조약의 발효와는 무관한 일이라고 주장했다.[2] 게다가 한국 측은 1945년 8월 9일 이전에 일본에 거주하는 재일조선인에 대한 내국인 대우나 영주권의 부여를 요구했다. 이런 한국 측 주장에 대해서 일본 측은 일반 외국인과 동일한 출입국관리령의 적용이나 일본의 국적법에 의거한 귀화에 의한 국적 취득을 대안으로 제시했다. 한일 두 나라는 똑같이 일본 제국 붕괴 후 동아시아에 등장하는 국민의 논리를 전제로 하고 있어서 한국 국적의 확인 문제를 둘러싼 한일 당국자의 거리는 그다지 큰 것이 아니었다. 그러나 재일조선인에의 영주권의 부여 등 법적 지위에 관한 문제는 한일조약이 체결될 때까지 계속 중대한 쟁점이었다.

일본 정부는 재일조선인의 법적 지위에 관한 한국 측의 주장에도 아랑곳 없이, 샌프란시스코 강화조약의 발효(1952. 4.)와 동시에 구식민지 출신자의 일본 국적 이탈이라는 조치를 일방적으로 감행했다. 한 통의 통달에 의해 외국인이

2 예비회담 본회의 제8차 회의 『한일회담 경과 대요(1951. 11. 22.)』; 외무부 정무과 『한일회담 예비 회담(1951. 10. 20.~1951. 12. 4.) 본회의 회의록』(723·1JA본, 1951. 1~10차, 84~110쪽).

된 재일조선인은 법 126호에 의해 당장의 재류는 허용되었지만, 국외 퇴거 강제 규정을 담은 출입국관리령(1951. 10. 공포)의 대상이 되었고, 외국인등록증의 상시 휴대나 지문날인(1955. 외국인등록법변경에 의해 도입)이 의무화되었다.

일본 국적을 잃어버린 조선인은 국가나 자치단체의 공무원은 물론 국영철도나 우체국 등의 공공기관에 직장을 얻을 수 없게 되고, 소위 '국적 조항'에 의해 공영주택입주를 비롯해 대부분의 사회복지제도 적용에서도 배제되었다. 그 당시 악화되었던 조선인에 대한 반감과도 더불어 취직 차별은 전전 이상으로 심각했고, 대부분의 재일조선인은 '실대일고失對日雇'[3]나 생활보호자가 되는 것 이외에 살 길을 찾을 수 없었다. 생활보호에 대해서도 1956년에 단행된 일본정부의 대폭적인 중단 조치에 의해 24%을 넘는 수준이었던 재일조선인의 보호율도 13%대 수준, 즉 절반 가까운 수준까지 감소되었다.

이러한 가운데 1954년 8월, "일본에 거주하는 조선인"을 '조선민주주의 인민공화국 공민'으로 규정하고 권리를 보장할 것을 일본에 촉구하는 남일南日 북한 외상의 성명이 전달되었다. 이 요구는 극도의 빈곤과 차별에 신음하는 재일조선인 주민에게 강렬한 호소력을 발휘했다. 1955년 5월의 총련(재일본조선인 총연합회) 결성은 북한 정부의 입장에 호응해서 재일조선인이 '해외공민'으로 귀속되어야 한다는 원칙을 선명하게 내세운 것을 뜻한다. 즉, 일본 정부가 재일조선인의 정주자로서의 생활 실태를 무시해서 일률적으로 '외국인'으로 처리한 것에 대해, 재일조선인도 스스로 자신을 '외국인'으로 규정한 것이다.

---

3 1949년에 시작되는 실업 대책 사업으로 공공 직업 안정소를 통해서 알선된 날품팔이 노동, 일당 240을 '니코욘'이라고 불렀다.

재일조선인 사회의 균열과 변용: 귀국 운동부터 한일조약까지

1. 귀국 운동

한국 정부가 '이승만 라인(평화선)'을 선언하고 일본의 식민지 지배를 정당화한 구보타久保田 발언 등에 의해 한일회담이 중단되는 등의 사태가 일어난 1950년대 중반에 접어들어 한일관계는 극도로 냉각되었다. 그러자 이 허점을 노린 듯이 북한의 일본에 대한 평화 공세가 활발해진다. 1955년 2월, 전년 8월에 재일조선인을 공화국의 '해외공민'으로 규정한 남일 외상이 '대일관계에 관한 조선민주주의 인민공화국의 성명'을 발표하고, 조일 간의 관계 개선을 호소했다. 1954년 8월 남일의 성명은 재일동포를 '박해하는' 일본 정부에 대한 비난의 어투로 넘치고 있었다. 그러나 1955년 2월의 성명은 완전히 기조가 달라져 일본과 무역·문화 교류를 실시하고, 나아가서는 국교정상화를 호소하는 것이었다.

그 당시에는 일본에서도 1954년 12월에 '자주평화외교'를 내세우는 하토야마鳩山一郎 정권이 출범해서, 일소관계의 개선 등 냉전구조로부터의 탈각이 모색되고 있었다. 그러한 가운데 조일관계도 급속하게 변동하기 시작했다. 일본 국회의원 북한 방문단(10. 18.~10. 20.)이 당내 좌우 양파의 통합을 달성(10. 13.)한 사회당의 주도로 실현되고, 사회·공산 양당이나 조일관계 개선을 도모하는 시민단체 등을 통해서 조일 간의 제휴와 교류가 확대되었다. 총련은 이러한 북한의 대일 '인민외교'를 짊어지는 '재외공관', 혹은 '주일대표부'로서의 역할도 짊어지고 있었다. 총련을 통해서 북한과 일본의 혁신 세력과의 우호·연대 운동이 고양기를 맞이하고, 급기야 이는 재일조선인의 북한 귀국 운동으로 발전해 한일관계와 재일조선인 사회에 거대한 파도를 일으키게 된다.

1958년 5월, 총련은 제4차 전체 회의를 열어 그때까지 유지하던 공동 의장 체제로부터 한덕수 단독의장체제로 이행했다. 이미 북한에서는 김일성이 당내의 비주류파를 배제해 유일지도체제를 확립했고, 김일성의 배타적 지도가 한덕수를 유일한 파이프로 총련 조직에 전달되는 체제가 갖추어진다. 9월, 김일성은 '조국으로 집단귀국'하자고 결의한 총련 산하 동포(가나가와현神奈川縣 가와사키川崎 지부 산하 나카도메中留분회)의 호소에 답하는 형식으로, "우리나라 인민은 일본에서 생활의 길을 잃고 조국의 품속에 안기려고 하는 그들의 념원을 열렬히 환영"한다고 호소했다. 여기에 호응해서 총련은 전국 동시 진정陳情 행동이나 귀국 실현을 요구하는 서명 운동 등을 전개했다. 총련의 조직 운동은 귀국 운동 일색이 되었다. 안보투쟁(1960년에 예정된 미일 간의 안정보장조약 개정을 반대하는 투쟁)을 정점으로 하는 사회 운동의 전후 최대의 고양기를 맞이하고 있었던 일본의 혁신 세력도 귀국 운동을 지원했다. 11월 17일에는, 고문으로 하토야마 이치로, 아사누마 이나지淺沼稻次, 미야모토 겐지宮本顯治를 추대해서 초당파로 '재일조선인 귀국 협력회'가 발족하고, 1959년 2월 초까지는 귀국 촉진 결의가 47개 도도부현都道府県과 290개 시구정촌市區町村 의회에서 채택되었다.

이와 같이 귀국 운동이 비등된 시기에 총련은 대중단체로서 전성기를 맞았다. 모든 도도부현에 지방본부가 생겨, 조청朝靑(재일본조선청년동맹)이나 여맹女盟(재일본민주여성동맹) 등 14개의 산하단체, 조선신보사나 조선문제연구소 등 24개의 사업체, 또한 유치원에서 조선 대학교에 이르는 150개에 가까운 민족학교 등 총련의 조직 체계가 거의 확립된다. 일본 공안조사청의 자료에 의하면 1960년대 초의 총련 산하 동포는 약 20만 명으로 6만~7만 명의 민단 세력을 압도하고 있었다.

패전 이후 일본 정부는 일관되게 동화나 귀화를 거부하는 재일조선인의 본국 송환을 바라고 있었지만, 1958년에 한일회담이 어렵게 재개한 직후이기도 하므로 한국을 배려해 북한이나 총련의 요구를 즉시 받아들일 수는 없었다. 그러나 1959년 1월, 일본 적십자사 이사회는 귀국 문제가 정치와 분리된 인도적 문제라면서 문제의 조기해결을 호소했다. 이를 받아들여서 2월에 일본 정부는 결국 소위 '내각회의 양해'(재일조선인 중 북한 귀환 희망자의 취급에 관한 내각회의 양해)를 발표했다. 그 내용은 귀국에 따르는 모든 업무를 일본 적십자사와 적십자 국제위원회ICRC에 맡기고, 일본 정부는 귀국을 위한 배도 준비하지 않기로 했다. 이것은 한국에 대한 배려를 다분히 의식한 것이었다. 그래도 한국 측의 반발은 격렬했고, 한일회담의 중단이나 '이 라인'의 감시 강화, 억류 일본인의 석방 거부 등 보복 조치가 행해졌다.

한편, '내각회의 양해'를 전후해서 일제히 재일조선인의 귀국 문제를 보도하기 시작한 각종 신문은, 일본의 대응은 인도적으로 당연한 조치이며 억류중인 일본인 어민의 송환을 거부하는 한국 정부의 행동은 '인질 외교'이며 '비인도'적이라고 비난했다. 이런 논조는 『산케이産經』, 『요미우리讀賣』, 『아사히朝日』 등 각종 신문에서 공통된 것이었다.

일본 여론의 압도적 지지 속에서 조일 간의 적십자회담은, 제네바에서 4월에 시작되고, 8월에는 인도의 콜카타에서 '귀환 협정'이 정식조인되었다. 12월 14일, 드디어 니가타新潟항에서 238가구 975명이 소련 선박(크리리온, 도보루스쿠) 두 척을 타고 북한의 청진항을 향했다. '공화국 공민'으로서 주장된 '국민'의 논리는 일본 사회에서 심한 차별과 빈곤에 허덕이는 재일조선인의 마음을 사로잡았다. 대부분이 한반도 남쪽에 고향을 두고 있는 10만 명 가까운 재일조선인의 북한 대량귀환이 실현되었다.

지금에 와서 돌이켜 보면, 이 귀국 사업은 일본의 패전으로부터 1950년대에 걸쳐 한반도와 일본에서 이루어진 '국민'이나 '공민'이란 틀에 위한 분할과 배제, 결집이 초래한 가장 비극적인 귀결이었다고 할 수 있다. 일본의 혁신 세력도 재일조선인을 같은 지역 사회에 사는 주민으로 간주하기보다 친선이나 우호의 대상인 외국 국민, 사회주의 조국을 가진 시민으로 보고 있었으므로, 북한으로 귀환하는 것을 비극으로 간주할 리도 없었다. 당시 일본 국민, 특히 진보나 혁신을 표방하는 일본인들에게 한국의 이미지는 '미제국주의'하에서 국민들이 가난과 기아에 허덕이는 나라였고, 북한은 '천리마'로 상징되는 급속한 부흥과 건설이 이루어지는 '지상 낙원'으로 찬미되었다.

1960년 4·19 혁명에 의해 이승만 정권이 붕괴하면서, 사회주의 북한의 우위는 더욱 확고한 것으로 비쳐졌다. 1960년 8월, 김일성은 남북의 기존 체제 존속을 전제로 하는 '연방제 통일안'을 통일을 지향한 과도적인 조치로서 제안했고, 재일조선인 사회에서는 민족통일에 대한 기대가 한층 더 높아졌다. 남북통일은 머지 않았고 "평화통일이 달성되면, 재일동포의 문제도 근본적으로 해결될 것이다"(총련 제24차 중아 위원회에서의 한덕수의 보고)라는 낙관적 분위기가 총련 관계자뿐만 아니라 재일조선인과 지식인 사회를 휩쓸었다.

2. 한일회담의 진전

그러나 이러한 시대의 열기는 1961년 5월에 한국에서 일어난 쿠데타에 의해 단숨에 가라앉게 되었다. 군사정권의 등장은 한일회담을 크게 진전시켰다. 국가재건최고회의 의장으로 취임한 박정희는 취임 후 처음으로 열린 기자회견(7월)에서 한일회담을 연내에 타결시키겠다는 의지를 밝혔다. 8월에 시작된 제6차 한일회담에서는 재일조선인의 법적 지위와 관련해 현안이 되어 있었던 영주권 문제에 대해 재일조선인 자손에게 영원히 영주권을 부여하는 것은 일본 측으로서도 받아들이기 어려울 것이니 "협정 체결 후 상당한 기간까지 출생한 자손에게는 영주권을 주고, 그 후에 출생하는 자손에 대하여는 그 당시에 가서 영주권 문제를 재검토한다"[4]는 타협안을 제시했다.

1962년 11월에는 한일회담의 최대 현안이었던 청구권(경제협력) 문제가 김·오히라(김종필 중앙정보부장·오히라 마사요시大平正芳 외무상)회담에 의해 무상 3억 달러, 유상 2억 달러로 타결됐다. 미국을 배후의 강력한 매개자로 하며 한일관계의 급진전이 이루어지는데 여기에 대항해서 북한은 소련, 중국과 군사 동맹의 성격을 띤 '상호원조조약'을 잇따라 체결하고, 동아시아의 대결 구조가 한층 더 격화되었다. 쿠데타에 의해 절호의 통일 기회를 놓친 김일성은 그 원인을 한국에 전위당이 부재한 것에 있다고 보고, '남조선 혁명'을 목표로 하는 전위당의 건설이나 '반미 구국 통일 전선'의 구축을 목표로 공작원이나 무장 부대를 한국에 침투시키게 된다. 총련도 북한의 '남조선 혁명노선'에 호응하여 조직력 강화를 진척시켰지만, 1970년대 초에는 '김병식 사건'으로 알려진 조직 운동의 경직화와 혼란이 빚어진다.

한일회담은 한일 양국에서 반대운동이 고조되고, 특히 한국에서는 학생들이 격렬한 저지 투쟁을 전개했지만 1964년 12월의 제7차 회담에서 타결되고, 1965년에는 2월에 가假조인, 6월에 조인, 12월에 비준이 이루어졌다. 한일 국교정상화의 최대 중요 안건이 되어야 할 과거 청산의 문제는 보류되어, 이는 재일조선인 처우에도 큰 영향을 미치게 되었다. 제7차 한일회담의 일본 측 수석대표인 다카스기 신이치高杉晋一는, 식민지 지배는 "선의로 했다"고 발언했고, 14년의 협상을 거쳐도 여전히 일본 정부의 역사인식에 아무런 변화가 없

4 『재일한인의 법적 지위 제1회 비공식회의 보고』(1961. 11. 7.); 외무부 정무과 『제6차 한일회담 재일한인의 법적 지위 관계 회의(1961. 10.~1964. 3.)』(723·1JA법 1961. 10~1964. 3, 13쪽).

는 것이 분명해졌다. 게다가 다카스기는 “창씨 개명도 좋았다. 조선인을 동화시켜 일본인과 같이 취급하기 위해서 취해진 조치이며, 착취나 압박이 아니다”(『아카하타アカハタ』, 1965. 1. 12.)라고 단언했다.

이러한 다카스기의 동화주의는 조약 발효와 동시에 하달된 민족교육에 관한 두 가지 ‘문부文部사무차관 통달’(‘법적 지위 협정에서의 교육 관계 사항의 실시에 대해서’ 및 ‘조선인만을 수용하는 시설의 취급에 대해서’)에 그대로 나타났다. 통달은 재일조선인 어린이들을 “일본인 자제와 동일하게 취급한다”는 명목하에 일본인학교에 민족학급을 설치하는 것을 부정했다. 더구나 총련이 주로 운영하던 민족학교에 대해서도 “일본 사회에서 각종 학교의 지위를 부여할 적극적 의의를 가지는 것으로 인정되지 않으므로 이것을 각종 학교로서 인가해서는 안 된다”고 했다. 그러나 많은 지방자치단체는 ‘문부차관 통달’과 상관없이 재일조선인의 ‘자주학교’를 각종 학교로 계속 인가해 주었다. 당시 일본은 지방자치단체 혁신과 지역민주주의 실현을 지향하는 활기가 넘치는 시기였고, 사회당·공산당의 지지를 받은 혁신 자치단체가 도쿄東京나 오사카大阪 등 대도시를 포함한 각지에서 탄생하고 있었다. 이러한 자치단체의 움직임에 속을 태운 일본 정부는 1968년 3월, 외국인학교의 관리·통제 권한을 문부성으로 일원화시키는 ‘외국인학교법안’을 국회에 제출했다. 재일조선인 사회는 물론 반발하였으며 사회당·공산당 양 당 등 혁신 세력이 국회 내외에서 반대 운동을 전개하면서 법안은 폐안으로 끝났다.

한일회담의 재일조선인과 관련된 최대 현안은 재일조선인의 법적 지위를 둘러싼 문제였다. 한일기본조약 체결을 앞두고 한청동(한국청년동맹)·한학동(한국학생동맹)은 “자손 만대까지 부모와 동등한 영주권을 주어라”, “영주권 부여자에 대한 강제 퇴거 절대 반대”(한학동·한청동 ‘법적 지위 요구 관철 제2차 중앙 궐기대회 결의문’ 1965. 3. 16.)와 같은 슬로건을 내걸고 ‘법적 지위 요구 관철’ 투쟁을 벌였다. 그러나 실제로 체결된 '법적 지위 협정'('재한일국인의 법적 지위 및 처우에 관한 대한민국 정부와 일본국 정부의 협정')은 '협정 영주권'의 적용 범위를 전전부터 계속해서 일본에 체류해 온 한국 국적 재일조선인과 1945년 8월 16일부터 협정 발효 이후 5년 이내에 태어난 2세, 3세의 한국 국적 보유자로 한정했다. 즉, 해방 후 밀항 등으로 일본에 건너온 한국인은 전전부터의 일본 거주자로 일단 귀국했다가 일본으로 되돌아온 사람도 포함해 협정 영주권의 적용 대상에서 제외되고, 협정 발효로부터 6년 이후에 태어난 3세, 4세에 대해서는 1991년까지 한일 정부 간에 다시 협의하기로 했다. 후자는 '1991년 문제'로서 재일조선인의 법적 지위를 둘러싼 중대한 현안으로 남겨지게 된다. '퇴거 강제'에 대해서도 '일본국의 외교상에 중대한 이익을 해친 사람'은 금고 이상의 처벌을 받으면 퇴거를 강제할 수 있는 사유가 발생하는 것으로 간주되고, 경우에 따라서는 한국 정부에 반대하는 시위나 투쟁 등으로 검거되는 것만으로도 강제 처분을 받을 수도 있다는 것이 내용이었다.

'법적 지위 협정'에서 엿볼 수 있는 일본 정부의 정책 방향은 동아시아의 냉전 정책 수행을 위해서 한국 국적 보유자에 한해서 '영주권'을 부여하겠지만, 내용적으로는 될 수 있는 대로 한정하려는 것이나 다름없었다. 당시 총리였던 사토 에이사쿠佐藤榮作는 국회 답변에서 "영구히 영주권, 거주권"을 허가받아, "외국인으로서 특수한 생활 양식을 가지는 것"은 "장래에 화근을 남긴다"고 말했는데, 매스컴의 논조도 이것과 비슷했다. 『아사히신문』도 "자손의 세대까지 영주권을 보장한다면, 장래 이 좁은 국토 속에 이상한 그리고 해결 곤란한 소수민족 문제를 껴안는 것이"(1965. 3. 31.) 된다고 썼다.

한편, 한국 측도 이미 언급했듯이 일본 측에 양보해서 영주권을 한정하는 태도를 보이고 있었다. 흔히 '기棄민정책'으로서 비난되듯이, 박정희 정권의 정책 담당자들은 한국인이냐 일본인이냐를 묻는 시각에서 일본 출생의 2세

이하 세대에 대해서는 일본 사람으로 동화하면서 귀화를 선택해도 어쩔 수 없다는 사고방식을 갖고 있었다. 한일회담에서 한국 측의 중심 인물이었던 김종필은 재일 2세, 3세에 대해서 지금의 삶의 방식은 너무 어중간해서 본인들에게도, 일본에 입장에 보아서도 불행한 일이다, 일본에서 태어난 2세, 3세들은 일본 시민으로서 살아가는 것을 바란다는 취지의 생각을 밝혀 재일조선인 사회로부터 빈축을 산 일도 있었다(김종필, 1980: 22~37).

3. 재일조선인 사회의 균열

범위나 내용이 한정적이는 하나, 한국 국적의 재일조선인에게만 협정 영주권을 부여한다는 한일 간의 합의는 재일조선인 사회에 깊은 균열을 초래하게 되었다.

한일 양국 정부는 협정 영주권 신청이 1966년 중에 10만 명, 5년의 신청기간에는 36만 명(협정 영주권의 해당자는 56만 명)에 이르는 것으로 예상했는데, 1966년 1월부터 시작된 신청기간 초기는 지극히 저조했다(1967. 5. 당시 신청자는 3만 2,000여 명, 허가 2만 7,000여 명). 한국 정부는 국교정상화에 따라 설치된 총영사관(오사카大阪, 후쿠오카福岡, 삿포로札幌), 영사관(고베神戸, 시모노세키下關, 요코하마横浜, 나고야名古屋, 센다이仙台)과 민단 조직을 동원해서 영주권 신청자의 획득에 힘을 쏟았다. 영주권 신청이나 '조선'에서 '한국'으로의 국적 변경을 둘러싸고 이를 추진하는 한국 정부·민단과 저지하려는 총련의 치열한 공방이 일본 전국에서 벌어졌다. 영주권 신청 기한이 끝나가는 1971년 1월에는 오사카 이쿠노구生野區 구청 앞에서 난투 소동도 일어났다. 신청 기한 마지막 날인 1월 16일, 이쿠노구 구청은 심야 12시까지 신청을 접수했지만, 총련 측 방해로 60여 명의 신청이 누락되는 사태도 빚어졌다(在日本大韓民国居留民団大阪府地

方本部, 1980: 317).

초기에는 저조했던 협정 영주권 신청은 신청 마감 1년을 앞둔 시기부터 한국 정부·민단의 맹렬한 공세가 성공한 탓인지 신청이 급증했다. 일본 정부도 민단의 신청 촉진 운동을 지원했다. 민단의 최후 공세가 얼마나 치열했는지는 5년의 신청기간(1966. 1.~1971. 1.) 동안 처음 4년 동안은 15만 9,000명에 머문 신청자 수가 나머지 1년 동안에 20만 명 가까운 수준에 도달했던 것으로 알 수 있다.

결과적으로 협정 영주권 신청자는 35만 1,755명(허가는 34만 2,909명)에 도달했다. 조선적 보유자 수가 신청기간에 5만 6,000명 가까이 감소한 것으로 보아 적어도 신청자 가운데 10% 이상은 조선 국적에서 한국 국적으로 바꾼 것으로 추측된다.

협정 영주권 취득의 최대 장점은, 법적 지위 협정(일본에 거주하는 대한민국 국민의 법적 지위 및 대우에 관한 일본과 대한민국 사이의 협정)의 제4조에서 '교육, 생활보호 및 국민건강보험'에 대해서 "타당한 고려를 한다"고 규정되어 있는 점에 있었다. 교육은 실질적으로 일본인학교에서의 동화 교육을 "차별없이" 받을 수 있다는 것에 지나지 않고, 생활보호도 일본인에 준해서 적용되어 왔으므로 그다지 장점은 없었다. 그러나 국민건강보험은 일본기업의 취직 차별의 장벽이 높은 탓에 사회보험에서 대부분 배제되고 있었던 재일조선인에게 지극히 절실했다. 한국 국적으로 변경하는 것을 조건으로 협정 영주권을 신청한 일부 총련계 재일조선인에게 이는 국민건강보험 가입을 위한 쓰라린 선택이었던 것이다.

〈표 2〉에서 보듯이 총련 결성 시에는 75.1%을 차지하고 있었던 조선 국적 보유자는 1970년 12월에는 46%까지 줄어들고 재일조선인 사회의 분단이 한층 두드러지게 되었다. 물론 조선적 재일조선인의 감소는 협정 영주권에 의

표 2 재일조선인의 국적별 분포 변화

연도	한국 국적		조선 국적	
	인원 수	%	인원 수	%
1950. 3	39,418	7.4	495,818	92.6
1950	77,433	14.2	467,470	85.8
1951	95,157	17.0	465,543	83.0
1952	121,943	22.8	413,122	77.2
1953	131,427	23.6	424,657	76.4
1954	135,161	24.3	421,078	75.7
1955	143,889	24.9	433,793	75.1
1956	146,331	25.4	428,956	74.6
1957	158,991	26.4	442,778	73.6
1958	170,666	27.9	440,419	72.1
1959	174,151	28.1	444,945	71.9
1960	179,298	30.8	401,959	69.2
1961	187,112	33.0	380,340	67.0
1962	199,174	35.0	370,186	65.0
1963	215,582	37.6	357,702	62.4
1964	228,372	39.5	350,173	60.5
1965	244,421	41.9	339,116	58.1
1966	253,611	43.3	331,667	56.7
1967	267,261	45.2	324,084	54.8
1968	289,551	48.4	308,525	51.6
1969	309,637	51.0	297,678	49.0
1970	331,389	54	282,813	46.0

＊ 1950. 3. 이외는 각 연도 12월의 숫자
＊ 李光奎(1983), 『재한일국인』

한 국적 변경만이 원인이 되었던 것은 아니다. 본래 귀국 운동의 성공이 총련의 대중적 기반을 무너뜨렸고 이후에는 총련 조직의 약화를 초래하고 있었던 것이다. 귀국 사업은 1968~1970년에 한때 중단됐으나 1984년까지 계속되었고, 최종적으로는 일본인 처와 자녀 등 일본 국적 보유자 6,839명을 포함해서 9만 3,340명이 일본을 떠났다. 대량 귀국이 한창이던 5년 동안(1960~1964)에 9만 5,000명의 조선적 보유자가 줄어들고 협정 영주권 신청기간 5년간(1966~1970)에는 또 5만 5,000여 명이 감소되었다. 결국 이 두 가지 사건에 뒤흔들린 1960년대에 진행된 조선적 보유자의 감소는 15만 명 이상이었다.

전후 20년이 지나도 여전히 일본 사회는 자신의 역사가 낳은 민족적 소수자의 존재를 '화근'이나 '이상'으로 간주할 수밖에 없었고, 재일조선인은 변함없이 차별이나 동화 압력에 직면하고 있었다. 한편, 한일 조약은 재일조선인 사회를 결정적으로 분열시켰다. 한국이냐 북한이냐, 민족으로의 귀속이냐 일본인으로의 동화냐, 청년기를 맞이한 많은 재일조선인 2세들은 여전히 이러한 양자택일을 강요하는 질문에 직면했어야 했다.

4. 재일조선인 사회의 변모

이미 언급한 바와 같이 1959년에 시작된 북한으로의 귀환으로 10만 명 가까운 재일조선인이 일본을 떠났다. 도쿄의 대표적인 조선인 커뮤니티의 하나인 에다가와枝川에서도 300가구나 있었던 조선인 가구의 "절반은 돌아갔다"(江東·在日朝鮮人の生活を記録する会, 1995: 75)고 한다. 귀국자의 압도적 다수는, 이 에다가와나 나카도메 등 조선인 부락의 가난한 주민들이었다. 가난한 재일조선인의 대량 귀국은 1960년대의 고도 경제 성장으로 인한 일본 사회의 급격한 변용과 더불어, 재일조선인 사회에 구조적이라고도 할 수 있는 변화를

초래했다. 고도 성장기의 대규모 공공투자로 하천 부지나 불량주택지의 재개발이 이루어졌고, 총련계 동포가 대부분을 차지한 도쿄의 미카와시마三河島나 에다가와의 조선인 집단거주지역에도 1960년대에 귀국하거나 다른 지역으로 나간 조선인을 대체해 일본인이 유입해 들어오고, 주거도 초라한 판잣집으로부터 단독 주택이나 아파트로 변해 갔다.

1970년대에 대두하는 2세 중심의 권익옹호 운동도 이러한 재일조선인 사회의 변화를 바탕으로 하여 조성된 움직임이라고 할 수 있다. 1970년대에는 고도 성장기에 인격형성을 이룩한 재일조선인의 전후 세대가 취직, 결혼, 육아등 생활자로서 지역사회에서 현실과 부딪히기 시작한 시기였다. 1960년대를 통해서 총련계나 민단의 민족 학교에 다닌 재일조선인 자녀는 약 20~25%로, 기타 대부분의 어린이들은 재일조선인 커뮤니티에서 멀리 떨어져서 고립분산된 가운데 차별에 허덕이면서 소년기를 보냈다. 아동수당이나 공영주택입주 등 일상생활의 문제로부터 지문날인이나 지방참정권 문제에 이르는 차별에 항의하는 1970년대에 새롭게 등장한 이의제기 운동의 주체를 형성한 집단은 오히려 '민족'과는 거리가 먼 환경에서 자란 젊은이들이었다.

그러나 1970년대에 '민족'이라는 규범이 재일조선인 2세 속에서 완전히 이완되어 버린 것은 아니었다. 1972년 말에는 한국에서 영구 독재를 가능하게 하는 유신체제가 선포되었다. 이와 함께 독재 정권과 결부된 민단중앙과 민단개혁파·한청동·한학동의 대립이 결정적으로 격화된다. 민단이라는 범주 내에서 법적 지위 등 일본에서 생활하는 데 필요한 권익을 옹호하는 것을 중심으로 운동을 전개해 오던 한학동·한청동도 한국의 반독재 민주화·통일운동 지원을 내걸며 '귀국의 사상'을 전제로 활동하는 정치 단체로 변모해 간다(林茂澤, 2011). 이와 같이 재일조선인 사회의 새로운 현실에 바탕을 둔 두 갈래의 흐름을 바탕으로 하여 세 나라의 틈새에 끼어 사는 재일조선인의 진로에 대한 새로운 모색과 논의가 등장했다. 이는 1970년대 이후 전개되는 재일조선인 운동에 큰 영향을 미치게 된다.

맺음말: 한일 두 사회의 다민족화

1. 새로운 한일 파트너십

1980년대에 시작되는 글로벌화 시대는 1950년대의 '국민화'의 시대에 대응하는 '국민의 흔들림'의 시대로서 우선 특징지을 수 있다. 1980년대 후반 이후에 급진전한 일본 사회의 다민족화는 일본인의 타자 인식을 변화시켜 법무성의 '출입국관리기본계획(제2차)'(2000)도 '일본인과 외국인이 원활하게 공존·공생해 가는 사회 만들기'를 강조하는 시대가 되었다. 아시아에 대한 과거사 인식에 관해서도 1990년대 이후 여러 가지 형태로 '반성'이나 '사죄'가 거론되기 시작한다. 일본의 수상으로서 식민지 지배나 침략전쟁에 대해서 '통절한 반성'을 표명한 무라야마村山富一수상 담화(1995)는, 이러한 '반성'이 과거에 비할 수 없이 국민적으로 널리 공유된 것을 보여주고 있다.

'무라야마 담화'가 있었던 1995년에 하시모토 다이지로橋本大二郎 고치현高知縣 지사가 "재일한국·조선인 여러분의 공무원으로의 문호개방을 진지하게 생각한다"고 발언했다. 1996년에는 가와사키시川崎市가 정령지정政令指定 도시로서는 처음으로 공무원 채용 후의 임용 제한 규정을 마련하면서도 '국적 조항'을 원칙적으로 철폐하는 조치를 단행한다. 이것을 고치, 가나가와, 오키나와, 오사카 등의 부현府縣이 따랐고, 2000년 말까지 9부현, 8정령시에서 국적 조항 '원칙 철폐'가 실현되었다. 고도 성장기의 사회변동을 통해서도 여전히 닫혀 있었던 지역사회의 폐쇄성에 대한 반성이 마침내 시작된 것이라고 할 수 있다.

이와 같은 일본 사회의 변화는 한국 사회의 민주화와 더불어 새로운 차원에서 한일 사회의 상호 교류를 촉진하게 된다. 1998년에는 김대중 정부가 출범하였으며 그해 10월에 국빈으로 일본을 방문한 김대중은 새로운 한일 파트너십을 제창한 '공동선언'을 통해서 "과거의 불행한 역사를 극복하고 화해와 선린, 우호, 협력에 근거한 미래지향적인 관계를 발전시킨다"고 약속했다. 그 후 일본 대중문화의 단계적인 개방, 2002년 한일 월드컵 공동 주최, 2004년 '겨울연가' 선풍 등에서 볼 수 있듯이 한일 대중문화의 폭넓은 상호 침투가 실현되었다. 한류 붐 속에서 일본인의 한국관도 크게 변모되면서, 재일조선인을 보는 시각도 적잖이 개선되었다.

2. 한국 사회의 변화

재일조선인을 보는 시각의 변화는 1990년대 이후에 빠른 속도로 다민족화가 진행된 한국 사회에도 나타났다. 한일기본조약 체결 당시 군사정권이 가지고 있던 재일조선인에 대한 인식은 '단일민족주의'나 '동화주의'라는 어떤 면에서는 일본 이상으로 뿌리깊은 고정 관념이 있었다. 건국 후 한국 사회에서는 외국인 주민의 국적 취득이 극히 제한되었고, 5년 이상의 체류 실적, '품위'나 '독립적인 생계' 여부가 국적 취득의 기준으로 국적법에서 규정되어 있었는데, 이외에도 법무부의 국적 업무 처리 지침에는 면접이나 필기시험을 통해서 한국어 능력이나 풍습의 이해 등 '대한민국 국민으로서의 기본 소양(국적법 제5조)'이 심사되었다.

한반도에는 19세기 말부터 인천 등을 중심으로 화교(중국인)가 살고 있었는데, 제2차 세계대전이 끝난 다음에도 중국 내전을 피해서 산동성山東省 출신의 중국인이 대거 한국에 유입되면서 무역 등 상업에서 성공한 화교도 적지 않았다. 한국 정부는 화교의 국적 취득을 거의 허용하지 않았으며, 더구나 무역·환율이나 토지 취득 등에 대한 심한 차별은 화교를 몰락의 길에 몰아넣었다. 1970년대 중반에는 많은 화교가 한국을 떠나지 않을 수 없었고, 최고 10만 명 수준에 달했던 화교 인구도 2만여 명까지 줄어들었다. 이러한 폐쇄적인 민족주의는 이국땅에서 자라 '국민으로서의 기본 소양'을 결여할 수밖에 없는 재일조선인 2세나 3세를 보는 시각까지도 규정해 왔다고 할 수 있다.

그러나 이 완고한 단일민족주의의 나라에도 민주화나 글로벌화에 따른 '국민' 개념의 흔들림이 현저해지고 있다. 어떤 면에서 변화의 속도는 일본 이상이다. 1991년 이후 산업연수제도나 고용허가제(2004) 등에 의해 이주노동자가 급증하고 있으며, 한국에 체류하는 외국인 수는 1990년 5만 명에서 2008년에 100만 명을 넘었다. 단일민족주의나 외국인 차별의 온상이 되어 있었던 국적법은 1997년에 부모양계주의로 변경되어 화교의 국적 취득도 용이해졌다. 지금은 각지에서 차이나타운이 건설되어 한국 사회의 화교에 대한 눈길이나 처우가 크게 변했다고 할 수 있다. 더구나 2006년에는 혼인의 13%가 국제결혼이며, 농촌에서는 30%를 넘었다. 외국인의 인권이나 '다문화 공생'을 목표로 하는 시민운동이나 종교계, 지방자치단체의 전향적 대응도 본격화되었다. 2005년 8월에는 일본에 앞서 정주 외국인의 지방참정권을 인정했다. 2006년 자치단체선거에서는 영주권을 획득한 이후 만 3년이 지난 18세 이상의 외국인 6,726명이 선거권 부여 대상이 되었다. 2008년 4월에는 재한 외국인의 인권 옹호와 사회 적응 지원, 개인 능력의 발휘 지원, 사회통합을 목표로 하는 '재한외국인처우기본법'이 제정되었다.

한국인은 외국인 주민이라는 이질적인 타자가 일상에서 급증하는 사태에 망설이면서도 타자에 대한 인식을 확실하게 변용시키고 있다. 1999년 '재외동포

법'[5] 제정에서 볼 수 있듯이, 재일조선인을 포함한 해외 코리안에 대한 시각이나 처우도 바뀌고 있다. 2007년에는 헌법재판소가 재외국민에 대한 국정 선거권의 제한 조치에 대해 '헌법불합치' 판단을 내리면서, 한국 국적을 가진 재외 코리안이 대통령 선거 등 국정선거에 참가할 수 있는 길이 열렸다.

1990년대 이후 유학 등을 통해서 한국에서 공부하는 재일조선인 젊은이도 급증하고, 한일 쌍방에 걸치는 직업이나 학술·문화·스포츠 활동을 하는 재일조선인도 적지 않다. 일본에서 태어나고, 한국어 능력이나 풍습의 이해 등에서 한국 국민의 '기본 소양'을 결여한 재일조선인이라도 있는 그대로 받아들여질 만한 사회적 토양이 드디어 조성되기 시작하고 있는 것이다.

3. 한일관계의 방향과 재일조선인

글로벌화는 타자의 수용과 반발이 엇갈리는 과정이라 할 수 있다. 일본에서 한류가 사회현상이 된 2000년대 전반에는, 1990년대에 도달한 전향적인 역사 인식이나 타자 인식의 확산이라는 성과를 지워 없애버릴 듯한 사회적인 분위기나 유권자의 투표 행동이 두드러지고 있다. 한국에서도 노무현 정권하에서 진행된 '과거사 청산'에 반발하는 뉴라이트 운동이 대두했다. 일본과 한국에서 심각해지고 있는 사회적 양극화나 고용 불안을 배경으로 각박한 분위기가 사회에 가득 차고 있다. 이러한 불만이나 불안은 가까이 사는 타자에 대한 따

5 정식으로는 「재외동포의 출입국과 법적 지위에 관한 법률」로, 대상을 한국 국적 보유자나 한국 국적을 가지고 있다가 이탈한 외국인(한국계 미국인 등)이라고 해서 건국 이전에 해외에 이주해 한국 국적을 가진 적이 없는 중국 조선족, 러시아 고려(高麗)인이 대상에서 빠져 해외동포에 대한 차별법이라고 비난받아 2001년 헌법 불합치 판결을 받고 2004년에 개정되었다.

돌림으로 전가되고 있었다. 결국, 글로벌화는 내셔널리즘에 새로운 자극을 주고, '민족'으로서의 기억이나 '국민'의 내용을 둘러싼 줄다리기가 새로운 차원에서 맹렬하게 벌어지도록 만들고 있다.

지금 재일조선인도 그러한 줄다리기의 한복판에서 흔들리고 있다. 2001년에는 한국 국적과 조선 국적을 가진 특별영주자가 50만 명 선을 처음으로 밑돌았다. 1995년 이후 재일조선인 귀화자 수가 한 해에 1만 명 안팎 수준을 유지하는 추이가 나타나고 있는 것으로 보아, 21세기 중반에는 국적상의 재일조선인은 거의 소멸할 것으로 예측되기도 한다. 이렇게 귀화가 급증하는 배경에 대해서는 부계혈통주의로부터 부모양계혈통주의로 국적법이 개정(1985)되었으며,[6] 이전에는 '희망의 별'로 보여지던 북한의 경제생활이나 인권을 둘러싼 참상이 드러나는 등과 같은 다양한 측면에서 발생하는 요인으로 설명할 수 있다. 최근에는 일본의 우경화나 한일관계의 악화가 재일조선인이 영위할 수 있는 자유로운 삶의 지평을 좁히고, 심지어 재일조선인으로 존재하는 것 자체를 외롭고 답답한 일로 만들고 있다.

한편, 일본과 한국은 2000년대 이후 고도로 발달한 정보 소비 사회에 특유한 라이프 스타일이나 가치관을 공유하게 되었으며 저출산·고령화나 실업·양극화와 같은 사회문제 등에서도 많은 공통점을 가지게 되었다. 이러한 공통의 가치관이나 과제를 전제로 새로운 차원의 시민활동이나 지역 재생을 지향한 한일 교류나 협동도 착실하게 발전하고 있다.

이상과 같이 한일 시민사회가 서로 배우고 제휴해 가는 과정이 역사적 화해를 둘러싼 끈질긴 대화와 결부될 때 한일 양국의 화해와 협력이 진행될 수 있다.

---

6 1984년의 한국 국적 출생자는 9만 3,633명이었지만, 국적법 개정의 영향으로 1985년에는 4,838명으로 거의 절반 수준으로 감소되었다.

나아가서는 동아시아에서도 지역 간 협력이 촉진될 수 있는 가능성이 새롭게 열릴 것이다. 이것은 국민이나 민족에 관한 획일적인 시각을 전제로 언제나 일본인이냐 한국인이냐의 선택을 강요받아 온 재일조선인이 내면에 간직하고 있는 잠재적 역량을 발휘할 수 있도록 여건을 마련해 주는 유일무이의 기회가 될 것이다.

참고문헌

全宰鎬(2003), 「세계화 시대의 한국의 정체성의 변화」, 손호철 편, 『세계화 국가 시민사회』, 이매진.

李光奎(1983), 『在日韓国人－生活実態를 中心으로』, 一潮閣.

林茂澤(2011), 『在日韓国青年同盟の歴史 1960年代から1980年代まで』, 新幹社.

金敬得·金英達(1994), 『韓国·北朝鮮の法制度と在日韓国·朝鮮人』, 日本加除出版.

金太基(1993), 「米国の対在日朝鮮人占領政策－政策形成過程を中心に」, 『思想』 12月号, 岩波書店.

在日本大韓民国居留民団大阪府地方本部 編(1980), 『民団大阪三〇年史』.

文京洙(2007), 『在日朝鮮人問題の起源』, クレイン.

伊地知紀子編(2002), 『金英達著作集I: 創氏改名の法制度と歴史』, 明石書店.

吉澤文寿(2005), 『戦後日韓関係 国交正常化交渉をめぐって』, クレイン.

江東·在日朝鮮人の生活を記録する会編(1995), 『東京のコリアンタウン 枝川物語』, 樹花社.

金鍾泌(1980), 「思い出すこと言いたいこと」, 『諸君』 4月号.

4장

일본의 한일회담 반대운동과 반대논리

혁신진영을 중심으로

오하타 히로시

머리말

일본과 한국의 국교정상화를 규정한 '일본국과 대한민국간의 기본관계에 관한 조약'(이하 '기본조약')은 1965년 6월에 조인되었다. 기본조약과 그에 부속하는 4개 협정(어업 관계, 청구권·경제협력 관계, 재일한국인의 법적 지위·대우 관계, 문화재 관계), 25건의 부대 문서를 총칭해서 '한일조약', '한일협정'이라고도 한다. 조약 체결 이후 오늘날에 이르기까지 50년간의 한일관계에서 한일조약이 가지는 의미는 총서의 '정치' 편에서 다면적으로 해명될 것이다.

한일조약이 체결되기까지 1952~1965년 14년간 7회에 걸친 한일회담이 개최되었다. 제1차 회담은 1951년 10월 시작된 예비회담을 거쳐 1952년 2월부터 진행되었지만 청구권 문제에 대한 일본과 한국의 주장이 크게 엇갈려 4월에 중단되었다. 제2차 회담은 1953년 4월부터 7월까지 진행되었으나 이승만 라인平和線의 철폐를 요구하는 일본 측 주장과 일본의 대한 청구권對韓請求權 요구의 철회를 요구하는 한국 측 주장의 대립 등으로 인해 교섭은 진척되지 못하고 중단되었다. 제3차 회담은 1953년 10월에 열렸는데 일본 측 수석대표 구보타 간이치로久保田貫一郎가 일본의 식민지 지배는 좋은 면도 있었다고 주장한 발언(구보타 발언)이 문제가 되어 1개월도 못 가서 결렬되었다. 그 후 한일회담은 장기간에 걸쳐 중단되었다. 제4차 회담은 1957년 12월부터 열린 예비회담을 거쳐 1958년 4월에 시작되었지만 일본 측이 중시한 어업 문제의 해결이 진전되지 않던 상황에서 '재일동포'의 북송 문제로 난항을 거듭하다 1960년 4월에 일어난 4월 혁명에 의해 중단되었다. 4월 혁명으로 성립된 장면 정권은 적극적인 대일정책을 내걸었고 1960년 10월 제5차 회담이 열렸지만 1961년 5월 박정희 등의 쿠데타에 의해 중단되었다. 그 후, 미국의 케네디 정권이 제기한 동아시아 안보론은 일본과 한국 모두에게 압력이 되었고, 박정희 정권은 외화 도입으로 경제발전을 꾀하려던 상황이었기 때문에 국교정상화를 향한 한일교섭은 급속히 진전되었다. 제6차 회담이 1961년 10월부터 1964년 4월까지 장기간에 걸쳐 진행되었고 1962년 11월에 작성된 '김종필-오히라大平 메모'로 일본이 한국에 지불할 총액이 확정되었다. 이를 이어 1964년 12월부터 열린 제7차 회담에서 기본조약의 가조인을 위한 협의가 이루어졌다. 일본 측 수석대표 다카스기 신이치高杉晋一가 외무성 기자클럽에서 조선에 대한 식민지 지배를 긍정하는 발언(다카스기 발언)을 한 것이 문제가 되기도 했지만, 1965년 2월 기본조약이 가조인되고, 6월에는 기본조약과 부속하는 4개 협정이 본조인되었다.

한일회담이 진행되는 가운데 한일 양국에서는 한일회담과 기본조약 체결에 반대하는 사회운동이 일어났다. 이 글에서는 일본에서 일어난 반대운동에 대해 다루며, 분석대상을 '일본의 한일회담 반대운동'이라 총칭하겠다. '재일동포'에 의한 한일회담 반대운동은 제1차 회담 개시 전인 1950년대 초기부터 이미 시작되었지만, 일본인이 참가한 한일회담 반대운동이 본격화된 계기는 제4차 회담 중인 1958년 5월 일조협회의 제창으로 '한일 문제 긴급대책 연락회의'가 결성된 것에서 기인한다.[1] 그러나 운동이 크게 고양된 것은 일본에서도 한국에서도 1960년대에 접어들어서부터라고 할 수 있다. 즉, 한일회담 반대운동은 기본적으로 일본에서는 '포스트 1960년 안보투쟁[2]', 한국에서는 '포스트 4월 혁명'이라는 일련의 사회·정치변동과 사회운동의 일부였고, 회담의 구분으로 말하면 주로 제6, 7차 회담 중에 집중적으로 벌어진 운동이었다.

일본의 한일회담 반대운동의 성격과 논리에 대해서는 다음과 같은 이해가 이루어지고 있다.

> 일본의 한일조약 체결 반대운동은 평화헌법에 입각해서 일본의 재무장, 베트남 전쟁, 동아시아 군사동맹 참가 등에 반대하는 안보투쟁의 논리 위에서 전개되었다. 그로 인해 일본 국내에서 과거 식민지 지배의 부채 청산과 전후 처리라는 관점에서 조약 체결에 반대한 세력은 한반도 출신자를 중심으로 한 소수의 단체에 지나지 않았다.[3]

---

1 金鉉洙(2007),「在日朝鮮人の日韓会談反対運動に関する分析」,『明治大学大学院文学研究科文学研究論集』27号; 金鉉洙(2012),「日本における日韓会談反対運動の展開: 日本人の反対運動を中心に」,『人民の歴史学』194号; 畑田重夫(1965),「日韓会談反対闘争の展開とその歴史的役割」, 旗田巍 外,『アジア·アフリカ講座 III 日本と朝鮮』, 勁草書房; 吉澤文寿(2005),『戦後日韓関係: 国交正常化交渉をめぐって』, クレイン.

2 '1960년 안보투쟁'은 1960년에 고양된 미일 상호협력 및 안전보장조약(신안보조약)의 조인과 비준에 반대한 국민운동(역자주).

3 歴史教育研究会(日本)·歴史教科書研究会(韓国) 編(2007),『日韓歴史共通教材 日韓交流の歴史: 先史から現代まで』, 明石書店, 309쪽.

통설적인 평가지만 대체로 타당하다고 본다. 이와 같은 평가를 염두에 두면서, 이 글에서는 한일회담 반대운동에 관한 선행 연구의 주요한 견해와 1960년대 운동의 전개 과정을 개관한 뒤, 운동을 주도한 세력 가운데 특히 일본사회당(이하 사회당), 일본노동조합총평의회(이하 총평), 일본공산당(이하 공산당)의 1960년 안보투쟁 이후 상황에 있어 한일회담 반대운동의 위치에 대해 재구성하겠다. 나아가 이들 혁신계 단체의 반대운동에 대한 동시대의 내재적 비판인 동시에 지금도 그 의의를 잃지 않은 하타다 다카시旗田巍와 다마키 모토이玉城素의 논의의 골자를 소개하겠다. 이상과 같은 검토를 바탕으로 사회당, 총평, 공산당 등의 주도세력에 의해 진행된 '주류파' 한일회담 반대운동의 현재적 의의를 재고하고자 한다. 즉, 이 연구의 목적은 앞의 인용문에서 지적된 것과 같은 일본의 한일회담 반대운동의 논리적 한계가 왜, 어째서 생겨날 수밖에 없었는지를 밝히고, 그것이 한일국교 50년이 지난 지금 가지는 의미를 고찰하는 것에 있다.

선행 연구의 검토

일본의 한일회담 반대운동에 대해서는 하타다 시게오畑田重夫[4]의 동시대적인 선구적 연구로부터 현재에 이르기까지 일정한 연구성과의 축적이 이루어져 있다. 선행 연구들의 착안점은 각각 다르지만 반대운동의 성격과 반대 논리를 파악하는 데 있어서는 일정한 공통항이 보인다. 여기서는 한일회담 전반을 다

4 畑田重夫(1965), 앞의 글.

루는 가운데 반대운동에 대해서 언급한 연구와 반대운동에 초점을 맞춘 연구로 나누어 개관하겠다.

1. 한일회담 전반을 다루는 가운데 반대운동에 대해서 언급한 연구

다카사키 소지高崎宗司,[5] 오타 오사무太田修,[6] 요시자와 후미토시吉澤文寿[7]의 연구를 들 수 있다.

다카사키의 연구는 한일회담의 통사通史를 꾀한 것으로, 일본 측 반대운동에 대해서는 열기가 모자랐던 점, 베트남 반전운동의 그늘에 가려지고 만 점, 식민지 지배 청산이라는 시점이 약했던 점 등을 지적하고, 1965년에 비준안을 국회가 처리하는 상황에서 전개된 반대운동에 대해서는 사회당, 총평, 공산당의 미온적 대처[8]가 특징이었다고 지적하며 '역사적 책임 문제'를 명확히 하지 못한 점을 반대운동의 맹점으로 보고 있다.[9]

오타의 연구는 한일회담에서 청구권 문제를 중심으로 한 연구로 반대운동은 부차적으로 다루고 있으며 대체로 다카사키와 비슷한 견해를 보인다. 오타는 사회당, 총평, 공산당이 주도한 일본 측 반대운동의 주요 논리로서 ① 기본조약을 한미일 군사동맹의 일환으로 본 점, ② 한국에 대한 '경제협력'을 비판적으로 본 점, ③ 기본조약을 한반도의 분단을 고정화시키는 것으로 본 점 등

5 高崎宗司(1996), 『検証 日韓会談』, 岩波書店.

6 太田修(2003), 『日韓交渉 請求権問題の研究』, クレイン.

7 吉澤文寿(2005), 앞의 책, 26쪽.

8 高崎宗司(1996), 앞의 책, 194쪽.

9 高崎宗司(1996), 위의 책, 196쪽.

을 들고 있다. 특히 이 세 가지 중 ①이 강조되었으며 식민지 지배 청산이라는 시점은 결여되어 있었다고 논한 뒤, 역사연구자 등에는 그렇지 않은 시점도 존재했었다고 언급하면서 '한일조약에 반대하는 역사가 모임'의 성명(1965. 9.)이나 나중에 언급할 하타다 다카시의 발언을 들고 있다.

요시자와[10]는 전후 한일관계에서 한일회담의 자리매김을 시도하는 가운데, '한일회담에 있어 한일 양국 반대운동 세력의 정치적 역할'과 '역사적 의의'를 중시하고 있다. 요시자와는 일본의 한일회담 반대운동을 1960년 안보투쟁 이후의 최대규모 대중운동으로 보고, 안보투쟁 이후 혁신운동의 분열이라는 '통설'의 수정을 주장하면서 한일회담 반대운동을 안보투쟁의 연장선상에 자리매김하고 있다. 식민지 지배 책임의 추구에 대해서는, "혁신정치세력의 반대운동에서 이 문제에 대한 관심은 상대적으로 낮았다"고 인정하면서도 "한일회담 반대운동을 통해 일본의 식민지 지배 책임 문제에 관심을 갖게 된 일본인은 오히려 확대되었다"[11]는 면을 부각시키고 있다.

이들 선행 연구의 견해, 특히 요시자와의 문제제기는 반대운동에 관한 향후 연구에서 귀중한 지점이다. 그러나 한일회담이나 '전후 한일관계' 전반을 분석대상으로 했을 경우, 반대운동의 내재적 논리나 그것이 지니는 한계가 실제로 어떠한 것이었고, 각 운동주체의 어떠한 상황에 규정되어 생겨났는지에 대한 분석이 다소 허술해질 수밖에 없는 점은 부정할 수 없다.

---

10 吉澤文寿(2005), 앞의 책, 26쪽.

11 吉澤文寿(2005), 위의 책, 321쪽.

2. 반대운동에 초점을 맞춘 연구

일본의 한일회담 반대운동에 초점을 맞춘 근년의 연구는 앞의 1에서 이미 지적한 사회당, 총평, 공산당이 주도한 '주류파' 반대운동의 한계나 문제점을 전제로 하고 있는 듯하며, 복합적 사회운동인 한일회담 반대운동이 내포하고 있던 '주류파' 운동과는 다른 성격을 규명하려는 태도를 공유하고 있는 듯이 보인다.

김경묵,[12] 김현수[13]의 연구는 '재일동포'의 반대운동을 조명한다. 김경묵은 일본 시민운동에 있어 '재일동포' 운동의 자리매김과 국제연대운동으로서 '재일동포' 운동의 재평가라는 관점에서 '재일동포'의 '한일조약 반대의 논리'를 정리하고 있다. 김현수는 사회운동사의 보다 전통적인 수법에 따라 1950년대부터 1965년에 이르기까지 재일동포의 한일회담 반대운동을 시기구분하고 있다.

박정진[14]은 '북한'이라는 시점을 둠으로써 일본의 한일조약 반대운동에 한국의 운동과 연대하려던 움직임이 있었음을 논증하려 했다. 이타가키 류타板垣竜太[15]는 조일우호운동 계열 반대운동의 선구자였던 데라오 고로寺尾五郎의 사상과 운동 실천에 주목해서 그의 '식민지 지배 책임론'의 논리를 밝히고 있다.

---

12 金敬黙(2011),「日本のなかの「在日」と社会運動: 市民運動と国際連帯による再検討」, 李鍾元·木宮正史·浅野豊美 編,『歴史としての日韓国交正常化 I 東アジア冷戦編』, 法政大学出版局.

13 金鉉洙(2007), 앞의 글.

14 朴正鎮(2011),「日韓会談反対運動」, 李鍾元·木宮正史·浅野豊美 編,『歴史としての日韓国交正常化 I 東アジア冷戦編』, 法政大学出版局.

15 板垣竜太(2010),「日韓会談反対運動と植民地支配責任論: 日本朝鮮研究所の植民地主義論を中心に」,『思想』1029号.

이들 연구는 기존의 '주류파' 반대운동의 연구를 통해서는 보이지 않는 한일회담 반대운동의 복합적 성격과 내포된 가능성을 밝히는 데 있어서는 모두 매우 자극적인 견해를 보이지만, 북한과의 관계에 따른 한일회담 반대운동 고유의 역학이라는 관점에서 운동 과정을 재구성한 박정진의 연구를 제외하면, 1960년 안보투쟁 이후의 '주류파' 반대운동 연구에 직접적인 기여를 하고 있지는 않다. 김현수[16]는 1950년대부터 1965년에 이르기까지 '일본인의 반대운동'을 개관하고 있는데, "조일우호운동을 출발점으로, 그것을 기조로 한다"는 성격과 1960년대 "안보투쟁으로부터의 전환"이라는 성격을 통합적으로 이해하고자 시도하지만 충분히 성공하지는 못한 것으로 보인다(이 두 가지 성격을 모순 없이 통합적으로 이해하고자 하는 운동인식론 자체에 문제가 있다고 본다).

이 글은 이러한 최근의 연구 동향을 참고하면서, 이미 해명이 끝난 것처럼 보는 경향이 있는 사회당, 총평, 공산당에 의한 '주류파' 반대운동을 재조명하고자 하는 하나의 시도다.

덧붙여, 한일회담 반대운동에 특화된 연구는 아니지만 앞에서 제시한 김경묵의 연구와 공통점을 지니는 미치바 지카노부道場親信[17]의 전후 일본의 평화운동 연구가 존재한다. 미치바는 1965년부터 가시화하는 일본과 아시아의 연대운동의 기점으로서 베트남 반전운동과 더불어 같은 해의 한일회담 반대운동을 자리매김한다. 이 연구는 이 글에서 다루는 범위를 벗어나 있지만 한일

16 金鉉洙(2012), 앞의 글.

17 道場親信(2005), 『占領と平和 〈戦後〉という経験』, 青土社; 道場親信(2011), 「ポスト·ベトナム戦争期におけるアジア連帯運動: 「内なるアジア」と「アジアの中の日本」の間で」, 和田春樹 外 編, 『ベトナム戦争の時代 一九六〇~一九七五年』(岩波講座東アジア近現代通史八), 岩波書店.

회담 반대운동의 문맥에 관해서만 말하자면, '한일', '베트남'이라는 운동론적인 대치는 한일 국교관계에서 한일회담 반대운동이 갖는 고유의 의미를 잃어버리게 하는 결과를 낳지 않았는가 하는 관점에서의 검증도 필요하다고 본다.

운동의 전개 과정

한일회담의 진행에 대응한 반대운동의 전개 과정을 어떻게 시기구분할 것인가에 대해서는 선행 연구들 사이에도 견해차가 보인다.

요시자와[18]는 1960년대 운동에 대해서는 '1962년 후반부터 1963년 초'라는 제6차 회담 중의 제1차 고양기와, 가조인된 기본조약의 비준 반대운동이 전개된 '1965년 후반'의 제2차 고양기 등 두 개 피크가 보였다고 본다. 이타가키[19]는 요시자와가 말한 제1차 고양기를 '1962년 10월부터 1963년 3월에 걸쳐'라고 더욱 명확히 한정하고 있다. 김현수[20]는 재일동포를 주체로 하는 운동에 대해서는 ① 1950년대 전반 재일조선 통일민주전선(민전)을 중심으로 운동이 진행된 시기, ② 1950년대 후반 한일회담 반대가 재일동포 운동의 주요 과제가 아니게 된 시기, ③ 1960년대 초반 이후 제6차 회담 개최에 의해 반대운동이 활발해진 시기, ④ 1965년 가조인 이후 총련이 기본조약의 무효와 비준 반대를 주장하면서 조직 방위에 들어가는 시기 등 네 시기로 구분하고 있는

---

18 吉澤文寿(2005), 앞의 책.

19 板垣竜太(2010), 앞의 책, 222쪽.

20 金鉉洙(2007), 앞의 글.

데, 일본인의 한일회담 반대운동에 대해서는 1950년대 일조협회를 중심으로 한 운동, 1960년대 사회당, 총평, 공산당을 중심으로 한 운동 등 크게 두 가지로 나누고 있을 뿐, 1960년대 일본인의 운동의 전개에 대해서는 상세한 시기 구분을 하지 않고 있다.

이에 대해 박정진[21]은 재일동포와 일본인의 운동 간의 연관성을 중시하면서 1960년대에 중점을 맞춰 ① 한일회담 대책연락회의가 결성된 1961년 1월부터 안보조약 개정저지 국민회의가 한일회담 반대 통일행동을 주장하기에 이르는 1962년 3월까지, ② 한일회담 반대 통일행동에 부침浮沈이 보이는 가운데 국민회의가 '해체'되는 1962년 3월부터 1963년 9월까지,[22] ③ 국민회의의 '해체'로 인하여 통일전선 운동으로서의 구심력이 저하되고 사회당과 공산당 각자의 단독행동이 두드러지는 1964년 제7차 회담 개시 이후 등 세 단계로 시기 구분을 하고 있다.

이와 같이 논자에 따라 차이가 보이기는 하지만 1960년대 주로 일본인에 의해 진행된 운동에 대해서 보자면, 크게 보아 1962년부터 1963년경, 그리고 1965년이라는 두 개의 다른 시기에 운동의 고양이 보였다는 공통적인 이해가 이루어지고 있다. 이러한 통설적인 이해에는 재검토와 명확화의 여지가 남아 있다.

먼저 1962년부터 1963년에 걸친 1960년대 초반에 운동이 고양된 계기로

---

21 朴正鎭(2011), 앞의 글.

22 "국민회의는 1963년 9월 1일 제12차 통일행동을 끝으로 해체했다"[朴正鎭(2011), 앞의 글, 277쪽]고 하는데, '안보조약 반대·평화와 민주주의를 지키는 국민회의'는 사회당과 공산당의 대립에 의해 기능 정지 상태에 빠지긴 했지만 조직 자체는 존속하고 있었다고 보아야 하며 '해체'라는 표현은 다소 부적절할 수 있다.

거론되고 있는 것은 국민회의가 한일회담 반대를 제기한 것이다. 그러나 박정진이 이 시기 한일회담 반대 통일행동의 동태를 '부침'이라 표현하고 있고, 또한 요시자와도 동원 수가 적은 것, 사회당과 공산당의 대립에 의해 국민회의의 기능이 원활하지 못한 것, 대중행동으로서의 반대운동이 단기간에 수축된 것을 언급하는 등 선행 연구에서도 이미 이 시기 운동의 '고양'에는 일정한 유보가 필요하다는 것이 지적되고 있다.

단, 이 시기 반대운동의 부진에는 사회당과 공산당의 공투(공동 투쟁) 성립의 어려움 등 동원 구조상의 조건과 더불어 당시 일본의 '한일 문제'를 둘러싼 인식의 틀도 작용하고 있었음을 무시할 수 없다. 『월간 사회당』 1962년 2월호의 한일회담 특집에는 "우리가 이 한일회담 반대투쟁에서—그것이 기본임엔 틀림 없지만—'전쟁인가 평화인가', '군사동맹인가 적극 중립인가' 하는 〈본질환원론〉적인 발상에만 매달리고 있어서는 실제로 광범위한 대중의 폭넓은 저항을 조직하기가 어려워진다"라는 기술이 보인다. 이러한 어려움을 지적하는 가운데, 반대운동의 '직접적인 성공의 열쇠'로 '춘투(임금인상을 위한 춘계투쟁)와의 결합'을 들고 있지만 동시에 그를 위한 노동조합운동의 주체적 조건이 매우 미숙하다는 점도 인정하고 있다.[23] '한일(회담 반대투쟁)과 춘투의 결합'은 그 후 제7차 회담 시기에 이르기까지 계속해서 사회당의 주장에 나타나지만,[24] 다음에서 보게 되는 바와 같이 총평이 이끌던 1960년대 전반의 노동운동의 주류에는 그러한 과제를 달성하기 위한 조건이 미비했다고 보지 않을 수 없다. 또한 이로부터 1년 후 『월간 사회당』 1963년 2월호에 게재된 '〈공

---

23 日本社会党(1962), 「日韓会談反対運動のために」, 『月刊社会党』 56号, 26쪽.

24 山本幸一(1964), 「「日韓」—第二の安保闘争へ」, 『月刊社会党』 83号.

동토의〉 한일회담과 당과 대중행동'[25] 에서는, 한일회담 대책연락회의가 이끌던 1962년 1월부터 1년 남짓한 기간 동안 한일회담 반대운동의 '부진'이 지적되고 있다. '부진'을 가져온 두 가지 큰 문제점 중 한 가지는 요시자와나 박정진이 지적한 사회당과 공산당의 공투의 어려움이라는 '투쟁주체의 확립, 혹은 통일행동의 기초 조건'이며, 그와 더불어 지적되는 것은 '한일회담에 대한 이해 부족', 바꿔 말하면 운동이 일반 국민에게 확산되는 것을 막는 한일회담에 대한 국민들의 무관심과 몰이해다. 사회당과 공산당의 공투 문제로는 환원될 수 없는, 당시 일본인의 생활과 한일 문제에 대한 이해 수준과 관련된 보다 심각한 문제가 해결되지 않은 채, 상황은 1965년의 비준 반대를 둘러싼 운동의 고양기로 넘어간다.

1965년에 대해서 보면, 요시자와는 운동의 고양기를 '1965년 후반'으로 보고 있는데, 경찰청 자료인 〈표 1〉[26]에 따르면 확실히 하반기인 9월부터 동원 수가 급증하고 있으며 11월에 약 91만 명이라는 피크를 맞이하는 경향은 인정된다. 그러나 후반의 동원에 비하면 총 동원 수는 적지만, 4월에 6만 6,000명, 5월에 8만 3,000명 등 상반기에도 또 하나의 동원 수의 피크를 볼 수 있다. 게다가 각 당파별 내역을 보면, 10월 이후에는 사회당·총평계가 공산당계를 웃돌고 있는 데 반해 4~5월에는 거꾸로 공산당계가 사회당·총평계를 상회하고 있어 서로 다른 경향이 보인다. 1965년의 한일회담 반대운동이 가지고 있었다고 생각되는, 이와 같은 복합적인 구성에 주목한 분석이 향후 연구과제로서 요청된다.

---

25 石野久男 外(1963), 「共同討議 日韓会談と党と大衆行動」, 『月刊社会党』 68号.

26 公安調査局(1966), 『日韓条約反対闘争の総括』, 230~231쪽.

표 1 한일회담 반대투쟁 대중행동 동원 상황(경찰청 조사)

종별 \ 월별		2월	3월	4월	5월	6월	7월	8월	9월	10월	11월	12월	총계
사회당·총평 계열	집회 장소	2	25	16	25	26	11	14	69	314	398	104	1,004
	동원 수	1,550	12,420	11,060	26,030	11,910	4,860	11,780	32,390	180,430	266,010	51,490	609,930
	동원목표	10,500	83,580	32,320	119,750	34,500	40,150	60,700	100,700	482,400	823,430	160,580	1,948,610
일본공산당 계열	집회 장소	8	14	52	47	42	5	5	126	231	364	62	956
	동원 수	5,980	17,130	42,630	48,910	30,040	10,240	9,380	148,670	72,950	216,090	20,550	622,570
	동원목표	12,410	67,250	170,380	151,640	52,350	24,600	15,700	357,310	216,340	665,600	87,200	1,820,780
사회당·공산당 공동 투쟁	집회 장소	2	9	14	6	16	20	6	24	61	386	65	609
	동원 수	680	12,290	9,550	2,460	7,620	10,200	5,360	13,450	45,860	420,830	60,120	588,340
	동원목표	1,400	41,150	25,060	11,100	29,890	30,180	23,000	28,070	105,710	1,076,940	315,790	1,688,290
기타 (일본공산당 반대 계열 학생 등)	집회 장소	1	1	12	14	34	-	2	13	63	86	20	246
	동원 수	520	30	3,410	5,630	10,320	-	1,020	1,910	23,540	12,170	1,970	60,520
	동원목표	1,000	50	4,250	8,780	18,560	-	1,600	4,900	51,150	28,130	5,550	123,970
합계	집회 장소	13	49	94	92	118	36	27	232	669	1,234	251	2,815
	동원 수	8,730	41,870	66,650	83,030	59,890	25,220	27,540	196,420	322,780	915,100	134,130	1,881,360
	동원목표	25,310	192,030	232,010	291,270	135,300	94,930	101,000	490,980	855,600	2,594,100	569,120	5,581,650

* 공안조사국(1966: 230~231)

운동 참가 세력이 보는 운동의 위상: 사회당, 총평, 공산당을 중심으로

일본의 한일회담 반대운동은 이미 살펴본 바와 같이 ① 사회당, ② 총평, ③ 공산당, ④ 재일조선인단체, ⑤ 조일우호단체, ⑥ 학생운동단체, ⑦ 지식인 등 다양한 세력에 의해 전개된 복합적 사회운동이었다고 할 수 있다. 1960년대 운동의 전개에 관해서 말하면 ①~③이 운동의 동원 기반으로서 눈에 띄게 큰 역할을 담당했지만, 최근의 연구는 ④, ⑤ 등 일반적인 전후 일본 사회운동사에서 보면 방계傍系로 자리매김되는 운동들이 한일회담 반대운동에서 이른 시기부터 계속적으로 담당했던 역할을 강조하는 경향이 있다.

이 글에서는 그러한 최근 연구와는 다른 시점에서 ①~③의 사회당, 총평, 공산당이라는 '주류파' 운동 주체에 다시금 주목하고 싶다. 왜냐하면 머리말에서 인용한 한일회담 반대운동에 대한 비판적 평가인 '안보투쟁의 논리 위에서' 전개된 운동이라는 지적에 가장 부합되는 것이 바로 이들 단체가 주도한 운동이기 때문이다.

이 글에서 분석 대상기간으로 삼는 1960년부터 1965년을, 이들 단체를 핵심으로 하는 '혁신국민운동'의 전반적 전개라는 문맥에서 보자면, 1960년 안보투쟁과 미쓰이 미이케 투쟁[27]의 패배를 지나, 고도 경제성장 속에서 구조개혁 노선이 대두, 혁신국민운동이 분열되어 가는 시기에 해당한다. 다카바타케 미치토시高畠通敏[28]는 이 시기 혁신국민운동의 상황에 대해, "(19)60년까지 조직된 다양한 운동도 안보개정저지 국민회의를 비롯해서 상당수가 개점

27 1960년 미쓰이 광산 미이케 탄광에서 벌어진 정리해고 반대 파업투쟁(역자주).

28 高畠通敏(1979), 「大衆運動の多様化と変質」, 日本政治学会 編, 『年報政治学一九七七 五五年体制の形成と崩壊』, 岩波書店, 346쪽.

휴업상태에 빠져 허울뿐인 존재가 되어간다. 안보투쟁 이후, 정방법 반대투쟁(1962),[29] 원잠 기항 반대투쟁(1963),[30] 한일회담 반대투쟁(1963~1964)과 같은 종류의 정치투쟁이 잇달아 조직되지만, 그런 투쟁은 총평이나 사회당, 공산당에 의한 개별 조직동원, 캄파니아 투쟁[31]에 머물러 운동의 통일도 대중적 확산도 기대할 수 없었다"고 비판적으로 기술하고 있다. 사회당, 총평, 공산당의 입장에서 봤을 때, 한일회담 반대운동이 안보투쟁 이후 그다지 대중적 지지를 얻지 못한 일련의 정치투쟁 중 하나에 지나지 않았다고 한다면, 이 시기 사회당, 총평, 공산당이 어떠한 상황에 있었고, 그 속에서 자타의 상호관계를 어떻게 정립하고자 했으며, 제 세력의 관련 배치 속에 한일회담 반대운동을 어떻게 위치지었는지 살펴볼 필요가 있다.

1. 1960년 안보투쟁 이후부터 1965년까지 각 세력과 공투조직의 개황

1) 사회당

1960년 안보투쟁 이후, 1960년대 초반의 사회당을 특징짓는 것은 구조개혁론의 대두이다. 이탈리아 공산당 톨리아티 등의 이론에서 비롯되어, 노동자가 자본주의 구조에 개입해서 개혁을 시도함으로써 사회주의의 실현을 꾀한다고 하는 구조개혁론은, 1950년대 중반 사토 노보루佐藤昇 등에 의해 일본에 소개되어, 1960년 안보투쟁을 지나, 아사누마 이네지로浅沼稲次郎 위원장을 우익테러로 잃은 사회당의 새로운 조류로서 전개되었다. 사회당은 구조개혁론을

29 정치적 폭력행위 방지 법안 반대투쟁(역자주).

30 미국의 원자력 잠수함 기항 요청에 대한 반대투쟁(역자주).

31 폭넓은 대중 동원, 조직의 내부 결속을 위한 비폭력 대중운동(역자주).

받아들임으로써 고도 성장하의 일본 사회에 적응하려 했으며 '무엇이든 반대하는 계급정당'에서 현재의 자본주의 틀 속에서도 실현 가능한 개혁을 주장하는 '소프트 무드 개혁정당'으로 이미지 전환을 시도했다.[32] 그러나 구조개혁론의 침투는 사회당 내 좌파연합과 우파연합 간의 대립을 가져왔고 결국 양 당파간의 정치적 거래에 의해 유명무실화되고 만다.

한일기본조약이 조인되어 비준된 1965년, 사회당은 창당 10주년을 맞이해 '정권 획득을 위한 비약의 해'를 모토로 내걸었다. 1월 19일 당 국회 대책위원회에서는 "정부의 아시아 정책의 전환을 꾀하고 당 외교노선의 실현을 기할 것"을 확인, 한일회담의 조기 타결에 반대하는 것은 외교면에서도 중요한 과제로 보았다.[33] 그럼에도 불구하고 이 해 사회당의 한일회담 반대나 베트남 반전운동에 대한 대응은 대체로 저조했다. 그것은 그해 7월 참의원 선거가 예정되어 있었고, 사회당 수뇌부는 연대관계에 있던 총평의 강력한 요청으로, 참의원 선거까지는 국회활동에서도 대중운동에서도 '내정内政 페이스'로 가자는 방침을 정하고 있었기 때문이다. 4월의 기본조약 가조인에 즈음해서 사회당은 "이 한일기본조약은 미국의 아시아 전략상의 필요에 따라 일본 국민의 이익을 희생시킨 것이며 결코 인정할 수 없다"는 성명을 발표하지만[34] 기본적인 '내정 페이스'는 바뀌지 않는다. 그 결과 사회당은 7월 4일 참의원 선거에서 승리, 의석을 74석으로 늘렸다.

32 高畠通敏(1979), 앞의 글, 344쪽.

33 小山弘健·清水慎三 編(1965) ,『日本社会党史』, 芳賀書店, 291쪽.

34 小山弘健·清水慎三 編(1965), 위의 책, 297~298쪽.

2) 총평

총평은 미쓰이 미이케 투쟁이 패배한 후인 1960년대 전반, 합리화 반대투쟁에 운동의 역점을 두지만, 운동 방식은 노동현장에서의 반대투쟁이 아니라 연대를 형성한 사회당을 매개로 정부에 정책요구를 가하는 정책전환운동의 형태를 취하게 된다. 나아가 총평은 고도 성장을 배경으로 임금인상 투쟁에 주력한다. 1960년 안보투쟁까지 총평 내부에는 사회당, 공산당 양쪽의 지지 세력이 혼재되어 있었지만, 1960년 7월 15회 대회에서 "사회당 지지, 기타 혁신정당과는 사안별로 협력한다"는 사회당 일당 지지 방침이 가결, 그에 따라 사회당·총평 연대가 완성된다. 이후, 공산당은 총평 지도하에 있는 노동운동에 대해 독자적인 태도를 취하게 된다.

이러한 상황 속에서 총평은 1965년의 한일조약 조인·비준 반대투쟁에 있어, 앞서 말한 바와 같이 사회당에 압력을 가해 참의원 선거를 통한 의석수 확대를 우선시하는 전술을 취하게 한다. 한일회담이 막바지 단계에 접어든 1964년부터 1965년은 총평이 주도하는 춘투운동에 있어서도 획기적인 시기였다. 1964년 춘투에서는 중화학공업 노조를 선두로 3월부터 4월에 걸쳐 대규모 총파업이 진행되었다. 4월 17일로 예정되었던 공노협(국가공무원 노동조합연합회)의 시한부 파업은 공산당의 반대(4·8성명)도 있어서 중지되었지만, 이 해의 춘투는 대폭적인 임금인상을 얻어냈다. 1965년에 접어들어 경기가 정체되는 가운데 총평 지도부에게 있어 1965년의 춘투는 "유럽에 못지않은 파업을 조직", "전진의 교두보를 계속 유지하기 위한" 중요한 국면이 되었다.[35] 총평 의장으로서 운동을 지도한 오타 가오루太田薫는 1970년대 들어 당시를 회

35 太田薫(1971), 『闘いのなかで 労働運動二十五年』, 青木書店, 241~242쪽.

상하면서, 1965년 춘투를 진행하는 데 있어 힘이 되었던 '정치 정세의 긴장'에 관해 말하며 베트남 전쟁의 상황과 한일회담을 언급하고 있다. 더욱이 오타는 1965년의 한일회담 반대운동이 '허사'로 끝난 점을 인정하면서, 운동이 "왜 끓어오르지 못했는지 토론이 불충분했던 상황에서 '1970년 안보투쟁'의 결전을 외쳤던 것이 우리의 잘못이었다 생각한다. 솔직히 말해서, 그 당시부터 총평이 반전 하나만으로는 투쟁을 조직하지 못하는 의식상태에 있었던 점을 우리가 충분히 이해하지 못하고 있었던 거라고 생각한다. 한일조약 반대투쟁에 대해서 왜 성공하지 못했는지 보다 대담하고 보다 대중적으로 터놓고 토론했어야 했다"고 말했다.[36] 솔직히 지적하자면, 오타 등의 총평 지도부에 있어 한일회담 반대운동, 베트남 반전운동 등의 정치과제는 임금인상 투쟁의 성공을 위해 산하 조합의 긴장을 다지기 위한 일종의 자극제 역할에 불과했다고 할 수 있을 것이다.

3) 공산당

1960년 안보투쟁 이후의 1960년대 전반은 공산당이 복잡한 변화를 겪은 시기였다고 할 수 있다. 어떤 면에서는 1960년 7월 제8회 당대회에서 재선된 미야모토 겐지宮本顕治 서기장의 지도체제가 확립하고 무장투쟁 방침을 선택한 1951년 강령을 부정하는 새로운 강령이 제정되어 당원 증가, 기관지의 부수 증가를 목표로 하는 당 세 확대운동이 양적 성과를 보인 시기라고 할 수 있다. 반면 당내에 구조개혁론이 침투하고, 국제적으로는 1962년 이후의 중소中蘇 논쟁에 대한 대응이 요구되었으며, 1960년 안보투쟁에서 당 수뇌부의 태도에

36 太田薫(1971), 앞의 책, 242쪽, 244쪽.

실망한 문화인 그룹의 이반이 생기는 등 격렬한 분파항쟁과 비정통파로 판단된 당원 다수의 제명으로 특징지어지는 시기라고 할 수 있다.

이러한 상황 속에서 공산당도 한일관계 문제를 안보조약 재개정 문제의 일부로 위치짓고, 특히 1965년의 기본조약 비준 반대운동은 1970년 안보투쟁을 향해 당세를 한층 더 확대하기 위한 기회로서 보았다. 이와 같은 인식을 바탕으로 공산당이 유의한 점은 기본조약을 무효화하거나 그 구체적 내용에 관한 사람들의 문제의식을 심화시키기보다, 당국의 탄압이나 당원의 이탈을 피하고 여론의 비판을 받지 않도록 한일회담 반대 집회나 데모를 가능한 한 질서 '정연'하게 진행하도록 힘쓰는 것이었다.[37]

4) 안보공투와 사회당·공산당의 공투관계

1959년 3월에 결성된 '안보조약 개정저지 국민회의'와 이를 이어 안보투쟁 후인 1961년 3월에 재발족한 '안보조약 반대·평화와 민주주의를 수호하는 국민회의'는 일반적으로 '안보공투'로 총칭된다. 안보공투는 안보조약 반대를 위한 사회당, 공산당, 각 노조단체의 공투조직으로, 중앙에서 통일행동을 동원함과 동시에 지역단위 공투조직 결성도 진행했다. 공산당은 1960년 제8회 당대회 정치보고에서 안보공투에 대해 "일본에 있어 통일전선 발전과정의 구체적인 한 형태"라고 긍정적으로 평가하고 있다.[38]

1960년대 한일회담 반대투쟁의 전개는 1962년 3월 안보공투가 한일회담 반대를 과제로 제기한 것에 기인한 부분이 컸다. 그러나 안보공투는 사회당·

---

37 小山弘健(1972), 『増補 戦後日本共産党史』, 芳賀書店, 397쪽.

38 日本共産党(1964), 「安保共闘の誕生とその後のいきさつについて」, 『アカハタ』(1964. 10. 9.).

총평 연대와 공산당간의 대립에 의해, 특히 원수금운동(원폭 수폭 금지운동)[39]에서 양자의 대립이 심각해졌던 1962년 이후는 자주 활동을 정지한다. 1964년 미국의 원자력잠수함의 기항을 저지하는 투쟁에서는 대규모의 통일행동이 전개되지만, 그 후 안보공투의 활동은 다시 정체된다.

1965년 4월 기본조약이 가조인되고 같은 해 6월 사사키 고조佐々木更三 사회당 위원장은 "기본조약 비준저지를 위한 폭넓은 전선의 형성"의 필요성을 제기, "안보공투가 재개되지 않는 이상, 한일(관계 문제)에 특정된 다른 공투조직을"이라는 발언을 한다. 공산당은 이러한 사사키 발언을 환영하지만, 사회당의 에다파江田派·와다파和田派는 이에 반발, 총평의 오타 의장도 "안보공투의 재개는 불가능한 일로 만약 공투를 조직한다면 새로운 형태로 하게 될 것이다"라는 신중론을 이야기한다. 결국 베트남 반전운동 중에 새로 생긴 '1일공투' 방식이 지속되게 된다.[40] 총평은 '1일공투의 축적'을 기정 방침으로 세운데 반해, 공산당은 '1일공투'를 보다 진전시킨 안보공투의 재개를 원했다.

2. 각 세력의 '반대 논리'와 한일회담 반대운동의 자리매김

요시자와[41]는 사회당과 공산당의 한일회담 반대의 공통적인 핵심논리로서 ① (기본조약이) 일미 안보조약의 연장, 또한 이른바 NEATONorth East Asia Treaty

---

39 1954년 미국의 수폭 실험으로 일본 원양 어선이 피폭된 것을 계기로 시작된 대중적 반핵운동. 1961년 소련의 핵실험 재개를 둘러싸고, 모든 나라의 핵실험에 반대해야 한다는 사회당·총평계와 그것에 반대하는 공산당계가 대립, 이후 운동주체가 분열되었다(역자주).

40 小山弘健(1972), 앞의 책, 394쪽.

41 吉澤文寿(2005), 앞의 책, 294쪽.

Organization의 일환이라는 동북아시아 군사동맹론, ② 한반도의 남북통일 저해론, ③ 일본 독점자본의 한국 침략론을 들고 있다. 총평의 경우에는 이 세 개 핵심논리에 덧붙여 ③의 결과로서 일본의 노동자는 저임금과 합리화를 강요받게 될 것이라는 주장이 있었다고 본다. 이는 당시 각 세력의 주장을 적절하게 파악한 것이라고 할 수 있는데, 당시 각 세력의 상황을 함께 고려해보면, 보다 중시해야 할 것은 표면적인 '한일조약 반대의 논리', 슬로건보다도 오히려 사회당, 공산당 같은 혁신정당이나 총평 같은 노조의 전체적인 관련배치와 운동의 방향성 속에서 '한일투쟁'의 자리매김일 것이다.

1960년대 전반 사회당에 있어 한일투쟁의 문제는, 당내에 '구혁(구조개혁)'파와 '반구혁(반구조개혁)'파가 대립하는 가운데 고도 성장하에서 당의 아이덴티티를 어떻게 형성해갈 것인가 하는 과제와, 그와 관련한 공산당과의 공투 형태라는 전략적 문제로 환원되어 버린다. '한일(관계 문제)'을 공산당과의 공투(안보공투) 재개의 돌파구로 삼으려는 '반구혁'파와 공산당과의 공투에 거부반응을 보이는 '구혁'파라는 구도가 존재했다. 기본조약의 조인, 비준이 이루어진 1965년에는 총평의 압력으로 7월의 참의원 선거까지는 '내정 페이스'가 취해져 한일회담 반대를 위한 동원은 저조했다. 앞에서 인용한 경찰청 통계의 4~5월 동원 수에서 사회당·총평계가 공산당계에 비해 적은 것도 이러한 선거 전략 문제와 관련 있는 듯하다.

그렇다면 사회당은 참의원 선거 후인 10~11월, 비준을 둘러싼 국회 안팎의 반대운동기에 있어서 한일투쟁을 어떻게 자리매김했을까? 『월간 사회당』 12월호는 '〈안보〉와 〈한일〉 투쟁'이라는 제목으로, 야마시타 모토테루山下元光(야마구치현본부 서기장), 이노우에 데루오猪上輝雄(군마현본부 조직부장), 고지마 마사미쓰小島昌光(사회주의청년동맹 도쿄지구본부 조직부장)의 기고를 게재하고 있다.[42] 세 사람의 보고에서 공통적으로 보이는 것은 한일조약 비준기의 반대운동을 '1960년 안보투쟁'과 비교해서 검토하고, 그것을 바탕으로 다가올 '1970년 안보투쟁'에서 유효한 조직론, 운동론을 도출하려는 시점이다. 사회당에게 한일회담 반대운동의 의의란, '포스트 1960년 안보투쟁'의 대중운동을 어떻게 조직해서, 1970년 안보투쟁을 위한 운동주체를 어떻게 재편해갈 것인가 하는 과제를 위한 시금석 이상은 아니었던 것이다.

이러한 사정은 공산당도 마찬가지였다. 공산당에게 한일관계 문제는 "안보조약의 폐기 혹은 계속이라는 두 다리 중 하나의 초점"(제9회 대회 중앙위원회 보고)으로 자리매김된, 1970년 안보투쟁을 위한 당세의 확대, 당조직의 확립, 나아가 사회당과의 공투를 위한 모색의 기회에 지나지 않았다.

총평은 사회당 이상으로 참의원 선거를 중시해서 한일회담 저지를 목표로 내건 것은 기본조약이 가조인된 후 7월 말~8월 초에 열린 정기대회에서였다. 더구나 9~10월에 '반전·평화를 위한 4천만 서명운동'이 진행되는데 이때의 슬로건도 주로 '미국의 베트남 침략 반대'가 강조되었고 '한일조약 비준 저지'는 부차적인 위치였다고 할 수 있다. 한일조약으로 일본 노동자에게 저임금과 합리화가 강요될 것이라는 논리는 한일회담 반대운동을 총평이 주력하고 있던 임금인상, 합리화 반대투쟁과 결부시키려던 것이었다고 할 수 있다. 하지만 총평 국민운동부장이었던 이와타레 스키오岩垂寿喜男[43]가 자성적으로 인정하고 있듯이, 일본 자본의 한국 진출에 의해 노동조건의 악화가 직접

---

42 山下元光·猪上輝雄·小島昌光(1965), 「「安保」と「日韓」のたたかい」, 『月刊社会党』 103号.

43 岩垂寿喜男(1966), 「日韓条約の批准阻止をはじめとする諸闘争の中間的総括」, 『月刊社会党』 105号, 85쪽.

적으로 예견되었던 섬유 노동자의 대부분은 민사당(민주사회당), 동맹(전일본노동총동맹)에 의해 조직되어 있었고, 총평의 조직력이 미치는 부분이 아니었다. 한일회담 반대운동과 반합리화 투쟁의 관련성이라는 논리는 총평 산하의 노동자에게 거의 영향력이 없었다고 봐야 할 것이다.

운동에 대한 내재적 비판: 하타다 다카시와 다마키 모토이[44]

여기에서 말하는 '내재적 비판'이란, 앞서 말한 것과 같이 한일회담 반대운동의 방침이나 실천을 둘러싸고 사회당, 총평, 공산당 내부에서 벌어진 상호비판이나 각 지도부에 대한 조직 구성원들의 비판을 말하는 것은 아니다. 또한 이 글에서는 검토 대상으로 하지 않지만 한일회담 반대운동의 일부를 담당했던 학생운동조직이 기존 혁신정당이나 노조의 운동에 가한 비판을 말하는 것도 아니다. 여기서 말하는 내재적 비판이란, 한일회담에 반대를 표명함으로써 회담 반대운동의 일익을 형성했던 지식인이나 조직 외 활동가들이 사회당, 총평, 공산당 등 기존 조직의 반대운동에 대해 제기한 비판을 말한다. 이 글에서는 아시아사 연구자인 하타다 다카시와 사상가인 다마키 모토이 두 사람에 대해서 검토하겠다.

일본 측 반대운동에 대한 하타다 다카시의 내재적 비판은 전후 일본의 조선사·중국사 연구를 이끌어온 선구적 역사학자로서의 역사인식에 기반한 것인

44 하타다는 한반도의 통일을 지향하여 남북한을 총칭해서 '조선'이라는 호칭을 쓰고 있다. 여기서는 하타다의 논의를 언급할 때 그런 함의로 '조선', '조일(관계)'이라는 용어를 사용하겠다.

동시에, 하타다가 조일우호운동의 거점이 된 일본조선연구소의 활동에 설립 이후부터 부이사장으로서 관여했던 것에서도 볼 수 있듯이, 한일회담 반대운동을 조일우호운동의 연장선상에 있는 운동으로 간주한 입장에서 사회당, 총평, 공산당 등 기존 혁신단체를 핵심으로 한 운동에 대해 제기한 내재적 비판이었다고 볼 수 있다.

한일조약, 한일회담에 대한 대응을 토대로 정리한 『일본인의 조선관』의 '후기'에서 하타다는 조선에 대한 일본인의 인식이 미흡하고 왜곡되어 있음을 언급하며, "무엇보다 조선에 대한 일본의 식민지 지배 사실 및 식민지 지배 책임에 대한 인식이 결여되어 있음을 통감했다. 그것은 한일회담을 추진하는 측은 물론이고 한일회담에 반대하는 측에서도 볼 수 있었다"[45]고 쓰고 있다.

하타다의 이러한 인식은, 한일회담과 한일회담 반대운동에 있어서 '일본과 조선(남북을 포함)의 우호'에 관한, 보수파에 의해 유도된 다수 일본인의 의식 전환을 꾀하고, 한일회담이야말로 일본과 조선의 우호를 저해하는 것이며 그것에 반대하는 운동이야말로 일본과 조선의 우호로 이어진다는, 논리의 역전을 불러일으키고자 한 것이었다.[46] 바꿔 말하면, 하타다에게 한일회담 반대운동은 일본과 조선 사람들 사이의 새로운 국제관계의 모체이다. 새로운 국제관계를 낳는 사회운동이라는 비전이 명시된 점은 특기할 만하다. 그러나 하타다는 동시에 일본과 조선의 우호를 위해서는 다음과 같이 해결해야만 하는 중대한 과제가 있다는 것도 함께 지적한다.

---

45 旗田巍(1969), 『日本人の朝鮮観』, 勁草書房, 296쪽.

46 旗田巍(1965), 「民族の友好のために」, 『月刊社会党』 98号.

일본과 조선의 우호는 구 식민지 지배국과 식민지 간의 우호이며, 거기에 크나 큰 문제가 있다. 본래 식민지의 지배자와 피지배자 간에 우호는 있을 수 없다. 식민지 지배를 부정해야만 우호가 가능하다. 우리는 조선과의 우호를 위해서 스스로 식민지 지배를 부정하지 않으면 안 된다. 그것이 우호의 출발점이다.[47]

즉, 일본이 조선과 관계를 맺기 위해서는 지배민족이었던 자기를 부정, 다시 말해 일본인 자신의 '탈식민지화decolonization'가 불가결해진다. 이와 같은 하타다의 일조관계론을 토대로 사회당, 총평, 공산당이 주도한 한일회담 반대운동을 평가하면 그 미흡함은 저절로 분명해진다. 한일회담과 한일조약에 관한 일본인들의 전반적인 관심 부족, 조약에 대한 찬반이 "현재와 미래의 일본과 조선의 관계"에만 집중되어 있어서 "과거 일본의 조선 지배는 잊혀지는 경향이 있었다"는 점, 반대운동 측은 회담 추진 측과 달리 물론 식민지 지배를 정당화하지는 않았지만 이 부분에 대한 대응이 미흡했던 점, 그것이 가시화되어 구보타 발언이나 '독립 축하금'으로 배상문제를 처리하려던 것에 대해 반대운동세력이 비판을 가하지 않은 점, '일본 민중도 피해자'라는 논리에 따라 한국에 대한 지원을 반대하자는 운동 논리 등이 비판적으로 지적된다.[48]

반대운동에 대한 하타다의 내재적 비판은 날카롭고도 적확한 것으로, 더구나 그 비판의 범위는 한일 국교회복 50년이 지난 지금의 일본인들의 한국·북한 인식에까지 미치고 있다고 할 수 있을 것이다. 그러나 사회당, 총평, 공산당의 한일회담 반대운동 실정을 봤을 때, 하타다의 말처럼 현재와 미래의 일

47 旗田巍(1969), 앞의 책, 116쪽.

48 旗田巍(1969), 앞의 책, 102쪽.

본과 한반도 관계에 관심이 집중된 나머지 일본의 식민지 지배를 잊어버리는 경향이 있었다기보다도 오히려 현재 그리고 미래의 일본과 한반도 관계를 어떻게 만들어갈까에 대한 확실한 생각이 없기 때문에 과거 식민지 지배 문제도 직시하지 못하는 상태라고 말할 수 있지 않나 생각된다.

다마키 모토이가 한반도에 관여하는 방식은 하타다의 경우와는 약간 다르다. 1926년생인 다마키는 1946년부터 1955년까지 공산당원이었다. 전후 재건된 이 시기의 공산당은 1951년 제5회 전국협의회를 거치면서 화염병 투쟁을 전개, 1955년 제6회 전국협의회에서는 그러한 '극좌 모험주의'를 자아비판하는 등 우여곡절이 많은 시기였다. 다마키는 이 사이 1948년부터 1951년에 걸쳐 농촌에서 당조직 건설을 담당했고 거기에서 재일동포들과 교류하게 된다. 공산당 탈당 후 1958년에 발생한 이진우 사건[49]과 관련한 일본인들의 구명탄원운동에는 "어딘가 납득이 가지 않는 기분이 들어" 관여하지 않았지만, 일본 젊은이들이 한일회담 반대투쟁의 경험을 거친 후 재일동포 문제에 관여하게 되는 것에 자극을 받아 '쪽발이회'를 발기, 출입국관리법안 반대운동에 관여하게 된다.

한일회담 반대운동은 다마키에게 커다란 사상적 전환점이 되었다. 다마키는 한일회담을 둘러싼 대립구도를 "정부, 자민당의 '선린외교' 대 사회당·공산당·총평 등 혁신세력의 '반전'의 싸움"으로 표현한다. 그리고 ① '반전'을 보는 데 있어 사회당과 공산당 간에, 게다가 각각의 내부에 복잡한 견해 차가 존재한 점, ② 전후 20년이 지나면서 국민들이 '반전'이라는 슬로건 자체를 패

49 도쿄 고마쓰가와 고등학교에 재학 중이던 재일동포 이진우가 두 건의 강간치사 및 살인으로 당시 미성년자였음에도 불구하고 사형된 사건.

전직후만큼 순순히 받아들이지 않게 된 점을 지적하고, 여기에 덧붙여 보다 본질적인 ③ "'반전'이라는 관점만으로 과연 한일관계 문제를 다 포괄할 수 있었는가" 하는 의문을 제기하며 다음과 같이 이야기한다.

> "이웃 나라와 사이 좋게 지내자는데 뭐가 문제냐" 하는 정부, 자민당, 민사당 등의 선린우호주의에 대해, 과연 그 군사적 성격을 폭로하는 것만으로 됐는가 하는 문제가 있다. 물론 반대 이유는 그뿐만이 아니었다. 일본 독점의 신식민지주의적 침략 문제를 제기했다고 하는데, 과연 그것이 국민들에게 얼마나 주체적인 것이 될 수 있었을까, 오히려 민족주의적 견지에서 이야기된 다케시마 문제나 이승만 라인 문제, 어업보상 문제 등이 직접적인 이해가 걸린 문제로서 대중의 마음을 움직인 것은 아니었을까. 그리고 이것들은 과연 반전이나 국제연대와 어디에서 결부될 수 있을까.[50]

이와 같이 혁신운동세력의 한일조약 반대논리의 한계를 지적하는 다마키는 그 한계를 뛰어넘은 논리로서 스즈키 미치히코鈴木道彦[51]나 다마키 자신에 의한 '민족적 책임론'을 들고 있다.

요시자와[52]는 '일본의 전쟁 책임론에서 식민지 책임'에 대해 검토하면서, 다마키의 '민족적 책임론'에 일정한 의의를 인정하면서도 그 후 다마키는 북한

---

50 玉城素(1967), 『民族的責任の思想, 日本民族の朝鮮人体験』, 御茶の水書房, 229쪽.

51 鈴木道彦의 한일조약과 민족적 책임론에 대한 회상으로서는 鈴木道彦(2007), 『越境の時 — 一九六〇年代と在日』, 集英社를 참조할 것.

52 吉澤文寿(2009), 「日本の戦争責任論における植民地責任: 朝鮮を事例として」, 永原陽子 編, 『「植民地責任」論: 脱植民地化の比較史』, 青木書店, 143쪽.

의 현실에 실망한 나머지 "오히려 식민지 책임 부정론으로 '전향'해버렸다"고 보았다. 사회당, 총평, 공산당 등 혁신세력이 전개한 한일회담 반대운동의 미비점을 비판하는 것은 (특히 현재의 지평에서 볼 때) 그리 어렵지 않은 듯 보이지만, 스스로가 그러한 비판의 재귀성을 뛰어넘어 일본과 한국 모두의 탈식민지화를 지향하는 한일교류의 주체로서 자리매김하는 것이 실제로 어떻게 하면 가능할까 하는 질문은 오늘날 더욱 중요해지고 있다.

맺음말

사회당, 총평, 공산당을 핵심으로 1960년대 전개된 일본의 한일회담 반대운동은 기본적으로 안보투쟁의 연장선상에 자리매김된 운동이었다. 그러나 그것이 지난 50년간의 한일관계의 기점으로서 가지는, 현재의 한일관계에 던지고 있는 의미는 아직 충분히 해명되었다고 할 수 없다. 한일회담 내지 기본조약 자체를 주요한 분석대상으로 하면서 부차적으로 반대운동을 다룬 선행 연구에서는 반대운동 전체를 비판적으로 파악하기가 어렵다. 또 반대운동 자체에 주목한 최근의 연구에서는 '주류파' 운동이 아니라 조일우호운동 등 소수파의 반대운동을 보다 중시하는 경향도 보인다. 실은 '주류파' 반대운동의 전개과정에 대해서도 아직 잘 알려지지 않은 부분이 많고 선행 연구에서 이야기된 1962년부터 1963년에 걸친 운동 고양기의 내실이나 1965년의 기본조약 조인·비준 반대투쟁의 시기적 사이클에 대해서도 검토의 여지가 남아 있다. 사회당, 총평, 공산당의 1960년 안보투쟁 이후부터 1965년까지의 상황과 상호 관련성을 살필 때 '1965년의 반대운동'이 운동주체의 내재적 문제로서 가진 한계는 보다 명확해진다. 그 한계는 동시대의 하타다 다카시나 다마키 모토이가 가했던 '반대운동에 대한 내재적 비판'의 범위에 들어가는 것이다.

물론 하타다도 다마키도 인정하고 있듯이, 주류파의 반대운동론에 조선 식민지 지배에 대한 반성이 전혀 보이지 않는 것은 아니다. 예를 들어 나리타 도모미成田知巳 사회당 서기장은 『세계』 편집부의 '1일공투'에 관한 인터뷰에 답하면서 "한일조약의 위험성은 그 본질에 있습니다. 조선 사람들과 사이좋게 지낸다. 물론 우리는 이것에 대해 이견이 없습니다. 하지만 36년간의 식민지 지배에 대한 속죄를 망각하고 조선 민족의 희망과 동떨어져서는 진정한 조선 민족과의 우호관계는 확립할 수 없다고 생각합니다"[53]라고 말하고 있다. 또, 한일회담에 대한 대안으로서 사회당이 주장한 일본, 한국, 북한의 3자회담 방식[54]과 하타다의 "일본으로서는 남북을 가리지 않고 짊어진 책임을 다한다는 입장을 지녀야 한다. …… 일본 정부가 그럴 마음이 있다면 남북을 포함한 조선과의 대화는 가능할 것이다"[55]라는 대안의 방향성은 일치하고 있었던 것이다.

그러나 일본의 혁신세력은 한일회담에 반대하면서 현실적으로 한국과 어떤 관계를 구축하려 했는가 하는 질문에 답이 될 만한 것은, 사회당의 '조선문제' 전문가였던 이시노 히사오石野久男의 발언에 보이는 다음과 같은 원칙론밖에는 없는 것이다.

> 일부에서 사회당은 한일회담에 반대하면서 그럼 대체 일본과 조선의 관계를 어떻게 하자는 것인가, 그 정책이 불분명하지 않은가 하는 비판을 한다. 그러나

---

53 成田知巳(1965), 「盛り上りの中に新しい共闘組織を」, 『世界』 240号, 146쪽.

54 岡田春夫(1963), 「日本と朝鮮の真の友好のために」, 『世界』 207号.

55 旗田巍(1969), 앞의 책, 103쪽.

이 비판은 맞지 않다. 우리 당은 예전부터 명확한 정책을 가지고 있다. 그것을 한마디로 말하면, 미국은 어쨌든 한국에서 물러가야 한다는 것이다. 그리고 조선의 자주적 통일을 가능케 하는 것 외에 진정한 해결 방법은 없다. 우리 당은 조선의 자주적 통일 이후에 국교를 회복하고 선린우호관계를 수립하는 것이 제대로 된 방식이라 생각하고 있다. 지금 우리가 조선에 대해 할 수 있는 것은 하루 빨리 그 자주적 통일을 위한 조건을 조성할 수 있도록 옆에서 지원하는 것밖에 없다.[56]

실제로는 한반도의 자주적 통일이 성립한다 해도 그것으로 일본의 식민지 지배 책임 문제가 결코 해결될 리는 없다. 그러나 그 이상으로 문제인 것은 이러한 원칙론은 현실의 한일관계 속에서 현 단계에서 일본인이 할 수 있는 것, 해야만 하는 것을 외면하게 하고 만다는 것이다. 이러한 이시노의 발언과 비슷한 시기, 일본으로 망명한 한국 언론인 김삼규[57]가 스스로 편집을 맡고 있던 『코리아 평론』에 게재한 시론 「신임을 국민에게 물으라」와 비교해서 보면 그 논조의 차이는 명확하다. 김삼규는 "한일 양 국민 간의 역사적 응어리를 풀고, 이해와 친선을 촉진하고, 아시아의 평화와 번영에 기여하는 것을 목적으로 한다"는 기본조약이 오히려 한일 양 국민 간의 질곡과 불만을 증대시키는 방향으로 작용하고 있는 데 대해 우려를 표명한다. 그리고 일본인에 대해, "한일 양국의 관계는 통일조선이 실현될 때까지의 잠정적인 것에 불과하다고는 해도, 또한 그런 까닭에 더욱 더 호혜평등해야 하며, 눈앞의 이익에 구애되어서

---

56 石野久男(1965), 「米軍撤退が「統一への道」」, 『月刊社会党』 98号, 12~13쪽.

57 金三奎(1965), 「信を国民に問え: 強引な本調印をさけ, 合意事項を再検討せよ」, 『コリア評論』 57号.

는 안 된다"고 쓰고 있다. 이 시론에 제기된, 당면의 '잠정적인' 한일관계를 보다 호혜평등하게 하기 위한 실행 가능한 노력이야말로, 날치기로 기본조약의 비준을 서둔 일본의 한일회담 추진세력뿐 아니라 반 아시아 안보전략의 논리에 입각해서 '한일회담 분쇄'를 외쳤던 핵심세력에게도 없었던 것, 그리고 아마도 기본조약 성립 후 50년간 아직도 달성하지 못하고 있는 바로 그것이 아닐까. 1960년대 초반 일본의 한일회담 반대운동을 살피는 것은 당시 일본의 혁신운동의 프레임을 바탕으로 사회운동이 가지고 있던 한계를 규명하는 것에 그치지 않고, 50년 후인 현재, 혁신국민운동이 해체되고 운동주체의 배치가 완전히 변해버린 오늘도, 우리는 '한일관계'에 관해서는 그다지 전진하지 못하고 있음을 보여준다.

참고문헌

石野久男 外(1963),「共同討議日韓会談と党と大衆行動」,『月刊社会党』68号.

石野久男(1965),「米軍撤退が「統一への道」」,『月刊社会党』98号.

板垣竜太(2010),「日韓会談反対運動と植民地支配責任論: 日本朝鮮研究所の植民地主義論を中心に」,『思想』1029号.

岩垂寿喜男(1966),「日韓条約の批准阻止をはじめとする諸闘争の中間的総括」,『月刊社会党』105号.

太田修(2003),『日韓交渉 請求権問題の研究』, クレイン.

太田薫(1971),『闘いのなかで 労働運動二十五年』, 青木書店.

岡田春夫(1963),「日本と朝鮮の真の友好のために」,『世界』207号.

金敬黙(2011),「日本のなかの「在日」と社会運動: 市民運動と国際連帯による再検討」, 李鍾元·木宮正史·浅野豊美 編,『歴史としての日韓国交正常化 I 東アジア冷戦編』, 法政大学出版局.

金三奎(1965),「信を国民に問え: 強引な本調印をさけ, 合意事項を再検討せよ」,『コリア評論』57号.

金鉉洙(2007),「在日朝鮮人の日韓会談反対運動に関する分析」,『明治大学大学院文学研究科文学研究論集』27号.

金鉉洙(2012),「日本における日韓会談反対運動の展開: 日本人の反対運動を中心に」,『人民の歴史学』194号.

公安調査局(1966),『日韓条約反対闘争の総括』.

小山弘健(1972),『増補 戦後日本共産党史』, 芳賀書店.

小山弘健·清水慎三(1965),『日本社会党史』, 芳賀書店.

鈴木道彦(2007),『越境の時: 一九六〇年代と在日』, 集英社.

高崎宗司(1966),『検証 日韓会談』, 岩波書店.

高畠通敏(1979),「大衆運動の多様化と変質」, 日本政治学会 編,『年報政治学一九七七 五五年体制の形成と崩壊』, 岩波書店.

玉城素(1967),『民族的責任の思想, 日本民族の朝鮮人体験』, 御茶の水書房.

成田知巳(1965),「盛り上りの中に新しい共闘組織を」,『世界』240号.

朴正鎭(2011),「日韓会談反対運動」, 李鍾元·木宮正史·浅野豊美 編,『歴史としての日韓国交正常化I東アジア冷戦編』, 法政大学出版局.
畑田重夫(1965),「日韓会談反対闘争の展開とその歴史的役割」, 旗田巍 外,『アジア·アフリカ講座III日本と朝鮮』, 勁草書房.
旗田巍(1965),「民族の友好のために」,『月刊社会党』98号.
旗田巍(1969),『日本人の朝鮮観』, 勁草書房.
道場親信(2005),『占領と平和〈戦後〉という経験』, 青土社.
道場親信(2011),「ポスト·ベトナム戦争期におけるアジア連帯運動:「内なるアジア」と「アジアの中の日本」の間で」, 和田春樹 外 編,『ベトナム戦争の時代 一九六〇~一九七五年』(岩波講座 東アジア近現代通史八), 岩波書店.
山下元光·猪上輝雄·小島昌光(1965),「「安保」と「日韓」のたたかい」,『月刊社会党』103号.
山本幸一(1964),「「日韓」ー第二の安保闘争へ」,『月刊社会党』83号.
吉澤文寿(2005),『戦後日韓関係: 国交正常化交渉をめぐって』, クレイン.
吉澤文寿(2009),「日本の戦争責任論における植民地責任: 朝鮮を事例として」, 永原陽子 編,『「植民地責任」論: 脱植民地化の比較史』, 青木書店.
歴史教育研究会(日本)·歴史教科書研究会(韓国) 編(2007),『日韓歴史共通教材 日韓交流の歴史: 先史から現代まで』, 明石書店.
日本社会党(1962),「日韓会談反対運動のために」,『月刊社会党』56号.
日本共産党(1964),「安保共闘の誕生とその後のいきさつについて」,『アカハタ』(1964. 10. 9.).

5장

역사인식 문제와 한일관계

기무라 간

머리말[1]

다케시마竹島 / 독도獨島 문제나 일본군'위안부' 문제, 나아가서는 역사교과서 문제와 야스쿠니신사 참배 문제 등 한일 양국은 오랫동안 이러한 문제들을 둘러싸고 대립해 왔다. 이러한 대립은 어쩌면 위와 같은 문제를 둘러싸고 끊임없이 계속될 듯하며, 더구나 그 심각성은 점차 그 크기와 강도를 더해갈 것으로 보인다.

그렇다면 한일 양국은 왜 이러한 상황에 직면하고 있을까? 한일 양국에서는 이 '오래되고도 새로운 문제'에 대해 현재까지 몇 번이고 논의가 있어 왔다.

1 이 글에 관한 보다 상세한 내용은 木村幹(2014), 『日韓歴史問題認識とは何か』, ミネルヴァ書房을 참조.

그러나 길고도 진지한 논의에도 불구하고, 오늘날에 이르기까지 이러한 문제가 발생한 원인에 대한 이해는 놀라울 정도로 단순하고 소박하다. 즉, 여기에는 주로 두 가지 견해만이 존재한다. 첫 번째는 이 문제의 원인을 일본 측에서 찾는 것으로, 여기에서는 진행되고 있는 일본의 우경화가 특히 강조되고 있다. 즉, 한일 간의 역사인식 문제와 악화는 일본 사회에서 민족주의적인 세력이 대두한 결과라고 보는 것이다. 즉, 일본의 우경화와 민족주의는 밀접한 상관관계를 가지고 있다는 이미지가 형성되었다.

한일 역사인식 문제의 원인에 관한 두 번째 이해는 첫 번째 견해와는 정반대로 한국 사회에서 찾는 것이다. 여기에서는 '반일적'인 한국 사회와 이를 초래한 한국 교육의 실상이 주목받고 있으며, 한일 역사인식 문제와 악화를 한국의 '반일적'인 자세에서 찾고 있다.

여기서 유의해야 할 점은 양국 관계에 관한 이와 같은 두 가지 통속적인 이해는 반드시 학문적인 검토를 거쳤다고는 할 수 없으며, 제대로 작성된 자료에 기초하지도 않았다. 이 글에서는 우선 이러한 두 가지 견해의 타당성을 확인하면서 한일 양국 간에 일어나고 있는 역사인식 문제에 대해 생각해 보려고 한다.

통속적인 견해의 한계

그렇다면 앞서 제시한 두 가지 통속적인 견해는 어느 정도 타당성을 가지고 있을까? 우선 일본 사회의 '우경화'에서 역사인식 문제가 격화되는 원인을 찾는 관점부터 살펴보도록 하겠다. 처음에 확인해야 할 것은 먼저 그 논리성이다.

주지하는 바와 같이 한일 역사인식 문제를 비롯해 양국 관계가 악화하는 원인으로 일본 사회의 '우경화'를 지적하는 주장은 제2차 세계대전이 끝난 다음 상당히 빠른 시기에 등장했다. 즉 일본은 제2차 세계대전에서 패배한 결과 일단 연합국의 점령하에서 이루어진 개혁을 거쳐 '평화국가'화가 되었으나, 제2차 세계대전 이전에 군국주의를 주도한 세력이 복권됨에 따라 점차 '우경화'하고 있다는 것이다. 예를 들어, 2013년 이후 한일관계가 악화한 원인을 도쿄 재판에서 A급 전범으로 지정받은 기시 노부스케岸信介에서 아베 신조安倍晋三로 이어지는 '보수 계보'에서 찾고 있다. 이러한 견해는 최근 한국 언론이 이해하는 상황에 대한 인식에서 전형적으로 나타난다.

그러나 이 견해에는 커다란 한계가 있다. 왜냐하면, 이러한 이해에 기초해 일본 사회가 어느 단계에서부터 일관되게 '우경화'하고 있다고 주장하려면, 어느 단계에서는 일본이 '매우 진보적인 사회'였다는 대전제가 필요하기 때문이다. 결론부터 말하자면, 제2차 세계대전 이후 일본 정치사에서는 더구나 초기 단계부터 살펴보아도 그러한 시기는 존재하지 않는다. 1950년대부터 1960년대에 걸쳐 일본의 총리를 역임한 요시다 시게루吉田茂, 하토야마 이치로鳩山一郎, 나아가서는 기시 노부스케와 이케다 하야토池田勇人, 사토 에이사쿠佐藤榮作 등의 이름을 거론해 보면 명확해지듯이, 제2차 세계대전이 끝난 이후의 시대에서 초기의 일본 정치 지도자가 나중에 등장한 지도자들보다 리버럴한 사상의 소유자라고 말하는 것은 불가능하다. 정치사상이나 연설 등을 확인해 보면 알 수 있듯이, 이들 대부분이 한일 역사인식 문제가 크게 악화한 1990년대 중반의 정치 지도자들, 예를 들어 미야자와 기이치宮澤喜一와 무라야마 도미이치村山富市, 더 나아가 이들 정권을 지원한 고노 요헤이河野洋平와 비교해서 더욱 '리버럴'했다고 평가하는 것은 아무리 생각해도 무리가 있다.

그리고 이러한 생각이 잘못되었다는 것은 실제로 일본에서 나타난 언설을 살펴봐도 분명히 알 수 있다. 예를 들어, 〈표 1〉은 일본의 주요 역사교과서를

표 1 도쿄쇼세키 발행 일본사 교과서에 등장한 한일관계에 대한 기술의 증감

기술 내용	1978	1983	1990	1993	1996	2000	2004
제1차 한일협약	○	△	△	△	△	○	○
제2차 한일협약		△	○	○	○	△	○
제3차 한일협약			△		△		
헤이그 밀사 사건		△	△	△	△	△	○
한국 통감부	△	○	○	○	○	○	○
안중근							○
한일병합조약	○	○	○	○	○	○	○
조선총독부		○	○	○	○	○	○
토지조사사업		△	△	△	△	△	○
3·1독립운동	△	△	○	○	△	○	○
만세사건		○	○	△	△	△	△
황민화			△	△	△	△	○
창씨개명			△	△	△	△	○
의병운동(투쟁)			△	△	△	○	○
간토關東대진재						○	
일본군'위안부'(위안부)						△	○
강제 연행							○
〈자료〉 한일의정서 본문	○						
〈사진〉 이토 히로부미와 한국 황태자	○						
〈사진〉 3·1독립운동							○
〈사진〉 궁성요배하는 조선인들							○
〈사진〉 의병						○	○

* ○는 굵게 표시된 기술, △는 보통 굵기로 표시된 기술

간행하는 회사인 도쿄쇼세키東京書籍가 출판한 고등학교 일본사 교과서에 등장한 1970년대부터 2000년대 초반까지, 제2차 세계대전 이전의 근대 한일관계사에 관한 기술의 변화를 분석하고 있다. 이 시기에는 일본의 역사교과서에서 근대 한일관계사에 관한 기술이 빠르게 증가하고 있다. 즉, 적어도 역사교과서의 기술을 기준으로 살펴보는 한, 이 시기에 일본 사회가 '우경화'하고 있었다고 보기는 어렵다.

다음으로 한일 간에 역사인식에 대한 분쟁이 격화된 원인을 한국의 '반일적'인 교육에서 찾는 견해도 논리적인 관점에서 검토할 필요가 있다. 우선 이 견해에도 명백한 논리적인 모순이 있다고 할 수 있다. 이는 교육이 어떠한 경로를 통해 사회에 영향을 미치는가를 생각하면 바로 알 수 있다. 예를 들어, 한일 양국에서 발언권이 큰 언론계를 주도하는 인사의 평균 연령을 50세라고 하자. 물론 이 연령대는 현재 학교에 다니고 있지 않기 때문에, 현재 이뤄지는 교육과 사용하고 있는 교과서의 내용에 직접적인 영향을 받는 것은 아니다. 다시 말해 그들의 사고방식에 영향을 주고 있는 것은 그들이 학교에 다니던 당시, 즉 30년에서 45년 이상이 지난 옛날의 교육이다.

즉, 어느 사회에서 교육 내용이 특정한 사건에 관한 사회 전체의 인식에 커다란 영향을 미치기까지는 일정 이상의 '시간'이 필요하다. 즉, '현재의 교육 내용'은 '현재 사람들의 인식'을 반영한다고 할 수 있지만 '현재 사람들의 인식'을 형성하는 데 큰 역할을 하는 것은 아니다.

이 점에 대해서 보다 구체적인 예로, 1950년대 이승만 정권기 한국의 대일 감정을 들 수 있다. 주지하는 바와 같이 이승만은 매우 강한 반일 감정의 소유자였으며, 당시 한국 정부는 일본 정부에 식민지 지배에 대해 1965년에 타결된 한일기본조약에서 결정된 규모보다 훨씬 더 많은 배상을 요구했다. 그리고 이러한 이승만 정권의 강경한 대일 자세는 당시 한국 국민들에게 큰 지지를 받았다. 물론 당시 대부분의 한국 국민들은 일본 통치하에서 교육을 받은 사람들이었기 때문에 당시 한국 국민들의 '반일' 감정이 교육의 성과라고 할 수 없다. 오히려 그들은 일본 통치하에서, 특히 끝무렵 '황민화 교육'을 받았음에도 불구하고, 일본의 통치를 지지하기는커녕 매우 강한 '반일' 의식을 가지고 있었다. 이것은 교육이 가진 효과에 커다란 한계가 있음을 전형적으로 나타내고 있다.

한일 역사인식 문제의 전개 과정

이상에서 알 수 있듯이 역사인식 문제와 영토 문제에 관해서는 지금까지 몇 번이나 한일 간에 논의되어 왔다. 그러나 문제가 악화되는 배경에 대한 한일 시민의 이해는 여전히 매우 애매하며 정확하지도 않다. 이는 역사인식 문제 자체가 전개되는 과정에 관한 양국 사회의 이해방식에 대해서도 마찬가지이다. 예를 들어, 이 문제에 대해 일본 국내에서는 "한국은 역사인식 문제에 대해 항상 일본에 항의해 왔다"는 언설이 있다. 그러나 실제로 한국 정부의 역사인식 문제에 대한 자세는 시기와 정권에 따라 크게 다르게 나타났다. 또한, 한국 여론은 역대 일본 정부에 항상 '우경화'를 지적해 왔다. 그러나 이미 살펴보았듯이 이러한 견해 역시 한일 역사인식 문제에 대한 일본 측의 자세를 정확하게 이해한 것은 아니다.

그렇다면 실제로 한일 역사인식 문제의 전개 과정은 어떠한 것이었을까. 예를 들어, 〈표 2〉는 한국에서 최대 발행 부수를 자랑하는 『조선일보』가 한일 역사인식 문제와 관련된 주요 쟁점을 어떻게 보도해 왔는지 정리한 것이다. 보다 구체적으로 말하면 여기에 나열된 수치는 특정 시기에 실린 '일본' 관계

표 2 『조선일보』에서 살펴본 한일 역사인식 문제에 관한 논의의 변천

	일본 + 교과서	일본군 '위안부'	정신대	야스쿠니	신사 + 참배	독도	독립운동	친일파	일본 + 배상	일본 + 평화선
1945~1949	0.0000	0.0000	0.0016	0.0000	0.0000	0.0243	0.0089	0.0251	0.0380	0.0000
1950~1954	0.0000	0.0000	0.0000	0.0000	0.0000	0.0844	0.0075	0.0021	0.0139	0.0107
1955~1959	0.0006	0.0000	0.0000	0.0000	0.0000	0.0135	0.0188	0.0009	0.0074	0.0237
1960~1964	0.0000	0.0000	0.0000	0.0000	0.0000	0.0112	0.0130	0.0004	0.0049	0.0201
1965~1969	0.0006	0.0000	0.0000	0.0000	0.0000	0.0198	0.0207	0.0008	0.0023	0.0037
1970~1974	0.0005	0.0000	0.0000	0.0011	0.0012	0.0050	0.0077	0.0000	0.0014	0.0002
1975~1979	0.0004	0.0002	0.0000	0.0002	0.0004	0.0185	0.0090	0.0002	0.0011	0.0000
1980~1984	0.0555	0.0000	0.0010	0.0002	0.0019	0.0095	0.0094	0.0000	0.0008	0.0000
1985~1989	0.0152	0.0000	0.0008	0.0004	0.0025	0.0084	0.0154	0.0004	0.0008	0.0000
1990~1994	0.0068	0.0980	0.1757	0.0034	0.0180	0.0327	0.0484	0.0056	0.0079	0.0000
1995~1999	0.0084	0.0364	0.0169	0.0019	0.0064	0.0542	0.0618	0.0016	0.0111	0.0003
2000~2004	0.0233	0.0332	0.0058	0.0125	0.0290	0.0457	0.0371	0.0034	0.0029	0.0000
2005~2009	0.0114	0.0242	0.0034	0.0265	0.0193	0.1594	0.0406	0.0076	0.0025	0.0000
2010~2014	0.0148	0.0786	0.0051	0.0221	0.0176	0.1031	0.0182	0.0030	0.0055	0.0000

* DB Chosun(http://db.chosun.com/DBmain.html), 2015. 1. 2. 최종 검색일. 데이터베이스에서 '일본'을 '키워드'로 포함하고 있는 기사 수의 추이에 대하여, 각각의 어구가 '키워드'나 제목에 포함된 기사의 비율을 나타내고 있다(최대는 1). 진한 색으로 강조한 부분이 가장 높은 시기, 연한 색이 그다음으로 높은 시기다.

에 대한 기사 가운데, 특정 쟁점을 나타내는 단어가 특정 기사 제목과 『조선일보』의 데이터베이스에서 설정한 키워드에 포함된 비율을 나타내고 있다.

물론, 이 자료는 한국의 한 신문사의 보도가 어떻게 변화했는지를 나타낸 것에 지나지 않는다. 그러나 〈표 2〉에서 나타난 경향과 비슷한 변화는 한일 양국의 어느 언론에서나 볼 수 있다. 그러므로 한일 양국의 언론에서 논의되고 있는 경향은 양국의 여론을 어느 정도 반영한 것이라고 할 수 있다.

그렇다면 이 표에서 명백하게 드러난 것은 무엇일까? 첫째, 한일 역사인식 문제에서는 각각의 쟁점에 관한 논의가 시기별로 크게 변화하고 있다. 물론 과거의 사건이 일단 일어난 후에는 그 사건 자체가 바뀔 수는 없다. 따라서 이 자료는 한일 역사인식 문제의 전개가 과거의 사건 그 자체로는 직접적으로 설명할 수 없다는 것을 의미하고 있다.

둘째, 쟁점에 주목하면 한일 간 역사인식 문제의 전개 과정을 세 시기로 나눌 수 있다. 즉, 제2차 세계대전이 끝난 후부터 한일기본조약을 체결하기까지의 시기, 한일기본조약 체결에서 1980년대 초반 무렵까지의 시기, 그리고 1980년대부터 현재까지의 시기다. 첫 번째 시기에서 주로 논의되고 있던 것은 식민지 지배에 대한 배상과 관련된 쟁점으로, 이 논의는 1965년 한일기본조약의 체결로 일단락되었다. 두 번째 시기는 모든 쟁점에서 역사인식 문제에 관한 논의가 저조했던 시기이며, 쟁점에 따라 차이는 있으나 이러한 상황은 대체로 1980년대까지 계속되고 있다. 마지막 시기는 1980년대 이후 역사교과서 문제와 일본군'위안부' 문제 등 오늘날 한일의 역사인식 문제에서 핵심적인 문제로 알려진 쟁점이 활발하게 논의된 시기이다.

셋째, 가장 중요한 사실은 1980년대 들어 논의되기 시작한 역사인식 문제를 둘러싼 논의가 시대 흐름에 따라 더욱 활발해지고 있으며, 과거 어떤 시기보다 심각한 상태가 되고 있다는 것이다. 여기에는 더 나아가 우리에게 몇 가지 시사하는 점이 있다. 첫 번째는 역사인식 문제가 장기적으로 전개되는 경향이 있으면 정권 교체의 영향이 그다지 보이지 않는다는 것이다. 물론 1980년대부터 오늘날까지 한일 양국에서는 여야 간 정권이 몇 번 교체되었으나, 이 자료에서는 정권 교체가 한일 역사인식 문제가 장기적으로 전개되는 것에 영향을 미치지 않는 듯하다. 두 번째는 역사인식 문제를 둘러싼 상황의 악화가 1980년대 이후 한일 양국의 교류가 활발해지는 시기와 들어맞고 있다는 점이다. 이는 '한일 역사인식 문제는 양국의 인적·물적 교류가 활발해지면 언젠가는 좋은 방향으로 나아갈 것이다'라고 낙관할 만큼 단순하지 않다는 것을 의미한다.

그렇다면 이러한 한일 간 역사인식 문제의 전개 과정, 특히 갈등이 지속적으로 고조된 1980년대 이후의 상황에 어떤 요인이 영향을 미쳤는지에 대해 구체적인 사례를 중심으로 살펴볼 필요가 있다.

교과서 문제의 전개 과정[2]

먼저 역사교과서 문제에 대해 생각해 보자. 한일 간에 역사인식 문제가 전개되는 과정에서 역사교과서 문제가 가지고 있는 중요성이 몇 가지 있다. 첫째, 형태는 다르더라도 교과서를 편찬하는 과정에 정부가 관여하는 제도가 있는 한일 양국에서는 역사교과서가 일정 범위에서 편찬 당시의 정부와 정부 활동에 영향을 미치는 양국 여론의 역사인식을 직접적으로 반영하고 있다고 생각되는 점이다. 그러나 이 글에서 보다 중요하게 생각하는 것은 1980년대 이후 양국에서 논의의 중심이 된 몇 가지 쟁점 가운데, 역사교과서 문제가 가장 빠른 시기에 논의되기 시작했다는 점이다. 또한, 이러한 논의가 시작된 시기가 명확하다는 점도 있다. 즉, 논의가 시작된 것은 1982년 6월 일본 언론에서 역

2 이의 경위에 관해서는 木村幹(2014), 「第一次歴史教科書紛争から『克日』運動へ: 全斗煥政権期の対日観の変化についての一考察」, 『国際協力論集』, 22巻 1号; Kan Kimura(2012), "Discovery of Disputes: Collective Memories on Textbooks and Japanese–South Korean Relations", *Journal of Korean Studies*, Vol.17, Num.1, Spring 20–2 등을 참조할 것.

사교과서 검정 결과를 보도한 이후며, 이 시기는 나중에 언급할 일본군'위안부' 문제가 본격적으로 논의되기 시작한 1990년대 초보다도 10년 가까이 빠르다.

1982년에 구체적으로 무엇이 일어났는지를 조금 더 자세히 살펴보아야 한다. 먼저 처음에 언급해야 할 것은 이미 〈표 1〉에서 보았듯이, 실제로는 이 시점에서 일본 교과서에 나타난 기술이 전체적으로 '우경화'되었다는 사실은 없었다. 보다 더 정확히 말하자면, 이 해에는 교과서 기술을 둘러싸고 문부성과 교과서 출판사 사이에 치열한 줄다리기가 있었다. 그러나 이는 1970년대에 출판된 교과서에 비해 1980년대의 교과서에 '우경화'된 내용이 기술되었다는 것을 의미하지 않는다.

문제는 당시 한국 사람들이 일본의 교과서가 '우경화'하고 있다고 생각해 문제를 제기한 것에 있다. 물론, 당시 한국 사람들이 사실에 반하는 인식을 가지고 있었다는 것을 비판하려고 이야기를 꺼낸 것은 아니다. 중요한 것은 당시 한국 사람들이 그렇게 인식할 만한 이유가 있었다는 것이며, 또한 그 이유가 무엇이었는지를 생각하는 것이다.

1982년에 나타난 역사교과서 문제를 고발할 때 실마리가 되는 것은, 이 문제가 그해 6월 22일 일본 언론이 교과서 검정 결과를 대대적으로 보도한 일에서 시작되었다는 점이다. 당시에 중일전쟁에 관한 기술이 검정 과정에서 '침략'에서 '진출'로 바뀌었다는 ―나중에 이 보도는 오보였음이 밝혀졌다[3]― 기사를 포함해 검정 결과에 대한 상세한 소식과 문부성이 교과서 검정을 크게

3 이러한 수정을 요구받은 것은 실제로 1982년이 아니라 그 이전에 이루어졌던 검정에서였다. 당시 일본 언론은 이를 혼동해서 보도했다.

강화했다는 듯한 내용의 보도가 나왔다. 즉, 이 해에 출판된 교과서가 크게 '우경화'되었다고 인식한 것은 일본 언론도 마찬가지였으며, 한국의 인식은 기본적으로 일본 언론의 이해를 따랐다고 할 수 있다.

일본 언론이 이렇게 이해한 것에는 이유가 있었다. 1982년에 교과서 검정 결과가 발표되기 두 달 전에 열린 소위 '이에나가家永 소송' 재판에서 최고재판소의 첫 번째 판결이 나와 원고인 이에나가 사부로家永三郎가 패소한 일이 있었다. 도쿄교육대학 교수였던 이에나가는 1965년에 1차 소송을 제기한 이래 일본의 교과서 검정제도는 검열의 금지를 주장한 일본국 헌법을 위반하고 있다며 연속적으로 법정 투쟁을 벌이고 있었다. 이러한 주장은 당시 일본에서 커다란 관심과 상당한 지지를 받고 있었다. 사실 이에나가는 재판에서, 특히 잇따른 소송 과정에서 가장 중요한 위상을 가지고 있는 2차 소송의 1심과 2심에서 모두 승리했으며, 1982년에 최고재판소의 판결이 내려지기 전에도 이에나가의 승소를 예상하는 목소리가 강했다.

그러나 1982년 4월, 이에나가는 최고재판소 판결로 패소했다. 따라서 당시 일본 언론은 이 판결로 자신감을 얻은 문부성이 교과서에 대한 검정을 강화할 것으로 예측했으며, 이에 대한 증거를 1982년 6월에 검정 결과가 발표될 무렵에 '찾으려' 노력했다. 결과적으로 교과서 내용을 수정하라는 문부성의 요구가 많았다는 것을 '발견'한 일본 언론은 문부성의 수정요구가 마치 이 해에 일어난 '새로운' 사건인 듯 보도했다. 그러나 검정 제도를 취하고 있는 일본에서 교과서 내용에 대한 정부의 개입은 이전부터 일상적인 일이었다. 즉, 일본 언론이 '새로운' 사건이라고 생각했던 수많은 사실은 실제로는 이전부터 존재하고 있었다.

이와 같은 일은 역사교과서 문제가 국제화되는 과정에서도 반복되었다. 〈표 2〉에서 살펴보았듯이, 1970년대 이전에 출판된 일본의 교과서에 기술된 내용이 그 이후의 교과서보다도 식민지 지배 등에 관한 내용이 훨씬 더 빈약했음에도 불구하고 본래 한국에서는 일본 역사교과서의 내용을 문제시하는 견해가 거의 존재하지 않았다는 것을 전제로 할 필요가 있다. 이는 1982년에 일본 국내에서 역사교과서 문제가 발생한 후에도 마찬가지였다. 즉, 6월 22일에 일본 언론이 이 문제를 크게 보도한 직후에도 한국 언론은 이를 비중 있게 보도하지 않았으며, 한국 정부도 크게 반응을 보이려고 하지 않았다.

약 한 달 후인 7월 하순에 중국 정부가 이 문제에 대해 공식적으로 비난하기 시작한 다음에 한국 상황은 달라졌다. 그렇다고 해도 오늘날 일본 언론이 지적하는 바와 같이, 역사인식 문제를 둘러싼 한중 양국 정부의 '공투共鬪'가 이 시기에 이루어진 것은 아니다. 1982년은 여전히 냉전이 맹위를 떨치던 시대였으며, 5·18 민주화운동을 진압하고 집권한 전두환 정권하에서 '반공'정책을 표방한 한국 정부는 중화인민공화국 정부와 국교조차 수립하지 않은 상태였다. 한중 양국은 10년 후인 1992년에 국교를 정상화했다. 당시 이러한 상황에서 일본에 대해 한국 정부가 역사인식 문제에 있어서 중국 정부와 '공투'할 가능성은 거의 없었다.

그렇다면 일본의 역사교과서 문제에 대해서 7월에 중국이 제기한 공식적인 항의가 한국의 항의도 유발했을 것인가를 알아볼 필요가 있다. 여기에는 한중 양국의 '공투'보다는 오히려 '경쟁'이라고 표현할 수 있는 상황이 있었다. '경쟁'에는 두 가지 수준이 있었다. 하나는 도쿄의 보도현장에서 기자 수준에서 벌어진 '경쟁'이었다. 중요한 것은 냉전기 도쿄는 한중 양국 기자들이 경쟁하는 장소였으며, 1972년 중일 국교정상화 이후 일본이 중국으로 기울어지는 상황이 벌어지고 있었다는 사실이다. 이는 유신 정권에서부터 12·12 사태, 더 나아가서는 5·18 민주화운동으로 인해 한국에 대한 인상이 점점 악화되는 상황과도 맞물려 있었으므로 당시 일본인은 한국보다 중국에 대해서 큰 호의

그림 1 중국과 한국에 대한 친근감

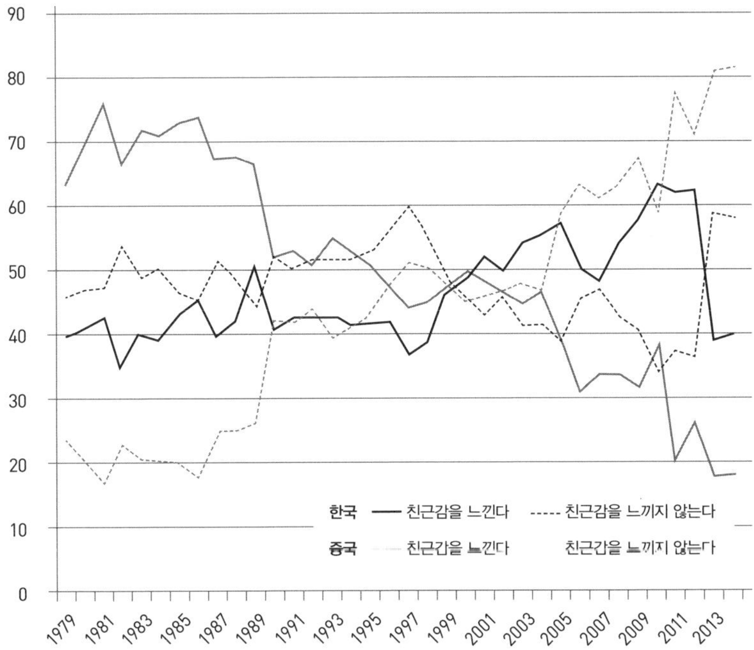

* 내각부(2013. 10.), 「외교에 관한 여론조사」, 『여론조사 보고서 2013년 10월 조사』(http://survey.gov-online.go.jp/h25/h25-gaiko/index.html, 2015. 1. 2. 검색)

를 갖게 되었다(〈그림 1〉). 일본의 제휴사가 한국과 중국의 기자들을 대우하는 데에도 차이가 있었다. 이러한 일본의 상황에 대해 한국 기자들의 불만이 높아지고 있었다.

일본의 역사교과서에 대한 중국 정부의 공식적인 비판과 이에 따른 도쿄 주재 중국 기자들의 활동은 한국 기자들을 자극했다. 그 결과 한국 기자들은 일본 역사교과서의 실태와 검정 제도를 자세히 조사해, 자기들이 느낀 의문을 일본 정부에 던지게 되었다. 이렇게 해서 일본 교과서의 기술 내용에 관한 기사가 도쿄에 대량으로 발신되기 시작했다.

그렇다고 해도 이러한 상황만으로는 역사교과서 문제가 국제분쟁화될 수 없었다. 왜냐하면, 이 문제에 대해 아무리 한국 기자들이 많은 기사를 송고해도 본국인 서울에서 이를 중요하게 여기지 않으면 사회적 영향력이 발생하지 않기 때문이다. 그러나 여기에 두 가지 중요한 요소가 있었다. 우선 첫째, 중일 우호 붐이 한창 일고 있었지만, 한국 정부와 언론은 한국을 경시하는 일본에 대한 불만을 가지고 있었다. 실제로 이 시기에도 일본 정부는 항의하는 중국에게는 조기 대응을 약속했으나, 한국 정부에게는 소극적인 대응으로 일관했다. 이러한 차이가 나타난 배후에는 당시 일본 정부가 중국 정부와의 관계를 중시하는 정책을 추진하고 있었기 때문이다.

1980년대 초반에 벌어진 한일 역사인식 문제의 전개 과정이 당시의 특수한 국제상황에 영향을 받고 있었다는 것은 분명하다. 즉, 1980년대 초의 동북아에서는 1970년대에 진행된 데탕트로 일본을 포함한 서방 국가들과 중화인민공화국의 관계가 정상화되었으나 한반도의 분단국가인 한국과 중국의 관계는 아직 데탕트의 영향을 직접적으로 받고 있지 않는 과도적인 상황에 있었다. 이러한 특수한 조건이 일본을 둘러싸고 한중 양국이 경쟁하는 특수한 상황을 만들어 낸 것이다.

이러한 상황은 당시 일본을 둘러싼 두 번째 요소와 함께 일본이 '우경화'하고 있다는 언설이 한국에서 더욱 쉽게 받아들여지는 상황을 만들어 냈다. 즉, 이 시기에 정점에 달한 일본의 경제적인 대두이다. 말할 것도 없이 1980년대 초반은 이후 '버블 경기'를 향해 일본 경제가 절정을 맞이한 시기이며, 충실한 경제력의 뒷받침을 받아 국제사회에서 일본의 영향력도 급속하게 높아지고 있었다. 한일 양국의 동맹국인 미국 역시 베트남 전쟁의 패배와 자국의 경제적인 침체 상황을 메워 줄 존재로 일본을 주목하게 되었으며, 안전보장의 측면에서도 일본이 보다 적극적인 역할을 할 것을 요구하게 되었다. 에즈라 보걸Ezra F. Vogel의 『Japan as Number One』이 세계적으로 베스트셀러가 된 시대였으며, '전후 정치의 총결산'을 표방해 헌법 개정을 자신의 방침으로 내건 '매파' 정치인으로 알려진 나카소네 야스히로中曾根康弘가 총리 자리를 염두에 둔 시대로 들어서고 있었다.

따라서 1982년에는 한국에서도 역사교과서의 '우경화'를 둘러싸고 일본 언론에서 이루어진 논의가 매우 쉽게 받아들여질 소지가 있었다. 즉, 확대되고 있는 국력을 배경으로 일본은 군국주의로 복귀하는 준비를 착착 진행하고 있으며, 이러한 과정은 역사교과서 분야에서도 추진될 것이라는 생각이 유포되었다. 한국 정부와 여론주도층은 한국 언론이 보도한 일본 역사교과서의 내용을 커다란 경계심을 가지고 받아들였다.

오늘날 이러한 한일 양국의 언론 보도를 살펴봤을 때, 한 가지 분명한 것이 있다. 이는 당시의 언론이 그 시기에 출판된 교과서와 검정의 '실태'에 관해서는 보도했으나, 이전의 교과서와 비교했을 때 나타난 '변화'에 대해서는 기본적인 확인 작업조차 게을리했다는 사실이다. 따라서 언론은 '일정한 방향성을 가지고 검정이 이루어지고 있는 것'을 '검정이 강화되고 있는 것'으로 오인했으며, 이를 '교과서 내용 자체가 우경화하고 있는 것'으로 혼동했다. 한국 언론에서는 더 나아가 '한일 양국의 교과서 내용의 차이'가 편견으로 더해졌다. 즉 그들은 일본에서 '일정한 방향성을 가지고 검토가 이루어지고 있는 것'에 덧붙여 '한일 양국의 교과서 내용에 차이'가 존재하는 것을 가지고 일본의 역사교과서가 '군국주의적인 방향으로 변화하고 있다'는 증거라고 착각했다.

그러나 실제로 당시 일본의 역사교과서는 '우경화'되고 있지 않았다. 중요한 것은 당시 사람들이 안이한 인상론으로 '실태'와 '변화'를 오인했다는 점이다. 이러한 오인에 기초한 한중 양국의 비판 때문에 나중에 이 문제는 다른 종류의 영향을 받게 되었다. 즉, 여기에 자극받은 일부 일본의 보수파가 자신들의 의견을 반영하는 독자적인 교과서의 출판을 시도한 것이다. 이는 1986년 하라쇼보原書房에서 출판된 『신편 일본사』(일본을 지키는 국민회의 편)[4]로 이어지게 된다. 말할 것도 없이 이러한 일본 보수파의 움직임은 한중 양국을 크게 자극했다. 소위 제2차 교과서 분쟁이다.

역설적으로 제2차 역사교과서 분쟁에서 한중 양국의 뜻을 따르는 형태를 갖춰 보수파 교과서를 편집한 '일본을 지키는 국민회의'를 압박한 것은 바로 '매파' 정치가인 나카소네였다. 나카소네는 이 교과서에 호의를 보인 문부대신 가이후 도시키部俊樹의 뜻을 누르고, 문부성이 '일본을 지키는 국민회의'에 계속해서 수정을 요구하도록 했으며, 수정한 부분은 무려 800여 개소에 달했다. '매파'인 나카소네가 이런 자세를 보인 이유는 명확했다. 여전히 냉전이 계속되고 있는 1980년대에 미국과 동맹을 맺고 있는 한국은 물론이고 중소 분쟁 이후 격렬하게 소련과 대립하는 중국도 역시, 일본 외교의 중요한 파트너로 자리매김하고 있었기 때문이다. 당시 중국은 소련을 중심으로 하는 '동구 공산 진영'과 대립하고 있었다. 다시 말해 나카소네는 '매파였음에도 불구하고' 『신편 일본사』에 기술된 내용에 대해 냉철하게 중립적으로 대응한 것은 아니었다. 그는 반공 노선을 유지한 '매파 정치인이었기 때문에' 관계 각국과의 협력에 저해 요인이 되는 『신편 일본사』에 엄격하게 대응하게 되었다.

4　日本を守る国民会議 編(1986), 『新編日本史』, 東京: 原書房.

일본군'위안부' 문제의 전개

앞에서도 밝힌 바와 같이, 한일 간 역사인식 문제의 전개는 국내외의 다양한 요인에 의해 영향을 받고 있다. 예를 들어, 1980년대의 역사교과서 문제에서 중요한 것은 일본의 역사교과서와 일본 사회가 '우경화'하고 있었던 것이 아니었다. 본래 이런 사실은 존재조차 하지 않았다. 오히려 국내외 요인 때문에 일본 역사교과서의 내용이 주목을 받았지만, 이에 대한 검토가 상세하게 이루어지지 않아 '우경화'라는 언설의 틀에 맞추어 이해되었다. 즉, 일본에서는 '검정이 일정한 방향성을 가지고 있는 것'이 '우경화'의 증거로 해석되었으며, 한국에서는 이에 덧붙여 '한일 양국 교과서 내용의 차이'가 마치 '우경화'의 중요한 증거인 듯이 이해되었다.

이처럼 어떤 특정한 사상事象이 '(재)발견되고', '특정한 언설에 의해 의미가 부여되어' 최종적으로 '국제분쟁으로까지 발전하는' 과정은 수많은 국제분쟁에서 공통적으로 나타나며, 이는 대부분의 한일 간 역사인식의 문제도 이러한 틀로 이해하거나 분석할 수 있다는 것을 의미한다. 일본군'위안부' 문제에 대해서도 이와 같이 말할 수 있다. 이에 대해 역사적인 전개부터 간략하게 기술해 보겠다.

〈표 2〉에서 이미 살펴보았듯이, 일본군'위안부' 문제는 역사교과서 문제와 함께 전형적으로 1980년대 이후에 새로 활발하게 논의된 역사인식 문제이며 가장 중요한 쟁점이다. 물론 그 전에도 이는 일본군'위안부' 문제는 다뤄져 왔다. 역사교과서 문제에서는 이에나가 재판이 전사前史로서 중요하듯이, 일본군'위안부' 문제에서도 몇 가지 전사가 존재한다. 우선 이 점에 대해서 언급해

보겠다.[5]

일본군'위안부' 문제의 전사는 역사교과서 문제의 전사와 다른 점이 있다. 후자의 경우를 보면 한국 내에서 일본의 역사교과서에 대한 관심이 결여되어 있어, 분쟁으로 번지기 전에는 눈에 띄는 움직임이 나타나지 않았다. 반면에, 전자에서는 한일 양쪽에게 중요한 전사가 존재한다. 이유는 간단하다. 주로 일본 역사교과서에 기술된 내용을 둘러싸고 다투게 되는 역사교과서 문제는 분쟁으로 이어지지 않는 한, 한국 측이 이 문제에 주목할 이유가 없다. 이와 대조적으로 일본군'위안부' 문제 속에는 동원한 쪽인 일본뿐만 아니라 동원된 한국 측도 직접적으로 관련된 문제가 포함되어 있기 때문이다. 무엇보다도 일본군'위안부'였던 사람들이 한일 양국 시민의 눈앞에 엄연하게 존재하고 있다.

국제적인 분쟁으로 번지기 이전에 한국에서 진행된 일본군'위안부'를 둘러싼 언설의 형성과정에는 몇 가지 단계가 있다. 이 가운데 하나는 일본군'위안부'를 둘러싼 문제가 전쟁 책임 등과 연결되지 않고 전시戰時 '풍경' 중 하나로 묘사되는 시기이다. 여기에서는 중일 전쟁부터 태평양 전쟁기를 말하는 이야기의 한 요소로서 일본군'위안부'에 대한 묘사가 이루어지는 한편, 이를 단독 소재로 다루는 일은 거의 없었다.

그러나 이러한 상황은 1970년대 들어서면서 달라진다. 한일 국교정상화에 자극을 받아 일본 각지에서 전시에 동원된 한국 사람들에 관한 조사가 이루어졌으며, 이 가운데 '정신대'에 대한 관심도 높아지고 있었기 때문이다. 주지한 바와 같이 한국에서는 매우 이른 단계에서부터 '일본군'위안부'는 정신대로서

5 이하의 논의에 대해서 보다 자세한 것은 木村幹(2015), 「国際紛争化以前の韓国における慰安婦問題を巡る言説状況」, 『国際協力論集』, 22巻 2号를 참조할 것.

동원되었다'는 언설이 존재했으며, 이러한 언설 속에서 일본군'위안부' 문제 또한 이해되었기 때문이다.

그러나 이 시점에서는 한국의 일본군'위안부'를 둘러싼 언설은 일정한 수준을 넘지 않았다. 예외적인 사례를 제외하고 일본군'위안부'였다는 사실을 공식적으로 밝히는 일이 매우 드물었던 당시에는 이 문제에 대한 논의가 여론의 주목을 받는 것이 어려웠기 때문이다.

이러한 일본군'위안부'를 둘러싼 한국 내의 언설이 크게 변화하게 된 계기는 두 가지다. 하나는 앞에서 언급한 역사교과서 분쟁이다. 1982년에 일어난 제1차 역사교과서 분쟁이 진행되는 가운데, 일본군'위안부' 문제는 '일본의 교과서에 기록되지 않은 사건'[6]으로 주목받게 되었기 때문이다. 그러나 더욱 중요한 것은 이 시기에 한국 밖에서 이전에 일본군'위안부'였다는 사실을 몇 사람이 공식적으로 밝힌 일이었다. 특히, 1984년 태국의 한국대사관에 갑자기 일본군'위안부'였다고 주장하며 나타난 노복수라는 인물의 존재는 당시 한국 언론에 관심을 받았다. 한국의 국영방송인 KBS는 방콕과 서울을 연결해 생중계를 진행했으며, 같은 해에는 노복수의 고향 방문도 실현됐다.

이러한 경위를 밟아 1990년대에 국제적인 분쟁으로 번지기 이전에 일본군'위안부' 문제는 한국 내에서 점차 많은 사람이 알고 있는 문제가 되었다. 이 과정에서 일본군'위안부'가 '강제 연행' 문제의 한 사례로 인식되고 있었다는 것이 중요하다. 또한 한국의 일본군'위안부'를 둘러싼 언설은 일본에서 언설이 전개되는 과정에도 큰 영향을 미쳤다. 일본에서 등장한 일본군'위안부'

---

6 당시 한국의 교과서에도 일본군'위안부'에 관한 기술은 없었다. 예를 들어 국사편찬위원회 편(1982), 『국사』, 국사편찬위원회.

문제에 관한 언설 중에는 한일 양국에서 사실상 처음으로 일본군'위안부' 문제 자체를 다룬 책인 『종군위안부』[7]를 집필한 센다 가고千田夏光가 수행한 역할이 가장 중요하다. 센다는 1973년에 출판된 이 책에서 한국의 언설을 그대로 받아들이는 형태로 '일본군'위안부'는 정신대로서 동원되었다'는 주장을 전개하였으며, 이는 아직 이러한 종류의 책이 존재하지 않았던 당시의 일본군'위안부'를 둘러싼 논의에 다대한 영향을 주게 된다. 센다의 책은 1975년에 이미 한국어로 번역되어 '일본군'위안부'는 정신대로서 동원되었다'는 주장을 일본 측이 뒷받침하는 역할을 하게 되었다.

일본군'위안부' 문제에 관한 언설이 전개되는 과정을 보면 1990년대 초반까지는 한일 양국에서 일본군'위안부'의 '강제 연행'을 대전제로 한 언설이 일정 정도 정착되었다. 따라서 이 문제가 국제분쟁으로 발전하던 1990년대 초반에도 일본군'위안부' 문제는 '강제 연행' 문제의 일부로 간주되어 실제로 일본군'위안부' 문제 피해자를 지원하는 단체 역시 이를 전제로 활동했다.

그렇다고 하더라도 이 단계에서는 여전히 '전사'에 지나지 않았다. 위안부 문제의 성격이 변화하고 많은 사람의 주목을 끌게 되기까지는 다음과 같은 두 가지 요소가 필요했다.

첫째로, 한국 국내에서 일본군'위안부' 문제 피해자들이 커밍아웃한 일을 들 수 있다. 이에 따라 이들을 원고로 하는 재판이 실제로 개시되었다. 그 결과 일본 정부도 이 문제에 대해 공식적인 견해를 표명하지 않을 수 없었다. 그리고 이러한 일본 정부의 견해가 한국에서 비판의 대상이 되어 문제가 더 격화되는 과정을 거치며 급속히 '국제분쟁'으로 발전했다.

7 千田夏光(1973), 『從軍慰安婦』, 雙葉社.

둘째로, 여성운동단체의 등장에 주목할 필요가 있다. 당초 주로 '강제 연행' 문제의 하나로 이해되었던 일본군'위안부' 문제는 1990년대부터 오늘날의 정신대대책협의회와 연결되는 사람들이 이 문제에 적극적으로 참여함에 따라 '여성 문제'라는 새로운 의미를 갖게 되었다. 중요한 것은 이로 인해 일본군'위안부' 문제가 다른 '강제 연행' 문제와는 다른 독자적인 의미를 갖게 되었다는 사실이다. 이러한 과정을 거쳐 '일본군'위안부' 문제는 여성의 인권에 관한 문제다'라는 오늘날의 언설이 완성되었다.

그러나 이후에 문제가 전개되는 양상을 살펴보면 한국에서 여성운동단체가 이 문제에 참여함에 따라 한일 양국의 언설 사이에 커다란 격차가 발생하게 된 사실이 중요하다. 즉, 한국에서 이 문제는 '현재의 여성 인권'에도 직결되는 문제라는 인식이 주류가 되었다. 결과적으로 이 문제의 해결에 소극적인 것은 여성의 권리 향상에도 부정적임을 의미한다고 이해하는 흐름이 나타나게 되었다.

문제를 이와 같이 이해하는 흐름이 부각된 배경에는 앞서 일어났던 1980년대 후반의 민주화운동 과정에서 수행한 여성운동단체의 역할이 있었다. 이 시기 한국 민주화운동의 일익을 담당한 여성단체가 당시 한국 정부를 비난한 이유 중 하나가 1980년대 이전 한국에서 광범위하게 이루어진 '기생관광'이었다. 즉, 한국의 권위주의 정권은 외화벌이를 목적으로 '기생관광'을 통해 한국 여성을 희생물로 삼고 있다는 주장이다. '기생관광'의 가장 중요한 고객은 이웃 나라 일본의 남성 관광객이었다. 여성단체들은 한국의 권위주의 정권과 일본인 남성 관광객의 관계를 식민지 지배기의 대일 협력자와 일본인의 관계에 비유해 공격했다. 일본군'위안부' 문제는 이러한 일련의 흐름 속에서 '기생관광'과 연결되는 일련의 여성 인권을 침해하는 중요한 사건의 하나라는 지위를 부여받았으며, 한국의 여성운동단체들에게 커다란 쟁점으로 부상하게 되었다.

이와는 반대로 1990년대 초반과 마찬가지로 일본군'위안부' 문제는 강제연행 문제의 일부라고 이해하는 흐름 그대로 남아 있었던 일본에서는 오히려 이 문제를 운동단체 측에 양보하면, 노동자 징용을 비롯한 노동자 동원과 관련된 다른 문제로 파급될 우려가 강하게 의식되었다. 결과적으로 한일 양국은 서로 다른 의식을 가진 채 이 문제에 대해 엇갈리는 논의를 하면서 오늘날에 이르게 되었다.

맺음말

이상의 두 가지 사례에서 분명한 것은 오늘날 한일 간에 역사인식 문제가 전개되는 배경을 보면 식민지 지배라는 과거만이 아니라 각각의 문제가 발견되고 논의되어 온 각각의 시점에서 진행되고 있던 국내외 상황이 반영되어 있다. 즉, 이에나가 재판이 없었다면 1982년의 역사교과서 문제가 있을 수 없었을 것이다. 현재와 같이 여성 문제의 형태를 갖추고 일본군'위안부' 문제가 전개되는 상황도 이에 선행한 한국 여성운동단체의 성장과 일본군'위안부' 문제 피해자의 잇따른 커밍아웃 없이는 생각할 수 없다. 당연하지만 이러한 현상은 오늘날에도 살펴볼 수 있다. 여기에서 특히 중요한 것은 한일관계의 구조적인 변화다.

지금까지 언급한 바와 같이 1980년대에 역사교과서 문제, 1990년대에 일본군'위안부' 문제가 전개되었을 때 초기에 나타난 특징의 하나는, 이러한 문제가 당시에 새로운 국제분쟁의 쟁점이었을 뿐만 아니라, 적어도 이 단계에서는 당시의 정치 및 기타 분야의 엘리트가 노력하여 이 문제를 둘러싼 한일 양국의 관계가 극도로 악화되는 것을 방지하고 있었다는 것이다. 1980년대의 역사교과서 문제에서 '매파' 나카소네 정권이 『신편 일본사』에 기술된 내용을 견제한 것은 전형적인 사례이다. 또한, 1990년대에 일본군'위안부' 문제를 처리하는 과정에서 고노 담화와 아시아여성기금에 이르기까지 미야자와 정권과 무라야마 정권이 시행착오를 저지르며 성공하지는 못했지만, 당시 양국 정치 엘리트가 일정한 노력을 기울인 사실도 나타나고 있다.

이렇게 1980년대와 1990년대의 상황을 돌이켜 볼 때, 오늘날과 가장 큰 차이는 상황이 악화되는 것을 방지하려는 엘리트의 움직임이 적어지고 있다는 것이다. 2013년 박근혜 정권과 아베 정권의 관계에서 전형적으로 볼 수 있듯이, 양국의 관계자들이 자신의 요구를 상대방에게 밀어붙이기만 하는 상황이 계속되고 있어 문제를 개선하기 위한 적극적인 노력을 찾아볼 수 없다.

이러한 상황이 발생하는 이유를 생각하는 데 실마리가 되는 것은 한일 양국에서 상대국과의 관계에 대한 중요성을 강조하는 논의가 급속도로 사라지고 있다는 사실이다. 즉, 이전에 한국 경제에서 압도적인 존재감을 자랑하던 일본의 지위는 현재 크게 저하되었으며, 한국에서는 '더 이상 일본은 중요한 존재가 아니다'라는 논의가 공공연히 등장하고 있다. 일본에서도 마찬가지로 '한일관계는 결국 중일관계의 종속변수에 불과하다'는 논의가 수많은 곳에서 나타나고 있다.

결국 이러한 상황이 초래되고 있는 이유는 실제로 한일 양국 사이에서 상대국의 중요성이 저하되고 있기 때문이다. 한국 경제에서 차지하는 일본의 중요성에 대해서는 이미 언급한 바와 같으며, 일본 경제에서 차지하는 한국의 중요성에 대해서도 역시 같은 말을 할 수 있다. 한일 양국 간 경제 교류는 확대되고 있지만 이보다 더 급속도로 진행되고 있는 한일 양국과 다른 지역과의 교류 확대로 상대화될 운명에 있다. 세계화로 부품 등의 획일화가 진행되는 상황에서는 거래 상대가 고정되는 일도 줄어들고 있어, 국제 분업의 측면에서도 상대방의 존재감이 가지는 중요성이 과거와 같지 않게 되었다.

그림 2 한일 간 분쟁 모델

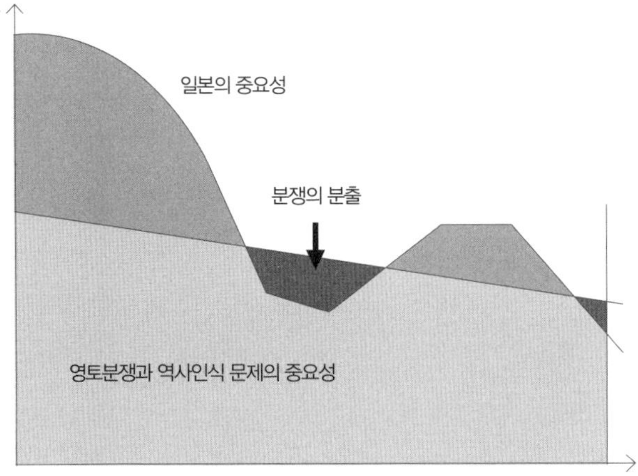

* 木村幹(2014), 『日韓歴史問題認識とは何か』, ミネルヴァ書房

안전보장 측면에서도 마찬가지라고 할 수 있다. 한일 양국이 같은 '서방 자유진영'으로서의 인식을 공유하고 동일한 위협에 대처할 수 있는 시대와는 달리, 오늘날 한일 양국은 안전보장과 관련된 이해 역시 달리하고 있다. 일본이 최대의 가상 적국으로 상정하고 있는 중국에 대해 한국은 융화적인 자세를 취하고 있다. 국제질서를 이해하는 양국의 입장은 미중 관계에 대해서도 다르다. 북한에 대해서도 마찬가지다. 한국 정부는 북한의 군사적인 위협을 중요시하고 이에 대처하기 위해서라도 중국과 협력하는 것이 불가결하다는 시각을 갖고 있다. 그러나 일본의 입장은 다르다. 북한에 대한 일본의 관심은 좁은 편이며 납치 문제와 핵무기 개발 억제가 중요하다. 특히 일본은 전자에 관심을 집중하고 있으므로 한일 협력이 원활하게 이루어진다고는 말하기 어렵다.

이와 같이 한일 양국 간에 존재하던 공통 이익이 사라졌으므로 장기간 해결되지 않은 채 오늘날까지 남아 있는 역사인식 문제가 분출되기 쉬운 상황이 출현하게 된다(〈그림 2〉). 현재 한일 양국 간에 역사인식 문제를 둘러싸고 전개되는 상황에는 양국의 공통 이익이 상실되었기 때문에 1980년대 이후 발굴된 쟁점이 수습되지 않고 방기되고 있는 결과라고 할 수 있는 측면이 있다.

한일 양국은 우선 서로의 관계가 어떠한 의미를 가지는지부터 다시 한 번 진지하게 논의를 시작할 필요가 있다. 현실적인 이익이 없는 상태에서 재계와 관료, 나아가 언론을 움직이는 것은 어려우며, 양국 시민이 한일관계 개선의 중요성을 이해하며 진지한 논의가 이루어질 때 비로소 문제 해결을 위한 아이디어를 찾을 수 있다.

역사인식 문제는 과거의 문제가 아니라 과거를 해석하고 과거에 의미를 부여하며 현재를 살아가는 우리들의 문제다. 따라서 이 문제를 해결하기 위해 양국 시민은 현재 한일관계가 갖는 의미를 다시 확인할 필요가 있다.

참고문헌

『조선일보』, http://db.chosun.com/DBmain.html.

『高校日本史』, 東京書籍.

千田夏光(1973),『従軍慰安婦』, 雙葉社.

木村幹(2014), 「第一次歴史教科書紛争から『克日』運動へ: 全斗煥政権期の対日観の変化についての一考察」, 『国際協力論集』, 22巻 1号.

木村幹(2014), 『日韓歴史問題認識とは何か』, ミネルヴァ書房.

木村幹(2015), 「国際紛争化以前の韓国における慰安婦問題を巡る言説状況」, 『国際協力論集』, 22巻 2号.

内閣府, 「外交に関する世論調査」, 『世論調査報告書平成二五年一〇月調査』(http://survey.gov-online.go.jp/h25/h25-gaiko/ 최종확인 2015. 8. 17.).

Kimura, Kan(2012), "Discovery of Disputes: Collective Memories on Textbooks and Japanese-South Korean Relations", *Journal of Korean Studies*, Vol.17, Num.1, Spring 20-2.

Ⅱ

문화 및 지식의 교류와 한일 사회의 역동성

6장

한일 문화교류와 '반일' 논리의 변화

'왜색문화' 비판 언설의 쇠퇴

이지원

머리말

현재 한국과 일본은 문화 분야에서 전례없이 폭넓은 교류가 이루어지고 있다. 국가 간에 갖가지 마찰과 갈등도 존재하지만, 생활문화, 대중문화 전반에서 이질감이나 위화감은 크게 줄어들었다. 아니 전통의 차이를 넘어 생활문화, 대중문화 차원에서는 서로의 문화를 수용하고 또 즐기고 있다. 그 예로 한국 곳곳에는 일본어(한자 혹은 히라가나) 그대로 간판을 내건 이자카야居酒屋를 찾을 수 있으며, 다코야키たこ焼き를 파는 노점도 곧잘 발견할 수 있다. 인터넷에서 한글로 '이자카야'를 검색한 결과 약 100만 개가 나왔고, 다코야키는 약 60만 개에 이르렀다. 마찬가지로 막걸리, 비빔밥, 국밥, 잡채 등도 역시 일본의 일상의 한 부분으로 자리잡고 있다. 역시 인터넷에서 일본어로 'マッコリ(막걸리)'를 검색한 결과 약 236만 개, 'ビビンバ(비빔밥)' 약 88만 5,000개가 검색

될 정도이다.[1] 일본에서는 한국의 드라마, K-Pop 등이 큰 반향을 불러일으켰고, 한국에서도 일본의 각종 문화콘텐츠가 큰 비중을 차지하고 있음은 잘 알려져 있다.[2]

그러나 소수 마니아층이 아닌 대중적인 차원에서 이처럼 양국의 문화를 자연스럽게 받아들이고 향유하게 된 것은 그리 오래된 일은 아니다. 잘 알려져있듯이 1990년대 말 한국 측의 일본 대중문화 개방조치 등 정부정책 차원의 대전환과, 2000년대 '겨울연가'를 필두로 일본에서 대두된 '한류 붐' 등이 계기가 되었다. 그리고 이러한 변화의 배경에는 한국의 해외여행 자유화(1989) 이후 급증한 직접적인 인적 교류 및 인터넷을 통한 간접적인 정보 교류 등을 통해, 양국 간에 실시간으로 등신대等身大의 상대방을 알 수 있는 기회가 증대했다는 점이 크게 작용했다. 또 이러한 기회 증대의 근저에는 경제성장과 민주화, 무역자유화 등의 정치경제적 변화, 인터넷과 PC, 휴대전화의 보급과 같은 정보기술과 새로운 미디어의 등장 등 커다란 사회변동이 있었음을 잘 알고 있다.

여기서 또 하나 주목할 점은, 타국과 이문화를 대하는 '관념'의 존재이다. 우리는 흔히 '자문화중심주의'를 경계하고 '문화상대주의'적 입장을 취해야 한다고 초중고 시절부터 배워왔다. 이 점은 이제는 교과서적 상식이 되어 있으나, 역사적으로는 그렇지 못한 면이 있다. 한일협정 이후 반세기의 역사는 종래의 고정관념이 크게 변화한 역사이기도 하다. 여기서는 그 흐름을 더듬어

1 각각 키워드 '이자카야'와 '이자까야'의 합계 및 키워드 '타코야끼', '타코야키', '다코야끼', '다코야키', '타꼬야키'의 합계. 2014. 11. 14. 구글 코리아(www.google.co.kr) 검색. 참고로 한국의 불고기는 약 202만 개가 검색되었다. 구글 재팬(www.google.go.jp) 및 야후 재팬(www.yahoo.co.jp) 2014. 11. 14. 검색. 참고로, 일본음식인 오야코동(親子丼)은 125만 개가 검색되었다.

2 특히 문학 분야의 추리소설, 라이트노벨, 만화, 애니메이션 분야에서의 비중은 매우 크다.

보고, 현재의 상황에 대해 간단히 언급하고자 한다.[3]

전사前史: 상호 문명적 차별의 전통

지구상의 이웃한 지역들이 대개 그러하듯 한반도와 일본열도 간에도 우호와 갈등의 양면이 교차해왔다. 역사가 기록된 이후로만 해도, 복잡하게 얽히고설킨 관계는 최소한 삼국시대–야마토의 고대로까지 거슬러 올라간다. 그러나 당시는 현재와 같은 국민국가적 단위와 일체감은 형성되지 않은 상태였다. 한국(인·문화), 혹은 일본(인·문화)라고 했을 때 떠오르는 이미지, 관념과 가치판단 같은 것들은, 국민국가체제와 짝을 이루며 다분히 정형화된 형태로 형성, 유통되고 재생산되는 면이 있다. 그리고 그와 유사한 일종의 고정관념이 조선–에도시대 및 19세기 후반 이후 제2차 세계대전에 이르는 제국주의시대에 나타난다. 국교정상화 50년의 범위를 훌쩍 벗어나게 되지만, 현재를 논하기 위한 전사로서 살펴보자.[4]

1. 유교문명 기반의 '문명 대 야만'의 구도

근대 이전 조선·에도시대에 동아시아의 기본 질서는 중국 중심적 유교문명

---

3 이 장에서는 주로 한국 측의 변화에 초점을 두고 있다. 한일 양쪽을 모두 상세히 다루지 못한 것은 이 장의 한계이다.

4 이하 1 및 2의 내용은 이지원(2011), 「역사적 관점에서 본 한일문화교류의 성격과 상호관계의 변화」, 『동서양 역사 속의 소통과 화해』, 학고재, 278~287쪽에서 발췌하여 옮겼다.

에 기반하고 있었다. '천하의 중심'인 명나라의 '책봉체제' 아래 주변국가들을 편입하여 평상시에는 유교적 통치이념에 따라 평화적으로 관리하고, 유사시에는 군사적으로 보호하는 위계체제, 그리고 문화적 우월성에 대한 자부심을 근거로 그 이외의 집단을 '오랑캐'로 간주하는 화이관華夷觀을 특징으로 하는 질서이다. 조선과 일본 모두 1404년에 '책봉체제'에 편입되었는데, 양국 사이에는 대등한 '선린관계'를 맺어 조선 전기 200년간 통신사와 국왕사를 주고받기도 했다(손승철, 2006).

그러나 이후 대륙에서 동떨어진 일본은 스스로를 또 하나의 세계의 중심으로 간주했고, 중국 중심 질서의 예외자가 되었다. 마침내는 한반도를 거쳐 중국을 정벌하려다가(征明引道, 임진왜란) 실패했고, 따라서 대륙과의 정상적인 교류도 불가능해졌다. 이에 에도막부는 한편으로는 조선을 통하여 중국과의 무역을 어느 정도 유지하고, 또 한편으로는 소세계 질서의 중심으로서의 위신을 과시하기 위해 조선에 다시금 통신사절단을 요청했다. 조선도 통신사를 통해 국위를 선양하고 외교 의례뿐만 아니라 '문화적' 의례까지 알릴 수 있는 기회라고 여겨 이를 받아들였다(마리우스 B. 잰슨, 2003: 41~45). 실제로 조선통신사는 에도 및 교토 등 대도시뿐만 아니라 왕래한 곳곳에 다양한 문화적 자극과 정보교환의 흔적을 남겼으며, 교류의 대상도 무사 및 학자계층뿐 아니라 상공업자 및 농민에 이르기까지 아주 넓었다(仲尾宏, 2007: v). 즉 조선통신사는 당시의 쇄국상황하에서도 양국 간의 공식적 합의하에, 상당한 기간[5]에 걸쳐, 또 현지 대중과도 접촉을 가지면서 이루어졌던 대표적인 문화교류 사례이다. 따라서 세간에서는 조선통신사에 대해 한일 간의 우호선린적 문화교류의

5 조선 후기에는 1607~1811년에 걸쳐 12회 파견되었다.

대표적인 상징이자 '한류'의 기원이었다고 곧잘 이야기하곤 한다.

하지만 교류의 실체는 그리 단순하지 않았다. 조선통신사는 막부의 요청에 의해 일본 측의 최대한의 우대를 받고 간 경우였음에도 불구하고, 상호 예절상의 격식문제를 둘러싸고 서로의 의견이 맞지 않아 긴장된 절충을 벌여야 하는 때가 많았다(고병익, 2005: 92~93). 그러나 사소한 격식의 문제보다도, 당시의 유교적 세계관에 입각하여 타 문화를 대하며 느낀 문화적 이질감의 문제는 더욱 컸다.

전형적인 사례를 꼽자면, 사행의 행렬을 구경 나온 군중들 속에서 남녀가 상열相悅하면서 조금도 부끄러워하는 기색이 없는 것, 도시의 창루娼樓에서 기녀妓女들이 얼굴 붉히는 교태를 부리면서 호객하는 모습, 사촌 간에도 남녀가 혼인을 한다든가 또는 형이 죽으면 아우가 그 형수를 처로 삼는다든가 하는 것들이다. 유교적 예절과 윤리를 체화한 선비들은 이를 접하고는 "음예지행淫穢之行 변동금수便同禽獸"(신유한, 1719=1979)라고 개탄했다. 또 고려와 달리 불교를 억압하고 주자학朱子學이 우위를 누리던 조선의 관점에서는 일본인들의 종교세계도 받아들일 수 없었다. 전국에 신사神社, 불사佛寺가 수없이 존재한다는 것은 사람들이 갖가지 귀신을 많이 숭상한다는 것으로 비추어졌고, 가족의례나 국가 의례도 수준이 낮은 것으로 간주되어 '금수지역禽獸之域'이라고 극언하기도 했다.[6]

또한 일본에 대한 조선의 호칭은 전통적으로 '왜倭'가 사용되었는데, 임진왜

6 1617년 사행의 종사관 이경직(李景稙)의 기록. 『扶桑錄』, 8월 27일조; 고병익(2005), 「'군왜(群倭)'와 '기화요초'(琪花瑤草)」, 한일문화교류기금 편, 『되돌아본 한일관계사』, 경인문화사, 97쪽 재인용.

란을 겪은 후에는 그 호칭에 더욱 강한 증오, 모멸의 뜻이 담기게 되었다.[7] 통신사들도 이 호칭을 고수했는데 여기에는 일본의 풍습들이 유교적 예의범절에 어긋난다는 가치판단도 강하게 작용했다.[8] 사행의 기록에 일본이라는 표현이 등장하는 일은 거의 전무하며, 왜인倭人·왜선倭船·왜관倭館·왜학倭學·차왜差倭 등으로 표기되어 있다. 이미 통신사행이 일본에 들어갈 때에 사신이 사행 역원들에게 저들을 함부로 멸시, 조소하지 말라고 주의하기도 하고,[9] 쓰시마의 유명한 유학자인 아메노모리 호슈가 왜인이라 부르지 말고 일본인이라 불러달라고 항의하기도 했으나, 비칭卑稱은 여전했다. 이러한 항의를 직접 받았던 신유한은, 강항姜沆의 『간양록看羊錄』의 표현을 이어받아 자신의 기행문 『해유록海遊錄』에서도 일본 사람들을 가리켜, 거의 언제나 중왜衆倭·제왜諸倭·군왜群倭라는 호칭을 계속 사용했다.[10]

물론 당시의 조선통신사 일행이 일본에 대해 부정적으로 인식했던 것만은 아니다. 일본 건축물의 훌륭함, 사원이나 저택의 아름다운 정원, 청결함과 위생, 질서감각, 도량형의 통일, 미닫이나 돗자리의 규격화 등 일본문화의 우수한 점에 대해 감탄하기도 했다(고병익, 2005: 103~107).

---

7 임진왜란으로 인한 원한 및 '반일 감정'은 수백 년이 지났음에도 통신사들의 기록 곳곳에서 나타난다.

8 그 밖에 종래 실용되어 오던 자면(字面)으로서 공식명칭인 일본보다 더 간단하고 편의했다는 점을 합친 세 가지 요인을 '왜'라는 호칭을 고집한 배경으로 꼽는다. 고병익(2005), 앞의 글, 98쪽.

9 1764년 도쿠가와 이에하루(德川家治)의 쇼군 취임 축하 통신사로 간 조엄의 기록. 趙曮, 『海槎日記』 筵話 8月初3日初; 고병익(2005), 위의 글, 95~96쪽 재인용.

10 이같이 일본인을 짐승처럼 간주한 표현은 이후 『해유록』을 읽은 일본인들의 놀라움을 자아내기도 했다. 司馬遼太郎(1976), 『長安から北京まで』, 113쪽; 고병익(2005), 위의 글, 96쪽 재인용.

그러나 당시 조선 측은 기본적으로 유교문화의 발달·체화 정도를 준거準據로 삼아 매사에 유교적 이치에 얼마나 부합하는지를 따지며 자신의 우월성을 확인하거나 상대를 비하하는 시선이 주된 비중을 차지했고, 극단적으로는 '오랑캐' 혹은 '금수禽獸'라는 인식까지 등장하는 등 '문명 대 야만'의 틀을 견지했던 것이다.

일본 역시 나름의 방식으로 자존심을 높이며 조선을 열위로 보기도 했으나,[11] 이 시기는 전반적으로는 '조선=문명' 대 '일본=야만'의 측면이 강했다고 볼 수 있을 것이다. 이 시대에 배태된 우월의식과 임진왜란 피해로 인한 적개심은 이후 일본의 식민통치 및 차별에 대한 반발과도 결합하여 현대에도 '왜색문화' 비판 언설로 표출되게 된다.

2. 근대 제국주의 문명 기반의 '문명 대 야만'의 구도

19세기 후반에 들어 구미 열강에 의해 지구상의 대부분의 지역이 식민지화되는 추세 속에서도 일본은 매우 드물게 국가의 독립을 보존하고 근대화에 성공했으며, 나아가 스스로가 제국주의화했다. 일본은 근대 세계체제를 주도한 구미를 본받기 위해 '탈아입구脫亞入歐'의 길을 걸으면서 다른 아시아 국가에 대

11 일본 측은 훌륭한 건물 등 부와 무위(武威)와 기예(技藝)를 대내외적으로 과시하거나[고병익(2005), 앞의 글, 99~103쪽], 쇼군을 '국왕'으로 칭하도록 유도하거나[마리우스 B. 잰슨(2003), 『일본과 동아시아 이웃 나라들』, 소화, 46쪽], '문화적 열등의식' 대신 임진왜란을 통해 확인된 '군사적 우월의식'을 통해 맞서고자 하는 등[한배호(1974), 「韓国人의 日本観」, 『韓日間의 相好理解』, 亜細亜政策研究院, 18쪽], 나름의 방식으로 '자부심'을 표현했다. 또 이 시대 후반에 조선에서는 '소중화의식'이 출현했지만, 일본에서는 미토(水戸)학파의 '일본 본위 사상', '존왕사상'이 대두되면서 기존의 '문화적 열등의식'을 대체하고 오히려 중국이나 조선에 비해 자신의 우월함을 강조하는 인식으로 나아간다. 이는 이후 메이지유신의 정신적 자산이 되고 근대 이후 천황제 이데올로기로 이어진다.

해 근대문명의 중계자·전파자이자 지배자의 위치를 다져나가게 되었다. 한일 간의 문화적 관계 역시 이러한 시대적 전환을 맞아 크게 바뀌었다. 즉 지역 내의 기본 질서도 중국 중심 유교문명에서 구미 중심의 근대문명으로 바뀌었고, '문명 대 야만'의 내용과 위치도 바뀌게 되었다. 과학기술과 군사력에 기초한 '문명개화'와 '약육강식'의 시대가 시작되면서, 유교문명의 면에서는 '선진적'임을 자부하고 소중화小中華의 우월감을 누리던 조선을 대신하여 구미의 근대문명을 앞서 수용하고 소화한 일본이 우위에 서게 된다. 근대적 '문명개화'의 척도에서 일본이 바라본 조선은 이제 '야만'으로 비춰지게 된 것이다.

한일관계만이 아니라 중국 중심의 동아시아 질서 전체에 일대 전환을 가져온 사건은 청일전쟁이었다. 일본은 청과의 전쟁에 이르는 과정과 전쟁 그 자체를 '문명담론'으로 정당화했다. 문명의 경주에서 앞선 일본은 후쿠자와 유키치福沢諭吉가 정의하는 '반개半開'사태에 머물러 있는 이웃국가들을 문명의 경지로 이끌기 위해서 전쟁도 불사해야 한다는 것이었다. 즉 일본은 문명, 청나라와 조선은 야만이라는 구도가 설정되었고, 따라서 청일전쟁은 "세계문명을 위한 싸움", 이른바 '문명 대 야만'의 전쟁으로 규정되었다.[12] 그리고 이 전쟁에서 일본이 승리함으로써 타이완, 류큐, 조선이 중국의 세력권으로부터 일본의 영향권으로 바뀌어가는 등 동아시아에서의 주도권은 중국에서 일본으로 넘어가게 되었고, 일본은 '문명 전파'라는 스스로의 사명을 확신한 채 여타 지역을 '야만'으로 정의하게 된다.

예를 들어, 메이지시대 일본인들의 조선인에 대한 이미지를 보면, 초기(1880

---

12 「直ちに北京を衝く可し」,『時事新報』(1894. 8. 5.)『福擇諭吉全集』xiv, 500쪽; 한상일·한정선(2006),『일본, 만화로 제국을 그리다 – 조선병탄과 시선의 정치』, 일조각, 84쪽 재인용.

년대 중반)에는 조선인을 직접 본 일본인은 극소수에 불과했기 때문에 일본인의 변형, 중국풍의 의상 등 실물과 동떨어진 모습으로 그려졌으나, 1890년대 들어, 특히 청일전쟁 이후에는 더럽고 게으르고 우둔하고 무기력하다는 이미지로 표상되면서 '뒤떨어진' 문명권의 사람이라는 의미를 가지게 된다. 이러한 이미지의 일차적 원천은 조선에 대한 여행기였는데, 여행기들의 공통된 내용은 더럽고 게으르고 무기력하며, 부정부패에 시달리는 불쌍한 인간들이라는 것이었다. 거리에 넘쳐흐르는 인분과 악취, 주막에서 목격되는 주모의 불결한 손놀림과 더러운 부엌이 언급되고, 석 자나 되는 긴 담뱃대는 게으름의 상징으로, 길가에서 빈둥대거나 낮잠 자는 모습은 조선인의 무기력을 나타내는 것으로 설명되었다.[13]

- 가장 하등한 생활을 하는 자는 타구唾具와 변기(요강)를 같이 쓴다. 그 불결함이란 이루 말로 다할 수 없다.

米山人(1894. 9. 10.), 「朝鮮人の風俗略解」, 『風俗画報』 77, 6쪽.

- 아무리 깨끗한 것과 더러운 것을 가리지 않는 국풍國風이라 할지라도 그들이 미개국임을 탄식하지 않을 수 없다.

福岡袖浦(1895. 9. 10.), 「兩班酒宴の圖解」, 『風俗画報』 99, 6쪽.

- (조선인들은) 아직 면밀한 주의를 요하는 문명의 이기를 다룰 정도로 지능이 발달해 있지 않다. 원래 불결은 저능, 무신경, 우둔한 데서 발생하는 것이다.

薄田斬雲 · 鳥越靜岐(1909), 『朝鮮漫畵』, 日韓書房, 79쪽.

---

13 박양신(2005), 「明治시대(1868~1912) 일본 삽화에 나타난 조선인 이미지」, 『정신문화연구』 제28권 제4호(통권 101호), 한국학중앙연구원, 320~324쪽.

이러한 해석은 조선에 대한 차별적 이미지를 대대적으로 만들어내는 동시에 문명국으로서의 일본을 정당화하고 자부심을 느끼게 만들었다. 이는 서양에서 구축된 '야만' 담론의 내용을 빼닮은 것이었는데, 삽화나 화보, 사진을 통해 대중적으로 보급되었다(박양신, 2005: 327). 즉, 이후 한반도를 식민지화하고 통치한 것은 정치군사적 및 경제적 이해관계뿐만 아니라 이러한 근대적 문명관에 입각한 우월감에 기인한 것이기도 했다.

'문명 대 야만'의 구도가 극적으로 드러난 사례는 '인류관人類館사건'일 것이다. 1903년 오사카에서 열린 제5회 내국권업박람회에서는 '학술인류관'에 아이누, 타이완의 고산족, 류큐인, 중국인(청), 자바인, 터키인, 아프리카인 등과 함께 조선 여인 2명이 각각의 민족의상을 입고 일상적으로 생활하는 모습을 전시했다. 또 1907년 도쿄권업박람회에서도 조선인 남녀가 동원되었다(요시미 순야, 2004: 242~243). 비록 조선인의 전시는 도중에 종료되었으나, 사람을 '동물' 전시하듯이 일정한 공간 안에 두고 관람하게 한다는 발상은 당시의 제국주의적 의식을 드러내는 단적인 사건이었다.

이후 식민통치 기간에 걸쳐 '근대문명'을 '전파'하기 위한 문화활동 및 교류 행위 역시 전체적으로는 이러한 우열감을 재생산하는 경향을 띨 수밖에 없었다.[14] 그 결과를 상징적으로 보여주는 것이, 제2차 세계대전이 끝나고 조선이 35년간의 식민통치에서 벗어난 시기인 1945년 12월에 이루어진 한 조사이다. 베이징 거주 일본인 385명 대상으로 미국 국무부 조사분석국이 실시한 설문조사를 보면, '일본 국민은 다른 극동의 국민보다 뛰어나다'에 대해 긍정

14 조선총독부가 동화정책을 표방하고 '내선일체'를 외치면서도 끝내 '본토'와 식민지를 구분할 수밖에 없었던 것, 참정권도 주어지지 않고 징병도 식민 후반에 가까스로 이루어진 것은 이를 잘 보여준다.

86%, 그리고 '조선은 적어도 20년간은 독립을 할 만한 준비가 갖추어지지 않을 것이다'에 대해 긍정 77%, 부정 14%의 결과가 나왔다(요시다 유타카, 2004: 65). 이는 메이지시대에 후쿠자와 유키치가 애초에 목표로 삼았던 '미개'한 이웃에 대한 '문명' 전파의 결과가 실질적인 '미개'의 '문명화' 및 대등한 관계 형성이 아니라 '문명 대 야만'이라는 우열관계의 확대 재생산 및 '문명한 자의 자기도취'였다는 아이러니한 사실을 보여주는 응답 결과라 할 수 있으며, 이를 통해 우리는 그러한 '문명' 전파 방식의 한계를 엿볼 수 있다. 또 식민권력이 끝났음에도 이 시대에 증폭된 우열의식이 완전히 사라지지 않고 이후로도 종종 돌출하는 현상을 볼 수 있다.

이렇듯이 한일 양국 간에는 조금 극단적으로 표현하자면, 서로 간에 상대방 및 문화를 '야만'으로 취급한 전사前史가 있었다.

해방 이후 현대 '왜색문화' 비판 언설의 전개

제2차 세계대전 이후 도래한 한반도의 '해방'과 일본의 '전후'는 새로운 관계 정립 및 교류의 기회였다. 하지만 이 기회를 살리지 못한 채 상당한 기간이 흐른다. 일본에서는 일부 일본인들이 전근대적 '향수'의 대상, 혹은 '동양문화의 최후의 창고'(草柳大藏, 1974: 47)라는 관점에서, 혹은 이웃나라를 알아야 한다는 책무에서 한국문화에 대해 관심을 기울였지만,[15] 1990년대 이전까지 전반

15 그 밖에 '고대사' 관련 관심, '오타쿠'적 관심의 사례가 있기도 했다. 이토 아비토(2007), 「일본 한류의 역사: 일본인의 관심과 인식」, 주영하 외, 『일본 한류, 한국과 일본에서 보다』, 한국학중앙연구원, 52~55쪽.

그림 1 '왜색' 신문기사의 건수(1945~1999)

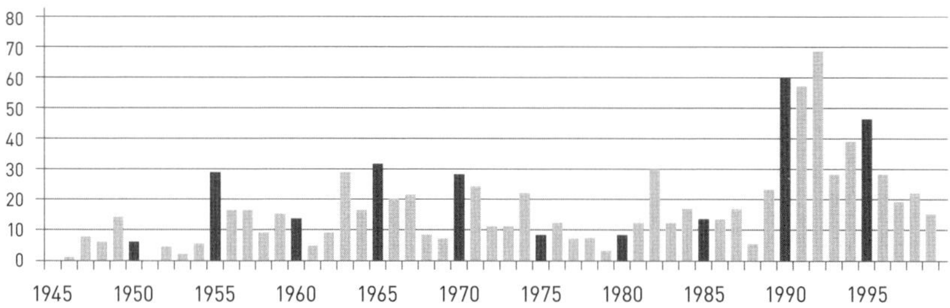

적으로는 무관심이 지배적이었다. 한편 한국에서는 해방 이후 '왜색문화' 비판의 형태로 반일 관념이 다시 대두되었고, 반세기가량 지배적인 가치관으로 그 힘을 발휘한다. 또 이승만 정권 때의 '반일정책' 못지않게, 1965년 국교정상화 이후 국가 간 교류가 공식화되고 일상화된 단계에서도 문화적 영역의 '반일'은 유지되었다. 해방 이후 1990년대에 이르는 기간의 흐름을 신문기사를 통해 확인해보자.[16]

1. 양적 추이

네이버 뉴스 라이브러리의 옛날신문 검색을 통해 '왜색'이라는 키워드로 검색 가능기간인 1920년부터 1999년 말까지 검출된 결과는 총 953건이며 연도별로는 〈그림 1〉과 같은 분포를 보인다.[17] 1920년부터 1945년까지는 해당 기사

16 시기구분상 1990년대는 3장과 4장에 중첩되어 다루어진다. 일반적으로 문화현상은 갑자기 등장하거나 소멸하지 않으며 '왜색' 비판 담론 역시 그러하다. 1990년대는 낡은 현상이 약화되고 새로운 현상이 대두되는 과도기에 해당되므로 불가피하게 중복하여 다룬다.

17 newslibrary.naver.com(『경향신문』, 『동아일보』, 『매일경제신문』, 『한겨레』 합산).

가 없어 그래프에서 제외했는데, 일제 통치하에서는 '왜색'과 같은 비칭卑稱이 신문과 같은 공식매체에 사용되지 않은 것은 당연한 일일 것이다.

그러나 해방 이듬해인 1946년부터는 관련 기사가 바로 등장하고, 1999년까지 꾸준히 신문지상에 오르내린다. 일단 양적인 추이로만 보았을 때 다음과 같은 점이 확인된다.

① 1965년 국교정상화 이전과 이후, 외관상으로는 큰 차이를 엿볼 수 없다는 것
② 시기별로 굴곡이 있으나, 1990년대 전반 최고에 이르렀다가 이후 감소한다는 것[18]

양적인 추이를 넘어서 어떤 맥락에서 '왜색' 표현을 사용하는지를 알기 위해서는 기사의 내용을 살펴볼 필요가 있다.

2. 내용분석

1) 해방 이후 1965년 한일 국교정상화 이전까지

'왜색'이라는 표현이 처음 등장한 1946년 『동아일보』의 「왜취왜색倭臭倭色」을

---

18 그래프를 보면 1960년대 중반, 1970년대 초, 1980년대 전반에 빈도의 증가를 보이고 있으나 1990년대 초·중반에 가장 상승한다. 특히 1990년에 60건으로 급증하여 1991년 57건, 1992년 1,968건으로 3년간 최고조에 이르는데, 이는 '탈냉전' 및 '지구화'와 더불어 ① 가요와 영화 등 '일본 대중문화 개방'이 외교채널을 통한 일본 측의 지속적 요구 항목이 되면서 논란이 고조된 것, ② 민주화 이후 신문매체 및 지면 증가(1988년에 창간된 『한겨레』의 1989년 한 해 '왜색' 기사만 23건), ③ '일본위성방송 월경문제(spill over)' 논란, ④ 당시 새롭게 급증하던 노래방(가라오케)을 배경으로 한 '왜색'가요 시비 논란 등의 요인이 복합적으로 작용한 결과이다.

그림 2 「왜취왜색을 소탕」(『동아일보』, 1946. 8. 20.)

倭臭倭色을掃蕩

國恥日앞두고獨促國民會提唱

庚戌合邦외國恥日八月二十九日을압두고 獨促國民會에서는 다음과갈은 談話를發表하엿다

庚戌八月二十九日은所謂韓日合倂이란國恥日이다 참解放이라면國恥日이없고國恥日이있으면 거짓解放이다 그럼으로 우리는아즉도八、一五를解放으로紀念하기보다八、二九를國恥日로지키려한다 李完用같이進步的國際路線을것지말고李儁先生처럼頑固한民族自決을찾기로하자 이것을굿게決心하기爲하여左의行事를擧行하랴한다

一、國恥된歷史를說明하야雪恥할決心을強調할것

一、神社、看板門牌等日本色을一切撤廢할것

一、事大依外의反逆者悔改를警責할것

一、雪恥誓約으로當日은中食을缺食할것

一、當日은歌舞音曲과一切宴樂을廢止하고沈痛하게지킬것

소탕掃蕩」[19]이라는 제목의 글이었다(〈그림 2〉 참조, 이하 밑줄 표시는 인용자의 것). 기사는 독립촉성국민회의 담화 발표 내용을 인용하면서, "8·15를 해방으로 기념하기보다 8·29를 국치일로 지키려 한다"는 취지에서 다섯 가지 행사를 거행하려 하는데, "국치國恥된 역사를 설명하여 설치雪恥할 결심을 강조할 것", "신사神社, 간판 문패 등 일본색을 일절 철폐할 것" 등이다. 즉 담화문 자체에는 '왜색'이라는 표현이 없으나 기사의 제목에 쓰이고 있다.

이후 1947년에는 『동아일보』 1월 9일자에 「우리말에서 왜색倭色을 청소하자」는 기사가 등장하는데 '국어정화운동을 과감히 전개'라는 부제가 붙어

19 이하, 기사 원문의 한자 표현은 원칙상 한글로 표기하고, 필요에 따라 한자를 병기한다. 한글 표현은 현재의 맞춤법에 어긋나더라도 원문 그대로 표기한다.

있다. 또 4월 22일에는 「상업용어제정」이라는 제하에 "상무부에서는 과거 36년간 왜색으로 물드려있는 상업용어일소에 노력중"이라는 기사가 실린다. 『경향신문』에서도 1월 12일 「사라지지 않는 왜색」이라는 제하에 '간판의 일본어' 등을 문제삼고 있으며, 11월 11일의 「일제日帝 퇴거한 최근 부산항의 편모片貌」라는 기사에서는 "부산에 오면 조선땅 같지않고 일본에 온 것 같다고 말한다. 즉 왜색의 잔재가 좀체로 사러지지 않는다는 말이다. 부산 부청 같은 곳에서도 왜색 소탕주간을 설치하고 맹렬한 운동을 전개"하고 있다는 내용으로, 일본풍의 도시경관 전반의 문제점을 지적하고 있다. 이후 대부분은 어쩔 수 없이 남아있을 수밖에 없는 일제시대의 잔재를 하루빨리 청산해야 한다는 맥락에서 「'중앙청의 왜색벽화'」(『경향신문』, 1948. 4. 25.), 「'왜색 법조문'의 문제」(『경향신문』, 1948. 4. 29.), 「'왜색은행권舊百圓 朝銀券'의 통용금지」(『동아일보』, 1948. 4. 8.), 「왜문자 간판 정리」(『경향신문』, 1950. 3. 14.) 등 '남아있는 것에 대한 정리'가 필요하다는 차원에서 논의되고 있다.

그러나 1950년대에 들어서는 그와 더불어 새로운 '왜색'에 대한 문제제기도 이루어진다.

- 요즘 왜색 구축의 운동은 당국의 명령으로 추진되고 있는줄만 알았더니…… 아사히빌朝日麥酒, 닛뽄빌日本麥酒 회사의 왜어倭語로 인쇄된 달력이…….

  『경향신문』, 1953. 5. 7.

- 「일 '음반' 압수 시市서 강권발동」 『경향신문』, 1953. 7. 13.[20]
- 「왜색 '레코-트' 백사십매 압수」 『경향신문』, 1954. 10. 3.

---

20 1953년에는 가요계의 이른바 왜색 소탕 국민가요의 보급운동이 벌어지기도 한다.

- 「일제 '달력' 단속」 왜색 일소의 당국시책에 역행 『경향신문』, 1957. 12. 5.

이는 실질적인 단속으로 이어졌다. 그런데 이러한 단속은 4·19 혁명으로 이승만 정권이 무너진 후에는 잠시 이완되었다.

- 「멍든 국산레코드 '일본바람'에」 이제는 일본 '레코드'의 금수가 해제되었으며 일본노래의 단속도 풀린 틈을 타서 군소 '레코드'회사들이 일본판 복사로 일제히 전향…… 이와 같이 '레코드'계에 불어온 '니뽕·부움'…… 이 정권하에서 너무 일본에 대하여 문화적인 쇄국정책을 써왔기 때문에 4·19 이후의 급격한 변동에 따라 일어난 반동적 대중심리에서라고도 생각된다. 그러나 …… 신중한 민족적 자각이 필요하다. 『동아일보』, 1960. 11. 2.
- (4·19 이후 단속 해제로) 이젠 왜색이 아니라 아주 일본말 반盤이 그대로 공공연히 울리고 있으니 큰일이에요. 『동아일보』, 1960. 12. 22.

요컨대 해방 이후 우선 '왜색 일소'가 요구되었다. 이는 '식민잔재의 청산'이라는 차원에서 불가피한 것이었고, 주로 언어 및 간판 등의 잔재가 많이 지적되었다. 그러나 1950년대 이후에는 이승만 정권하에서 강력한 반일정책과 함께 남아있는 잔재뿐만 아니라 일본문물의 새로운 유입도 단속의 대상이 되었으며 문화상품면에서는 주로 대중가요(레코드) 및 달력이 거론되었다. 4·19 혁명으로 이승만 정권이 무너지면서 짧은 '해금'의 시기도 도래했지만, 곧 5·16 군사정변이 일어난다. 이후 박정희 정권은 국교정상화에 적극적으로 임했지만 교류의 우선순위는 '경제협력'이었고 문화면에서는 완고한 입장을 견지하는 방향으로 나아간다.

2) 1965년 한일 국교정상화 전후부터 1990년대까지

이승만 정권 동안에는 1955년에만 29건(『경향신문』, 『동아일보』 합산)으로 빈도가 올라갔다가 저하되지만, 제3공화국이 출범한 1963년부터 29건, 1964년에 16건, 국교정상화가 이루어진 1965년에 31건, 이후 1966~1967년까지 20건 이상의 '왜색' 기사가 검출된다. 이는 한일협정 체결을 위한 한일회담이 진행되면서 일본문화 유입의 문제점에 대한 관심이 높아진 것으로 추정할 수 있다. 즉 종전과 달리 국교정상화 이후는, 과거로 인한 잔재 못지 않게 현재진행형으로 유입되는 일본문화에 대한 우려의 비중이 더욱 커진 것이다. 이에 대해 한국 측은 종전보다 '더 강력한 대책'을 요구하는 입장으로 수렴된다. 국교정상화가 이루어진 1965년의 기사들은 이 시기의 분위기를 잘 보여준다.

- 「일본은 들어오고 있다」 잦아지는 일본인 왕래와 더불어 잠자고있던 왜색이 점점 노출되기 시작, 우리 사회에 속속들이 스며들고 있다.
  『경향신문』, 1965. 2. 15.
- 「왜색문화의 침투를 경계하자」 『경향신문』, 1965. 6. 24.
- 「'친일무드'가 의미하는 것」 한일협정이 정식조인……벌써……이땅에 왜색이 점차 …… 왜색문화나 그들의 경제력을 자진유인自進誘引
  『경향신문』, 1965. 7. 7.
- 「목불인견目不忍見의 일본 바람」 요사이 가는 곳마다 왜색이 풍긴다. 서울엔 웬 일본상사가 많은지 알수없다. 다방에 가보면 음악도 땡똥땡똥하며 간사스런 일본여자의 노래만 틀고 있다. 『동아일보』, 1965. 7. 29.
- 「왜색, 전파電波서 추방」 『경향신문』, 1965. 9. 20.
- 「"'코메디'는 저속해요" 여론조사에 나타난 시청자의 소리」 곡의 저속성에서는 '왜색조'가 수위로 '애상적' '관능적'의 차례다 …… 왜색가요에 대해선 '방

송하지 말아야한다'는 의견이 가장 많아 40%를 차지했다.

『동아일보』, 1965. 12. 29.

- 한일양국교정상화가 앞으로 우리에게 좋은 결과를 가져오느냐 아니냐하는 관건은 우리의 주체의식이 어느정도 건재하느냐에 달려있다(6·22협정조인에 즈음한 대통령특별담화)……일본상품의 마력……일본노래, 일본소설에 현혹되고 일본실업인의 종업원이 되기를 원하는 사람들이 많아지고 있는 지금, 우리에게 필요한 것은 '일본적인 것'에 대한 자제와 일본을 파악하는 일이다.

『동아일보』, 1965. 8. 17.

즉 국교정상화 이후 '왜색문화'에 대해 경계심이 더욱 고조되고, 그에 대한 대책으로 '대일 국민적 주체의식'의 확립과 더불어 '일본적인 것'에 대한 자제가 강조되고 있는 것이다.

- 「'일본 무드'에 중형重刑 – 경찰, 강력한 법 제정을 요청」 서울시경은 왜색일소의 강력한 단속을 하기 위해 현재까지 주로 적용해온 경범죄처벌법 이상의 구체화된 법규제정을 내무부에 요청 …… 왜음곡, 왜색간판, '메뉴' 일본식 '디자인'의 각종상품, 저속한 일본간행물, 일본상품 선전행위, 주문행각 등이 포함돼야한다고 주장

『동아일보』, 1965. 8. 21. 〈그림 3〉 참조

결국 '일본적인 것'에 대한 자제의 수단으로 경찰이 경범죄 처벌 이상의 강력한 법적 제재를 요청하는 상황으로 나아갔음을 알 수 있다. 물론 4·19 이후 '왜색'을 그저 배척하고 단속하려는 방식에 대해 문제제기가 있기도 했다. 예를 들면, "왜색단속이란 문제는 4·19 전까지 너무 편협하고 독선적인 소견에서 국민감정에 역효과를 이룬 점도 없지 않았다는 점에서 그러한 강제적인

그림 3 「'일본 무드'에 중형 – 경찰, 강력한 법 제정을 요청」(『동아일보』, 1965. 8. 21.)
같은 면에 「도일 예능인에 묻어오는 엄청난 일본상품」 및 「(대학생) 천여명이 (한일협약) 비준 무효화 데모」 기사가 함께 실려 있다.

渡日 藝能人에 묻어오는
엄청난 日本商品
한사람이 10「트렁크」씩
商品도 갖가지 冷藏庫·세탁기등
「日本무드」에 重刑
警察, 强力한 法制定을 要請
서울大文理大·法大·漢陽大·東大生
千餘名이 批准無効化 데모
곳곳서 警察과 衝突
서울法大學生會長에
退學處分
腦炎
全國에 「버스」·「택시」
3千餘臺를 增車

방법이 아니라 보다 고차적이고 지도적인 문화정책이 바래진다"(『동아일보』, 1960. 11. 2.)는 의견 등이 그것이다. 이렇듯 해방 이후 이승만 정권 내내 지속된 반일정책은 4·19 이후 문화면에서는 일시 완화되기도 하고, 강제적 단속에 대한 문제제기가 나오기도 했으나, 한일 국교정상화를 전후하여 다시금 정부 차원에서나 민간 차원에서나 일본문화에 대해 강한 경계심을 갖고 '왜색'으로 비판하는 방침이 대세를 이루게 된 것이다. 또한 이후 1990년대 초반에 해외여행 자유화, '가라오케' 붐, 일본위성방송 유입 등으로 일본문화와의 접촉 기회가 급증하고, 일본 측으로부터의 대중문화 개방 요구가 강해지는 '왜

그림 4 「거리에서 안방까지… '왜색'의 현장」(『동아일보』, 1990. 8. 19.)
아파트단지의 일본위성방송 수신용 파라볼라 안테나, 청소년의 패션, 일본식 간판, '파친코' 등에 대해 우려하는 기사이다.

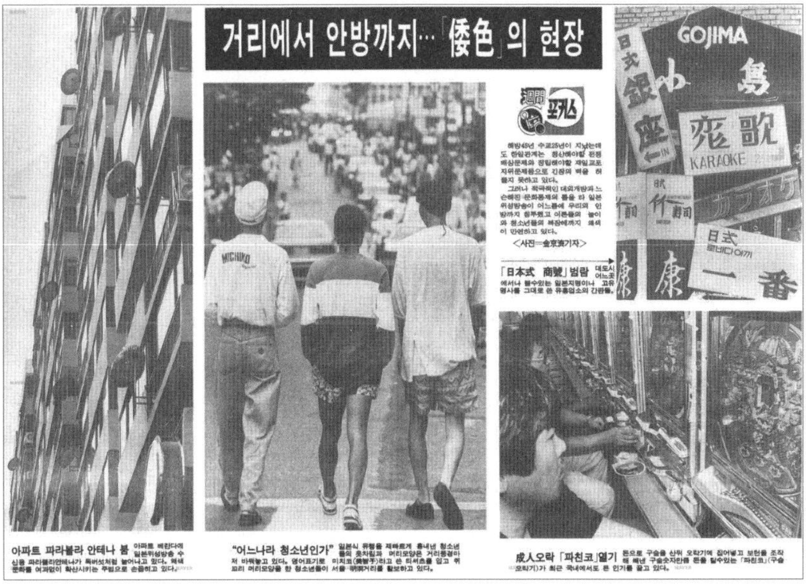

거리에서 안방까지…「倭色」의 현장

週間 포커스

해방45년 수교25년이 지났는데도 한일관계는 청산해야할 전쟁배상문제와 정립해야할 재일교포 지위문제등으로 긴장의 끈을 허물지 못하고 있다.

그러나 적극적인 대외개방과 느슨해진 문화통제의 틈을 타 일본위성방송이 어느틈에 우리의 안방까지 침투했고 어른들의 놀이와 청소년들의 복장에까지 왜색이 만연하고 있다.

<사진=金京濱기자>

「日本式 商號」범람 대도시 어느곳에서나 볼수있는 일본지명이나 고유명사를 그대로 쓴 유흥업소의 간판들.

아파트 파라볼라 안테나 붐 아파트 베란다에 일본위성방송 수신용 파라볼라안테나가 독버섯처럼 늘어나고 있다. 왜색문화를 여과없이 확산시키는 주범으로 손꼽히고 있다.

"어느나라 청소년인가" 일본식 유행을 재빠르게 흉내낸 청소년들의 옷차림과 머리모양은 거리풍경마저 바꿔놓고 있다. 영어표기로 미치꼬(美智子)라고 쓴 티셔츠를 입고 뒤꼬리 머리모양을 한 청소년들이 서울 명동거리를 활보하고 있다.

成人오락「파친코」열기 돈으로 구슬을 산뒤 오락기에 집어넣고 보턴을 조작해 빼낸 구슬숫자만큼 돈을 딸수있는 「파친코」(구슬오락기)가 최근 국내에서도 큰 인기를 끌고 있다.

색' 관련 비판 기사가 늘어나는 것도 유사한 패턴이다.[21] 결국 1990년대 후반까지 지속되는 '왜색문화' 비판 언설의 기본틀은 한일 국교정상화를 전후하여 확고해졌다고 할 수 있을 것이다.

따라서, 1965년 국교정상화 이후로도 '왜색'이란 단어가 포함된 신문기사 내용은 수백 건에 이르지만, 그 쓰임새는 사실상 동일하다. 그 사례들을 일부 소개하면 다음과 같다.

21 각주 18 및 〈그림 4〉 참조.

- 「대중가요는 대체로 왜색조로 작곡」 『매일경제신문』, 1967. 9. 8.
- 「왜색 짙은 외화 '도라도라도라' 국내 수입을 둘러싸고 논란이 거듭」 『매일경제신문』, 1971. 1. 26.
- 「민족사관 정립 특위 민정, 내주부터 활동」 식민사관극복과 왜색문화퇴치 사업을 각각 추진…… 『매일경제신문』, 1982. 9. 2.
- 「올림픽 특위 '현안'없어 맥빠져 왜색용어 사용이유 뭐냐」 '총합이라는 왜색 짙은 단어를 사용한 이유가 무엇이냐'는 집중성토…… 『매일경제신문』, 1982. 9. 11.
- 「왜색 법률용어 철저히 제거」 『매일경제신문』, 1982. 9. 18.
- 「왜색 약품광고에 시청자 거센 반발」 '東星 와까모도' TV방송광고물에 대한 시청자들의 항의 『매일경제신문』, 1984. 8. 4.
- 「출판·인쇄용어 '왜색' 추방, 우리말로 고쳐쓴다」 『매일경제신문』, 1993. 1. 6.
- 「8·15 45주년 다시 일본을 경계한다 2 – 판치는 왜색 정치」[22] 「8·15 45주년 다시 일본을 경계한다 6 – 범람하는 왜색가요, 비디오」, 「8·15 45주년 다시 일본을 경계한다 8 – 식탁에 부는 왜색 바람」 『한겨레』, 1990. 8. 16.~21, 23.
- 「'일본문화제'를 열기 전에 해야 할 일」 '상업주의 왜색문화' 『한겨레』, 1993. 8. 11. 사설
- 「정치에 밀린 국립중앙박물관」 '찌꺼기 왜색대중문화' 『한겨레』, 1993. 11. 5. 칼럼

22 '왜색 정치'라는 표현은 드문 사례인데, 정경유착, 인물중심, 파벌정치, 밀실정치 등의 유사성에 대해 이렇게 비판하고 있다.

- 「해방50돌 3·1절날 대학로엔 왜색문화」 『한겨레』, 1995. 3. 11.
- 「스타렉스·갤로퍼II '왜색' 새차 뒷문·사다리 우리와 달리 좌측통행용」 『한겨레』, 1995. 3. 12.[23]

이상의 용례에서 보이는 '왜색문화' 비판 언설의 특징은 다음과 같다.

① '일본의 것', '일본적인 특성', '일본에서 유래한 것'에 대해 '왜색'으로 표현하며,

② '왜색'이란 단어를 정부, 언론, 대중적 차원에서 '직접화법'으로, '공식적'으로 사용하고,

③ 역사 문제나 과거를 회고하는 내용뿐만 아니라 '현재'의 현상에 대해 사용하며,

④ 배제('퇴치'·'제거'·'추방')의 대상으로 취급하고 있다.

이것이 2000년대 이후에는 어떻게 변화하는지 비교하여 볼 필요가 있을 것이다.

23 닛산의 '파제로' 등을 원형으로 한 차종이라 설계가 일본식인 것에 대한 비판이다.

1990년대 이후의 지형 변화와 '왜색문화' 비판 언설의 퇴조

1. 1990년대의 변화

1990년을 전후하여 한국 사회의 분위기는 크게 바뀌어갔다. 국내적으로는 아시안게임(1986), '3저호황', 민주항쟁 및 대통령직선제 부활(1987), 서울올림픽(1988), 해외여행 자유화(1989) 등이 이어졌고, 국제적으로는 베를린장벽 붕괴(1989), 소련 해체(1991), 월드와이드웹WWW 등장(1991), 세계무역기구WTO 체제 출범(1995) 등이 전개되었다. 이러한 국내외적 요인이 어우러져 한국에서는 경제성장과 중산층의 확대, 문화적 자유화, 미디어의 다원화·대중화, 지구화(세계화), 대중문화에 대한 관점의 변화[24] 및 문화산업 담론의 확산이 이루어졌다. 이처럼 급속하게 개방적 문화교류의 정치·경제적, 정보기술적 조건이 성숙해가는 가운데 문화민족주의와 교차하면서도 문화상대주의가 확대되고 '왜색' 담론은 종래와 다른 면모를 보이게 된다. 1990년대 중반 이후가 되면 신문기사의 논조에도 다음과 같은 변화가 나타난다.

---

24 일본의 경우는 적어도 에도시대부터 도시 상공업자 및 서민대중들을 소비계층으로 하는 공연이나 회화 등 문화상품이 발달했고, 제2차 세계대전 후에도-특히 1960년대 이후-문화산업 전반이 크게 발달했다. 반면 한국은 대중문화를 저급한 것으로 보는 분위기가 지배적이었는데, 바로 이러한 인식이 급변하여 대중문화 긍정론으로 방향 전환하기 시작한 것이 1990년대 초반의 일이었다. 그리고 이러한 인식의 전환 위에서 '일본 대중문화 개방' 조치도 이루어질 수 있었다. 즉, 종래 일본 대중문화는 '일본' 것이기 때문에 규제가 가해진 면도 있지만, '고급문화'가 아닌 '저급문화'라는 점도 중첩되어 기피한 면이 있었다. 山中千惠(2006),「国別の状況－韓国」, 大阪大学大学院 文学研究科·人間科学研究科·言語文化研究科「イメージとしての〈日本〉」研究プロジェクト報告書,『海外における日本のポピュラ·カルチャー受容と日本研究の現在』, 55쪽. 이 시대 한국 측의 인식 변화를 서평을 통해 접근한 것으로는 강태웅(2010),「거부에서 수용으로: 90년대 대중적 일본문화론의 특성과 변화」,『일본비평』 제3호, 서울대학교 일본연구소 참고.

그림 5 「일본 대중문화 새로 보기 ④」(『한겨레』, 1998. 1. 23.)
일본 대중음악에 대해 '가장 사랑받는 장르…폭넓은 울림'이라는 제목과 함께 구와타 게이스케(桑田佳佑), 드림스 컴 트루(DREAMS COME TRUE), 마쓰다 세이코(松田聖子)의 사진이 실려 있다(집필자는 대중음악평론가 이종현).

일본 대중문화 새로 보기

4

대중음악/특징과 역사

새 음반 나올때면 전국이 들썩
아무로 임신 뉴스머리 올라

60년대 청년문화운동 힘입어
진부함 벗고 사회·철학 담아내
아버지와 아들이 함께 열광

가장 사랑받는 장르…폭넓은 울림

나라마다 사랑받는 대중문화의 분야는 조금씩 다르다. 영화와 비디오에 대한 대중의 관심이 유독 큰 우리 사정과는 달리 일본에서는 오래 전부터 대중음악이 가장 사랑받는 대중문화로 군림해 왔다. 화제의 신보가 발매될 즈음이면 텔레비전, 라디오, 신문 심지어는 전철 주변 옥외 광고판까지 온통 그 광고로 도배되고, 하루를 맞는 사람들의 움직임부터가 달라진다.

일본에서 대중음악 스타는 드라마와 광고 출연을 보장받는 연예계 최고의 스타이며 부와 명예가 함께 따른다. 아이돌 스타 아무로 나미에의 임신과 결혼, 중견밴드 코메코메 클럽과 록그룹 엑스재팬의 공식해체, 가수 겸 배우 우치다 유키의 누드 선언, 록그룹 글레이의 앨범판매 400만장 돌파 등 최근의 이슈들은 일간지와 텔레비전 뉴스의 첫머리에 다루어질 만큼 관심사다. 일본에서 대중음악이 이처럼 폭넓게 사랑받는 이유는 하드웨어(워크맨, 디스크맨, MD)의 폭넓은 보급과 여러 음악 형식의 공존, 여기에 대형 음반점과 음반사의 자구책이 곁들여졌기 때문이다.

일본의 대중음악은 60년대 전세계적으로 확산된 청년문화운동과 밀접한 연관을 맺으며 거듭났다. 전통 일본 가요(엔카)가 경제적 기득권을 쥐고 있던 중장년층의 음주, 접대 문화와 연결되어 사랑받던 것이 그 이전의 음악이라면, 60년대 중반 이후의 음악은 20대를 주체로 새롭게 재편됐다. 당시 젊은이들은 영국과 미국의 포크, 블루스, 록 등을 본격적으로 받아들였고 진부한 사랑 이야기에서 벗어나 사회적 내용과 철학을 담기 시작했다.

반정부와 공산주의를 부르짖는 음악들까지 유행으로 번졌다. 표현의 자유를 보장한 일본 정부의 자세에 힘입어 이 시기 일본음악은 기득권의 노리개로 전락해버린 당시 우리 대중음악과는 사뭇 다른 모습을 띠었고, 한·일 대중음악은 현격한 차이를 내게 되었다.

70년대 초반, 오버그라운드에서 싱글 디스크 붐이, 대학가를 중심으로 인디문화가 유행하기 시작했으며 소니, JVC 등 기업들이 음반산업에 동참하면서 시장규모가 확대됐다.

80년대로 진입하면서 재즈와 엔카와 록이 적절히 접목된 새로운 일본식 가요(이른바 왜색음악)가 등장했다. 일본 대중음악의 살아있는 전설로까지 묘사되는 구와타 게이스케와 그의 밴드 서던 올스타스로 대표되는 이러한 성향의 음악은 삽시간에 유행해 국내에도 잘 알려진 체커스, 안전지대, 보위 등의 인기밴드를 탄생시켰다.

구와타는 일본음악에 밴드붐을 일으켰다. 80년대에는 전세계적으로 유행 음악 사조가 고갈되었지만 일본 음악은 연주력과 사운드의 향상과 더불어 음악형식이 다양해지면서 오히려 발전을 꾀했다. 그 매개체가 된 것은 아이돌 스타기획과 세대를 뛰어넘은 유행(컨템퍼러리) 음악의 발굴이었다. 당시 떠오른 아이돌 스타는 핑크 레이디, 윙크, 히카루 겐지, 소년대 등이다. 이들을 통해 음반판매는 물론 부가가치가 높은 관련 상품을 개발해 시장규모를 확대시켰고, 앙리, 마쓰다 세이코, 이노우에 요쓰이, 유밍 등 10대에서 40대까지가 함께 듣는 인기음악 풍토를 만들었다.

80년대 말 일본 음악계는 새로운 전기를 맞는다. 언더그라운드에서 실력을 쌓은 많은 밴드들이 오버그라운드에 등장해 본격적인 밴드붐을 일으켰다. 밴드붐은 엑스, 벅 틱, 루나 씨로 대표되는 '비주얼 록'부터 흑인음악에 기초를 둔 그룹 드림스 컴 트루까지 매우 다양하게 펼쳐졌다. 이러한 상황을 거치면서 기존의 싱글 위주 음반 시장은 앨범 위주로 바뀌었다. 특히 미스터 칠드런, 드림스 컴 트루, 비즈, 서던 올스타스, 차게 앤 아스카, 도시노부 구보타 등은 발표하는 작품마다 큰 인기를 얻으며 앨범, 싱글의 100만장판매 시대를 연 주역으로 각광받았다.

구와타 게이스케

드림스 컴 트루

마쓰다 세이코

이종현 대중음악평론가
서울예술전문대학을 나와 월간 <핫뮤직> 등의 기자를 거쳐 대중음악평론가, 방송작가로 활동하고 있다.

- 「공륜도 이제 개방속도 의식할 때」 문제가 된 〈가정교사〉는 제작자가 미국인 …… 감독은 일본계 미국인 …… 음악과 배경 등이 일본적으로 '왜색영화'로 분류할 수는 있으나 …… 미국영화고, 수입을 규제할 근거가 없다고 주장…….

  『한겨레』, 1995. 5. 12.

- 문화적 국수주의거나 '왜색'을 조심하자는 외침이 아니다.

  『동아일보』, 1996. 8. 20.

- 방송위원회측은 국제화시대추세에 맞게 지나치게 왜색을 보이거나 문제가 있지 않으면 심의를 해주고 있다. 『경향신문』, 1998. 1. 10.

- 80년대로 진입하면서 재즈와, 엔카와 록이 적절히 접목된 새로운 일본식 가요(이른바 왜색음악)가 등장했다. 『한겨레』, 1998. 1. 23.

- 〈소양강처녀〉나 〈남행열차〉와 같은 '트로트 메들리'를 불러야 끝이 난다

……'왜색가요'라는 트로트와 관련한 논쟁이 무색해질 정도다.

『한겨레』, 1999. 7. 8.

- 서울방송이 '홍길동 캐릭터'를 둘러싼 왜색시비로 곤혹스러운 처지에 빠졌다.

『한겨레』, 1998. 7. 22.

즉 종래와 같이 '일본적인 것=왜색'이라는 단정적 어법 및 사고방식과 일정하게 거리를 두면서 '왜색'이라는 표현을 써도 '이른바 왜색' 등의 '간접화법'으로 쓰거나 혹은 왜색 '시비', '논쟁' 등이라고 하여 단정을 피하는 듯한 모습으로 변화한다. 이는 1990년대 들어와 크게 변화한 문화·정치적 지형 및 일본 대중문화 개방 논의가 활발해지면서 종래와 같은 배제론의 한계를 의식하게 된 상황을 반영한 것이다. 결국 양국 간의 합의에 기초하여 한국은 일본 대중문화에 대해 1998년 10월 1차 개방을 시작으로 단계적으로 개방 범위를 확대해갔다.[25] 나아가 이 시기에는 1998년에는 「일본 대중문화 새로 보기」와 같은 특집이 연속으로 게재되면서 변화한 분위기를 상징하게 된다(〈그림 5〉 참조).

2. 2000년대 이후의 흐름

1990년대에 약화되기 시작한 '왜색' 비판 담론은 2000년대 이후 눈에 띄게 양적으로 감소한다. 검색 결과, '왜색' 포함 기사는 『동아일보』의 경우 1990~

25 이후의 추가적 개방을 거쳐 현재 공중파 TV 드라마, 오락프로그램 등 일부분의 규제만 남은 상태이다.

그림 6 『한겨레』 '왜색' 관련 기사 연도별 건수(1988~2014)

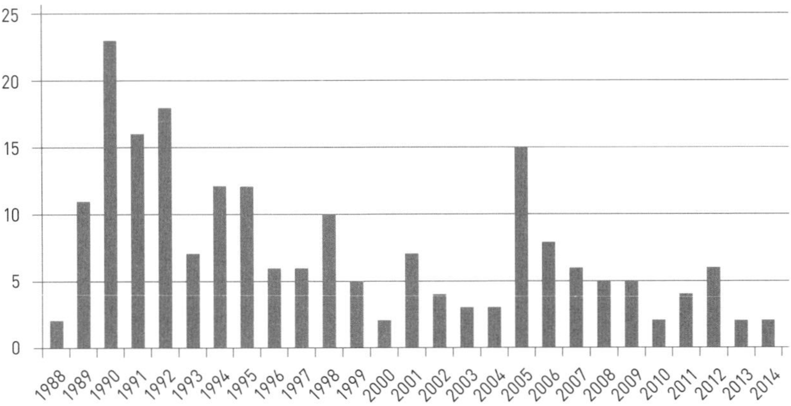

1999년의 10년간 103건에 비해 2000년 이후의 15년간의 '왜색' 포함 기사는 62건으로 연평균 10.3건에서 4.13건으로 줄었고, 『경향신문』의 경우도 1990~1999년의 10년간 139건에서 2000년 이후 15년간은 64건으로, 연평균 13.9건에서 4.26건으로 크게 감소했다. 『한겨레』의 경우도 1990~1999년까지의 10년간 115건에 비해 2000~2014년까지의 15년간은 74건, 즉 연평균 11.5건에서 4.93건으로 줄어들었다. 모두 절반 이하로 확연히 감소했음이 드러난다(『한겨레』의 경우를 도표화하면 〈그림 6〉과 같다).

그러나 양적인 감소 이상으로 질적으로는 더 큰 변화를 보인다. 『한겨레』에서 2000년대 이후 가장 높은 15건을 기록한 2005년조차도 기사의 내용을 보면, 영화 '그때 그사람'에서 박정희 대통령의 사생활이나 '엔카' 선호 등 '왜색 시비' 관련으로 보도한 것, 또 일제하 성장, 만주군관학교 이력 등 과거사를 지칭하며, 혹은 사찰 및 불교의 역사에 대한 설명의 맥락에서 '왜색'이라는 단어를 사용한 것이 대부분이다.

두 번째로 높은 8건을 기록한 2006년은 아베 1차 내각이 등장한 시기이나,

정작 기사내용을 살펴보면 이러한 정치환경과는 사실 관계가 없다. 대부분 20세기 한국의 문화 및 역사를 돌이켜보면서 '왜색가요', '왜색불교', '왜색조경', '왜색 시비' 등 과거의 논란을 소개하는 기사에서 등장하고 있다. 이후로도 이러한 보도경향에는 변함이 없으며, 현재의 현상에 대해 사용하더라도 관용적으로 사용하거나 중립적 입장을 취한다. 가령, 「(TV 드라마) '매리는 외박 중' 왜색 시비 휘말려」(2010. 11. 10.)라는 기사는 제목에 '왜색 시비'라고 표현하고 있으나, 본문에서는 "'왜색을 거론하는 것은 시대착오'라는 의견도 힘을 얻고 있다"고 소개하고 있는 식이다. 또 내용적으로는 일본 콘텐츠의 매력을 상찬하기도 하며, 나아가서는 '왜색'이라는 규정에 대한 문제제기가 정면으로 이루어지기도 한다. 예를 들어, 「한국 건축 역사상 가장 논란이 된 건물은?」이라는 제목하에 '건축가 김수근의 부여박물관 왜색 시비 논란'을 다룬 기사(2008. 5. 8.)에서는 "비슷한가? 지나친 비난인가? 닮았다고 해도 그 이유만으로 그렇게 비난받아야 하는 걸까? 다른 문제도 아니고 왜색 논란이면 훨씬 더 혹독하게 비판받아야 마땅한 걸까?"라고 문제제기하고 있다.

또 인터넷상에서 젊은 세대의 경우는 '왜 왜색이 문제가 되는가?'라는 질문을 스스럼없이 던지기도 한다.

- 「거 뭐냐 왜색이 짙다는 거 말입니다」 대체 기준이 뭡니까? …… 저는 일본 어체도 즐겨 쓰지 않고 친일파도 아닙니다. …… 왜색. 왜색이라 …… 무협은 중색입니까? 왜색이 대체 뭘까요?[26]
- 「왜 왜색이 나쁘죠」 왜 왜색이 나쁘죠? 전쟁하던 시대의 것만 안 쓰면 될거

26 http://square.munpia.com/boTalk/beSrl/428899(2009. 10. 22. 작성).

같은데, 궁금하지만 시간이 없어 얕은 물음을 올려봅니다.[27]

이러한 질문들에 대해서는 과거 일본의 '우월주의'의 문제점, 문학시장에서의 일본작품의 영향력 등에 대한 성실하고 내용있는 답변도 이루어진다. 하지만 이러한 문답이 이루어진다는 것 자체가 이미 국경을 넘어선 각종 교류가 일상화되고 다문화주의를 이야기하는 시대라는 것, 또한 '왜색'이라 단정하고 배제하는 관념이 그대로 통용되던 시대는 지나갔음을 보여주고 있는 것이다.[28]

즉, 2000년대 이후의 흐름을 요약하면 다음과 같다.

① '왜색' 용어의 사용 빈도는 1990년대에 비해 양적으로도 현저히 줄어들었고,
② 사용하더라도 대부분 과거의 논란 및 '왜색문화' 비판 현상을 회고하며 '간접화법'으로 사용하며,
③ 당연시되던 단정적 비난을 억제하고, 오히려 단정적 비난을 해체하는 문제제기가 이루어진다.

27 네이버 지식iN의 글, http://goo.gl/OYoXZa(2014. 6. 3. 작성).

28 1990년대 후반 이후 적어도 유교 기반의 자문화중심주의적 반일 언설은 축소된 것으로 판단 가능하다. 비슷한 사례로는 화장(火葬)에 대한 의식의 추이를 들 수 있다. 유교에서 화장은 '부모를 두 번 죽이는 것'으로 기피되는 면이 있었고, 1990년대 전반까지 매장을 선호하는 의식이 지배적이었으나 2000년대에는 역전되었다.

맺음말

현재 한일 양국 사이에는 폭넓은 교류의 지평이 전개되고 있다. 한국의 '반일', 일본의 '혐한' 현상은 사라지지 않고 존재하지만, 불변하는 것만을 강조할 것이 아니라 무엇이 변화했는지를 보는 것이 중요하다. 오랜 기간 한국의 반일 담론을 지배해왔던 '왜색문화' 비판의 패러다임은 국교정상화를 전후로 더욱 강화되기도 했으나 1990년대 이후 힘을 상실했다. 자문화중심주의적 언설은 더 이상 설득력이 없다. 일본에서도 인종차별적, 배외주의적 언설이 일부 분출되기도 하나, 그 자체가 사회적으로 지배적인 지위를 차지하지는 못한다. 서로를 대등한 인간이 아니라 '금수' 혹은 '미개' 취급하던 관념은 과거의 것이 되었다.

다만 한일 국교정상화 50년을 맞이하는 현재, 과거의 차별적 언설과는 다른 형태의 '반일', '혐한' 논리가 떠오르고 있다. 한국에서의 '욱일승천기' 비판, '전범국가' 비판 언설이 상징적인데, 이는 19세기 말 이래의 '과거사 문제'와 제2차 세계대전 이후의 '전후 처리' 문제 및 앞으로의 일본의 행로에 대한 관심과 우려의 표현이다. 일본의 '혐한' 역시 중국의 급부상 등 격동하는 동아시아 정세 속에서 한국의 대일 정책 및 진로에 대한 관심과 밀접하게 연결되어 있으며, '역사수정주의' 및 '내셔널리즘'의 성장은 구미 제국주의와의 역사적 사연들에 대한 불만과 향후 일본의 입지에 대한 고민을 소재로 하고 있기도 하다. 이는 어느 특정문명에 기초한 차별주의가 아니라 동일한 국민국가체제를 기반으로 한 각각의 입장과 세계인식 위에서 나름의 '정의正義'를 추구하는 문제제기로 볼 수 있으나, 감정적이거나 복고주의적인 내셔널리즘은 물론 일국 중심의 발상만으로는 근본적인 해결이 쉽지 않다. 한일 문화교류가 더욱 성숙하고 발전하기 위해서는 문화교류 자체의 전면화·고도화는 물론 이러한 사회적 분위기 전반의 업그레이드가 필요하다. 앞으로의 한일관계는 좁은 '국가적 자존심'의 틀을 벗어나 한 단계 더 높은 차원으로 함께 상승 이동할 수 있느냐에 달려 있을 것이다.

1965년의 한일 국교정상화는 여러 면에서 불충분한 것이었고, 특히 문화적인 면에서는 '왜색' 단속의 강화로 이어지기도 했다. 그러나 수교 30년이 지나면서 이윽고 일본 대중문화 개방이 이루어지고, 40년을 전후해서는 양국에서 한류·일류의 일상화를 이루며 문화교류가 크게 발전했다. 이제 국교정상화 50년을 맞이하며 새로운 난제를 돌파하고 앞으로 한 단계 나아가는 진전이 이루어질 것을 기대한다.

참고문헌

강항(2005), 『간양록』, 서해문집.

강태웅(2010), 「거부에서 수용으로: 90년대 대중적 일본문화론의 특성과 변화」, 『일본비평』, 제3호, 서울대학교 일본연구소.

고병익(2005), 「'군왜(群倭)'와 '기화요초'(琪花瑤草)」, 한일문화교류기금 편, 『되돌아본 한일관계사』, 景仁文化社.

박양신(2005), 「明治시대(1868~1912) 일본 삽화에 나타난 조선인 이미지」, 『정신문화연구』 제28권 제4호(통권 101호), 한국학중앙연구원.

새뮤얼 헌팅턴(1997), 『문명의 충돌』, 김영사.

손승철(2006), 『조선통신사, 일본과 통하다』, 동아시아.

신유한(1979), 『海遊錄』, 正音社.

요시미 순야(2004), 『박람회: 근대의 시선』, 논형.

요시다 유타카(2004), 『일본인의 전쟁관』, 역사비평사.

이지원(2011), 「역사적 관점에서 본 한일문화교류의 성격과 상호관계의 변화」, 『동서양 역사 속의 소통과 화해』, 학고재.

이토 아비토(2007), 「일본 한류의 역사: 일본인의 관심과 인식」, 주영하 외, 『일본 한류, 한국과 일본에서 보다』, 한국학중앙연구원.

잰슨, 마리우스 B.(2003), 『일본과 동아시아 이웃 나라들』, 소화.

한배호(1974), 「韓国人의 日本観」, 『韓日間의 相好理解』, 亜細亜政策研究院.

한상일·한정선(2006), 『일본, 만화로 제국을 그리다 - 조선병탄과 시선의 정치』, 일조각.

하랄트 뮐러(2000), 『문명의 공존』, 푸른숲.

草柳大蔵(1974), 「日本人の韓国観」, 『韓日間의 相好理解』, 亜細亜政策研究院.

仲尾宏(2007), 『朝鮮通信使ー江戸日本の誠信外交』, 岩波新書.

山中千恵(2006), 「国別の状況ー韓国」, 大阪大学大学院 文学研究科·人間科学研究科·言語文化研究科, 「イメージとしての〈日本〉」 研究プロジェクト報告書, 『海外における日本のポピュラーカルチャー受容と日本研究の現在』.

『경향신문』, 『동아일보』, 『매일경제신문』, 『한겨레』.
구글 코리아(www.google.co.kr).
구글 저팬(www.google.co.jp).
야후 저팬(www.yahoo.co.jp).
NAVER 뉴스 라이브러리(newslibrary.naver.com).

7장

대중문화를 통해 본 한일 교류

오타쿠문화의 사례를 중심으로

김효진

머리말

1998년, 한국 정부가 일본의 대중문화를 공식적으로 해금한 지 어느새 16년이 흘렀다. 한국과 일본이 외교 관계를 수립한 지 50년이 되는 2015년의 시점에서 봤을 때, 이는 약 3분의 1 정도의 시간에 그친다. 그러나 한국인이라면 누구라도 20세기 초반, 일본에 의한 식민지 역사 이후 일본의 대중문화가 한국 사회에 지속적으로 영향을 끼쳐왔다는 점을 잘 알고 있을 것이다.

이러한 식민지 시기의 문화적 영향으로 인해 한국에서 일본 대중문화는 그 세계적인 영향력과 인기가 과소평가되어 왔다. 그 대표적인 경우가 '왜색담론'[1]

1 이 책에 실린 이지원의 글에서 상세히 다루고 있다.

이다. 이는 전후 일본의 대중문화가 세계적으로 인지도를 높여가는 과정과 그 경쟁력을 객관적으로 조명하기보다는, 일본 대중문화가 한국에 끼친 영향을 한일 간의 특수한 역사적 맥락이라는 관점에서 평가하는 대표적인 담론이다. 그러나 1990년대는 일본 대중문화가 전 세계적으로 인기를 얻은 시기이며, 이때 인기를 얻었던 일본 대중문화는 일본적이라기보다는 전 세계인의 공감을 얻는 보편성을 지니고 있었다.[2] 이런 관점에서 보았을 때 1990년대 한국에서 급증한 일본 대중문화의 팬덤Fandom 또한 세계적인 흐름을 반영하는 현상이었다.

'왜색문화' 논란에서도 알 수 있듯이 일본 대중문화 해금 이전 한국의 주류사회는 역사적·정치경제적 맥락에서 일본의 대중문화를 바라보았고, 현재도 이런 관점이 일정 부분 유지되고 있다. 이 사실은 2002년 일본 대중문화 해금 조치 완료 이후에도 여전히 공중파 방송에서 일본드라마, 일본영화, 일본가요의 방영이 금지되어 있다는 점에서 잘 드러난다. 따라서 영화, 드라마, 쇼프로그램 같은 주류 대중문화는 여전히 한국 주류사회에서 민감한 이슈로 남아 있다.

이런 상황에서 이 글이 주목하는 대상은 주류사회의 논란과는 별도로 한국 내부에서 일본 대중문화를 자발적·능동적으로 수용한 사례로서 일본의 만화, 애니메이션, 게임 등을 일컫는 '서브컬처サブカルチャー', 즉 오타쿠オタク문화의 수용과 한국 내 팬덤 형성의 사례다.

---

2 물론 쿨재팬(Cool Japan)으로 상징되는 일본 대중문화가 세계적으로 인기를 끌었던 것은 헐리우드 영화로 상징되는 미국의 대중문화가 전 세계로 퍼져나가면서 일정한 보편성으로 자리잡은 후의 일이라는 점이 중요하다. 단순히 일본 대중문화가 보편성을 띠고 있었기 때문이 아니라, 미국 대중문화가 만들어 놓은 전 세계적인 토대 위에 일본 대중문화가 새로운 스타일로서 인기를 얻었던 것이다. 이때 일본 대중문화 또한 미국 대중문화의 영향권 내에서 그를 토착화 및 혼종(hybrid)화한 결과물이었고, 이를 토대로 세계적인 인기를 얻을 수 있었다.

한국 내 오타쿠문화 팬덤과 이들의 실천이 중요한 이유는 첫째, 이들은 한일 수교 50년의 역사에서 역사적 맥락과 일정한 거리를 두고 일본 대중문화를 수용한 첫 집단으로 1970년대 이후 전개된 오타쿠문화의 탄생과 세계화의 영향을 전방위적으로 받은 집단이라는 점, 둘째, 이들의 일본 대중문화 수용은 자본이나 특정 기업, 정부가 개입하지 않은, 일반 팬들의 자발적이고 자생적인 움직임이라는 점이다.[3] 이는 문화산업적인 속성을 지니는 대중문화 분야에서 발생한 팬덤의 자발적인 실천이라는 측면에서 흔치 않은 사례이기도 하다.

이 글에서는 2000년대 이후 한국 내 오타쿠문화의 주된 수용자로서 한국의 관련 팬덤에서 일어난 변화, 즉 오타쿠문화의 토착화 및 확산('오덕후'와 '일빠'의 구분)과 '한본어'의 일상화, '우익논란'의 발생과 그 의미를 분석하고자 한다. 이를 통해 점차 한국의 젊은 세대는 일본 대중문화를 일상의 일부분으로 받아들이고 있으며 최근 증가하고 있는 '우익논란'이야말로 이러한 변화를 상징하는 사례라는 점을 밝히고자 한다.

3 "일본 문화의 공식적 유입을 적극적으로 금지해온 한국에서 일본 기업들은 자신들이 만들어낸 '문화상품'들을 한국의 소비자에게 소개할 수 있는 적극적인 전략을 개발하거나 홍보를 할 수 없는 상황이었기 때문에, '소비'의 과정은 수용자의 의지와 '해석'에 의존할 수밖에 없었다." 김현미(2003), 「일본대중문화 개방과 '자기 해방': 일본대중문화 담론의 성격과 개방의 방향」, 『한국문화인류학』 36집 1호, 한국문화인류학회, 152쪽.

일본 대중문화 공식 해금 이전: 1998년 이전[4]

한국에서 일본 대중문화가 공식적으로 해금된 것은 1998년 김대중 정부에 의해서였다. 그러나 그 이전에도 어린이용 애니메이션은 일본의 콘텐츠임에도 불구하고 합법적으로 공중파에서 방영되고 있었다. 공식적으로는 수입이 엄격하게 금지되어 있었던 일본의 만화와는 달리, 어린이용 애니메이션은 지상파 방송을 통해 전국적으로 방영되었고 폭넓은 인기를 얻었다. 흥미로운 것은 이들 애니메이션이 방영되는 조건이 바로 '일본색'(일본적인 부분 또는 애니메이션이 일본산이라는 점을 알 수 있는 부분)을 제거해야 한다는 것이었다.[5]

이러한 제한 조건에도 불구하고 일본의 애니메이션이 텔레비전에서 방영이 가능했던 이유는 한국에서 자체적으로 제작한 어린이용 프로그램이 부족했다는 점과 1970~1980년대 한국이 일본 애니메이션의 주된 하청기지였다는 점을 빼놓을 수 없다. 미국, 프랑스 및 일본에서 애니메이션 산업이 본격적으로 발달하면서 한국에서는 하청기지로서 이를 담당할 스튜디오나 프로덕션이 차례차례 설립되었는데, 비록 일본산 애니메이션이었다고 해도 한국인 애니메이터들이 제작했다는 점에서는 산업적으로 의미가 있었다고 평가된다.[6]

이에 반해 만화는 공식적인 수입 시기가 늦은 편으로 1980년대 후반에 출판 자유화를 통해 이미 해적판이 나와 있었던 『드래곤볼』을 한국의 만화잡지

---

4 이 부분은 金孝眞(2013), 「オタクから五徳厚へ: 韓国社会における日本オタク文化の受容をめぐって」, 『国際日本学研究の最前線に向けて－流行·ことば·物語の力』, 104~108쪽의 내용을 이 책의 취지에 맞게 수정, 보완했다.

5 이하 자세한 내용은 金孝眞(2013), 「「他者」としてのヤオイ–1990年代における韓国同人文化の変容をめぐって」, 『国際漫画研究』 3 참조.

6 한창완(1995), 『한국만화산업연구』, 97쪽.

〈아이큐점프〉가 수입, 번역하여 1989년 잡지에 별책 부록으로 소개한 것이 공식적인 일본 만화 수입의 시작이다.[7] 그러나 일본 만화는 한국인 작가에 의한 불법해적판 형태로 1970~1980년대부터 이미 한국 시장에 범람하고 있었으며 한국의 젊은이들은 어릴 때부터 일본 만화와 애니메이션에 익숙했다.

흥미로운 것은, 한국 정부가 주류 대중문화에 속하는 영화, 드라마, J-POP 등은 일본 대중문화의 악영향 및 경제적 파급효과를 두려워해 엄격하게 금지하여 일본어학원, 개인적인 불법복제 등 극히 제한된 경로로 유통되었던 반면, 만화와 애니메이션은 '어린이용'이라는 관점에서 '일본색'이 없는 것은 비교적 쉽게 수입되어 출판, 방영되었다는 점이다. 이런 배경하에서 한국에서는 1990년대 이후 일본의 만화와 애니메이션을 접하면서 성장한 젊은 세대에서 열성적인 팬덤이 발생하기 시작했다. 질적, 양적으로 크게 성장한 1980년대 일본의 만화와 애니메이션, 게임 작품을 텔레비전과 비디오, 혹은 해적판이나 불법복제를 통해 접한 이 세대는, 1990년대 전반에 널리 보급된 PC통신을 통해 보다 쉽게 자신들만의 커뮤니티를 만들고 활발한 커뮤니케이션과 지식, 정보의 교류를 시도했다. 만화, 애니메이션, 게임 등의 열광적인 팬을 의미하는 '오타쿠'라는 용어가 한국에 소개된 것도 바로 이 시기로, PC통신을 통해 확산되었다.

군부정권의 검열과 통제로 인해 대중문화 자체가 위축되어 있었던 1980년대에는 일본 대중문화 수용이 개인적인 수준에 머무른 반면, 1990년대는 한국의 '오타쿠'들에 의한 커뮤니티 형성이라는 측면에서 그 이전 시대와는 질

7 山中千恵(2001), 「韓国マンガにおける日本の位置付け: 日本マンガの受容史」, 『年報人間科学』 22, 132쪽.

적, 양적인 측면에서 다르다. 실제로 1990년대 한국 사회는 민주화의 시대로 소비사회화하는 한국에서 성장한 젊은 세대('신세대')가 주목받고 있었고, 그 들 일부에서 소위 한국의 '오타쿠' 제1세대가 출현했다는 점은 1980년대 일본 사회에서 신인류와 오타쿠가 분화한 과정을 연상시킨다.

1980년대의 젊은이들이 민주화운동의 영향으로 미국과 일본의 대중문화에 대해 거부감을 가졌던 데 비해, 1990년대의 젊은이들은 PC통신에 자신들의 커뮤니티를 만들고 일본의 오타쿠문화를 적극적으로 수용하기 시작했다. 그리고 PC통신을 통해 오타쿠문화에 대한 정보와 지식을 축적하기 시작하고 공유함으로써 1998년의 공식적인 해금 이전부터 비교적 간단히 여러 정보를 입수할 수 있게 되었다. 보따리장수 등을 통해 수입된 만화 및 잡지에 실려있던 정보를 팬들이 적극적으로 번역해서 커뮤니티에서 공유했고, 1990년대 초반 시행된 해외여행 자유화를 통해 한국의 오타쿠들이 일본 현지의 관련 이벤트나 관련 상점에서 물품을 직접 구매하기가 용이해졌다. 한국 정부가 1990년대부터 '국제화'를 주요한 정책방향으로 내세웠으며, 이 과정에서 일본 유학생이 증가했다는 점 또한 중요한 요인으로 꼽을 수 있다.

그러나 이런 움직임은 주류 사회에서는 여전히 금기시되었다. 1990년대는 일본 대중문화 해금이 임박했다는 대중적인 인식이 있었음에도 불구하고 정치적 판단에 의해 계속 유보되는 상황이 되풀이되고 있었다. 장인성에 따르면 당시 일본 대중문화 해금에 대한 담론은 크게 '일본 대중문화 해금론'과 '일본 대중문화 해금 반대론'으로 나뉜다. 두 담론은 모두 담론과 현실적 이해관계 사이의 갈등을 반영하고 있으며, 입장 차이는 있을지언정 모두 '민족'과 '도덕', 그리고 '국가이익'의 관점에서 일본 대중문화 해금에 접근하고 있다고

정리한다.[8]

나아가 장인성은 일본 대중문화의 유통이 문제시되고 있음에도 불구하고 한국산으로 '둔갑'한 대상에 대해서는 문제제기가 전무했다는 이중적 태도를 비판한다. 이는 결국 한국의 일본 대중문화 향유자들이 민족적 반일과 개인적 기호 사이에서 '이중적 아이덴티티'를 구성하는 계기가 되었다. 그러나 이를 일본 대중문화 상품의 문화제국주의적 침략으로 낙인찍는 것은 너무 단순한 시각이다. 왜냐하면 한국에서 일본 대중문화를 둘러싼 담론은 단순히 문화의 문제일 뿐만 아니라 정치적·경제적 담론의 성격을 지니고 있었기 때문이다. 한일관계뿐만 아니라 한국의 국내 사정에 의해 반일이 조장되는 경우가 적지 않았고, 대중문화 해금은 한일관계가 경색될 때마다 정권 책임자의 '국민 정서' 고려를 핑계로 지속적으로 유보되어 왔다. 또, 문화산업 관련자들에게 있어서 해금은 곧 일본 문화상품의 경제적 지배와 연결되었다.[9] 문화심리적으로 일본 대중문화는 '반일' 민족주의의 가장 첨예한 대상으로서 항상 경계의 대상이었다.

---

8 장인성(1998), 「일본대중문화 개방과 '자기 해방': 일본대중문화 담론의 성격과 개방의 방향」, 『국제문제연구』 22호, 서울대학교 국제문제연구소, 60~65쪽; 김효진(2011), 「한류 이후 일본 대중문화 수용의 새로운 흐름」, 『지식의 지평』 11호, 80~81쪽에서 재인용.

9 장인성(1998), 위의 글, 75~79쪽.

일본 대중문화 해금 이후: '일본'산 대중문화에서 일본산 '대중'문화로[10]

2000년대 이후 "일본 대중문화는 하나의 '취향'이며 '선택'으로 이해되고, '원전'의 국적이 소비 여부를 결정하는 데 별 영향을 미치지 못한다"[11]는 한국인의 태도 변화가 두드러지게 나타난다. 그리고 이 변화를 이끌어내는 데 1998년의 해금 조치가 갖는 역사적·문화적 중요성은 강조될 필요가 있다. 당시 음성적인 시장에서만 수입·유통될 수 있었던 일본의 문화상품들이 비록 제한된 범위이긴 해도 합법적인 테두리 안에서 거래·논의될 수 있게 되었다는, 인정認定에 의한 효과는 강력했다. 앞에서 살펴보았듯이 일본 대중문화는 여러 경로를 통해 이미 한국 사회에서 일정한 팬덤을 형성하고 있었기 때문에 그 내용 자체가 갖는 충격이나 수입이 가능해졌다는 사실로 인한 변화는 사실상 크지 않았다.

'인정'에 의한 효과는 한국 사회에서 일본 대중문화에 항상 따라다니던 '왜색'과 '불법'이라는 두 가지 부정적 이미지 중에서 한 가지가 해결되었음을 의미한다. 전자는 역사적 기억의 잔재이자 가치판단의 문제로 앞으로도 쉽게 사라지지 않을 것이다. 그러나 후자의 경우는 한국 정부의 정책변화와 관련된 문제로 과거에는 한국 사회라는 '공동체'의 문제였던 것이 도덕과 개인의 선택 문제로 급격히 변화하게 되었다.

구체적으로 김현미는 한국 내의 일본 대중문화 수용자를 '팬덤'으로 규정하고, 이를 시대별로 나누어 설명하고 있다. 크게 1980년대와 1990년대, 그리고

---

10 이 부분은 김효진(2011), 「한류 이후 일본 대중문화 수용의 새로운 흐름」(지식의 지평 11호), 83~86쪽의 내용을 본 원고의 취지에 맞게 대폭 수정·보완했다.

11 김현미(2003), 앞의 글, 171쪽.

일본 대중문화 해금 이후로 구분해서 살펴보자. 민족정체성의 갈등을 느끼면서도 일본 대중문화의 숨은 팬이 된 1970~1980년대 팬들, 그리고 컴퓨터 통신과 유학생의 증가를 통해 일본 대중문화의 팬이 늘어난 1990년대 팬들의 경우, 그들이 접한 콘텐츠의 양과 질, 그리고 팬층의 확대라는 측면에서 큰 차이를 보이고 있음에도 불구하고 기본적으로 한국인으로서 일본 문화의 팬이라는 사실이 주는 '죄책감'을 일정 정도 공유하고 있었다.

그러나 인터넷을 통해 거의 무제한적으로 정보를 접할 수 있었던 2000년대 이후의 팬들은 크게 다르다. 이를 김현미는 "'동시적' 일본 대중문화 소비시대"[12] 로 명명하는데, 2003년 시점에서 이미 가시화된 이런 흐름은 2015년 현재도 우리에게 많은 것을 시사한다.

1980년대 후반 이후에 태어난 세대, 구체적으로는 1990년대 후반에 초등학교나 중학교에 재학 중이었던 세대들에게 일본 대중문화는 금지된 것이 아니라 한국 사회에서 그 존재가 허용된—분야나 장르에 따라서는 지배적인—상태였고, 이는 최근의 젊은 세대에게 인터넷이나 스마트폰이 새로운 문물이라기보다는 공기처럼 당연히 존재하는 대상이 된 '환경화'와 유사한 것이다. 이는 1990년대까지의 일본 대중문화 팬들이 규제하에 있었던 일본 대중문화에 접하며 일본 문화 전반에 대한 관심을 지니고 있었던 반면, 2000년대 이후 나타난 새로운 팬들은 "아티스트의 국적성보다는 자신의 취향에 맞는 선택의 다양성"[13] 에 기반하여 일본 대중문화를 선택하는 경우가 많다는 데서 드러난다. 이는 인터넷 등의 발달에 기반한 정보의 범람 때문에 가능하게 된 것으로,

12 김현미(2003), 앞의 글, 171쪽.

13 김현미(2003), 위의 글, 173쪽.

특정 장르나 특정 아티스트에 대한 선호가 반드시 그 장르나 아티스트를 배출한 특정 국가의 대중문화 전반에 대한 관심으로 이어지지 않게 된 것이다.

바꾸어 말하자면, 2000년대 이전 일본 대중문화를 바라보는 시각에는 수용 여부를 떠나 그것이 '일본산'이라는 점, 즉 일본 대중문화가 한국 사회에 끼치는 영향이라는 관점이 지배적이었지만, 그 이후의 팬들에게 있어서 일본 대중문화는 어디까지나 다양한 문화 콘텐츠 중에 존재하는 가능한 선택지이며, 일본산인가 아닌가의 문제는 부차적인 문제에 지나지 않는다. 물론 이전부터 일본 대중문화에 대한 선호와 일본에 대한 감정을 분리하는 담론은 지속적으로 존재하고 있었다. 공적인 차원에서 '일본은 밉지만 일본에게 배워야 할 점은 많다'는 논리가 존재했다면, 이에 대응하여 대중적인 차원에서는 '일본 대중문화는 좋아하지만 일본은 싫다'라는, 일본과 대중문화를 구분하여 정치와 자신들의 취향을 구분하는 논리가 작동했다. 1990년대 이전의 팬들은 이 논리를 자신들의 일본 대중문화에 대한 선호를 합리화하는 가장 주요한 기제로 사용했다.

그러나 2000년대 이후의 일본 대중문화 팬덤을 살펴볼 때 가장 특징적인 것은 이들에게 있어 이런 감각이 상당 부분 사라졌다는 사실이다. 일본산 대중문화를 소비할 때 정치와 취향을 구분하여 자신들의 선택을 합리화할 필요성을 더 이상 느끼지 못하는 이들에게 있어 일본 대중문화는 다양한 선택지 중의 하나일 뿐이다. 이전 세대들처럼 "일본 문화에 대해 총체적인 이미지와 아이디어를 갖고 일본 문화를 평가하거나 좋아하기보다는 일본 대중문화의 특정 장르나 스타가 좋기 때문에 '소비'하는"[14] 젊은 세대의 등장은 더 이상 일본 대중문화가 금기이기 때문에 특별하게 취급했던 시대로 돌아갈 수 없다는

14 김현미(2003), 앞의 글, 173쪽.

사실을 상징한다.

이런 변화를 구체적으로 뒷받침한 것은 2000년대 이후 급격하게 증가한 상호 교류, 이에 따른 상호 접촉의 증대를 들 수 있다. 이런 변화를 상징하는 가장 대표적인 사례는 2002년 한일 월드컵 공동개최로서 이를 기점으로 한국과 일본이 공동으로 텔레비전 드라마를 제작하는 등(「프렌즈」 등) 한일 양국은 다양한 교류 기회를 주고받는 상황을 연출했다.

또한 제도적인 변화에서 대표적인 것은 1999년부터 시행된 '워킹홀리데이 제도' 및 2006년부터 시행된 한국인의 일본 단기체류 비자면제 조처였다. 전자는 18세 이상 25세 미만의 한국인이 1년간 합법적으로 취업하면서 일본에 체류할 수 있도록 허용하는 제도로, 이전부터 수요가 있었던 어학연수나 유학생 이외에도 많은 한국의 젊은이들이 이 제도를 이용하여 일본에 체류해 경험을 넓힐 수 있었다. 이렇게 대중적 경험의 증가는 학생에 그치지 않고 최근에는 IT산업을 중심으로 한국인이 전문직에 취업하여 일본으로 이주하는 경우도 증가하고 있다.

후자의 경우 2000년대 중반의 엔저·원고 현상과 맞물리면서 명품 쇼핑을 위해 일본에 원정을 가는 한국인 관광객들의 바이재팬Buy Japan 현상을 촉진하는 결과로 이어지기도 했다. 특히 2000년대 중반의 엔저·원고 현상은 한국인의 일본 경험을 늘리는 데 결정적인 역할을 했다. 과거 비싼 여행지였던 일본은 가까우면서도 상대적으로 저렴한 가격으로 쇼핑 및 숙박을 할 수 있는 지역으로 부각되었다.[15] 이를 뒷받침한 것은 항공권 가격의 하락 및 인터넷 한

15 「엔저 시대 끝 …… '일본여행 – 쇼핑' 파티도 끝」, 『동아일보』(2008. 2. 2.), http://news.donga.com/3//20080202/8540686/1(2015. 9. 10. 검색).

일-일한 자동번역시스템의 발달에 따른 정보량의 증가이다. 항공권의 경우 저가항공사의 등장에 힘입어 한일 왕복이 20만 원대까지 떨어지는 등 저렴한 가격의 항공권을 쉽게 구입할 수 있게 되었다. 또한 인터넷의 한일-일한 자동번역시스템은 한국어와 일본어가 타 언어에 비해 어순이 동일하고 같은 한자문화권에 속해 있는 특성상 다른 언어들보다 더 정확한 결과를 얻어낼 수 있어 한일 인터넷 간의 상호 접촉을 촉진해 왔다.[16]

최근의 전개: 일본 대중문화의 일상화와 그 반작용

1. 오덕후와 일빠: 오타쿠문화의 토착화

나카모리 아키오中森秋夫가 '코믹마켓' 등 관련 이벤트에 모이는 젊은이를 가리켜 '오타쿠'라고 명명한 이래, 일본에서 오타쿠는 만화, 애니메이션, 게임 등에 열광하는 젊은이를 가리키는 말로 굳어졌다. 현실보다 2차원을 애호한다는 점에서 사회성을 결여하고 있다는 선입견의 대상이었던 이들은 1989년 미야자키 쓰토무宮崎勤의 유아연속살인사건으로 인해 이미지가 범죄예비군으로 굳어지기도 했다. 1990년대 중반 「신세기 에반겔리온」의 대히트를 비롯한 일

16 흔히 인터넷은 국경과 문화를 넘어서는 것으로 간주되지만, 실제 그 사용 양상을 살펴보면 언어권에 따라 접속하는 사이트나 서비스가 달라지는 등 인터넷 이용이 분절되어 나타나는 것을 알 수 있다. 따라서 인터넷 이용에 있어 언어는 가장 큰 변수로 작용하고 있다. 이 점에서 볼 때 한국어 인터넷과 일본어 인터넷은 상대적인 언어구조의 유사성 및 한자문화권이라는 공통점에 힘입어 상호 교류가 활발한 편에 속하며, 2000년대 초반까지 완료된 한일 양국의 고속인터넷 인프라 정비도 이를 촉진했다.

본 대중문화의 세계적인 인기는 이런 오타쿠들의 이미지를 점점 개선시켜 왔지만 일본 사회에는 여전히 과거의 부정적인 이미지가 남아 있다.[17]

그러나 해외의 오타쿠Otaku는 일본의 맥락과는 전혀 다른 의미를 지니고 있다. 특히 인터넷 등을 통한 정보수집이 쉽지 않았던 1990년대 전반, 해외에서 일본 오타쿠문화의 팬, 즉 오타쿠가 되기 위해서는 지금처럼 정보와 관련 물품 입수가 쉽지 않았던 상황에서 개개인의 노력으로 정보를 수집하고 관련 상품을 수입하여 자신의 일본어 능력을 토대로 감상한다는 매우 어려운 과정을 통해서만 가능했다. 일본 국내에 비해 몇 배에 이르는 비싼 가격을 감내할 수 있는 경제적 능력과 그 상품을 온전히 감상할 수 있는 일본어 능력을 둘 다 갖추지 않는다면 진정한 오타쿠라고 할 수 없었던 것이다. 그리고 이런 능력을 바탕으로 그들은 다른 팬들과 교류하면서 적극적으로 정보를 발신하는 등 '진정한' 팬이라는 점을 자부했다. 이런 배경하에서 그들은 스스로를 자랑스럽게 오타쿠라고 부르게 되었다.

그리고 이는 한국의 오타쿠문화 팬덤에도 적용된다. 비록 주류사회에서는 일본 대중문화를 적대시했지만 한국의 젊은 세대들, 그리고 그들이 만든 PC 통신상의 커뮤니티에서 오타쿠라는 명칭은 오히려 자랑스러운 것이었다. 물론 그들은 일본의 오타쿠문화를 무조건적으로 수용했다기보다는 정치와 문화를 엄격하게 구분했고 일본의 정치 및 역사인식에 대해서는 비판적인 자세를 취했다.

이러한 상황은 일본 대중문화의 해금조치가 시행되고 고속인터넷이 보급

17 김태용(2009), 「주류가 된 오타쿠, 쇠퇴하는 오타쿠문화」, 『문화/과학』 가을호(통권59호), 321~333쪽.

되었으며 워킹홀리데이제도 도입 등 한국인의 일본 경험이 증가하는 2000년대 이후 급격하게 변화하게 된다. 그 사례로 '오타쿠'라는 용어 대신 '오덕후五德厚'(줄여서 '오덕'이라고 부르기도 함)라는 용어가 등장하여 '오타쿠'를 빠르게 대체하는 과정을 살펴보자. 김현미는 일본 대중문화 해금의 영향으로 마니아Mania와 라이트한 팬층이 분화되기 시작했다고 분석하고 있는데[18] 이는 '오타쿠'가 '오덕후'로 변화하는 과정과 유사하다.

여기서 오덕후라는 인터넷 용어의 의미와 그 탄생과정을 간단히 정리해 보자. 오덕후는 일본어인 '오타쿠' 발음을 일부러 변형시켜 보다 한국어 같은 발음으로 바꾼 용어이다. 그리고 '오타쿠'에서 '오덕후'로 변형된 후에 그에 맞춰 적당한 한자가 붙여진 것으로 추정된다. 이 용어가 나타난 시기는 2005년경으로 의미는 '5개의 덕을 두텁게 가진 인물'로 비유되었고 이때 5개의 덕은 '인, 의, 예, 지와 피규어'라는 설이 강하다고 한다.[19] 1990년대의 오타쿠와 2000년대의 오덕후가 결정적으로 다른 점은 후자는 일본 대중문화의 팬만이 아니라 전반적인 팬덤을 가리키는 용어로 사용되고 있다는 점이다. 오타쿠는 어디까지나 일본 오타쿠문화의 팬층을 가리키는 말이지만, 한국어화된 오덕후는 마니아와 유사하게 사용되고 있다. 어원을 반영하여 오덕후의 다수가 일본 오타쿠문화의 열광적인 팬이지만 '소덕(소녀시대의 팬)' '밀덕(밀리터리 마니아)'의 용어 등에서 나타나는 활용례에서도 알 수 있듯이 일본이라는 정체성은 약해지고 있다. 남은 것은 오타쿠의 특징으로 알려져 있는 대상에 대한 지나치게 강한 애정과 집착이라는 태도뿐이다.

---

18 김현미(2003), 앞의 글, 177쪽.

19 https://mirror.enha.kr/wiki/%EC%98%A4%EB%8D%95%ED%9B%84(2014. 12. 8. 검색).

그 대신 오덕후와 함께 한국어 인터넷에서 사용되기 시작한 용어가 바로 '일빠(일본 빠돌이, 일본 빠순이)'이다.[20] '일빠'란 '주로 자국을 포함한 다른 나라의 문화에 비해 일본의 문화가 수준이 높다고 여기며, 일본 문화에 도를 지나친 환상을 품고 있다. 일본의 문화를 맹목적으로 선호하고 자국의 문화를 부끄럽게 여기기까지'하는 사람을 가리키는 용어다. 이 용어를 소개한 오덕후 계열 위키에서는 이들을 '오덕후와 혼동하기 쉽지만 오덕후는 오타쿠문화에 열광하는 한편, 일빠는 일본 자체에 눈이 먼 상태'를 가리킨다는 식으로 분류하고 있다. 오덕후라는 용어의 의미가 확대되어 반드시 일본 오타쿠문화의 팬이라고는 말할 수 없게 된 현재, 오덕후의 일부가 일빠일 뿐이라는 것이 이 위키의 설명이다.

오히려 오덕후를 무조건 비난하는 것은 문제가 있는데, 왜냐하면 '취향은 주관적으로 받아들이는 것이기 때문'이다. 그러나 일빠는 단순히 개인적인 취향이라고는 치부할 수 없을 정도로 부정적인 측면이 드러나 있기 때문에 문제가 있다는 논리다.

오덕후와 일빠의 구분을 통해 드러나는 것은 일본 오타쿠문화의 팬층이 한국에 이미 다수 존재하고 있고 일본의 콘텐츠를 일본이라는 맥락에서 분리하여 즐기는 층이 증가하고 있다는 점이다. 만화나 애니메이션, 게임 등으로 대표되는 일본 대중문화가 전통적인 일본 문화의 이미지와는 달리 무국적성과 무내용성을 특징으로 한다는 사실을 고려한다면, 일본 대중문화의 국적성을 문제 삼지 않는 이들의 태도는 세계화라는 거대한 트렌드에서 당연한 것으로 해석할 수 있다.

---

20 https://mirror.enha.kr/wiki/%EC%9D%BC%EB%B9%A0(2014. 12. 8. 검색).

2. 자막테러와 한본어의 인기

2010년대에 들어와 일본 대중문화에 대한 거부감이 젊은 세대에서 약화되고 있다는 점을 단적으로 보여주는 사례로는 소위 '자막테러'와 그에 따른 인터넷상의 일본어 사용을 들 수 있다. 2000년대 이후, 기존의 불법 다운로드 이외에도 유튜브 등 인터넷의 동영상 서비스를 통한 외국의 콘텐츠 시청이 보다 쉬워지면서 관련 콘텐츠의 한국인 팬들이 자발적으로 자막Fansub을 만들어 배포하는 경우가 늘어났다. 과거에는 일본 애니메이션이 주된 대상이었지만, 2000년대에 들어 미국드라마(미드)나 영국드라마(영드) 등도 인기를 끌면서 자막의 종류가 급격하게 늘어났다. 자막은 개개인이 자발적으로 만드는 것이므로 동일한 작품에 대해서 다양한 자막이 존재할 수 있으며, 이 과정에서 자막 제작자가 개성을 드러내는 경우도 증가했다.

자막테러가 증가하게 된 것도 바로 이런 흐름을 배경으로 한다. 자막테러란 자막 제작자들이 실수로 혹은 의도적으로 자막에 오류를 내는 행위를 뜻하는데[21] 최근에는 시청자들의 웃음을 유발하기 위한 의도적인 오류가 늘어나고 있다. 이중에는 다양한 유형이 있지만 이 글에서 주목하는 것은 소위 '한본어', 즉 한국어와 일본어를 합성한 언어가 자막테러에서 다양하게 사용되고 있으며 이것이 젊은 세대, 특히 인터넷에서 인기를 끌고 있다는 점이다. 한국에서도 케이블 텔레비전을 통해 방영되어 인기를 끈 애니메이션 「건담 시드GUNDAM SEED」의 남자 주인공이 한 대사인 "やめろ! もうやめるんだ, こんな

---

21 https://mirror.enha.kr/wiki/%EC%9E%90%EB%A7%89%ED%85%8C%EB%9F%AC(2014. 12. 10. 검색).

戰いは!"를 "야메로! 이런 싸움은 모 야메룽다!"로 번역한 자막이 대표적인 사례다.[22] 이 대사는 한국어 인터넷에서 많은 화제를 불러일으키며 처음 등장한 2004년부터 2014년 현재에 이르기까지 웹툰, 온라인 게임 등에서 사용되고 있다.[23] 이 대사 이후에도 일본 애니메이션의 자막에만 머무르지 않고, 미국·영국 드라마 등에서도 일본어 단어를 웃음을 유발하기 위해 사용하는 경우가 증가하고 있다.[24]

이는 과거 '오타쿠체', '오덕체'라고 불리는 일본어 번역투가 한국어를 훼손한다는 이유로 비난을 받았던 상황과 비교하면 놀라운 변화이다. 일본어를 발음 그대로 한글로 쓰고, 이를 통해 자연스럽게 한국어 속에 일본어를 섞어 쓰면서 그 어감을 유머로 느끼고 즐길 수 있는 세대가 등장한 것이다. 이는 1990년대 중반 김영삼 정부가 추진한 국제화 이후, 한국 정부가 지속적으로 추진해온 영어로 대표되는 외국어 교육에 대한 강조와 그 맥을 같이 하는 것으로, 일본어를 영어나 프랑스어, 중국어 같이 외국어의 하나로 사고하는 세대가 등장했음을 뜻한다.

특히 일본어는 영어처럼 조기교육의 대상이 되지 않지만 인터넷과 케이블

---

22 https://mirror.enha.kr/wiki/%EC%95%BC%EB%A9%94%EB%A1%9C%21%20%EC%9D%B4%EB%9F%B0%20%EC%8B%B8%EC%9B%80%EC%9D%80%20%EB%AA%A8%20%EC%95%BC%EB%A9%94%EB%A3%BD%EB%8B%A4%21(2014. 12. 10. 검색).

23 심지어 2013년 네이버 오픈백과사전에도 올라갔다. http://kin.naver.com/openkr/detail.nhn?docId=202422(2014. 12. 10. 검색).

24 대표적인 것으로는 영화 「어벤저스(Avengers)」의 자막 대사 중 "브라더 다메요(ブラザー, ダメよ)", "닝겐노 유리와 튼튼데스네(人間のガラスは丈夫ですね)"가 인터넷상에서 대유행했던 것을 들 수 있다. 관련 링크는 다음 참조(https://mirror.enha.kr/wiki/%EB%B6%80%EB%9D%BC%EB%8D%94%20%EB%8B%A4%EB%A9%94%EC% 9A%94).

텔레비전 등 다양한 접촉 기회를 통해[25] 항시적으로 접할 수 있는 언어이기도 하다. 식민지를 경험한 세대가 생존해 있던 1980년대, 1990년대 한국에서 한국어에 섞여 있는 일본어는 한국어를 파괴하는 주범으로 간주되었던 데 비해, 1990년대 이후에 출생한 젊은 세대에게 일본어는 식민지 경험을 환기시키기보다는 만화·애니메이션·게임을 연상시키는 친근한 언어이자 영어와는 달리 쉽게 배울 수 있는 언어로 인식되고 있다.

이러한 젊은 세대의 개방적인 태도를 통해 우리는 일본에 대한 태도가 역사적 맥락에만 머물러 있지 않고 변화하고 있음을 체감할 수 있다. 더불어 일본어 번역체를 '오타쿠체', '오덕체'라고 부르면서 문제시하던 태도가 줄어들고 외국어로 일본어를 자유롭게 유희적으로 사용하는 세대가 늘어났다는 점은 앞에서 살펴본 '오덕후', '일빠'의 구분과도 연결된다.

그러나 과연 오덕후와 일빠가 이렇게 확실하게 구분되는 것일까? 오덕후라는 용어의 탄생에는 일본과 오타쿠문화를 분리하여 한국과 일본의 갈등상황에서 벗어나 순수하게 콘텐츠를 즐기고 싶다는 무의식적인 욕망이 숨겨져 있는 것은 아닐까? 이는 1990년대 한국의 오타쿠들이 자신이 좋아하는 콘텐츠가 일본산이라는 점을 인식하고 일본에 관한 지식을 흡수하던, 정치와 문화의 관계를 어느 정도 인식하고 있던 입장에서 본다면 일본 자체에 대한 관심이라는 측면에서는 오히려 후퇴했다고 볼 수도 있다. 이는 이와부치가 분석하는 것처럼, 1990년대 아시아(홍콩과 타이완)에서 일본 대중문화가 널리 관심을 끌고

25 한국 애니메이션의 발전으로 공중파 방송에서 일본 애니메이션의 비율은 줄어들었다. 그러나 애니메이션 전문이나 아동 전문 케이블 텔레비전 채널에서는 여전히 대량의 일본 애니메이션을 정식으로 수입하여 방영하고 있다. 일본 애니메이션은 과거 한국 성우가 더빙하여 방영했지만 방송 분량이 증가하면서 자막을 붙여 방송하는 것이 일반화되었다.

있는데 역설적이게도 '일본'에 대한 애정은 보다 희박해지는 현상과도 유사하다.[26]

3. '우익논란'과 오타쿠 커뮤니티 내의 차별화

이런 관점에서 주목해야 할 현상이 최근 한국의 매스미디어나 인터넷, SNS를 중심으로 일본의 특정 콘텐츠나 상징에 대해 빈발하고 있는 '우익논란'이다. 일본산 콘텐츠를 일본이라는 맥락에서 분리하여 즐기는 오덕후들이 탄생했다는 사실이 젊은 세대들에게 있어 일본에 대한 반감이 줄어들었다는 사실을 의미하는 것은 아니다.[27] 오히려 1990년대 버블경기의 붕괴 이후 일본어 인터넷에서 발흥하고 있는 '넷우익ネット右翼'의 움직임이나 보수 정치인의 우익적인 발언에 대해서 한국의 젊은 세대들은 이전 세대와 마찬가지로 완강히 거부하는 자세를 보인다.

이런 현상은 독도 문제라든지 역사교과서 문제 등, 정치와 역사 영역에서 실제로 일어나는 반일감정과 같은 것으로 간주되지만, 그 내용을 엄밀히 살펴보면 차이점이 많다. 일본 대중문화 해금 이후 한국의 오타쿠(오덕후) 커뮤니티에서 주로 일어나는 논쟁은 특정 콘텐츠나 작가에 대한 '우익논란'으로, 이

---

26 이와부치 고이치(2003), 「일본대중문화의 이용가치 – 초국가주의와 아시아에 대한 탈식민적 욕망」, 『한류와 아시아의 대중문화』, 연세대학교출판부, 116쪽.

27 "문화제국주의 언설이 그 설득력을 잃고, 전후 50년의 세월이 흘러 과거의 식민지인 한국과 타이완이 일본의 대중문화 수입에 관용적이 되고 규제를 완화했다고 해도, 일본의 과거 침략행위가 잊혀졌다거나 역사적으로 만들어진 문화적 권력 관계가 이제 더는 문제시되지 않음을 의미하지는 않는다." 이와부치 고이치(2001), 『아시아를 잇는 대중문화』, 또하나의 문화, 61쪽.

는 원산지와는 상관없이 일본 대중문화 콘텐츠를 자유롭게 향유하는 세대의 등장과 밀접한 연관이 있다.

그렇다면 '우익논란'이란 무엇을 의미하는지 간략하게 살펴보자. 이는 일본의 특정 콘텐츠나 작가가 우익적인 성향이 있다는 점을 문제시하는 것으로 2009~2010년의 『헤타리아ヘタリア』를 둘러싼 논쟁, 그리고 최근에는 만화 『진격의 거인進撃の巨人』과 『원피스ワンピース』의 사례가 대표적이다. 이 글에서는 최근 논란이 되었던 후자의 사례에 대해 살펴보겠다.[28]

『진격의 거인』과 『원피스』는 일본을 넘어 세계적으로 인기를 끌고 있는 만화이자 애니메이션으로 두 작품 모두 한국에서도 잘 알려져 있다. 『원피스』는 75권까지 출판된 현재 일본에서 누계 3억 부 이상이 팔린 베스트셀러 만화로 한국에서도 1998년 이후 소년만화잡지에 번역, 연재되는 등 상당한 인지도와 인기를 자랑하는 작품이다. 한편 『진격의 거인』은 2009년부터 연재가 시작되어 최근 절정의 인기를 구가하는 작품으로, '진격의'라는 용어가 오덕후 커뮤니티를 넘어 널리 사용된 결과 문화현상의 하나로서 공중파 뉴스에도 소개되는[29] 등 한국에서도 인지도가 높은 작품이다.

흥미로운 것은 이렇게 인지도가 높은 두 만화에 대해 각각 우익논란이 일어났다는 점이다. 압도적인 거인에 대항하는 인류의 싸움을 테마로 삼고 있는 『진격의 거인』은 초기에는 작가 이사야마 하지메諫山創가 블로그 등을 통해 한

---

28 『헤타리아』는 국가를 의인화하여 제2차 세계대전을 중심으로 한 세계사를 묘사하는 만화로 전쟁이나 식민지 경험을 형제관계나 애정 관계로 묘사하는 점이 논란을 불러일으켰다. 자세한 논의는 김효진(2009), 「'귀여운' 역사는 가능한가?: 『헤타리아』를 통해 본 초국가시대의 일본오타쿠문화」, 『일본학연구』 Vol.28, 단국대학교 일본연구소 참고.

29 「'진격의 거인' 열풍…… 문화현상인가, 유행어인가?」, 『SBS뉴스 방송』(2013. 8. 9, 14:31), http://news.sbs.co.kr/news/endPage.do?news_id=N1001925352.

국인 팬덤과 직접적인 교류가 일어나는 등 문제의 소지가 없었던 작품이다. 그러나 작가가 자신의 블로그에서 존경하는 인물로 일본제국주의 시대의 군인인 아키야마 요시후루秋山好古를 거명한 후 한국 팬덤 내부에서 작가의 역사의식을 문제삼아 우익이라는 비판이 속출했다.[30] 그러나 작가 개인의 사상에 대한 시시비비는 있을 수 있지만 작품 자체가 명시적으로 우익적인 사상을 깔고 있다고 보기는 어렵다는 것이 중론이다.

이는 『원피스』를 둘러싼 우익논쟁에서 더욱 극명한 형태로 드러난다. 해적이 주인공인 『원피스』 관련 대형 전시회가 2014년에 용산전쟁박물관에서 개최될 예정이었는데, 작품 속에서 일본의 '욱일승천기'가 등장하므로 이 작품은 우익적인 세계관을 가지고 있다는 민원이 제기되어 전시회가 일방적으로 취소된 사건이었다. 이 사건이 보도되면서 한국의 매스미디어와 인터넷에서는 욱일승천기가 사용된다는 점 자체가 문제가 있고 굳이 용산전쟁박물관에서 개최될 이유가 없다는 점을 들어 취소 처분을 당연시 여기는 목소리가 높았다. 그러나 주관사가 제기한 소송에서 법원은 전체 내용을 살펴보았을 때[31] 작품이 일본제국주의를 찬양하지 않으며 원작에서 사용된 욱일승천기가 일본제

30 「'진격의 거인' 일본작가, 극우 성향 발언 논란」, 『한수진의 SBS 전망대』(2013. 10. 18, 8:31), http://news.sbs.co.kr/news/endPage.do?news_id=N1002034633.

31 "단행본 74권, TV 애니메이션 600여 편, 극장판 애니메이션 10여 편 중, 극소수의 일부 장면에 욱일기와 비슷한 문양이 그려져 있다는 이유로 『원피스』가 일본제국주의를 찬양하는 만화라고 할 수 없는 점과 일본에서는 욱일기와 유사한 형태의 문양이 제국주의와는 상관없이 어획 풍년을 기원하는 '풍어기'나 새해를 뜻하는 의미로 많이 쓰이고 있다고 판단했다. 또 원작 만화에 등장하는 문양이 반드시 일본제국주의의 욱일기를 상징하는 의미로 사용되었다고 단정할 수 없는 점, 대관 당시 이미 『원피스』라는 만화와 관련된 전시라는 사실을 명시한 점 등을 이유로 전시를 방해해서는 안 된다는 판단"(http://web.tvdaily.co.kr/read.php3?aid=14062553727368770l6), 「'욱일승천기 논란' 만화 '원피스 전시' 재개, 오는 26일 개막」, 2014. 7. 25.

국주의를 상징한다고 볼 수 없다는 판결을 내려 우익논쟁에 종지부를 찍었다.

소개한 두 사례를 통해 알 수 있는 것은 우익논쟁에서 문제가 되는 내용이 작품 전체에 대한 문제제기라기보다는 특정한 부분—작가의 발언이나 작품에 등장하는 일부 상징—에 치우쳐 있다는 것이다. 『진격의 거인』도 작품 자체에 대한 논란이라기보다는 그 진위가 명확하게 밝혀지지 않은 작가의 비공식 트위터 계정에서의 발언이 문제가 되었으며, 『원피스』 전시회의 경우도 법원의 판결이 밝히고 있는 바 우익적 사상과는 동떨어진 작품으로 오히려 진보적인 가치를 내세우고 있다는 점이 인정된다.

즉, 작품 전체에 대한 비평적 시각 대신 작품의 일부분이나 작가 개인의 성향을 문제삼아 비판하는 사례가 점차 증가하고 있다. 『원피스』와 관련하여 욱일승천기 논란 또한 일본과는 관계 없는 맥락에서도 욱일승천기와 유사한, 태양의 빛을 표현하는 문양에 대해 문제를 제기하는 방식으로 전개될 때가 많다. 이는 일본에 대한 관심이 옅어지면서 전체적인 맥락을 파악하려는 노력 대신, 특정 상징에 반사적으로 반감을 표하는 경우가 늘어난 것으로 해석할 수 있다.

이는 앞에서도 살펴본 바, 오타쿠들의 일본에 대한 태도 변화와 밀접한 연관이 있다. 일본 문화 해금 이전의 오타쿠들이 '일본산' 대중문화를 이해하기 위해 일본에 대한 지식을 쌓으려는 경향이 강했던 반면, 일본 대중문화 해금 이후의 오덕후 세대에게 일본산 '대중문화'는 다양한 콘텐츠 중에서 선택 가능한 대상이며, 작품의 맥락이나 사회적 배경에 대한 이해는 희박해지고 있다. 그렇기 때문에 과거와는 달리 일본의 대중문화를 소비하는 것은 아무런 문제가 되지 않는다.

이런 젊은 세대의 문화 소비에 대한 인식과는 달리, 한국과 일본 간의 사회적 현안이 대두할 때마다—최근에는 일본군'위안부' 문제 및 독도 문제 등—일본의 콘텐츠를 소비하는 행위는 재차 비판의 대상이 될 때가 많다. 과거와 차이점이 있다면 예전에는 '일본의' 콘텐츠라는 이유로 비난을 받았지만, 이제는 개별 콘텐츠나 상징에 대한 우익논란이 부각되고 있다는 점이다. 일본산 콘텐츠가 주된 대상이긴 하지만 미국 등 해외의 콘텐츠에 대해 전방위적으로 욱일승천기 논란이 일어나고 있는 것 또한 이런 맥락에서 이해할 필요가 있다.[32]

그리고 이때 우익논란이 실제로 겨냥하는 것은 일본 작가나 일본 팬, 콘텐츠 자체가 아니라 한국의 팬덤, 즉 한국의 오덕후들이다. 논란의 대부분이 '사실은 특정 작가 · 특정 콘텐츠가 우익적이다'라는 내용이라는 사실은 그것을 알지 못하고 좋아하는 사람들, 즉 한국 내 팬덤에 대한 우회적인 경고이자 비판이며 오덕후와 일빠를 구분 짓고 차별화하고자 하는 욕망의 또 다른 표현이다. 좋아하는 콘텐츠가 일본에서 만들어진 이상, 오덕후와 일빠의 구분선은 언제나 유동적이며 불안정하고 인위적일 수밖에 없다. 지속적으로 발생하는 우익논란은 점차 폭넓어지는 일본 오타쿠문화의 소비에 대해 오덕후와 일빠의 차별화를 시도하고자 하는 무의식적인 욕망의 소산일 것이다.

맺음말

이 글에서는 한국에서 일본 오타쿠문화 수용과 그 팬덤의 특징을 크게 일본 대중문화 해금을 기점으로 나누어 살펴보았다. 또한 해금 이후의 세대에서 나

32 「나치엔 민감한데…… 美 '욱일승천기' 상품 확산」, 『SBS뉴스』(2014. 5. 12.), http://news.sbs.co.kr/news/endPage.do?news_id=N1002385651.

타난 변화를 오타쿠문화의 토착화라는 관점에서 접근하여 오덕후·일빠의 탄생과 한본어·우익논란 등 2000년대 중반 이후의 변화를 중심으로 분석했다.

이상을 통해 드러나는 특징으로는 첫째, 오덕후라는 용어의 등장에서 알 수 있듯이 일본 오타쿠문화를 포함한 대중문화가 라이트한 팬층을 포함하여 전반적으로 확산되고 토착화되고 있고, 둘째, 이들은 1990년대 이전의 한국 '오타쿠'들과는 달리 콘텐츠와 일본을 분리하여 즐기는 태도가 일반적이며, 셋째, 일본 사회 전반에 대한 관심이 저하된 결과 '우익논란'으로 대표되는 특정한 상징에 대해 과민한 반응이 증가하고 있다는 점으로 요약된다.

2010년대 이후, 일상생활이나 인터넷, SNS에서는 일본의 콘텐츠를 일상적인 유머의 대상으로 소비할 수 있는 단계까지 반감이 줄어들었는데 이는 점차 확대되고 있는 외국 콘텐츠 수입 및 한류 콘텐츠의 해외 진출 및 인기에서도 영향을 받은 것으로 추측된다. 한류의 인기를 통해 일본 대중문화에 대한 관심이나 일본의 한류팬과 교류가 발생하고 있고 세계화라는 흐름 속에서 일본의 콘텐츠에 대한 배타적인 거부감은 젊은 세대 내부에서 줄어들고 있다.

본문에서는 다루지 않았으나 이런 반감의 감소를 뒷받침하는 중요한 요소 중 하나는 바로 콘텐츠 산업과 인터넷, SNS에서 일어나는 인적 교류이다. 이는 인터넷상에서 일어나는 친교와 친목, 팬덤 혹은 관련 커뮤니티의 교류[33]뿐만 아니라 일본 콘텐츠 산업에 종사하는 한국인의 증가 및 한일 양국의 관련 콘텐츠 산업이 전개하는 적극적인 세계화 전략 등을 통해 자본과 인력의 교류

33 2000년대 이후 만화·애니메이션·게임의 팬덤을 중심으로 하는 동인문화에서 한국의 여성 동인 작가들이 일본의 관련 행사에 적극적으로 참여하고 있다. Kim Hyojin(2011), "Crossing Double Borders: Korean Female Amateur Comics Artists in the Globalization of Japanese Dojin Culture", *International Journal of Comic Art*, Vol.13, No.2.

가 실질적으로도 전개되고 있다. 1970년대, 1980년대에는 일본 애니메이션 회사의 하청을 한국 프로덕션에서 수주하는 일방적인 관계가 주류였다. 반면 최근에는, 한국은 온라인게임과 한류 콘텐츠, 일본은 전통적인 오타쿠문화 콘텐츠 등 한국과 일본이 각각 강점을 지닌 지닌 분야에서 보다 균형잡힌 교류와 협력이 증가하고 있다.

비록 우익논란이 종종 발생하여 한일 양국의 매스미디어와 인터넷을 중심으로 문제가 되기도 하지만, 이는 일본 대중문화를 '왜색문화'로 싸잡아 비난했던 과거의 상황과 비교하면 일부에 지나지 않음을 알 수 있다. 결론적으로 오덕후의 발생과 우익논란의 등장이라는 현상은 한국 사회 전반에 걸쳐 일본과 일본 대중문화가 일상화·환경화된 결과이며, 과거에 비해 뚜렷하게 일본 대중문화에 대한 반감이 줄어드는 징후라고 해석된다.

이렇게 봤을 때 일본과 한국의 거리는 지금까지 어느 시대보다 가까워져 있다. 그렇기 때문에 이에 대한 균형을 잡기 위한 시도이자 그 반동으로 어떤 특정한 정치적·역사적 사안에 연루된 것으로 판단되는 콘텐츠에 대한 한일 간의 의견 차이가 부각되고 이에 대해 극단적인 반응이 나타나는 것이다. 이는 일본의 콘텐츠에 대한 팬덤의 존재 자체가 문제시되던 시대에서 개별 콘텐츠에 대한 평가를 구분하여 '우익적'이냐 아니냐라는 기준을 중심으로 이를 문제시하는 시대로 바뀌고 있음을 뜻하는 것이다.

과거와 같이 한정된 팬덤—때로는 엘리트적인 속성도 지니고 있었던—에서 머무르고 격리되어 있는 상황은 지나갔다. 이제 한국 대중문화와 인터넷에서 일본 대중문화의 존재감을 부인할 수 없다. 이로 인해 정치·역사적 이슈에 대한 한국과 일본의 갈등이 표면화될 때마다 균형을 찾고자 하는 무의식적인 욕망이 우익논란으로 나타나고 있다. 오타쿠가 오덕후와 일빠로 분화됨으로써 일본 대중문화 소비에 대한 죄책감이 한결 줄어든 것처럼, 한본어의 사용과 우익논란의 공존 또한 일견 모순적이나 일본 대중문화를 소비한다는 사실에 대한 비판이 줄어든 상황에서 한국의 관점에서 문제가 있는 콘텐츠를 견제함으로써 균형을 잡고자 하는 대중의 무의식을 반영하고 있다. 이렇게 생각한다면 우리의 선입견과는 달리 우익논란이야말로 일본 대중문화가 한국 사회의 일부분으로서 대중화되고 일상화된 결과일 것이다.

참고문헌

김태용(2009), 「주류가 된 오타쿠, 쇠퇴하는 오타쿠문화」, 『문화/과학』 가을호(통권 59호).
김현미(2003), 「일본대중문화의 소비와 '팬덤(fandom)'의 형성」, 『한국문화인류학』 36집, 한국문화인류학회.
김효진(2009), 「'귀여운' 역사는 가능한가?: 『헤타리아』를 통해 본 초국가시대의 일본오타쿠문화」, 『일본학연구』 Vol.28, 단국대학교 일본연구소.
김효진(2011), 「한류 이후 일본 대중문화 수용의 새로운 흐름」, 『지식의 지평』 11호, 아카넷.
이와부치 고이치(2001), 『아시아를 잇는 대중문화』, 또하나의 문화.
이와부치 고이치(2003), 「일본대중문화의 이용가치 – 초국가주의와 아시아에 대한 탈식민적 욕망」, 『한류와 아시아의 대중문화』, 연세대학교출판부.
장인성(1998), 「일본대중문화 개방과 '자기 해방': 일본대중문화 담론의 성격과 개방의 방향」, 『국제문제연구』 22호, 서울대학교 국제문제연구소.
한창완(1995), 『한국만화산업연구』, 글논그림밭.
金孝眞(2013), 「「他者」としてのヤオイ―1990年代における韓国同人文化の変容をめぐって」, 『国際漫画研究』 3.
金孝眞(2013), 「オタクから五徳厚へ: 韓国社会における日本オタク文化の受容をめぐって」, 『国際日本学研究の最前線に向けて·流行·ことば·物語の力―』, 台湾大学出版.
山中千恵(2001), 「韓国マンガにおける日本の位置付け: 日本マンガの受容史」, 『年報人間科学』 22, 大阪大学.
Kim Hyojin(2011), "Crossing Double Borders: Korean Female Amateur Comics Artists in the Globalization of Japanese Dojin Culture", *International Journal of Comic Art*, Vol.13, No.2.

8장

한국과 일본의 환경운동과 지식의 교류

구도완

머리말: 위험공동체로서의 한국과 일본

한국과 일본 사람들은 오랜 갈등의 역사 위에서 오늘을 살아가고 있다. 제국주의 시대에 한국은 일본으로부터 말할 수 없는 억압과 고통을 강요당했고, 해방 이후에도 오랫동안 식민지 지배가 남긴 부정적 유산으로부터 자유롭지 못했다. 1961년 박정희 정권의 등장과 1965년 한일 국교정상화 이후 정부와 기업의 교류가 활발해지면서 한일관계는 경제적인 종속의 형태로 재생산되었다. 이 글은 이런 한일관계 속에서 환경문제는 어떻게 전개되었고, 이에 대해 한국과 일본의 시민들은 어떻게 서로 교류하면서 대응해왔는지 살펴보고자 한다.

만약 국경을 경계로 자국은 편익만 얻고 타국으로 온전히 위험을 전가하는 것이 가능하다면 팽창주의적인 국가는 전쟁과 폭력을 통해서라도 그렇게 하려고 할 것이다. 이것이 공업생산에 바탕을 둔 근대(산업 근대), 혹은 제국주의 시대 국제정치의 특성이다. 그러나 만약 위험이 국경을 뛰어넘어 가해자가 피해자가 되고 피해자가 다시 가해자가 되는 상황, 또는 가해자와 피해자가 따로 없는 상황이 온다면 어떻게 될까?[1] 기후변화와 핵의 위험이 지구 전체를 뒤덮고 있는 지금이 바로 그런 상황이다. 이 때문에 산업근대의 발전전략과 규범을 넘어서서 새로운 정치규범을 실천하지 않고는 인류가 생존하기 어렵다. 필자는 한국과 일본의 환경운동과 지식의 교류사를 살펴봄으로써 양국의 시민들이 서로 교류하면서 어떻게 세계시민주의 혹은 코스모폴리탄주의의 정치규범을 발전시켜 왔는지 살펴보고자 한다. 과거에서 미래의 희망을 찾을 수 있다고 보기 때문이다.

한국의 공업화와 일본

한국의 환경오염은 1960년대 이후 박정희 정권이 권위주의적 방식으로 공업화를 추진하면서 심화되었다. 1961년 5·16 쿠데타로 집권한 박정희는 한편으로는 반공, 다른 한편으로는 경제성장을 주된 목표로 삼아 돌진적 근대화를 추진하기 시작했다. 1962년에 제1차 경제개발5개년계획이 발표된 이후 경제기획원을 구심점으로 하여 국가 주도의 급속한 경제성장이 추진되었다. 박정희 정권은 정부 내 개발부처를 정비하고 공기업을 설립하여 사회간접자본을 확충해 나갔다. 1960년대 후반에는 대규모 댐과 고속도로 건설이 곳곳에

1 일본의 東アジア環境情報発傳所(2006)가 펴낸 『環境共同体としての日中韓』은 환경오염을 서로 주고받는 상호 의존의 관점에서 한중일의 환경문제를 분석했다.

서 시작되었고, 갯벌을 매립해서 농지나 산업단지를 조성하는 간척사업이 광범위하게 진행되었다. 공업화의 기반을 조성하는 개발사업이 진행되면서 생태계가 크게 훼손되고 변형되기 시작했다(구도완·홍덕화, 2013). 1970년대 들어서면서 철강·전자·석유화학·조선·기계·비철금속 등 중화학공업이 경제성장의 주축으로 부상했다. 정부는 울산(석유화학), 온산(비철금속), 포항(철강), 마산·창원(기계) 등 동남 해안을 중심으로 중화학공업단지를 조성하여 기업을 육성했다. 정부가 수출산업을 적극 지원함으로써 한국 경제는 세계 경제로의 편입이 가속화되었다.

일본 정부와 자본은 초기 한국의 공업화에 큰 영향을 미쳤다. 한국 정부는 일본기업이 진출할 수 있도록 각종 혜택을 제공했다. 일본의 공해 규제가 강화되면서 일본 자본이 한국에 진출하는 과정에서 공해 수출·수입 문제가 사회문제로 부각되기도 했다. 이러한 이슈는 1970년대에는 대기·수질·폐기물 등 국지적 오염에 국한되었다. 그러나 2011년에 발생한 후쿠시마 원전사고는 일본과 한국이 환경문제에 있어서 위험을 공유하는 위험공동체임을 확인시켜 주었다. 원전사고 이후 한편으로 한국인들은 일본의 방사능 오염은 물론, 일본 농수산물의 위험성을 우려하기 시작했고 일본산 수산물의 한국 수입과 관련해서는 무역 마찰도 일어나고 있다. 그러나 다른 한편으로 시민사회의 교류와 협력도 강화되고 있다. 한국 시민사회에서는 세계시민이자 이웃으로서 일본의 피해자에 대한 지원과 공감이 커졌다. 다음에서는 한국과 일본 시민의 교류를 환경운동, 생협운동, 지식 분야로 나누어 살펴본다.

환경운동의 교류

환경운동에 있어서 한일 간의 교류는 크게 두 시기로 나누어 살펴볼 수 있다. 첫 번째 시기는 1970년대부터 1980년대 중반으로, 민주화운동이 확산되기 전 인적 교류보다는 정보나 서적을 통해 간접적인 교류가 이루어진 때이다. 두 번째 시기는 1980년대 중반 민주화운동이 급속히 확산되고 1987년 민주화운동이 성공한 후 1988년 해외여행 자유화가 이루어지면서 한일 간의 환경운동가와 시민들의 직접적인 교류와 협력이 활발해진 때이다.

1. 1970～1980년대 중반: 일본의 공해수출 반대운동과 지식 전파

1970년대에서 1987년에 이르는 시기는 한국에서 박정희, 전두환 정권이 경제성장과 안보를 내세우며 민주화운동과 반공해운동을 극도로 억압했던 시기이다. 자유로운 비판과 언론의 자유가 봉쇄된 상황에서 공해 피해에 대한 피해자들의 운동도, 자연을 지키기 위한 시민사회의 환경운동도 발전하기 어려웠다. 반면 일본에서는 1960년대에서 1970년대 초 다양한 사회운동이 발전했고, 반공해운동도 급속히 발전하고 있었다. 이런 상황 속에서 일본의 반공해운동과 환경서적은 한국에 적지 않은 영향을 미쳤다. 1974년에서 1975년까지 진행된 일본의 '공해수출 반대운동' 사례와 일본의 공해 연구 서적이 한국의 환경운동에 미친 영향을 중심으로 한일 환경운동의 교류를 살펴보자.

1) 일본 시민들의 공해수출 반대운동

1973년 8월 김대중 납치사건, 1974년 4월 민청학련 사건 등이 일어나던 상황에서 일본의 지식인과 청년들은 일본의 식민지 지배와 이에 대한 불철저한 청산 때문에 한국 민중들이 고통을 겪고 있다는 의식을 갖게 되었다. 이런 정치·사회적 상황 속에서 다양한 형태의 한일 연대운동이 일어나기 시작했다. 공해수출 반대운동은 이러한 한일 연대운동 가운데 1970년대 중반에 일어난 상징적인 운동이다. 그중 1974년 4월에 일본에서 일어난, 도야마富山화학공업과 일본화학의 한국으로의 플랜트 수출에 반대한 운동에 대해 살펴보자.

이 운동이 시작될 수 있었던 것은 공해문제를 사회문제로 인식하고 이것을 집중적으로 학습하던 청년 집단이 있었기 때문이다. 이 청년들에게 이론적 기반을 제공한 사람은 당시 도쿄대학 공학부 조수[2]이자 반공해운동가였던 우이 준宇井純이었다. 당시 우이 준은 공해문제를 사회적인 문제로 부각시킨 대표적인 저항적 지식인이었다. 그는 대학에서 공해 관련 수업을 할 수 없었기 때문에 '자주강좌'라는 학습운동의 형태로 '공해원론'이라는 강의를 했다. 당시 고등학생이었던 이시자카 고이치石阪浩一 현 릿쿄대학立教大學 교수는 우연히 이 자주강좌에 참여하게 되었다. 그는 이 강의를 들으면서 일본 국내에서 공해를 없앤다고 공해문제가 해결되는 것이 아니고 공해 공장을 한국이나 동남아로 옮기면 결국은 피해를 확산시키는 결과가 된다는 것을 인식하게 되었다고 증언했다(이시자카 고이치 면담, 2014. 7. 19.). 이들은 제2차 세계대전에서 일본이 전쟁을 확산시켰듯이 다른 나라 사람들에게 해를 끼치게 된다고 생각하고 한국에 진출하는 기업을 모니터하기 시작했다. 그 결과 수은을 배출하는 도야마화학이 한국으로 공장을 이전하려 한다는 사실을 알고 '도야마화학의 공해수출을 저지하는 실행위원회'(이하 실행위원회)를 조직하여 반대운동을 시작했다.

2 조수(助手)는 학과 행정을 총괄하며 논문지도를 할 수 있는 정식교원이다. 대학원생 신분으로는 조수직을 맡을 수 없다.

도야마화학은 머큐로크롬을 생산하는 과정에서 수은을 배출하는 회사로 지목되어 공장 주변 주민들의 반대를 이기지 못해 생산공장을 한국으로 이전하기로 그해 4월에 결정했다. 이에 대해 한국의 인천YWCA에서 주부들이 먼저 반대운동을 시작했다(富山化学の公害輸出をやさせる実行委員会, 1974: 1). 이에 호응하여 실행위원회 청년들은 4월 27일 도야마화학 본사 앞에서 시위를 벌였다. 당시 시위를 촉구하는 문서에는 이런 내용이 담겨 있었다(青地晨·和田春樹, 1977: 127).

> 4·27 도야마화학의 공해수출을 저지하는 데모
> 수은 폐수 플랜트를 한국에 수출하는 도야마화학의 본사로 갑시다!……
> 박 정권의 여론탄압을 틈타서 일본에서 조업할 수 없게 된 공해 플랜트를
> 한국에 강요하려고 하는 도야마화학을 우리는 용서할 수 없다!
> 이 명백한 국제적 기업범죄를 절대로 용서해서는 안 된다! 데모를! 지금!

청년들의 거센 반대에 부딪힌 도야마화학은 4일 후 이전 계획의 중지를 발표했다. 이렇게 해서 청년들의 첫 번째 공해수출 반대운동은 성공적이었다. 그러나 이어서 일본화학공업이 울산에 중크롬산소다 제조공장 설립을 추진 중이라는 정보를 입수한 실행위원회는 이에 대한 반대운동을 조직했다. 실행위원회는 1974년 8월 14일 투쟁을 선언하기 시작하여 1년 2개월 동안 46회의 본사 앞 시위,[3] 도심 집회 4회, 100회 이상의 〈공해를 도피시키지 마!〉 슬라이드 상영회, 월보 『공해를 도피시키지 마!』 19회 발간 등의 활동을 하며, 쉬

3 1976년 1월까지는 50회를 넘겼다.

지 않고 운동을 지속했다(青地晨 · 和田春樹, 1977: 259). 이들은 도쿄 고토江東구에 있는 일본화학 본사 앞에 진을 치고 울산공장 설립에 반대하는 시위를 벌였다. 이들의 핵심 슬로건은 '일본화학은 한국으로의 공해수출을 중단하라!', '일본화학은 폐수 유출의 책임을 져라!' 두 가지였다. 이 운동이 널리 알려지면서 일본화학이 도쿄에 있는 본사 공장 주변에 맹독성 크롬 폐기물을 무단 배출했다는 사실이 알려지게 되었다. 이 사실을 알게 된 주변 주민들은 '보쿠토墨東에서 공해를 몰아내는 시민 모임'을 결성하고 공해수출 반대운동에 동참했다. 도쿄도가 일본화학의 폐기물 무단배출 행위를 공식 발표하자 6가 크롬 문제가 일본에서 중요한 사회문제로 대두되었다. 일본화학에서 근무했던 적이 있는 노동자들도 이에 용기를 얻어 '피해자들의 모임'을 만들었다.

실행위원회의 이노우에 스미오井上澄夫에 의하면 자신들이 일본화학의 한국으로의 공해수출 반대에 초점을 맞추어 운동을 했지만, 언론에서는 일본 국내의 크롬오염문제만 보도했다고 한다. 이노우에는 1975년 12월호 『전망展望』지에 기고한 글에서 일본화학의 폐수 무단배출로 인해 국내 오염문제와 직업병문제 등이 크게 문제가 되었음에도 불구하고 그 기업이 한국 민중에게 같은 범죄행위의 피해를 전가하려고 하는 데 대해 일본 언론이 눈을 감았다며 강하게 비판했다. 그는 "일본 언론은 일본 정부나 재계와 마찬가지로 일본인의 일 외에는 생각하지 않는 배외주의적 자기중심주의자 집단임을 스스로 폭로했다"고 말했다(青地晨·和田春樹, 1977: 270~271). 그에 의하면 이러한 지배집단과 달리 '보쿠토에서 공해를 몰아내는 시민 모임' 참여자들은 자신들이 공해로 고통 받는 현실을 절감하면서도 공해를 아시아의 다른 곳으로 이전하는 일은 옳지 않다는 인식을 갖게 되었다.

한국에서는 일본화학의 공해수출 문제와 이에 대한 반대운동이 1974년 10월 11일 『충청일보』에 보도되었다. 유신헌법 아래 긴급조치가 시행되어 언론

자유가 심각하게 위축된 상황에서 『충청일보』는 실행위원회의 서한을 인용하여 "공해기업 한국진출, 일본 국내서 반대운동"이라는 제목 아래 일본인들이 저지위원회를 구성하여 본사(『충청일보』)에 서한을 보내왔다고 보도했다. 일본화학 문제는 한국 언론에서 문제가 되어 플랜트 수입에 대한 반대여론도 일부 조성되었다. 그러나 박정희 정권이 최종적으로 설립을 허가했기 때문에, 결국 일본화학이 지분 50%를 투자한 울산무기화학이 설립되었다.

이 운동을 지원한 와다 하루키는 공해수출 반대운동 때문에 일본 공해문제의 심각성이 드러나게 되었고 주민들과 공장 노동자들의 운동도 일어나게 되었다고 말했다. 그는 "공해수출 반대운동은 이웃나라의 시민을 돕는 것이 사실은 자신을 살리는 길이라는 한일 연대운동의 기본신념을 제대로 입증해 보였다"고 평가했다(와다 하루키, 2012: 227~229). 공해수출 반대운동 과정에서 청년들과 주민들은 공해를 다른 나라나 지역으로 보내는 것은 올바르지 못한 범죄행위이며, 자기 지역에서 스스로 처리해야 한다는 인식을 확고하게 갖게 되었다. 일본 정부나 기업, 언론이 이러한 문제의식을 외면하고 일본 내 공해문제로 접근했다는 것은 이들이 세계시민이 가져야 할 보편적 인권문제에 대한 인식이나 식민지 범죄행위에 대한 반성이 부족했다는 것을 의미한다. 그럼에도 불구하고 시민사회에서 보편적인 세계시민의 윤리와 책무를 다하기 위해 장기간에 걸쳐 시민운동을 조직했다는 측면에서 이는 매우 의미 있는 사례임에 틀림없다.

2) 공해 서적을 통한 지식 전파

한편, 한국에서는 1970년대에 공해 관련 서적을 통한 간접적인 환경운동과 지식의 전파가 이루어졌다. 한 사례로 민주화운동으로 감옥에서 복역 중이던 최열이 일본의 공해 관련 서적을 공부하면서 환경운동의 길로 들어선 것을 들 수 있다. 1975년 6월에 박정희 정권에 반대하는 가톨릭학생사건으로 구속된 최열은 '내가 화학을 공부했으니까, 전공을 살려서 사회에 기여할 수 있는 것이 뭔가?' 하고 생각하다가 공해문제를 해결하기 위한 사회운동을 하기로 결심했다. 그는 공해에 대한 책을 어머니와 친구들에게 구해 달라고 했지만 한국에는 그에 관한 책이 거의 없다는 말을 듣고 결국 일본 책을 찾아보게 되었다. 그는 혼자서 일본어를 독학하여 우이 준, 미야모토 겐이치宮本憲一, 하라다 마사즈미原田正純 등이 쓴 공해 관련 서적을 읽으면서 일본 반공해운동의 흐름을 학습했다. 이때 일본 엠네스티 오사카 지부 쓰네나리 가쓰코恒成和子가 책을 보내주었다. 최열은 공학·의학·법학 등 다양한 분야에 걸쳐 공해문제와 이에 대한 해결방안, 운동 방향 등을 1976~1979년까지 공부했다. 이 기간 동안 최열은 약 250권의 공해 관련 책을 읽었는데, 그 가운데 대부분이 일본 책이었다고 한다. 그는 책을 읽으면서 현장의 중요성을 깨달았다(최열 면담, 2014. 8. 27.).

> 환경문제는 현장이 제일 중요하구나. 뭐 다른 쪽은 운동이 현장을 안 가고도 할 수 있는 게 있는데, 환경은 어쨌든 현장을 가야 된다. 또 현장을 간다는 건 그 지역에 살고 있는 주민들이나 그 지역의 자연 환경의 변화에 대해서 우선 알아야 된다. 그러고 알면 주민운동으로 발전해야 하는데, 주민들은 잘 모르니까 주민들을 지원해주는 운동으로 가야 된다. …… 그런 걸 내 나름대로 생각한 거죠.

간접 경험을 통해 최열은 주민운동뿐만 아니라 환경문제에 대한 종합적 접근과 전문가들의 중요성을 인식하게 되었다. 그는 1982년에 창립한 공해문제연구소 활동을 주도하면서, 농약, 합성세제 문제 등 생활환경 문제에 대한 연구와 교육에 일본 공해 관련 자료를 많이 이용했다. 최열은 1980년대 중반 이후, 일본 환경운동가, 전문가들과 교류를 지속했다(최열 면담, 2014. 8. 27.). 그는 1988년 공해추방운동연합, 1993년 환경운동연합, 2002년 환경재단 창립을 주도하면서 한국 환경운동을 발전시켜 왔다.

3) 온산병

박정희 정권은 1970년대부터 중화학공업에 집중적으로 투자하기 시작했다. 1973년에는 산업기지개발촉진법이 제정되었고, 이에 따라 온산공단은 1974년 산업기지개발구역으로 지정되어 정유 및 비철금속을 주축으로 하는 임해공단으로 조성되었다. 1975년부터 공장들이 건설되기 시작하여 1978년 고려아연, 효성알미늄이 가동을 시작했다(기독교사회문제연구원 편, 1987: 29~31). 이후 온산은 각종 중금속 폐수와 대기오염으로 병들어 가기 시작했다. 1982년에는 심각한 어업 피해가 발생했고, 집단적인 신경통과 피부병 증세를 보이는 '온산溫山병' 환자가 나타나기 시작했으며, 1983년부터 그 숫자가 급격히 증가하여 1985년에는 500명 이상의 주민이 '온산병'에 걸린 것으로 알려졌다(구도완, 1996: 244~248).

그러던 중 1985년 1월 18일에 『한국일보』와 『동아일보』에 "온산공단 주변 주민 500여 명 '이타이이타이병' 증세"라는 기사가 크게 실렸다. 이 보도를 시작으로 온산의 주민운동은 지역의 피해보상운동 혹은 이주요구운동에서 '한국 최초의 집단 공해병'이라는 전국적인 사회문제와 관련된 운동으로 전환되었다. 그러나 온산병 문제는 정부가 공해병임을 인정하지 않고 주민들을 집단 이주시킴으로써 과학적인 원인규명을 하지 못한 채 잊히게 되었다.

온산병 문제가 사회적인 문제로 논의되고 있던 1986년에 일본 미나마타병을 밝히고 피해자들을 지원하는 데 중요한 역할을 한 하라다 마사즈미 구마모토대 교수가 오재식의 주선으로 조사팀을 이끌고 온산을 방문했다. 하라다 교수팀은 현지조사와 20명의 중증 '온산병' 환자를 검진하고 이 병이 기존에 알고 있는 공해병에 적용시킬 수 없는 질병이며, 일본의 이타이이타이병은 아니지만 중금속 오염과 관련된 질병으로 보인다고 결론지었다(기독교사회문제연구원 편, 1987: 105). 최열은 하라다 교수의 증언을 다음과 같이 전한다.

> 하라다 박사를 온산으로 모시고 갔을 때, 첫 마디가 '온산은 죽은 마을입니다', 첫마디가 그거예요. '이것은 복합공해병입니다. 일본의 미나마타는 메틸수은이 원인인데, 여기는 공장이 여러 개 있어서…….'

미나마타병의 원인을 밝히고 피해자를 지원하기 위해 모든 노력을 기울인 하라다 교수는 미나마타병의 전철을 한국에서 밟지 않도록 하기 위해 한국의 환경운동가들과 피해자들을 지원하는 것을 주저하지 않았다. 그가 쓴 미나마타병에 대한 책은 한국어로 번역되어 미나마타병의 교훈을 한국인들에게 알려주었다(하라다 마사즈미 저, 2006).

1970년대에서 1980년대 중반에 이르는 시기 일본의 시민사회는 공해수출 반대운동과 지식 전파와 같이 주로 간접적인 형태로 한국을 지원해주었다. 1960년대 이후 4대 공해병과 이를 둘러싼 반공해운동을 경험한 일본의 운동가와 지식인들은 식민지 지배로 고통 받은 한국의 시민들을 지원하는 데 노력을 아끼지 않았다.

2. 1980년대 후반~현재: 반공해운동과 반핵운동의 직접 교류

1) 반공해운동가들의 교류

1980년 전두환 정권의 출범 이후 억눌렸던 민주화운동은 1980년대 중반부터 급속히 발전하기 시작했다. 환경운동 분야에서도 새로운 조직들이 창립되었다. 1986년에는 공해문제를 우려하는 주부들이 모여 공해반대시민운동협의회(이하 공민협)를 만들었고, 1987년에는 공해문제를 주제로 학생운동을 하던 청년들이 모여 공해추방운동청년협의회(이하 공청협)를 창립했다. 1988년에는 이 두 단체가 통합하기로 결정하고 공해문제연구소에서 일하던 최열이 함께 참여하여 공해추방운동연합(공추련)을 새로 창립했다.

초기 공해 반대 운동가들은 일본을 방문하거나 일본 환경운동가들과 교류하면서 운동의 방식과 내용에 대해 많은 것을 배웠다. 당시 공민협 대표였고 1988년 이후에는 공추련 공동의장으로 활동한 서진옥은 1987년에 6명의 공민협 회원과 함께 일본을 처음 방문했다. 그는 도쿄에 있는 생활클럽생협 등을 방문했고, 미나마타에 가서 피해자들을 만나기도 했다. 또한 1988년에는 홍콩에서 열린 아시아·태평양 반핵평화회의에 참가하여 일본 원자력자료정보실의 다카기 진자부로高木人三郎 박사, 하라다 교수와 교류했다. 이 회의에서 서진옥은 핵발전의 위험을 깊이 인식하게 되어 이후 한국으로 돌아와서 영광원전반대 백만인서명운동을 조직하기도 했다(서진옥 면담, 2014. 11. 25.).

> 다카기 진자부로 박사가 그때 원자력자료정보실을 막 시작하셔서 굉장히 어려울 때인데도 방사능 측정기를 20개 정도, 만년필 같이 생겼는데, 그것을 구입해서 우리 단체에 보내주셨거든요. 모금하고 그래서.

다카기 박사는 한국의 반핵운동을 위해 다양한 정보와 지식을 전파했고 물질적인 지원도 아끼지 않았다. 이러한 도움으로 한국에서는 고리원전과 영광원전 주변 주민들의 피해보상운동과 원전건설 반대운동이 1980년대 말 활발하게 이루어졌다. 이후 서진옥은 여러 차례 일본을 방문하여 록카쇼무라, 오키나와 등의 원전, 미군기지 등을 둘러보고 보편적인 인권문제를 생각하게 되었다고 했다. 특히 그는 일본 시민들이 치밀하게 자료를 정리하고, 아래로부터 시민들이 참여하는 것을 보고 깊은 인상을 받았다고 했다. 그는 미나마타에서 일본 지역사회의 환경운동가들이 미나마타 환자들을 지원하기 위해서 산등성이를 갈아서 귤밭을 만들고 그 귤을 길러서 도시 사람들에게 팔고, 거기서 나온 판매 이익으로 미나마타 환자들을 돕는 일을 하고 있는 것을 보고 깊은 감명을 받았다. 서진옥은 '환경운동은 굉장히 구체적이고 실천적이고 아주 지역 중심적으로 할 수밖에 없는 운동이구나' 하는 깨달음을 얻게 되었다고 한다(서진옥 면담, 2014. 11. 25.). 한국의 여성 환경운동가들은 미나마타에서 피해자들의 농성장을 찾아 지지하고 일본기업의 한국으로의 공해수출 문제를 일본인들과 토론하기도 했다. 그런데 서진옥은 일본 오사카에서 열린 '피플스 플랜 21'이라는 국제 세미나에 참여하면서 한국이 일본에 의한 공해피해자라는 인식뿐만 아니라 한국(인)도 공해 가해자라는 인식을 새로 얻게 되었다고 한다.

> 우리는 일본에 대해서 (일본이) 공해산업이나 이런 걸 수출했기 때문에 굉장히 피해의식이 있는데, 그(인도네시아 보르네오섬) 사람들은 또 한국 사람에 대해서 그런 피해의식을 갖고 있으면서 막 이야기를 했을 때, 이게 환경문제 자체는 지역적인 문제라고도 하지만, 환경파괴로 인해서 벌어지는 이런 인권문제도 또 다른 차원의 환경문제로 다뤄져야 되겠구나 이런 생각을 했던 기억이 나는데, 그 '피플스 플랜 21'이라는 세미나에서는 제가 이렇게 눈을 굉장히 크게 뜨는 계기가 된 것 같아요.

1980년대 후반에서 1990년대 초에 이르는 시기에 민주화와 해외여행 자유화의 흐름을 타고 반공해운동가들은 일본을 비롯한 아시아 시민운동가들과 활발히 교류하면서 좁은 민족주의, 국가주의를 넘어서서 세계시민으로서의 권리와 책무를 인식하기 시작했다. 또한 이런 교류를 통해 일본인들과의 연대 활동도 확산되었다. 서진옥 등 공민협, 공추련 회원들과 교류한 일본의 이시자카 고이치는 니시나 겐이치仁科健一라는 필명으로 노다 교우미野田京美와 함께 『한국공해 리포트』라는 책을 일본에서 출간했고, 이 책은 한국어로도 번역, 출판되었다.[4]

2) 반핵운동

1980년대 중반 이후 반핵운동 분야의 교류도 활발하게 이루어져 왔다. 앞에서 서진옥과 다카기 박사의 교류에 대해 말했지만, 반핵 분야에서는 김원식의 기여가 매우 컸다. 김원식은 1988년 공추련이 출범한 이후 여기에 참여하면서 반핵운동을 적극적으로 벌였다. 그는 일본의 다카기 진자부로 원자력자료정보실 대표, 사토 다이스케佐藤大介 반핵아시아포럼 사무국장 등과 교류하며 한일 간의 반핵운동연대와 아시아 반핵운동을 위해 많은 일을 했다. 김원식은 1992년 6월 리우데자네이루에서 열린 환경과 발전에 관한 유엔회의(일명 리우회의)를 준비하는 과정에서 일본과 아시아의 반핵운동가들에게 반핵아시아포럼의 창설을 제안했다. 이 제안을 계기로 1993년 6월 26일부터 7월 4일까지 일본에서 일본·한국·타이완·인도·인도네시아·태국·필리핀·말레이시아 등 아시아 지역의 반핵운동가 약 200명이 모여 제1회 반핵아시아포럼을 개최했다. 이후 거의 매년 한국·타이완·인도네시아·필리핀·태국·인도·일본 등

4 이 책의 1장은 저자 중 한 사람인 니시나 겐이치(본명 이시자카 고이치)가 1988년 11월에 일본을 방문한 서진옥 공추련 공동의장과 인터뷰한 내용이다.

참가국들을 순회하며 포럼을 개최해왔다.[5]

앞에서 보았듯이 일본의 다카기는 한국 반핵운동의 기초를 다지는 데 큰 역할을 했다. 그는 한국의 최열·김원식·서진옥 등 환경운동가와 교류하면서 원자력 관련 정보와 자료를 제공하며 반핵운동을 지원하는 데 많은 노력을 기울였다. 이헌석 에너지정의행동 대표에 의하면 원자력자료정보실은 1990년대 후반에는 한국 담당자를 따로 둘 정도로 한국과 아시아 문제에 관심을 기울였다. 또한 그가 쓴 『원자력 신화로부터의 해방』, 『지금 자연을 어떻게 볼 것인가』, 『시민 과학자로 살다』와 같은 책들은 한국어로 번역되어 많은 한국인들이 읽고 있다.

다른 한편, 사토 반핵아시아포럼 사무국장 등 일본의 반핵운동가들은 1990년의 안면도 핵폐기물처분장 반대운동, 2004년 부안 방폐장 반대운동 등이 일어날 때 현장을 직접 방문하는 등 다양한 형태로 지원했다. 2000년에는 한국의 영광원전 주변 지역 주민들이 주민투표로 원전 건설계획을 중지시킨 일본의 마키마치卷町 지역을 방문하여 교류하기도 했다. 이헌석은 일본 반핵운동이 한국에 미친 영향은 매우 크다고 말한다(이헌석 면담, 2014. 9. 26.). 1980년대 중반에서 1990년대에 이르기까지 한국의 반핵운동가들은 일본의 원자력 관련 정보에 크게 의존했다. 그러나 한국에서 운동이 점차로 발전하면서 원전 주변 주민들 사이의 교류와 연대활동도 이루어져 서로 힘을 주고받는 연대활동으로 발전했다.

원수금(원자탄과 수소탄을 금지하는 일본위원회) 분들이 일 년에 한두 번씩 한국에

---

5 반핵아시아포럼 한국 홈페이지, http://nnafkr.blogspot.kr/2012/02/blog~post_1850.html, 2014. 12. 12. 검색

> 오세요. 주로 어느 행사에 참여하냐면 5월 달에 5·18행사 참여하고, 11월 달에 전태일 기일 맞춰가지고 노동자 대회 참여하거든요. …… 사실은 한국의 운동이 더 기본적으로 역동적이라는 거지 않겠습니까. '아니 왜 이렇게 매년 굳이 똑같은 행사인데 왜 매년 오냐?' 그러면 농담 반 진담 반으로 그래요. '한국의 기운 받으러 온다'고(이헌석 면담, 2014. 9. 26.).

일본의 운동이 체계적으로 축적된 자료와 지식을 바탕으로 한국을 지원했다면, 한국의 운동은 젊은이들의 열정으로 일본인들에게 세계시민으로서의 연대의식을 고취시켰다고 말할 수 있다.

한국과 일본의 반핵운동은 2011년 3월 11일의 후쿠시마 원전사고로 인해 극적인 변화를 겪게 되었다. 3·11 이전의 한국 반핵운동은 소수의 반핵운동가들과 원전 주변 지역 주민들, 방폐장 예정부지 주민들의 지역적인 운동에 머물러 있었다. 일본도 비슷한 상황이었다. 그러나 3·11 이후 두 나라 시민들은 핵의 위험을 절감하게 되었고 이로 인해 새로운 운동주체들이 다양한 형태로 탈핵을 위한 연대활동을 벌이기 시작했다. 한국에서는 핵문제에 관심이 없었던 생협 조직들이나 여성조직, 일반시민들이 반핵운동에 적극적으로 참여하기 시작했다. 한살림 등의 생협들은 일본의 생협 지도자들을 초청하거나 일본 지역을 방문하여 서로 정보를 교류하고 협력하는 활동을 지속해오고 있다. 한국 청소년들이 후쿠시마 인근 청소년들과 교류하는 사례도 적지 않다. 3·11이라는 환경재난을 직접 경험함으로써 한일 시민들은 한국과 일본이 위험공동체라는 인식을 갖게 되었다. 후쿠시마 이전의 한일 간 환경운동과 지식의 교류가 인도적이거나 이전 식민지 민중에 대한 지원의 성격이 강했다면, 후쿠시마 이후의 교류는 핵의 위험을 공유하고 있는 이웃 시민들이 함께 안전하고 지탱가능한 사회를 만들어야 한다는 인식을 바탕으로 이루어지고 있다.

생명운동과 생협운동

환경운동연합, 녹색연합 등 한국의 주류 환경운동조직들은 환경오염과 자연파괴에 대해 문제를 제기하고 정부와 기업에 대한 저항을 조직하는 운동을 벌여왔다. 이들은 환경문제를 일으킨 국가나 기업의 책임을 묻고 제도를 개선하기 위해 저항적인 혹은 온건한 방식을 사용하여 시민들의 지지를 동원하는 전략을 사용해 왔다.

이러한 주류 환경운동과 다른 운동이 1980년대 중반 이후 등장하기 시작했는데 이를 생명운동 혹은 생태적 대안운동이라 부른다. 생태적 대안운동은 도시와 농촌의 공동체만들기운동, 협동조합운동, 지역화폐운동, 대안교육운동 등 국가와 자본으로부터 자립적이면서 생태적으로 지속가능한 세상을 만들기 위한 운동들이다(구도완, 2009). 생태적 대안운동 가운데 대표적인 운동이 생협운동인데, 원주에서 일어난 생명운동을 중심으로 생협운동가들의 교류를 살펴보자.

1960년대 이후 급속한 공업화로 인해 도시 환경이 오염되었을 뿐만 아니라 농약의 과도한 사용으로 인해 농촌 생태계와 농산물이 오염되고 농민의 건강도 크게 위협받았다. 이러한 상황에서 한국의 운동가들은 농민과 도시인들의 생명을 함께 살리는 운동을 벌여야겠다고 생각했다.

원경선, 오재길 등은 일본의 대표적인 유기농 신앙공동체인 애농회의 영향을 받아 1976년 1월에 정농회를 창립했다(김소남, 2014: 351). 일본 애농회의 창시자인 고다니 준이치小谷純一는 "생산력 증대를 위해 생명을 죽이는 농업을 하는 일본의 현대농업을 본받지 말고 생명을 보존하는 농업을 하라"고 정농회를 만든 지도자들에게 조언했다(김소남, 2014: 351).

한편, 민주화운동과 협동운동을 활발하게 벌이던 장일순을 비롯한 원주의 사회운동그룹들은 1977년경부터 투쟁 중심의 기존 운동방식으로는 사람과 자연을 살릴 수 없다고 인식하기 시작했다. 이들은 생명의 관점에서 협동운동을 조직해야 환경문제를 해결할 수 있을 뿐만 아니라 위기에 처한 현대문명을 극복할 수 있다고 생각했다. 이런 인식이 싹트고 있던 상황에서 운동의 지도자들이 일본의 생협과 유기농업 현장을 방문했고, 이를 계기로 생명운동에 바탕을 둔 협동운동이 새롭게 전개되었다.

천주교 원주교구를 중심으로 활동하던 원주의 사회운동가들(사회개발위원회)은 1981년 5월에 일본, 홍콩, 타이완의 사회운동과 협동조합을 방문했다(김소남, 2014: 388). 당시 연수단은 사이타마현의 생협을 방문했고, 그곳에서 생협이 사회적인 시민운동으로 발전할 수 있다는 사실을 인식하게 되었다. 이후 1982년에는 탄광 지역 노조지도자들이 일본의 노동조합과 생협 연수를 다녀왔고, 1983년에는 한국노총 및 산하 노조연합회의 주요 간부들이 생협, 현민공제회 등을 방문했다. 일본 방문을 주도한 김영주 당시 사회개발위원회 사무국장에 의하면 일본 방문을 계기로 생각이 크게 바뀐 사람들이 적지 않았다고 한다.

> 광산지도자들을 데리고 일본에 가서 일본생협을 보여주는 거지. '이렇게 하는 거다, 봤냐? 할 수 있냐?', '아, 이거보다 더 잘한다.' 한 번 갔다 오기만 하면 훼까닥 도는 거야. …… '너희가[6] 하는데 우린 못하는지 알아?' 뭐 이러고 말이지. 머리가 완전히 깨는 거지. 그냥 산골짜기 숨어서 말이야 그냥 구박 받고 말이야 이렇게 살던 사람들이 말이야 머리가 팍 트이니깐, 얘기가 다르지(김소남, 2014: 415).

6 '일본인'을 가리킨다.

1984년에는 신용협동조합 지도자와 가톨릭 농민회 지도자들이 일본의 유기농업과 생협현장을 방문하고 돌아왔다. 이 시찰에 참가한 박재일 등의 운동가들은 도쿄 생활클럽 생협의 무점포 소비조합, 즉 4~10세대의 소규모 단위 반班을 구성하여 점포 없이 운영하는 생협 모델에 관심을 갖게 되었다. 이러한 일본에서의 경험은 1985년 6월 원주소비조합 창립과 1986년 12월 서울 제기동의 '한살림 농산' 개점에 많은 영향을 미쳤다(김소남, 2014: 433). 이후 한살림은 현재 50여 만 명의 조합원이 참여하는 한국 최대 생협조직 가운데 하나로 성장했다. 한살림 이외에도 두레생협연합 등 다양한 생협들이 일본의 생협과 교류하며 연대활동을 하고 있다. 한국의 운동가 조희부는 일본 생협운동가들과 교류하면서 동질감과 연대의식을 느꼈다고 회고한다.

> 일본에서 생협 운동하는 사람들이 다 60년대 안보투쟁, 학생운동 한 사람들이야. 나하고 나이가 대개 비슷비슷하더라고. …… 일본에 60년대가 우리가 …… 3선 개헌 반대운동할 때 하고 비슷해요. …… 그래서 얘기해보면 여러 가지로 말이 통하더라고. …… 감옥살이한 사람도 있고. 또 우리 만나면 감옥살이 얼마나 했냐? 서로(김소남, 2014: 436).

한국에서 생명을 살리는 농업과 협동운동에 대한 관심을 키우던 사람들이 일본 생협운동과 유기농업운동가들과 교류한 것은 한살림운동이 시작된 것이나 가톨릭농민회가 친환경적인 농업 혹은 유기농업운동으로 전환되는 데 영향을 미쳤다. 두 나라 생협운동가들은 서로 교환 방문을 하면서 연대의식을 공유하게 되었다. 일본의 생협운동가들도 한국에 자주 방문하여 한국의 협동운동가들과 교류했을 뿐만 아니라 일제강점기의 독립운동 유적지를 방문하며 역사의식을 공유하기도 했다.

지식인의 교류

한국과 일본의 환경 전문가들과 지식인의 교류는 매우 활발한데 여기에서는 그 가운데 환경사회학자들의 교류에 대해 간략히 살펴보자. 1990년대 초에는 일본의 환경사회학자들이 한국의 환경·공해문제 조사를 위해 여러 차례 한국을 방문했다. 초대 일본환경사회학회 회장이었던 이이지마 노부코飯島伸子는 연구팀을 이끌고 울산, 온산 등 공단 지역과 핵폐기물 처분장 반대운동이 진행되던 인천과 굴업도를 방문했다(이시재, 2013: 18). 이러한 한일 교류에는 일본에서 공부한 이시재가 중요한 역할을 했다. 2001년에는 일본 교토에 있는 붓쿄대학에서 세계사회학회ISA: International Sociological Association의 환경사회학 분과(Research Committee 24) 학술회의가 열렸다. 여기에 이시재·박재묵·구도완 등 한국 환경사회학자들이 참여했고, 그 자리에서 한국·일본·타이완 학자들을 중심으로 동아시아 환경사회학자들의 네트워크가 구성되었다. 이 네트워크는 구체적인 활동을 이어가지는 못했지만, 2008년 이후 동아시아 환경사회학 심포지엄의 밑거름이 되었다.

2008년에는 일본 도쿄의 호세이대학에서 제1회 동아시아환경사회학 심포지엄이 열렸다. 이 회의는 일본의 후나바시 하루토시船橋晴俊, 하세가와 고이치長谷川公一, 데라다 료이치寺田良一, 호리카와 사부로堀川三郎 등 일본 환경사회학회 회원들의 헌신적인 노력으로 성공을 거두었다. 이후 2009년에는 타이완의 칭화대학에서, 2011년에는 한국의 부천 가톨릭대학에서, 2013년에는 중국 난징의 허하이대학에서 심포지엄이 열렸다.

환경사회학자들은 동아시아 교류를 통해 위험공동체의 인식을 높이고 학문적 교류를 확대하여 동아시아 지역의 지속가능성을 높이는 것을 목표로 교류하고 있다. 이 지식인 네트워크의 중요한 성과는 일본 호세이대학 후나바시 교수가 주도하여 2014년에 출간된 『General World Environmental Chronology』이다. 이 책은 일본 환경사회학계가 주도하고 한국·중국·타이완의 환경사회학자들이 참여하여 세계 최초로 환경문제의 연표를 정리한 기념비적 저작이다. 이 책은 2014년 7월 요코하마에서 열린 세계사회학대회에서 소개되어 많은 세계 환경사회학자들의 관심을 집중시켰다. 이러한 지적 교류가 위험공동체로서의 아시아, 그리고 세계의 시민들이 함께 행동할 수 있는 토대를 마련하고 있다.

맺음말

한국과 일본은 공업화 초기에 노동자와 시민의 정치 참여를 배제하고 급속한 공업 자본주의화를 추구하는 개발국가의 특성을 공유했다. 이러한 개발주의 발전전략 때문에 정도 차이는 있지만 대기·수질·폐기물 등의 환경오염은 물론 대규모 개발사업으로 인한 자연파괴와 같은 유사한 환경문제를 경험했다.

일본은 1960년대 이후 4대 공해병과 같은 심각한 공해문제로 고통받은 후 1970년대에 적극적인 환경정책으로 이러한 문제를 극복하는 데 어느 정도 성공했다. 환경운동의 부분적인 성공과 경제위기로 인해 1970년대 중반 이후 일본의 사회운동은 지역의 생협운동과 같이 온건한 생활정치 형태의 운동이나 이슈 중심의 소규모운동으로 전환되었다.

반면 1960년대 이후 권위주의 정부 아래 급속한 공업화를 진행한 한국의 경우, 정치적 억압 때문에 1980년대 중반까지 환경운동이 발전하지 못했고, 시민들은 극심한 환경오염으로 고통받아야 했다. 그러나 1987년 민주화 이후 한국의 환경운동은 급속하게 발전하여 전국적 규모의 환경단체가 만들어지고 정부 정책에 직접적인 영향을 미치는 운동으로 성장했다. 2005년을 전후하여 환경운동의 영향력은 다소 약화되었지만 여전히 중요한 사회운동으로서 공론장에 영향을 미치고 있다. 1990년대 이후 생협운동을 비롯한 생태적 대안운동도 전국적으로 확산되어 자립과 협동의 사회적 연결망을 발전시키고 있다.

유사한 발전전략과 정치구조를 가진 두 나라의 시민들은 환경문제를 경험하면서 연대의 역사를 발전시켜 왔다. 1970년대에서 1980년대 중반에 이르는 시기 동안 일본 시민들은 공해수출 반대운동을 벌이거나 공해 관련 지식을 전파함으로써 한국의 환경운동을 지원했다. 1987년 민주화 이후 한국 시민사회가 폭발적으로 발전하면서 환경운동, 생협운동 등 여러 영역에서 일본의 축적된 운동 경험과 지식이 한국 운동가들에게 적지 않은 도움이 되었다. 이러한 경험을 축적한 한국의 운동가들은 1990년대 중반 이후 자신감을 갖고 국가에 때로는 저항하고 때로는 협력하면서 전국적 규모의 운동을 벌여왔다. 이 과정에서 한국과 일본의 운동가들은 서로의 정보와 자원을 공유하며, 서로 아끼고 격려하는 동지적인 연대를 발전시켜 왔다. 2011년 후쿠시마 원전사고로 두 나라 시민사회는 두 나라가 환경과 핵의 위험을 공유하는 위험공동체임을 절감하게 되었다.

이러한 교류의 역사 속에서 우리는 어떤 교훈을 얻을 수 있을까? 중요한 것은 양국의 시민들이 교류를 통해 자민족 중심주의와 국가주의를 넘어서서 보편적 인간으로서 자신과 타자를 보게 되었다는 점이다. '일본인이 하면 한국인도 할 수 있다'는 경쟁적 민족주의 혹은 자국민의 안녕에만 집중하는 자국중심주의를 넘어서서 '공해를 다른 나라로 전가시키는 것은 범죄행위'라는 인류 보편의 규범이 발전해 왔다. 와다 하루키는 이것을 '이웃나라의 시민을 돕는 것이 자신을 살리는 길'이라는 적극적인 의미로 해석했다. 한국과 일본의 운동가와 지식인들은 양국의 시민이 세계시민으로서 보편적인 인권과 생태적 지속가능성을 위해 노력해야 자신과 이웃이 모두 잘 살 수 있다는 신념을 몸으로 실천했다.

그러나 이러한 세계시민주의의 규범은 작은 운동 사례나 소수 운동가들의 체험과 기억 속에 있을 뿐이다. 대부분의 한국과 일본의 정부·기업·시민사회는 여전히 공업 중심의 근대화 시대에 확립된 정치·경제 규범에 따라 자국 중심의 정치·경제적 발전의 관점에서 활동하고 있다. 다시 말하면 여전히 국경을 확고한 경계로 삼아 환경 위험이 다른 나라로 넘어오지 못하도록 만들 수 있다는 방법론적 일국주의의 관점에서 환경문제를 바라보고 있다. 이런 관점에서 보면 이웃의 불행은 나의 행복이 된다. 환경운동가들은 이런 문제를 극복하려고 하지만, 자국의 이슈에 매몰되어 있거나 자기 지역의 문제를 해결하느라 지구적인 환경문제에 접근하지 못하고 있다.

지금도 후쿠시마 원전 주변에서 나온 오염물질은 대기와 해류의 흐름을 타고 전 지구로 확산되어 축적되고 있고, 기후변화의 위험은 어느 누구에게도 안전을 보장해 주지 않는다. 울리히 벡Ulrich Beck이 지적했듯이 우리는 리스크의 경계가 일치하지 않고 리스크의 개념을 규정하는 사람과 위험으로 인해 피해를 보는 사람 사이의 경계가 일치하지 않는 세상에서 살고 있다(Ulrich Beck, 2009: 162~164). 우리는 한국·중국·일본의 어느 한 곳의 원전에서 사고가 나면 세 나라 국민 모두가 핵 위험을 감수해야 하는 시대에 살고 있다. 이런 세상에서 요구되는 규범은 공해수출 반대운동을 벌이던 청년들과 같이 공해를 아시아의 가난한 민중들에게 전가하지 않는 세계시민주의(코스모폴리탄주의)의 규범이다. 핵과 기후변화가 지구 전체를 위험공동체로 만들고 있는 시대에 이러한 규범은 좀 더 적극적인 의미로 재해석되고 재구성되어야 한다.

후쿠시마와 기후변화가 의미하는 것은 이제 위험을 다른 나라, 다른 집단에 전가하려고 해도 그것이 가능하지 않은 시공간 속에서 우리 모두가 살고 있다는 점이다. 이제 한국과 일본의 시민들은 국가·공업·자본 중심의 산업근대를 넘어서서 '다른 나라 시민을 돕는 것이 나를 돕는 것'이라는 지혜를 새롭게 되살려 세계시민으로 거듭나야 하는 시대에 살고 있다.

참고문헌

구도완(1996), 『한국 환경운동의 사회학』, 문학과지성사.

구도완(2009), 『마을에서 세상을 바꾸는 사람들』, 창비.

구도완·홍덕화(2013), 「해방이후 한국의 환경문제」, 한국환경사회 엮음, 『환경사회학 이론과 환경문제』, 한울아카데미.

기독교사회문제연구원 편(1987), 『우리 애들만은 살려주이소!』, 민중사.

김소남(2014), 『1960-80년대 원주지역의 민간주도 협동조합운동연구-부락개발, 신협, 생명운동』, 연세대학교 대학원 박사학위논문.

니시나 겐이치·노다 교우미 저, 육혜영 옮김(1991), 『한국공해리포트: 원전에서 산재까지』, 개마고원.

다카기 진자부로 저, 김원식 역(2006), 『지금 자연을 어떻게 볼 것인가』, 녹색평론사.

다카기 진자부로 저, 김원식 역(2011a), 『원자력 신화로부터의 해방』, 녹색평론사.

다카기 진자부로 저, 김원식 역(2011b), 『시민 과학자로 살다』, 녹색평론사.

와다 하루키(2012), 「지식인 및 시민들의 한일연대운동(1974-1978)」, 류상영 외 편저, 『김대중과 한일관계: 민주주의와 평화의 한일현대사』, 연세대학교 대학출판문화원.

이시재(2013), 「한국 환경사회학의 회고와 전망」, 한국환경사회학회 엮음, 『환경사회학 이론과 환경문제』, 한울아카데미.

하라다 마사즈미 저, 김양호 옮김(2006), 『끝나지 않은 아픔 미나마타병』, 한울.

東アジア環境情報発伝所編(2006), 『環境共同体としての日中韓』, 集英社.

富山化学の公害輸出をやめさせる実行委員会(1974), 『月報 公害を逃すな!』.

青地晨·和田春樹(1977), 『日韓連帯の思想と行動』, 現代評論社.

Beck, Ulrich(2009), World at Risk. Cambridge: Polity Press, 울리히 벡 저, 박미애·이진우 역(2010), 『글로벌 위험사회』, 길.

GWEC Editorial Working Committee(2014), *A General World Environmental Chronology*, Tokyo: Suirensha.

III

사회·문화 영역의 한일관계 상황: 쟁점과 상호작용

9장

젠더의 시각과 한일 사회 비교

저출산, 여성, 초고령사회

세치야마 가쿠

머리말

이 글에서는 한국 여성의 취업 유형이나 고령자의 취업 유형을 일본과 비교함으로써 그 특징을 살펴볼 것이다. 그 과정에서 두 나라의 차이를 더욱 잘 나타내기 위해 타이완으로 대표되는 중화문화권을 참조하겠다.

한일 국교정상화 50주년과 이 글의 비교연구가 어떤 관계가 있는가 하는 의문이 들 것이다. 그러나 애초에 이러한 테마로 한일 비교라는 것이 성립한다는 것 자체가 이 50년간의 변화를 무엇보다 잘 말해주고 있다.

1965년 일본은 1950년에 5할이었던 제1차 산업종사자 비율이 23.5%으로 반감하며, 의심할 여지 없이 고도성장의 길을 걷고 있었다. 일인당 GDP는 33만 6,000엔으로, 당시에는 1달러 360엔의 고정환율이었기 때문에 달러 환산으로 933달러였다. 다음 해인 1966년에는 같은 계산으로 1,072달러를 기록

하며 1,000달러를 넘어섰다. 시기가 다른 명목치이므로 그 수의 일치에 큰 의미가 있는 것은 아니나, 한국의 1980년 일인당 GDP가 1,778달러였다. 한국이 NIEs로 주목받는 시기의 상황과 닮았다.

한편 한국은 같은 1965년으로 거슬러 올라가면, 일인당 GDP가 일본의 약 10분의 1인 106달러, 평균수명은 55.2세였다. 제1차 산업종사자 비율이 58.5%로 높았음에도 불구하고 여성 경제활동참가율은 37.2%였다. 일본의 식민지지배가 가져온 고통에 더하여, 6·25 전쟁의 상처와 군사독재정권 성립까지의 혼란을 거쳐, 간신히 경제발전을 시작하려고 한 출발 지점에 선 직후였다.

1965년의 이러한 두 사회를 비교하여 그 차이를 발견한다고 해도 그것이 문화규범에 의한 것인지, 경제의 발전단계에 의한 것인지, 군사독재정권 때문인지 구별하기가 어렵고, 그로 인해 별로 의미 없는 비교가 될 수 있다. 예를 들면 '중국과 일본의 비교연구'와 같은 것들이 자주 행해지나, 그것을 일본의 문맥에서 읽으려 할 때, 사회체제, 경제수준, 문화, 교육수준 등 온갖 측면에서 설명변수의 수치가 다르기 때문에, 결국 피설명변수가 어느 설명변수에서 유래하는지 알지 못한 채 단순히 '다름'을 발견하는 것으로 끝나는 일이 자주 발생한다.

그에 반해 한국은 '한강의 기적'이라 불리는 경제성장을 달성하고, 1980년대 중반에는 타이완과 함께 NICs, NIEs 등으로 주목받게 되었다. 경제건설 면에서 1970년대 전반 즈음에는 북한이 더 발달했다고 인식되었지만, 이 시기(1980년대)에는 남북의 경제력에 명확한 차이가 벌어졌다. 똑같이 '독재정권'이었다는 평가도 있을 수 있지만, 자력갱생을 고집한 북한과 수출가공구역을 활용하여 비약적 발전을 이룬 '중진국' 한국과의 차이는 분명해졌다.

한편, 한국은 당시 자국의 군대가 자국민에게 총을 겨눈 5·18 민주화운동을 거쳐, 전두환, 노태우로 이어지는 군사정권하에 있었다. 그러나 그 후 장기간의 민주화운동의 결과로, 1987년 6월에 정부는 민주화선언을 발표했다. 한국은 개발독재에서 민주국가로 크게 변모하였고, 서울올림픽(1988)도 큰 문제 없이 개최하게 된다. 이러한 것들은 국제사회에서 '선진국'으로서의 한국을 어필하는 계기가 되었다.

이 글에서 한일 비교의 주된 대상은 1990년 전후를 기점으로 한다. 1990년 일인당 GDP(명목)는 6,642달러로, 일본의 같은 해 수치가 2만 5,140달러이므로 숫자에 격차가 있는 것처럼 느껴지지만, 적어도 이 시기의 도시 생활수준에서 이 수치에서 느끼는 만큼의 격차는 보이지 않았다. 구매력 평가를 기준으로 하면 같은 해 7,812달러 대 1만 9,111달러가 된다. 심지어 그 수치는 해를 거듭할수록 분석에 큰 영향을 미치는 요소로 작용하지 않을 정도로 격차가 줄어들었다. 2013년에는 구매력평가에서 한국이 3만 3,791달러, 일본이 3만 6,654달러[1]가 되었다. 비교의 방법에 따라서는 이미 한국은 일본과 동등한 선진국이라 할 수 있다.[2] 타이완에 대해서도, 자본주의라는 경제 시스템을 공유하고 같은 정도의 경제수준이나 높은 교육수준을 가지기 때문에 이들 둘 혹은 세 사회의 차이를 설명하는 변수로 그 사회의 고유 '문화'를 부각시키는 조건이 갖춰졌다고 할 수 있다.

그 무렵(1990년 전후) 일본에서 한국에 대해 관심을 가지고 있던 것은, 주로 문화인류학을 포함한 지역연구계의 연구자였다. 지금은 생각하지 못할 일이지만, 당시 사회학적 수법에 준하여 한국을 비교 대상으로 하는 일은 문제설

---

1 일인당 GDP 수치는 모두 World Economic Outlook Databases(IMF).

2 더욱이 수년 후에는 한국이 일본을 넘어설 것이라는 예상도 나오고 있다. 「한국 1인당 GDP, 2019년에 일본 넘어선다」, 『중앙일보(전자판)』(2014. 11. 16.), 2015. 1. 검색.

그림 1 동아시아의 합계특수출생률의 추이

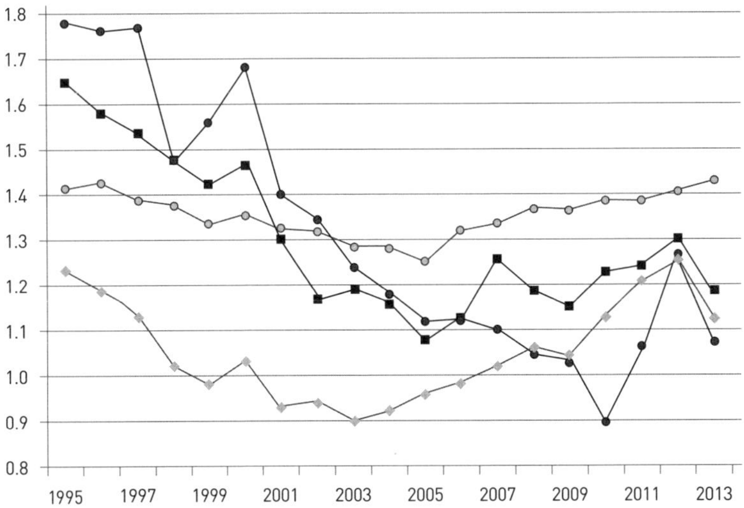

* 일본「人口動態統計」, 한국「인구동향조사」, 타이완「內政部戶政司全球資訊網」(http://www.ris.gov.tw), 홍콩「香港統計年刊」

정에 있어 대단히 궁리가 필요한 일이었던 것이다.

한편, 동아시아는 세계에서도 예외적이라 할 수 있는 극단적인 저출산을 경험하고 있다. 〈그림 1〉은 타이완, 홍콩을 포함한 합계특수출생률의 추이다.[3] 이렇게까지 출생률이 낮은 사회는 구소련이나 동유럽권 혹은 남유럽 일부에 나타날 뿐 세계에 거의 존재하지 않는다. 또한 동북아시아의 출생률은 2005~2010년 국제연합통계[4]에 의하면 북한이 2.00으로 가장 높고, 그다음

3 2000년과 2012년 타이완과 홍콩에서 출생률이 갑자기 상승하나, 그 이유는 용띠 해로 중화문화권에서는 재수가 좋은 해로 인식되기 때문으로 예측된다.

4 World Population Prospects: The 2012 Revision(esa.un.org/wpp/Excel-Data/fertility.htm, 2015. 1. 검색).

으로 한 아이 정책을 쓰는 중국이 1.63, 다음이 〈그림 1〉에서 보듯 일본이다. 비교적 풍족한 동아시아의 자본주의 사회가 같은 동아시아 지역의 사회주의권이나 서유럽보다 출생률이 낮은 것은 흥미로운 현상이다. 일본의 인구는 2048년에 1억 이하로 감소할 것이라고 예측하고 있으며, 한국도 2026년에는 고령자의 비율이 20%를 넘는 초고령사회에 직면하게 된다. 이러한 급격한 저출산 고령화에 따른 생산연령인구의 감소를 보충하기 위해서는 다음 세 가지 선택지밖에 없다. ① 전업주부의 취업, ② 고령자의 취업, ③ 이민노동력의 도입이다. 이 글에서는 ③은 논하지 않겠으나, 기혼여성과 고령자의 문제에 있어 한국, 일본, 타이완이 어떤 차이점을 가지는지 명백히 하겠다.

비교로서의 동아시아, 한국

1. 여성 경제활동참가율의 추세

근대 산업혁명 초기의 서구에서는 열악한 환경에서 어린이들까지 동원되어 가족 모두가 공장에서 일하는 현상이 일어났다. 이러한 노동자가족의 가족으로서의 유지조차 곤란에 빠뜨리는 노동환경은, 개별적인 공장들 입장에서는 '합리적'인 경우도 있을지 모르나, 사회 전체가 그렇게 되면 차세대의 노동력을 양성할 수 없다는 의미에서 사회적으로는 위기가 된다. 즉 자본주의는 안정을 유지하기 위해서 '자본가'의 횡포를 멈추지 않으면 안 되었다. 그것이 공장법으로 대표되는 노동법의 시초이다.

기혼 여성과 어린이의 노동이 규제되기 시작했고, 기혼여성은 가정으로 들어가고 아이들은 학교로 갔다. 또한 농업이나 자영업 등의 정년이 없는 라이프

스타일에서 변화하여, 기업에 고용되어 일하는 방식의 삶이 널리 퍼짐으로써 정년을 맞이하면 일하지 않는 고령자가 탄생하였다. 이렇게 하여 남성이 일하고 여성이 노동력의 재생산에 전념하는 역할 분담 방식이 퍼졌다. 이것이 젠더론의 영역에서 말하는 '주부의 탄생'이다. 이는 또한 '작은 어른'으로서 일하는 것이 아니라, 교육을 받는 존재가 된다는 의미에서 '어린이의 탄생'이며, 일하지 않으면서 남은 생을 이어간다는 의미에서 '고령자의 탄생'이기도 했다.

필자는 최근 25년 동안 근대 산업사회가 탄생시킨 '주부'라고 하는 노동력 재생산시스템이 동아시아 사회에서 어떻게 자리매김했는가, 어떻게 변화해 왔는가를 좇아왔다.[5] 지금 저출산, 남녀평등, 고령화의 문제는 동아시아 사회가 공통으로 안고 있는 문제점이다. 이 글에서는 그러한 문제를 바탕으로, 그것을 동아시아의 내부 비교의 문제로 이끌어내겠다. 이를 통해 동아시아 안의 한국 사회의 특색, 역으로 거기서 드러나는 일본 사회의 특색을 보기로 하자.

한국은 일관되게 여성 경제활동참가율이 낮은 사회였다. 이것은 일본에서 전후 여성 경제활동참가율이 가장 낮은 때가 1975년이었던 것과는 양상을 조금 달리한다. 즉, 일본의 경우에 농가 여성의 취업은 당연한 일이며, 기혼여성은 어머니이기 이전에 노동자의 역할을 할 것이라는 기대를 받았던 것과는 달리, 한국은 반드시 그렇지는 않았던 것이다. 이는 여성이 가정에 있는 것을 도리로 여기는 유교를 배경으로 하는 규범이 일본에 비해 훨씬 강했던 것을 말해준다.

〈표 1〉에서 보면, 한국의 여성 경제활동참가율은 1965년부터 1985년에 걸

---

5 瀬地山角(1996),『東アジアの家父長制』, 勁草書房; Kaku Sechiyama(2013), *Patriarchy in East Asia*, Brill.

표 1 여성 경제활동참가율 한일 비교

	1965	1970	1975	1980	1985	1990	1995	2000	2005	2010
일본	50.6	49.9	45.7	47.6	48.7	50.1	50.0	49.3	48.4	48.5
한국	37.2	39.3	40.4	42.8	41.9	47.0	48.4	48.6	50.0	49.2

* 일본 「勞働力調査」, 한국 「경제활동인구연보」

쳐 일본에 비해 상당히 낮으며, 40% 전후에 머물러 있다. 표에는 나타나 있지 않으나, 비농가에 한정하면 1965년부터 1975년까지 거의 3할 정도밖에 차지하지 않는다. 그렇다고 해서 농가의 경우 일본보다 높은 것도 아니며, 전통적으로 여성이 농사일을 하는 것이 당연했던 일본 사회와 달리, 한국에서는 여성의 옥외활동 자체가 그렇게 활발하지 않았기 때문에, 일본과 비교 가능한 상황이 발생하는 것은 이 글이 대상으로 하는 1990년 전후가 출발점이 된다는 것을 알 수 있다.

2. 한일의 연령별 여성 경제활동참가율

머리말에서 언급한 것처럼, 현재 한국과 일본의 생활수준 차이가 크지 않다. 여성이 취업하는 이유에 대해 알아보려면, 생활자원 획득을 위한 것인지, 아니면 자아실현을 위한 것이지를 물어볼 필요가 있다. 그러나 이때에도 양국의 사회적 맥락이 크게 다르지 않다는 것을 전제로 접근해야 의미있는 비교 연구가 가능하다.

〈그림 2〉는 2002~2003년에 걸친 연령별 여성 경제활동참가율이며, 〈그림 3〉은 2012년의 수치인데, 거의 같은 형태를 보이고 있다. 일본이 M자형, 한국은 그것보다 바닥이 깊은 M자형이며, 타이완은 M자형을 형성하고 있지

그림 2 한국, 일본, 타이완의 연령별 여성 경제활동참가율(2002~2003)

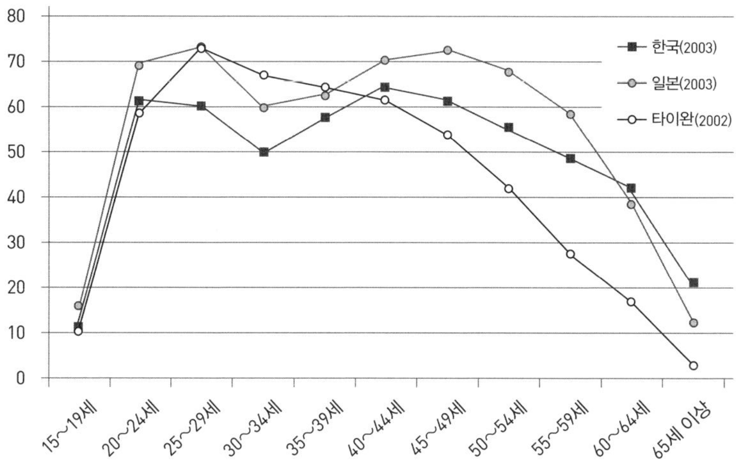

그림 3 한국, 일본, 타이완의 연령별 여성 경제활동참가율(2012)

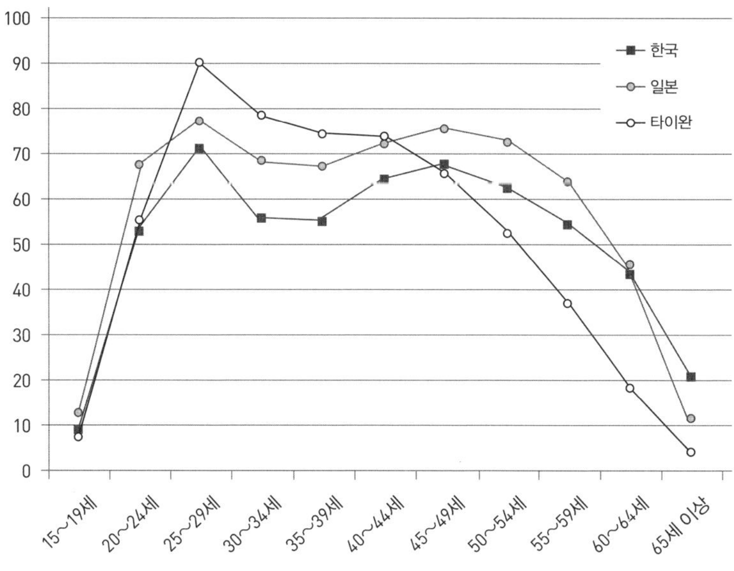

* 한국 「경제활동인구연보」, 일본 「労働力調査」, 타이완 「人力資源調査統計年報」

않다. 타이완이 M자형을 형성하지 않는 이유에 대해서는 다른 지면[6]에서 논했기 때문에 여기에서는 상세히 기술하지 않겠으나, 기본적으로 어린 자녀의 곁에 있어줘야 한다는 어머니 역할규범이 중화문화권에서는 그렇게 강하지 않다는 것으로 설명된다. 이 유형은 싱가포르나 홍콩에서도 보이기 때문에 중화문화권의 특징으로 생각된다.

한일의 여성 경제활동참가율과 고용률이, 선진국에서는 이미 발견되지 않는, M자형 곡선으로 나타나고 있는 것은 잘 알려져 있다. 그리고 그 경향은 적어도 최근 20년 동안 크게 변하지 않았다.

일본에서는 현재도 '자녀가 어릴 때에는 어머니가 곁에 있어야 한다'는 규범이 강하며, 2010년 「출생동향기본조사」의 독신 수치를 보아도, 희망하는 여성의 라이프코스로 취업 '중단 후 재취직'을 선택하는 것이 남녀 모두 많으며, 약 4할에 달한다.[7]

이는 어린 자녀가 있는 어머니의 취업 유무에 전형적으로 나타난다. 〈표 2〉에서 볼 수 있듯이, 타이완에서는 어린 자녀가 있는 어머니의 경제활동참가율은 고학력층을 중심으로 상당히 높다. 3세 미만의 자녀밖에 없는 경우에도 전과학교(단기대학) 졸업 이상의 층에서는 거의 7할에 달한다. 여기에 해당하는 일본의 수치는 학력별 집계로 되어 있지 않아 엄밀한 비교는 할 수 없으나, 〈표 3〉에서 알 수 있듯이, 일본에서는 아직도 막내 자녀가 3세 미만인 어머니의 경제활동참가율이 4할에 미치지 않는다. 역으로 말하면, 타이완과 비교함으로써 '자녀의 곁에 어머니가 있어주어야 한다'고 굳게 믿는 일본 사회의 '특

---

6 瀨地山角(1996), 앞의 책.

7 www.ipss.go.jp/ps-doukou/j/doukou14_s/doukou14_s.pdf(2015. 1. 검색).

표 2 타이완의 6세 미만 자녀를 가진 어머니의 학력별 경제활동참가율(2008)

(단위: %)

	6세 미만 자녀가 있다	자녀가 모두 6세 미만	자녀가 모두 3세 미만
중졸 이하	41.4	40.9	36.5
고졸	59.8	59.4	55.8
전과학교 이상	73.1	72.0	69.3

*「人力運用調査」

표 3 막내 자녀의 연령별 일본 여성 경제활동참가율(2013)

(단위: %)

0~3세	4~6세	7~9세
45.3	60.5	69.2

*「勞働力調査」

수성'이 드러난다. 한국은 여기에 해당하는 자료가 없어, 단순 비교가 불가능하다. 단, 특히 1997년 아시아 경제위기 이후 급속하게 여성의 경제활동참가가 진행되었음에도 불구하고 자녀가 여성 취업에 장애물이 되는 양상에는 큰 변화가 없었다고 보여진다.

3. 한일에서 어머니 역할의 차이

여성의 연령별 경제활동참가율이 M자형을 그리고, 출산육아기에 경제활동참가율이 저하하는 것이 한일의 공통적 현상이라는 것은 잘 알려져 있다. 어머니 역할이 강조되기 때문이라고 하는 것은 동의반복에 지나지 않으나, 이것은 결코 자명한 것이 아니다. 어머니 역할이 이렇게 중요시되는 사회는 선진국 중에는 오히려 소수이기 때문이다. 그러므로 한일의 어머니 역할 자체를 '자연적'인 것이 아니라 사회적으로 만들어진 것으로 취급할 필요가 있다. 특히 메이지 시대까지 일본에서 며느리는 귀중한 노동력이었고, 육아 '따위'에 얽매여서는 곤란한 일손으로 여겨져, 아이를 돌보는 것은 거의 형제나 조부모였다. 한국은 농가에서도 옥외노동이 일본만큼 활발하지 않았던 사회이나, 현대의 대학수험까지 연장되는 '어머니 역할'이란 것은 최근에 생겨난 현상이다.

한편 '어머니 역할'이라고 불리는 것의 내용은 한일에서 미묘하게 다르다. 이것은 별로 지적되지 않아 왔던 논점이므로 중요하다. 1998년 『후생백서厚生白書』는 3세가 되는 시점까지 어머니와 유지하는 밀착도가 이후 아이의 성장 과정에 미치는 차이를 인정하려는 주장에 대해 과학적 근거가 없다고 단언했다. 그럼에도 불구하고 일본에서는 '3세아 신화'라고 하여, 자녀가 3세가 되기까지 어머니가 곁에 있어 주어야 한다고 하는 '미신'이 아직 널리 퍼져 있다.

그로 인해 2000년대에 들어와서도 첫째 자녀 출산 후 여성의 계속취업률이 전체의 4분의 1에 지나지 않는 것이 상징하는 것처럼,[8] 출산이 여성의 취업에 최대의 '벽'으로 작용한다. 다만 일본의 경우, 어머니 역할의 강조는 자녀의 연령이 어릴 때로 한정된다. 그래서 '자녀가 크면 파트타임 일을 할 것이다'라고 하는 말이 의미하는 자녀의 연령은, 3세 이후이거나 초등학교 입학 시기를 말한다. 수험공부에 대해서도 '부모의 수험'으로 간주되는 것은 중학교 입학 시험까지이며, 자녀의 고등학교 수험이나 대학 수험을 위해서 어머니가 정신적인 원조 이외에 무언가를 특별히 하는 것은 기본적으로 없다.

또한 가사일 중에서도 가장 외주하기 힘든 것이 저녁식사이다. 한국·중국·일본·타이완을 대상으로 한 2006년의 동아시아 사회조사EASS에서 저녁식사 준비를 아내가 하는 빈도는, 일본에서는 거의 매일이 84.5%, 일주일에 여

8 出生動向基本調査(출생동향기본조사).

러 번이 9.6%로 어머니의 부담이 훨씬 무겁다. 이것은 타이완의 거의 매일이 58.6%, 일주일에 여러 번이 20.5%인 것과는 크게 다르다.[9] 타이완을 포함하여 중화문화권에서는 저녁식사를 외식으로 해결하는 것에 대한 거부감이 없기 때문이다.

그 점에서 어머니 역할의 내용은 한국과는 크게 다르다. 우선 한국의 어머니 역할이 일본과 가장 다른 점은, 그 초점이 3세 미만의 어린 자녀에게 있는 것이 아니라, 대학수험을 정점으로 하는 교육 관리에 있다는 점이다.[10] 청소나 저녁식사 준비는 통근하는 가정부'아줌마'에게 맡기는 것이 가능하다. 그러나 대학수험을 앞둔 자녀가 있으면, 어느 학원이 좋은지, 어느 학교가 좋은지 등의 정보를 수집하고, 밤늦게 학원을 마치는 자녀를 데리러 가는 등의 일들이 '어머니 역할'에 포함된다. '고학력 전업교육 어머니'라는 라이프스타일이 존재한다는 것이다.[11]

일본의 입시학원 광고의 경우, '제1지망은 양보할 수 없다駿台予備校'처럼 호소하는 대상이 주로 학생인 것에 반해, 한국의 학원 광고에는 반드시 부모 대상의 정보가 있다는 특징이 있다.

그리고 일본에서는 거의 존재하지 않는 것이 한국의 '기러기아빠'이다. 자녀가 영어권에서 유학할 때에 어머니가 자녀를 따라가서 일상생활을 돌보고, 아버지는 한국에 남아 가족에게 돈을 보내는 역할을 하는 현상이다. 일본에서

---

9 岩井·保田 編(2006),『データで見る東アジアの家族観』, ナカニシヤ出版.

10 柳采延(2012),「韓国における「教育する母」のステータス: 高学歴中間層女性の自己実現の様相」, 東京大学大学院総合文化研究科国際社会科学専攻修士論文; 柳采延(2014),「自己実現としての教育する母—韓国の高学歴専業主婦における子どもの教育」,『家族社会学研究』第27巻 第1号, 日本家族社会学会.

11 柳采延(2012), 위의 글; 柳采延(2014), 위의 글.

도 자주 보이는 단신부임과 형식적으로는 같아 보이나, 일본의 경우는 아버지가 회사 사정으로 이동하는 것에 반해, 한국에서는 자녀와 함께 어머니가 아이의 공부를 이유로 이동한다. 일본에서 아이의 유학에 어머니가 따라가는 일은 드물다. 오히려 자립의 기회로 아이 혼자 가는 것이 보통이다. 또 지방에서 도쿄에 있는 학원을 다니는 경우도, 어머니가 따라가는 일은 없다. 즉 일본의 경우, 그 시기에 어머니 역할이 해제되어 있는 것에 반해, 한국의 경우, 어머니 역할은 대학수험까지 포함하는 것이며, 그러한 교육 관리가 고학력 전업주부의 자기실현의 장[12]이 되어 있다.

무엇보다도 이러한 대학수험 관리가 어머니의 일이 되어 간 것은 그렇게 오래된 일이 아니다. 대학 진학률이 낮았던 시대에는 지금처럼 당연하게 어머니 역할 속에 대학수험을 위한 지원이 필수적 요건으로 들어 있었던 것은 아니다. 대학 진학률의 상승에 따라서 1990년대 이후 한국의 어머니 역할도 범위와 기간이 연장된 것이다.

한국에서도 타이완에서도 대학 진학은 거의 학력으로 표준화되어, 대졸은 현세대에게 지위표시 기능을 거의 잃었다. 고등학교 수험이 원칙적으로 없다는 점도 있어, 대학수험은 일본과 비교되지 않을 정도로 경쟁이 심하다. 그러한 점에서 한국과 타이완은 공통되나, 타이완에서는 직업고등학교 출신자의 비율이 4할 이상으로 높으며, 한국에서는 화이트칼라 이외의 직업에 대한 기피의식이 더 강한 만큼 경쟁이 심하다고 할 수 있다.

한편 한국에서도 대학에 들어간 후 계속되는 '제2차 수험전쟁'이라고도 할 수 있는 공무원이나 대재벌회사의 채용시험을 준비하기 위해 고시원 등에서

---

12 柳采延(2012), 앞의 글; 柳采延(2014), 앞의 글.

공부하는 자녀를 직접 부모가 지원하는 것은 주류가 아니다. 유사한 사례가 있을 경우에도 금전적인 원조뿐이며, 상경하여 식사를 챙겨주거나 하는 것이 그리 흔치는 않다. 일본의 '3세아 신화' 대신에 현대 한국에서는 대학수험을 전후로 어머니 역할의 상한을 '자의적'으로 규정하는 선이 그어져 있다고 말할 수 있겠다.

4. 학력별 여성 경제활동참가율과 주부의 위치

단순히 여성 경제활동참가율의 높고 낮음을 논의할 것이 아니라, 이것이 학력의 상승에 따라서 높아지는가 아닌가를 판별하는 작업이 여성의 사회적 지위를 고찰할 때 매우 중요하다. 이는 필자가 1980년대 후반 이후 가지고 있는 가설이다. 여성이 계층상승을 했을 때 노동력화되는가, 아니면 오히려 주부가 되기 쉬운가를 판단할 수 있는 기초 자료는 이것이라고 볼 수 있다. 즉 고학력일수록 노동력화가 진행되는 사회는 상층 여성이 노동한다는 이미지가 있으며, 주부의 상대적 지위가 내려가기 쉽다. 반면에 여성의 고학력화가 진행되어도 경제활동참가율이 높아지지 않는 사회에서는 상대적으로 전업주부의 계층이 높아지기 쉬우므로 주부가 소멸되기 어렵다고 생각할 수 있다.

먼저 진학률 자료를 볼 필요가 있다. 우선 여성의 고교 진학률은 일본·한국·타이완의 2008년 자료에서 이미 각각 96.6%, 99.0%, 96.1%로 거의 같은 수준이다. 여성의 대학 진학률은 1992년 자료에서는 4년제 대학의 경우, 일본 17.3%, 한국 22.9%, 타이완 16.5%로 거의 비슷했다.[13] 그러나 이러한

13 진학률 자료는 일본『学校基本調査』, 한국『교육통계연감』, 타이완『台湾教育部統計処』참조.

양상은 최근에는 상당히 달라졌다.

2년제와 4년제를 합친 여성의 고등교육 진학률은 2012년 자료에서 일본은 55.5%, 한국은 1990년의 32.4%에서 큰 폭으로 증가하여 74.1%가 되었다. 2010년까지 자료에 반영된 입학자의 기준일이 2월 1일로 되어 있어 실제 입학자뿐만 아니라 합격자가 함께 계산되는 경우가 있어서 8할을 넘었으나, 2011년부터 4월 1일로 변경되어, 그 결과 수치가 10포인트 가까이 내려갔다. 다만 여전히 상당히 높은 것에는 변함없다. 타이완의 경우 일반계 고교에서는 96.1%, 직업계 고교에서는 85.8%이다. 일반계와 직업계의 졸업자 수의 비율(2011년 56 : 44)로 셈하면 약 91.5%로, 한국보다 높다.[14] 한국과 타이완이 훨씬 대학 진학률이 높은 것이 되나, 일본의 경우 2년제 고등교육기관으로서의 전수학교(전문학교)가 대학 진학률에 포함되어 있지 않다. 여성의 전수학교 진학자가 20.2%이므로, 이를 더하면 약 75%가 되어 한국과 거의 같은 수준이 된다.

애초에 2년제 고등교육기관이라는 것은 세계적으로 직업·기술교육을 시행하는 곳으로, 한국의 전문대도 그러한 기능을 가진 교육기관이다. 그러나 일본의 단기대학은 1960년대 후반 이후, 여성에 특화된 교양교육기관이라는 상당히 특이한 성질을 띠게 되었다. 그래서 오히려 직업훈련을 위한 교육기관으로 전문학교가 발달했으나, 이것은 대학으로 인정하지 않기 때문에 일본의 대학 진학률에는 계산되지 않는다. 한일을 비교할 때 유의해야 하는 중요한 차이의 하나이다.

한일(및 타이완)은 여성의 고등교육 진학률에 대해 최근 20년간은 큰 차이가

14 다만 여기에는 고등학교에 진학하지 않고 5년제 전과학교에 진학한 학생들이 나오지 않기 때문에 단순 비교는 할 수 없다.

표 4 일본, 한국, 타이완의 학력별 여성 경제활동참가율

(단위: %)

국가	연도	중졸 이하	고졸	단기대졸	대졸 이상
일본	1992	42.9	59.8	64.6	66.0
	2012	54.0	66.6	69.8	74.1
한국	1995	44.6	50.2	63.5	67.9
	2008 (기혼 여성)	51.0	53.0	51.1	53.0
	2012	35.6	52.8	65.2	63.1
타이완	1992	49.4*	66.1	79.8	82.0
	2012	27.8	62.3	71.1	78.3

* 일본 「就業構造基本調査」, 한국 「경제활동인구연보」, 타이완 「人力資源統計年報」의 자료로 독자적으로 계산. 초졸 이하는 포함되지 않음

없고, 자료를 가지고 안정적인 비교가 가능하므로, 이제 이를 바탕으로 학력별 여성 경제활동참가율을 보도록 하자.

학력별 자료는 타이완의 자료처럼, 재학생을 비노동력으로 계산하는 경우가 있기 때문에 그 영향을 제거하고 다시 계산하면 〈표 4〉와 같다. 한국은 학력 상승이 반드시 경제활동참가율의 상승으로 이어지지 않는다. 일본은 완만히 상승하는 것처럼 보이나, 이는 출산 전의 경제활동참가율이 높기 때문이다. 한국이 더 명확하나 타이완과 비교했을 때 한일 모두 학력 상승이 경제활동참가율 상승으로 이어지지 않는 사회라고 할 수 있으며, 게다가 1992~1995년의 자료와 비교해도 두 나라 모두 상황에 큰 변화가 없었다는 것을 알 수 있다.

앞에서도 논한 것처럼, 학력별 고용률이 학력과 함께 상승한다는 것은 주부의 지위가 상대적으로 낮다는 것을 의미한다. 고용률이 반드시 학력과 함께 상승하는 것이 아니라면 주부가 상대적으로 높은 계층의 존재라는 것을 의미한다. 그러한 의미에서, 타이완 여성의 적극적인 사회 진출의 경향과 비교하

여 한국의 학력별 기혼 여성의 경제활동참가율은 학력이 높아져도 전혀 상승하지 않는다(〈표 4〉). 또한 〈그림 4〉에서 알 수 있듯이, 40대에서는 대졸 여성의 경제활동참가율이 다른 학력과 비교해서 가장 낮아진다. 이것은 자녀의 대학수험까지 교육 관리를 해야 하는 시기와도 합치된다. 또 대졸 여성의 연령별 고용률 자체가 M자형이 되어 있지 않고 오히려 L자형이 되어 있다. 수치로 보아도 40대에서는 60%보다 낮으며, 일본의 대졸여성과 비교해서 10포인트 정도 낮다. 이것은 상당히 특이한 현상이라고 할 수 있다.

IMF 위기를 거쳐 2000년대 이후 한국에서도 기혼 여성의 취업은 가계에 공헌하는 것으로 간주되어 이전과는 달리 여성의 사회 진출이 상당히 중요시되는 변화를 겪었다. 그러나 적어도 사회 전체의 통계를 보면 눈에 띄는 큰 변화가 있었다고는 말하기 어렵다.

일본도 〈그림 5〉에서 볼 수 있듯이, 대졸 여성의 유업률[15]은 40대에서는 고졸과 거의 같으며, 결혼·출산 등으로 퇴직한 후 재취업하지 않고 무직으로 머무는 비율이 비교적 높다. 〈표 4〉에서 학력별로 보았을 때, 전체적인 경제활동참가율의 수치가 대졸이 다른 학력보다 높으나, 이것은 30대 전반까지 경제활동참가율이 높기 때문에 나타나는 현상이다. 출산육아기인 30대 이후 퇴직하는 경우가 많으며, 학력이 높아질수록 경제활동참가율이 더 높아진다고는 말하기 어렵다. 한국과 더 닮아 있으며, 타이완과 비교했을 때 주부의 지위가 여전히 상대적으로 높은 사회임을 알 수 있다.

이러한 여성을 둘러싼 상황의 차이는 여성의 사회 진출에 관한 국제적인 지

---

15 일본의 유업률은 한국의 고용률과 유사하나 일치하는 개념이 아니다. 유업자는 근로의사 보유자나 예정자를 포함하고 있다. 고용률의 산출 근거인 취업자는 ILO 기준으로 조사기간 중 수입 있는 일에 종사한 자이다.

그림 4 한국의 학력별·연령별 여성 경제활동참가율

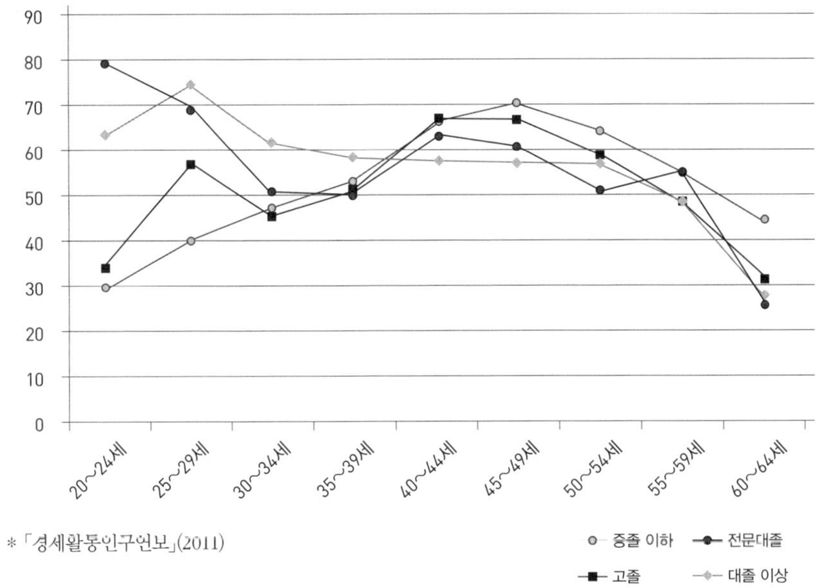

＊「경제활동인구연보」(2011)

그림 5 일본의 학력별·연령별 여성 유업률

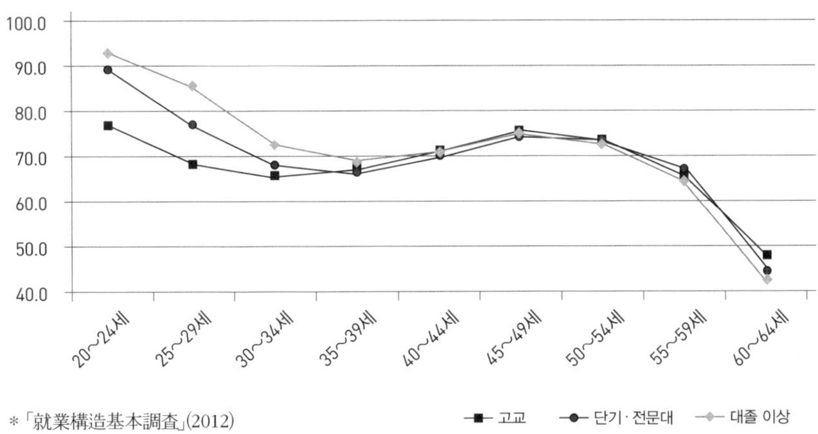

＊「就業構造基本調査」(2012)

표인 남녀격차지수GGI에서도 확인할 수 있다. 이는 세계경제포럼이 여성 국회의원 비율, 여성 관리직 비율, 여성 전문직 비율, 여성 소득의 남성 소득에 대한 비율 등으로 산출한 지표이다. 과거에 국제 비교를 할 때 자주 사용되었던 여성권한척도GEM: Gender Empowerment Measure에 비해 남녀격차지수는 절대치보다 남녀 격차를 강하게 반영하는 지수이기 때문에 경제수준과는 무관하게 그 사회의 '성차별도'를 나타낸다고 할 수 있다. 남녀격차지수의 상위를 북유럽 5개국이 독점하는 가운데 아시아에서 가장 상위를 차지하는 국가가 필리핀(9위)인 것은 이러한 이유 때문이다.

2014년에 발표된 자료에서 일본은 142개국 중 104위, 한국은 117위로, 일본은 여성의 정치 참여가 현저히 낮고, 한국은 경제면에서의 성차가 일본보다 크다. 전년도인 2013년에는 136개국 중 일본이 105위, 한국은 111위로, 이 수준에서는 어느 쪽이 더 높고 낮은가의 문제가 아니며, 두 사회 모두 고학력 여성에게 일할 곳을 제공하고 있지 않다는 것이 명백하다. 한자 고사성어에 나오는 '오십보백보'라는 비유에 따르자면, '백보백이보' 정도의 문제이다. 저출산 고령사회에 대한 대책은 한일이 공통적으로 안고 있는 과제라 할 수 있다.

고령자의 취업 유형

'누구를 노동력으로 하느냐' 하는 정책이나 기업의 선택은 이미 제도적·문화적으로 영향을 받고 있다. 여기에서는 특히 타이완으로 대표되는 중화문화권의 고령자 취업이 얼마나 특징적인 것인가를 대조하면서 한일의 장래를 보도록 하자. 그리고 그것은 특히 일본이 고령자 취업에 대해 얼마나 '특수한' 문화를 가지고 있는 사회인가를 조명하는 것으로 이어질 것이다.

1. 취업희망의 차이

먼저 경제활동참가율을 보도록 하자. 〈표 5〉에서 알 수 있듯이, 유럽에서 고령자의 노동은 드물다. 미국은 강력한 신자유주의 정책이 시행되고 있으며 사회보장제도가 충분히 갖춰져 있지 않다는 문제로 인해 고령자의 경제활동참가율이 비교적 높지만, 여전히 고령자의 경제활동 참가 수준이 일본보다는 낮다. 특히, 북서 유럽에서 은퇴retirement는 직설적으로 표현하자면, '고역labor으로부터의 해방'으로 여겨지므로, 연금생활에 들어선 다음에도 일을 하는 행동은 예외적이다.

타이완을 포함한 중화문화권도 고령자의 취업에 대해 상당히 부정적인 사회이다. 특히 여성은 출산육아기에 해당하는 30대에 노동시장에 머무르며 40대 후반 이후에는 급속하게 경제활동참가율이 내려간다. 손자를 돌보면서 한가롭게 지내는 것이 이상적인 것으로 여겨지는 사회이므로, 늙은 부모의 취

표 5 국가별 고령자의 경제활동참가율(2008)

(단위: %)

국가	60~64세	65~69세	70세 이상
프랑스	17.0	4.2	1.5
독일	37.8	7.6	3.9
일본	59.8	37.4	20.2
영국	47.0	17.2	7.5
미국	54.1	30.7	16.8
한국	55.1	30.6*	-
타이완	31.9	8.1*	-

* 주: 한국·타이완은 65세 이상
* ILO LABORSTA(타이완은 「人力資源統計年報」)

업은 종종 자식들의 체면을 깎는 것으로 여겨진다. 65세 이상 여성의 취업률 자료를 보면, 중국이 농촌의 영향으로 전국의 경우 17.2%로 약간 높게 나오나, 도시에 한정하면 3.8%(2000), 타이완이 4.6%, 홍콩이 1.8%(2008)으로 나와 있다. 일본은 13%(2008)에 달한다. 중화문화권은 사회보장이 전혀 없는 농촌부에서 빈곤으로부터 오는 노동이 관찰되나, 그 밖에는 기본적으로 고령여성은 일하지 않는 사회인 것이다. 그리고 이는 남자를 포함해도 기본적으로는 변하지 않는다. 이를테면, 노동력 수요가 있을 때 어떤 사람을 노동력으로 받아들이는가, 혹은 역으로 말하면 누가 노동력이 되려고 하는가를 묻는 질문에 대해 '경제 합리성'이라는 언어만으로는 설명할 수 없는 고유한 사정이 있다는 사실이 중요하다.

55세 이상의 남녀를 대상으로 하는 일본 내각부의 「고령자의 건강에 관한 의식조사」(2012)에서도 60세 이상 직장인의 퇴직 희망 연령은 '65세 정도까지'가 20.8%인 것에 반해, '70세 정도까지'가 17.2%, '일할 수 있는 동안은 계속'이 32.4%로 나와 있다. 70세나 75세까지 등을 합쳐서 65세 이상으로 대답하는 비율은 약 6할에 달하며, 고령자의 노동에 적극적인 경향은 지금도 변함없다.

또한 일본 내각부가 실시한 「제7회고령자의 생활과 의식에 관한 국제비교조사」(2010)는 60세 이상 남녀를 대상으로 한 조사로, 현재 취업하고 있는 사람의 비율은, 한국 49.8%, 일본 38.3%, 미국 30.2%, 독일 21.0%, 스웨덴 34.9%로 나와 있다. 일본은 2005년(34.9%)까지 점점 줄어드는 경향이 계속되었으나 2010년 조사에서는 반전하여 상승하였다. 정년 후의 재고용 등이 자료에 반영된 것으로 생각되나, 평균수명이 긴 것도 감안하면, 세계적으로 보아도 선진국 중에서는 고령자의 취업률이 특이할 정도로 높은 사회이다.

한편, 일하는 층의 앞으로의 취업의욕을 보면, 한·미·일이 약 9할로 높으며, 독일은 65.3%, 스웨덴 70.0%이다. 특히 흥미있는 것은 취업을 계속 하

표 6 현재 취업 상태인 사람이 계속 일하기를 희망하는 이유

(단위: %)

이유	일본	미국	한국	독일	스웨덴
1. 수입을 원한다	43.8	49.2	64.5	38.6	28.6
2. 일 자체가 재미있어서 자신의 활력이 되므로	20.7	34.3	19.1	51.5	51.5
3. 일을 통해서 친구나 동료를 얻을 수 있으므로	8.3	-	-	0.8	1.7
4. 일하는 것은 몸에 좋으므로 노화를 방지하기 위해	25.8	13.7	16.2	8.3	13.0
5. 그 외	1.4	2.8	0.3	0.8	5.2

* 「第7回高齢者の生活と意識に関する国際比較調査」(2010)

기를 희망하는 이유로, 〈표 6〉에서 확인할 수 있듯이 수입 이외의 이유를 찾으려고 하는 경향이 일본에서는 상당히 강하다. 독일이나 스웨덴도 비슷한 경향이 있으나, 애초에 〈표 5〉에서 본 것처럼 분모가 되는, 취업하고 있는 사람의 비율이나 일을 계속하고 싶다고 생각하는 비율이 전혀 다르기 때문에, 이것은 일본의 특징적 현상이라 할 수 있다.

특히, '건강에 좋기 때문에'라는 대답은 이 조사에서 1980년의 제1회 조사 이래로 일관되게 25~40%의 대답이 나와, 이것이 일본 사회 고유의 특징이라 할 만하다. 한국도 15~20% 정도로, 구미에 비하면 비교적 높으나 일본을 결코 상회하는 일은 없다. 또 한국의 경우 '수입을 원한다'가 1980년 이후로 일관되게 60%대라는 점도 다른 선진사회에서는 보이지 않는 경향이다.

세계적으로도 고령자가 수입을 확보하기 위해서 일하는 것 자체는 드문 현상이 아니고, 일본에서도 일관되게 40%대를 유지해, 나와 있는 선택지 중 가장 높다. 그러나 이 선택지가 한국에서 특출하게 높다는 점은 역시 한국이 급격한 근대화의 과정을 겪는 가운데 연금제도의 정비를 비롯한 고령자의 복지

에 대한 정책적 배려가 충분하지 못했던 상황을 나타내는 것이라 할 수 있다. 앞으로 급격하게 진행되는 고령화 속에서 한국사회가 직면하게 될 큰 과제가 여기에 있다.

2. 직업별 · 학력별 자료

그러면 취업실태는 어떨까? 직업별이나 학력별 자료를 계산해 보자. 〈표 7〉에서 볼 수 있는 것처럼 직업별 자료에서 먼저 눈에 띄는 것은, 한국·타이완에서는 농림수산업이 상당히 큰 비중을 차지하고 있다는 점이다. 현재의 산업구조에서 농업 분야의 비중은 양국 모두 크지 않으나, 산업화의 속도가 빨랐던 만큼 고령자에게는 농업 분야 종사자가 많다는 것을 의미할 것이다. 한편 일본은 사무직이나 전문·기술직, 관리직 등의 화이트칼라의 직종이 비교적 많다. 이러한 자료를 바탕으로, 일본은 고령자가 일하기 쉬운 직종이 많아서 경제활동참가율이 높은 것이라는 견해가 있을 수 있으나, 농업 분야는 일본에

표 7 직업별 65세 이상 취업자의 비율(취업자 중 차지하는 비율)

(단위: %)

	일본(2012)	타이완(2008)	한국(2011)
농림·어·축산업	16.7	47.6	52.9
생산공정노무/기기운전	29.0*	14.1	28.9
사무	9.6	1.6	0.3
판매	11.9	서비스에 포함	7.4
서비스	12.5	24.1	4.3
전문·기술·관리	14.2	6.2	3.0

* 주: 생산공장, 수송·기기운전, 건설채굴, 운반청소포장의 합계
* 일본 「就業構造基本調査」(2012), 타이완 「人力資源統計年報」(2008), 한국 『노인실태조사 2011년도』(2012)

서 원래부터 고령자가 많이 종사하는 직종이었다. 생산공정노무 종사자와 같은 이른바 블루칼라 직종도 일본에서는 고령자의 비율이 높은 영역이라는 것을 고려하면, 단순히 직종이나 산업구조에 의해서 일본에서 높은 고령자 취업률이 만들어진 것이라 생각하는 것에는 무리가 있다.

학력별 자료는 더욱 흥미롭다. 앞서 여성 경제활동참가율을 논하면서 3개국의 학력별 여성 경제활동참가율을 비교했는데, 학력별 격차를 문제로 삼는 이유는 고학력일수록 선택지가 넓으며, 경제적인 이유에 얽매이지 않고 자신의 희망에 따라 취업할지 어떠할지를 선택할 여지가 크다고 생각되기 때문이다. 즉, 당사자의 희망으로 취업하고 싶다고 생각하는지 어떤지를 상징하는 자료인 것이다.

이러한 시각에서 봤을 때, 〈표 8〉은 상당히 뚜렷하게 대조되는 상황을 나타낸다. 일본에서는 모든 연령층에서 초졸에서 고졸까지 큰 차이가 없으나, 단기대·전문대졸 이상에서는 어느 정도 상승한다. 원래 65세 이상에서는 취업하는 사람이 상당히 적은 가운데, 타이완은 학력에 의한 비율이 별로 차이가

표 8 고령자의 학력별 취업률

(단위: %)

<table>
<tr><th></th><th>연령</th><th>초·중졸</th><th>고졸</th><th colspan="2">단기대·전문대졸 이상</th></tr>
<tr><td rowspan="3">일본</td><td>65~69세</td><td>39.1</td><td>38.0</td><td colspan="2">41.7</td></tr>
<tr><td>70~74세</td><td>24.5</td><td>24.4</td><td colspan="2">26.7</td></tr>
<tr><td>75~79세</td><td>14.3</td><td>14.9</td><td colspan="2">18.8</td></tr>
<tr><td rowspan="2">타이완</td><td>60~64세</td><td>31.2</td><td>32.6</td><td colspan="2">34.2</td></tr>
<tr><td>65세 이상</td><td>8.4</td><td>7.5</td><td colspan="2">6.4</td></tr>
<tr><th></th><th>연령</th><th>무학</th><th>초졸</th><th>중·고졸</th><th>단기대·전문대졸 이상</th></tr>
<tr><td>한국</td><td>65세 이상</td><td>31.0</td><td>38.4</td><td>34.9</td><td>21.8</td></tr>
</table>

* 일본 「就業構造基本調査」(2012), 타이완 「人力資源統計年報」(2008), 한국 『노인실태조사 2011년도』(2012)

없는 한편, 65세 이상의 취업이 현저히 적다. 이는 중화문화권의 고령자 취업에 대한 기피의식이 드러나 있다. 한국의 경우, 취업률은 비교적 높으나 학력이 높아질수록 취업률이 떨어지는 경향이 있다. 즉 제1차 산업 종사자를 중심으로 생활상의 필요에 의해 일하는 층이 많은 것으로 추측된다.

한편, 한국의 『노인실태조사 2011년도』에서는 65세 이상의 일하지 않는 노인에 대해서 학력별로 취업의욕을 묻는 항목이 있다. 이것에 의하면, 무학은 9.6%인 것에 반해 초졸 11.9%, 중고졸 17.0%, 전문대 이상 18.3%로 고학력일수록 취업의욕이 상승하는 경향이 있다.[16] 또 그 이전의 같은 조사 『노인실태조사 2008』에서는 65세가 아닌 60세 이상의 일하고 있지 않는 노인에 대해서 학력별로 취업의욕을 물었다. 그에 따르면 무학은 18.8%인 것에 반해, 초등학교 37.4%, 전문대 이상 52.9%로 역시 고학력일수록 취업의욕이 상승하는 경향이 있다.[17]

또한 60세 이상이 대상인 2008년 조사와 65세 이상이 대상인 2011년 조사에서 나타난 취업의욕을 보면, 도시(동)는 40.2%(2008), 14.8%(2011), 농촌(읍, 면)은 24.7%(2008), 6.2%(2011)로 도시가 더 높다. 이는 농촌에 집중된 저학력층에 여성이 많다는 것과 함께 저학력층은 65세 이상에서도 고령층에 많으며, 도시에 집중된 고학력층에는 상대적으로 젊은 층이 많다는 것과 관계있음을 감안해 해석할 필요가 있다. 한국 고령자의 취업의욕은 전반적으로 일본 고령자와 비슷하다고 할 수 있다. 그러나 앞서 기술했듯이, 일본의 「고령자의 건강에 관한 의식조사」(2012)에서는 60세 이상 직장인의 퇴직희망연령은 '65

16 보건복지부·한국보건사회연구원(2012), 『노인실태조사 2011년도』, 364쪽.

17 보건복지가족부(2009), 『노인실태조사 2008』, 289쪽.

그림 6 한국의 60세 이상 남성의 도시·농촌별 경제활동참가율

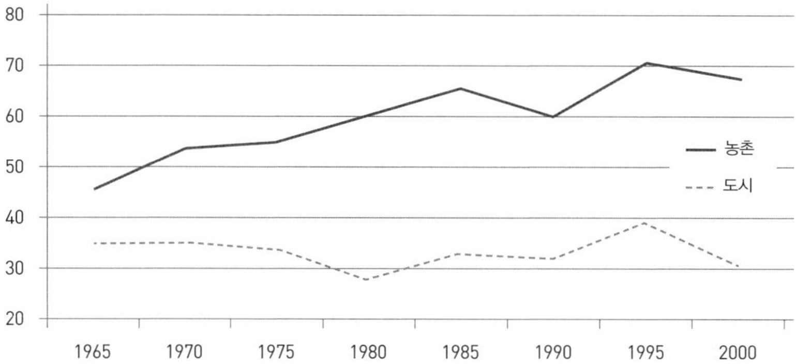

그림 7 한국의 70세 이상 남성의 도시·농촌별 경제활동참가율

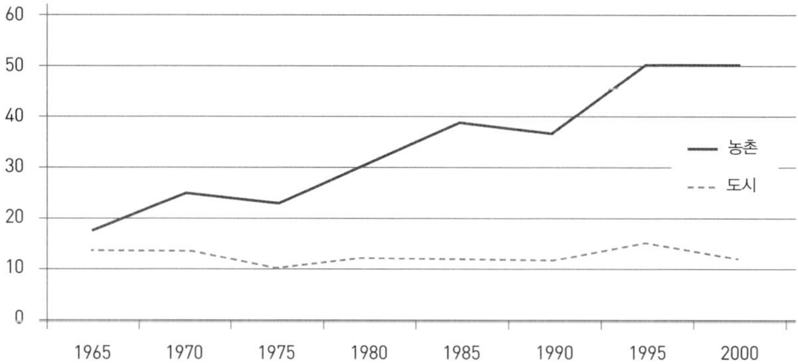

세 정도까지'가 20.8%인 데 반해, '70세 정도까지'가 17.2%, '일할 수 있는 동안 계속'이 32.4%인 것과 한국 자료를 비교하면, 일본 고령자의 노동의욕이 한국 고령자보다 높은 것은 틀림없다고 보인다.

또한 한국의 자료를 시계열로 상세히 보면 흥미로운 점을 알 수 있다. 한국 남성 고령자의 경제활동참가율을 보면, 1965~2000년까지 도시에서는 경제활동참가율이 상승하지 않았던 것에 반해, 농촌(읍·면)에서만 고령자 경제활동참가율이 급격히 상승하고 있는 것을 알 수 있다(〈그림 6〉, 〈그림 7〉).

그림 8 일본 고령자의 경제활동참가율 추이

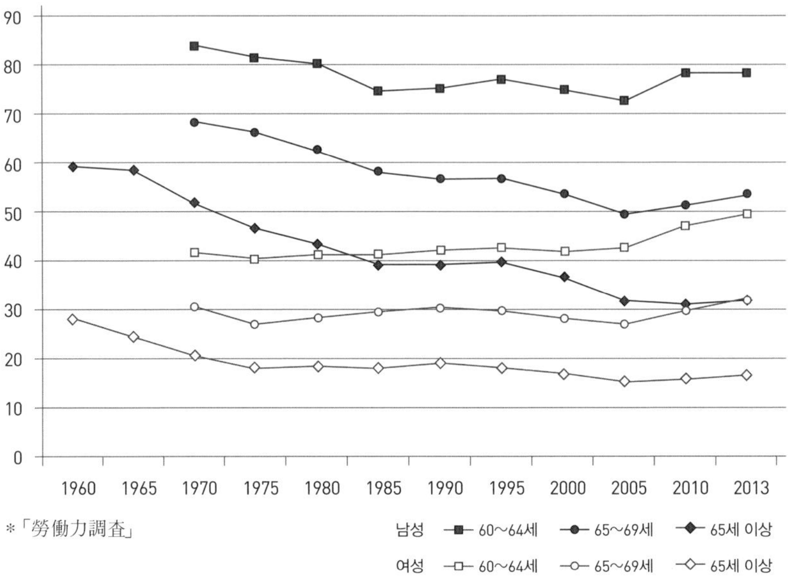

*「勞働力調査」

이것은 다음과 같은 사실을 의미하고 있다. 즉, 한국에서는 원래부터 농촌에서의 고령자 노동이 반드시 일반적인 것이 아니었다. 그러나 고도 경제성장에 따른 인구이동에 의해서 농촌의 일손이 유출되어, 고령자 노동이 일반적인 것이 되었다.[18] 이에 반해 일본의 경우에는 1970년 이전의 자료를 비교해보면 한국보다 경제활동참가율이 높았고, 그 후 사회보장제도의 정비나 농업 분야의 축소 등에 따라 경제활동참가율이 저하되었다는 것을 읽을 수 있다(〈그림 8〉). 더욱이 일본 자료는 전국 자료로, 1960년대의 65세 이상 남성의 경제활동참가율이 5할 이상인 것에 반해, 한국은 농촌에 한정해도 65세가 아닌

18 이철희(2006), 『한국의 고령노동』, 서울대학교출판부.

60세 이상의 경제활동참가율이 5할 전후이다. 그 후 한국은 급격히 농촌의 고령자의 경제활동참가율이 상승한다. 젊은 사람들이 도시로 나가고, 남은 고령자들이 농업을 계속하는 것이 고도 경제성장기에 나타난 한국 농촌의 '새로운 노후생활과 일하는 방식'이었던 것을 알 수 있다.

한국에 비해 일본은 이전부터 고령 취로자의 비율이 높았다고 생각할 수 있다. 그러나 연금제도가 정비되고 농가나 자영업 등이 줄어듦으로써 1970년대 이후에 60세 이상의 경제활동참가율이 내려가는 형세를 보인 것이다. 최근에는 정년제 연장이나 재고용·재취직율이 높아짐으로써 60~64세 및 65~69세 층에서 남녀 모두 경제활동참가율이 상승하고 있다. 또한 화이트칼라 등의 직종에 고령자가 흡수되어 있어서 고령자 취업의 현황이 한국과는 다르다. 60대는 이제 일본에서 '노인'이 아니라, 버젓한 '일손'인 것이다.

2014년 65세 이상 인구 비율인 26%는 2034년경의 70세 이상 인구비율에 필적할 것이다. 말하자면, 고령자의 정의를 65세 이상에서 70세 이상으로 바꾸면 20년간 고령자의 비율이 바뀌지 않는 것이 된다. 연금의 지급연령을 조금씩 늦추고 '60대 현역제'를 어떻게 실현해 나갈 것인가, 어떻게 직장을 제공할 것인가가 긴요한 과제이다.

종종 지적되는 것으로, 타이완을 포함한 중화문화권에서 나이든 부모의 취업은 자식의 체면을 깎는 것으로 여겨진다. 노인은 일하지 않고 한가하게 지내는 것이 이상적인 것으로 여겨져, 돈을 위해 일하는 것은 자식이 양로의 의무를 제대로 다하지 않는 것으로 생각한다. "할아버지는 산에 섶나무를 베러, 할머니는 강에 빨래하러"로 전개되는 일본의 옛날이야기에 등장하는 상투적인 문장에 대해서, 한 타이완의 유학생으로부터 "저 노부부의 아들은 어디서 뭘 하고 있는 건가요"라는 지적을 받고 할 말을 잃은 적이 있다. 이는 중화문화권에서 상당히 비참한 상황으로 비춰지며, 또한 이를 해결하는 것은 아들의 책임으로 인식되고 있다.

한편, 한국에서는 중화문화권만큼 나이 든 부모의 취업에 대한 기피의식이 강하지 않다. 김익기 등의 조사[19]에서도 '자식들의 반대'로 인해 '취업하지 못한다'고 답한 비율은 10% 정도에 지나지 않는다. 한국노인문제연구소[20]의 2000년 조사에서도 똑같은 대답은 4.5%로 큰 문제가 안된다. 선택지가 똑같지 않기 때문에 단순 비교는 불가능하나, 이 수치는 두 가지 의미를 가지고 있으며, 일본에서는 이러한 응답이 더욱 적어질 가능성이 있다. 이러한 의미에서 한국은 타이완과 일본의 중간에 위치하고 있다 할 수 있다.

맺음말

이민을 제외하면, 저출산 고령사회에 대응하기 위한 노동력 공급원은 기혼여성과 고령자밖에 없으며, 극단적인 저출산에 직면하고 있는 가운데, 일본과 한국은 기혼여성과 고령자의 취업에 관해 비슷하면서도 약간 다른 유형을 보이고 있다.

기혼여성에 관해 말하자면, 한일 모두 지금은 이미 선진국에서는 보기 드문 M자형의 취업 유형을 가지고 있지만 양상은 약간 다르다. 일본의 경우 초점이 '3세아 신화'가 상징하는 것처럼 자녀가 어린 시기에 집중되어 있다. 그에 반해, 한국에서는 대학수험까지 이어지는 교육 관리에 관심이 집중되어 있으

19 김익기 외(1999), 『한국노인의 삶』, 미래인력연구센터.

20 한국노인문제연구소(2002), 『고령자 취업과 자원봉사활동』, 한국노인문제연구소, 15쪽.

며, 이와 관련하여 학력이 올라가도 여성 경제활동참가율은 높아지지 않는다. 한일 모두 고학력 기혼여성의 능력을 사회적으로 활용하고 있지 않다는 것이 자명하다.

한편, 고학력 기혼여성을 노동시장으로부터 이탈하게 만드는 요인도 미묘하게 다르다. 자녀가 있는 여성에게 기대되는 역할이 일본은 '3세까지의 육아'라면, 한국은 '대학수험까지의 관리'이다. 바꾸어 말하면, 이는 남성이 '무엇을 하지 않고 있는가'를 생각하는 것과 같다. 육아휴직을 받는 남성은 일본에서 2% 정도밖에 없으나, 자녀의 중학교 수험에 몰두하는 아버지는 대도시권에서 그렇게 드물지 않다. 고교수험, 대학수험이 되면, 물론 어머니 쪽에 부담이 더 많이 가기는 하나, 이는 교육 관리라기보다는 정신적인 것에 지나지 않는다. 일본에서는 당사자인 자녀 자신의 역할 및 수험을 위한 실제적인 지식을 지원한다는 의미를 가진 아버지의 역할이 한국에 비해 중요한 의미를 갖는다.

한편, 기러기아빠 현상에서 볼 수 있는 것처럼 한국에서 남성의 역할은 돈을 버는 것에 한정된다. 해외에서 공부하는 중고생의 자녀를 돌보기 위해 어머니가 함께 해외에 따라간다는 발상은 일본에서는 존재하지 않는 역할규범이다. '고학력 전업교육 어머니'의 상대적 지위가 높기 때문에 한국 대졸 여성의 연령별 경제활동참가율은 M자형이 아닌 L자형이 된다.

또한, 고령자 취업에 관해서는 일본이 매우 적극적인 사회인 것을 알 수 있다. 취업의욕이 높고, 중화권에서 나타나는 취업을 저해하는 규범이 없다. 학력이 높아지면 취업률이 올라가는 경향이 있고, 경제적인 이유로 취업하는 고령자가 비교적 적은 것이 특징이다. 부족한 것은 직장뿐이라고 말해도 좋을 것이다. 평균 기대 수명도 길어지고 있다. 따라서 60대를 가능한 범위에서 '현역세대'로 만들어가며 충격을 완화시키는 길밖에 없을 것이다.

한국은 일본 이상의 속도로 고령화가 진행될 것으로 예상되고 있다. 연금제도가 아직 고령자의 생활을 충분히 지탱해 주지 못하고 있으며, 노후생활을 자녀에게 의존하려는 경향이 강하다. 이것은 일본과는 조금 다른 조건이다. 그러나 한국이 유리한 점도 있다. 한국은 일본이 겪은 초고령사회에서의 시행착오 결과를 보고 미래 정책을 선택할 수 있다. 또한, 한국은 고령자의 취업에 대해 중화권 정도로 강한 기피의식이 없고, 현재는 고령자의 취업이 제1차 산업에 편중되어 있으나, 일본과 같이 화이트칼라직 등으로 취업 범위를 넓히면, 급속한 고령화의 충격을 조금은 완화시킬 수 있을 것이다.

1965년으로부터 50년이 흘렀다. 한국이 이룩한 경제성장의 결과를 보면, 정확히 중간지점인 1990년경부터 일본에서 나타났던 특징이 지나칠 정도로 동일하게 재현되고 있다. 이러한 시각에서 보면, 일본과 비교하는 연구 대상으로는 한국이 가장 적합하다. 역으로 한국의 입장에서 보아도 이는 마찬가지이다. 젠더나 고령자 문제 이외에도 여러 분야에서 한일 비교연구가 실시되고 있다. 변수를 제대로 통제할 수 있다면 틀림없이 의미 있는 연구가 추진될 수 있을 것이다.

참고문헌

김익기 외(1997), 『노인 주거 및 삶의 질에 관한 연구』, 미래인력연구센터.

김익기 외(1999), 『한국노인의 삶』, 미래인력연구센터.

보건복지가족부(2009), 『노인실태조사 2008』.

보건복지부·한국보건사회연구원(2011), 『노인실태조사 2011년도』.

三星経済研究所(2004), 『老後不安拡散에 관한 家計意識調査』.

여성한국사회연구회(1999), 『노인과 한국사회』, 사회문화연구소 출판부.

이철희(2006), 『한국의 고령노동』, 서울대학교출판부.

정경희 외(2005), 『2004년도 전국 노인생활실태 및 복지욕구조사』, 한국보건사회연구원.

최경수(2003), 『인구구조고령화의 경제적 영향과 대응과제』, 한국개발연구원.

韓国갤럽調査研究所(1987), 『韓国主婦의 生活과 意識構造』, 韓国갤럽調査研究所.

韓国갤럽調査研究所(1990), 『韓国人의 生活과 意識構造』, 韓国갤럽調査研究所.

한국노인문제연구소(2002), 『고령자 취업과 자원봉사활동』, 한국노인문제연구소.

한국보건사회연구원(1998), 『1998年度 전국노인생활실태 및 보지요구조사』.

赤川学(2004), 『子どもが減って何が悪いか!』, 筑摩書房.

アジア女性交流·研究フォーラム, 韓国女性開発院(1992), 『日本と韓国の家族意識の比較研究』.

岩井·保田 編(2006), 『データで見る東アジアの家族観』, ナカニシヤ出版.

夏氷(1993), 「日本的社会秩序の特質」, 東京大学総合文化研究科修士論文(未発表).

小島宏(2004), 『韓国·台湾·シンガポール等における少子化と少子化対策に関する比較研究』, 厚生労働科学研究費補助金研究報告書.

大河内一男(1948=1972), 「社会政策論の史的展開」, 『大河内一男社会政策論集』, 有斐閣.

奥田聡(2005), 「韓国における少子高齢化と年金問題」, 『経済危機の韓国: 成熟期に向けての経済·社会的課題』, アジア経済研究所.

饒佳文(1998), 「戦後台湾における中高年の就労忌避と女性労働」, 東京大学総合文化研究科修士論文(未発表).

柳采延(2012), 「韓国における「教育する母」のステータス: 高学歴中間層女性の自己実現の

様相」, 東京大学大学院総合文化研究科国際社会科学専攻修士論文(未発表).
柳采延(2014), 「自己実現としての教育する母 ― 韓国の高学歴専業主婦における子どもの教育」, 『家族社会学研究』 第27巻 第1号, 日本家族社会学会.
瀬地山角(1993), 「東アジアにおける女性の「社会進出」の比較」, 『家族社会学研究』 第5号, 日本家族社会学会.
瀬地山角(1996), 『東アジアの家父長制』, 勁草書房.
総務庁青少年対策本部(1994), 『世界の青年との比較からみた日本の青年 ― 第5回世界青年意識調査報告書』, 大蔵省印刷局.
店田廣文(2005), 『アジアの少子高齢化と社会·経済発展』, 早稲田大学出版部.
簡文吟(2004), 「台湾已婚婦女労動再参与行為的変遷」, 『人口学刊』 28期.
江亮演(2004), 『台湾老人生活意識之研究』, 蘭亭書店.
李大正·楊靜利(2004), 「台湾婦女労動参与類型与歴程之変遷」, 『人口学刊』 28期.
饒志堅, 賴秀玲, 蔡惠華, 王玉珍(2003), 『我國性別統計及婦女生活地位之比較研究』, 行政院主計處 www.dgbas.gov.tw/public/Data/411711334571.pdf.
伊慶春·簡文吟(2001), 「已婚婦女的持続就業: 家庭制度与労動市場的妥協」, 『台湾社会学』 第一期.
蕭英玲(2005), 「台湾的家務分工」 第34期, 台湾社会学刊.
Sechiyama, Kaku(2013), *Patriarchy in East Asia*, Brill.

10장

비정규직 문제의 한일관계사와 한일 비교

피고용자 분류체계를 중심으로

아리타 신

머리말

일본과 한국의 관계를 논할 때, 우선적으로는 정부 간의 관계 혹은 민간의 인적 교류 및 물자와 자본의 흐름에 초점을 맞추는 것이 중요하다. 그러나 이와 더불어 사고방식 및 세계·사회에 대한 시각 자체의 교류와 상호작용에 착안하는 것 역시 일본 사회와 한국 사회 간의 관계 및 한일관계가 각각의 사회에

* 이 장의 구체적인 서술은 有田伸(2011), 「非正規雇用概念の適用過程からみる韓国労働市場の『格差』—日本との比較を通じて」, 『社会科学研究』 62[3·4]; 有田伸(근간), 『報酬格差の社会学(仮題)』, 東京大学出版会의 일부에 근거하고 있다. 또한 한국의 비정규고용에 관해서는 일본어로도 横田伸子(2003), 「韓国における労働市場の柔軟化と非正規労働者の規模の拡大」, 『大原社会問題研究所雑誌』 535; 横田伸子(2012), 『韓国の都市下層と労働者』, ミネルヴァ書房; 尹辰浩(2005), 「IMF経済危機

끼치는 영향을 밝히는 데 있어 중요한 관점을 제공해 준다. 일본과 한국은 지금까지 정부·민간 부문 양쪽에서 긴밀한 인적 교류를 구축해왔으며, 이러한 교류 및 사회구조, 문화적 조건의 유사성을 배경으로 두 사회 사이에는 다양한 아이디어 및 시각의 전파가 발생해 왔다.

이 장에서는 피고용자[1](고용되어 일하는 사람들)의 분류체계, 보다 구체적으로는 '정규직과 비정규직으로의 구분과 그 기준'을 사례로 삼아 사회를 바라보는 시각 및 아이디어의 한일 간 전파와 그 영향에 대해 고찰하고자 한다. 최근 발생하고 있는 비정규직의 증가 및 정규직과 비정규직 사이에서 발생하는 여러 처우의 격차는 일본 사회의 대표적인 격차 문제 중 하나로 여겨지고 있으나, 이것은 한국에서도 마찬가지로 심각한 사회문제가 되고 있다. 그러나 자세히 살펴보면, 일본과 한국의 비정규직의 구체적인 형태 및 고용 통계에서의 비정규직의 포착 방법 등은 큰 틀에서는 유사성을 보이나 세부적인 측면에서는 미묘하게 다르다. 비정규직의 사례를 통해 이 장에서 검토하는 일본과 한국 사이에 존재하는 이러한 '미묘한 차이'는 한일 비교를 통해 각각의 사회의 특징을 선명한 형태로 드러내 준다는 점에서 매우 귀중하다.[2]

以降の韓国労働市場の柔軟化—非正規職労働者を中心に」, 塚田広人 編,『雇用構造の変化と政労使の課題—日本·韓国·中国』, 成文堂; 呉学殊(2006),「日韓労使関係の比較—非正規労働者を中心にして」,『大原社会問題研究所雑誌』, 576; 大沢真知子·金明中(2009),「労働力の非正規化の日韓比較—その要因と社会への影響」,『ニッセイ基礎研所報』55; 高安雄一(2010),「非正規雇用問題」, 環日本海経済研究所編,『韓国経済の現代的課題』, 日本評論社; 禹宗杬(2010),『韓国の経営と労働』, 日本経済評論社 등 다수의 선행 연구가 있다.

1 일본의 정부통계에서는 '고용자'라고 칭한다.

2 이러한 이점을 살린 한일비교(혹은 동아시아 비교)의 사례는 瀬地山角(1996),『家父長制の比較社会学—ジェンダーの比較社会学』, 勁草書房; 中村高康·藤田武志·有田伸 編(2002),『學歷·選抜·學校の比較社会学—教育からみる日本と韓国』, 東洋館

이번 장에서는 일본과 한국 간에 비정규직의 구체적인 형태 및 그 포착 방식이 큰 틀에서는 유사하면서도 세부적으로는 서로 다른 하나의 요인을 피고용자의 분류체계가 일본에서 한국으로 '전파'되었고, 또한 그것이 한국 사회에 적합해지기 위한 '토착화' 과정을 거쳤기 때문이라고 이해하고자 한다. 즉 회사 및 조직에 고용되어 일하고 있는 사람들을 정사원 등의 정규직과 그 이외의 비정규직으로 구분하는 체계는 당초 사회 구조가 비슷한 이웃나라 일본에서 한국으로 전파되어 정부의 고용 통계에 채용되었을 가능성이 높다. 그러나 분류체계가 그렇게 전해졌다 하더라도 정작 고용구조 자체에 있어 일본과 한국 사이에는 상당한 차이가 존재하므로 전파된 분류체계가 그대로는 한국 사회에 적절하게 들어맞을 수 없었을 것으로 추측된다. 그 결과, 고용 통계 조사의 현장에서는 한국의 고용 구조에 적합한 구체적인 분류 기준으로의 개편이 이루어졌고, 이후에는 비정규직의 정의 및 구체적인 포착 방법까지도 변경되었다. 이 장은 이와 같은 프로세스를 피고용자의 분류체계의 '전파'와 '토착화'라는 시점에 입각하여 검토하고, 이 작업을 통해 일본과 한국의 비정규직의 성격 자체를 밝히는 것을 목적으로 한다.

나아가 한국에서 개편되어 일본과 다른 형태로 변화한 피고용자 분류체계, 나아가 비정규직 문제의 해결을 위해 한국에서 진행되고 있는 새로운 시도가 한일 간의 상호 참조의 채널을 통해 일본에서 자명시되는 정규직과 비정규직 구분의 공고함을 흔들어 놓을 수 있는 원동력으로 발전할 가능성에 대해서도

出版社; Gary G. Hamilton and Nicole Woolsey Biggart(1988), "Market, culture, and authority: A comparative analysis of management and organization in the Far East", *American Journal of Sociology*, Vol. 94(S); Mary C. Brinton. ed.(2001), *Women's Working Lives in East Asia*, Stanford University Press 등이 있다.

논하고자 한다. 그간의 한일관계에서는 한국보다 빨리 산업화·근대화를 이룩한 일본의 사례를 한국이 참조하는 경우가 많았다. 그러나 최근에는 일본의 정책 입안 과정 등에서 한국의 사례를 참조하고자 하는 움직임도 증가하고 있다. 본 장의 관점에 입각해 말하자면, 이는 일본에서 한국으로 '전파'되어, '토착화'를 거친 피고용자의 분류체계가 거꾸로 일본의 비정규직 문제에 영향을 미치는 '부메랑 효과'로 보는 것도 가능할 것이다. 이와 같이 사회를 바라보는 시각 및 사회의 지향점에 관한 모델 자체에서도 일본과 한국 사이에는 상호작용, 즉 '한일관계'가 존재하며, 그것이 각각의 사회에 적지 않은 영향을 끼쳐왔을 가능성을 보여주는 것이 이 장의 또 하나의 목적이다.

한국의 비정규직 논쟁

이러한 논의를 전개하기에 앞서 2000년대 초반에 한국에서 벌어진 비정규직의 정의와 포착 방법을 둘러싼 논쟁을 개관해 보자. 이 논쟁은 한국의 피고용자 분류체계의 '전파' 및 '토착화'와 매우 밀접한 관계를 가지고 있다.

1997년의 외환위기 이후 한국에서는 고용의 유연성이 급속히 높아지는 가운데 비정규직의 규모와 그 변화를 정확히 파악하는 것이 시급하고 중요한 과제가 되었다. 종래에는 이러한 목적을 위해 「경제활동인구조사」(통계청)의 데이터가 이용되었다. 후에 자세히 살펴보듯이, 이 조사에는 취업자의 '종사상 지위'에 관한 항목이 있으며, 거기에서는 취업자를 자영업주, 가족종사자, 피고용자의 각 카테고리로 분류한 뒤, 더욱 자세하게 피고용자를 상용근로자, 임시근로자, 일용근로자의 세 가지로 세분하고 있다(이하 차례로 상용직, 임시직, 일용직). 카테고리명에서 드러나듯이 이러한 하위분류는 고용 계약 기간을 기

그림 1 종사상 지위의 하위분류별 피고용자수(한국)

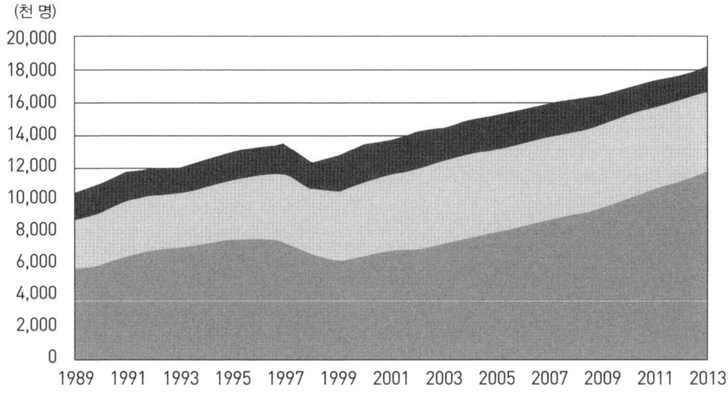

* 1989~2013년도 「경제활동인구조사」

준으로 삼고 있으며, 계약 기간에 제한이 없거나 1년 이상인 것이 상용직, 한 달 이상에서 1년 미만이 임시직, 한 달 미만을 일용직으로 분류하고 있다. 한국에서는 이 3개의 카테고리 중 임시직과 일용직이 고용의 불안정성으로 인해 '비정규직'으로 규정되는 것이 일반적이었다. 실제로 각 카테고리별 고용자 수를 나타낸 〈그림 1〉에 따르면, 임시직과 일용직 수는 외환위기 이후 확실히 증가했으며, 1999년 시점에서는 피고용자 전체의 절반 이상에 이르렀다. 이러한 데이터에 근거하여 '한국에서는 외환위기를 거치며 비정규직이 절반 이상에 달했다'라는 주장이 이루어지게 된 것이다.

그러나 이 같은 방법으로 비정규직의 규모를 파악하는 것에 대해서는 노동경제학자를 중심으로 강한 비판이 일었다. 예를 들어 최경수(2001)는 경제활동인구조사의 조사원을 위한 '조사지침서' 등을 검토하여 이 조사의 상용직, 임시직, 일용직의 구분은 문제가 있다고 주장한다. 즉 이 조사가 실시된 현장에서는 본래 기준이 되어야 하는 고용 계약 기간 외에 '각종 사회보험의 적용 여부 및 복지혜택(퇴직금이나 보너스 등)' 혹은 '기업의 인사 관리 규정의 적용을 받는지 여부' 등의 조건도 원용된 구분이 이루어지고 있으며, 때문에 경제활동인구조사 데이터의 임시직·일용직의 규모는 고용 계약 기간이 정해진 유기 고용자의 실제 규모보다 훨씬 커졌다는 점을 비판하고 있는 것이다.

나아가 최경수는 보다 직접적인 기준에 따라 비정규직을 포착할 것을 제안한다. 최경수가 제시한 대체 방안은 ① 고용의 지속성 여부(고용 계약 기간이 정해져 있거나 정해져 있지 않아도 일정 기간 계속 고용되는 것을 기대할 수 없는 경우), ② 노무제공의 방식(파견, 용역, 호출, 가내근로 등의 비전형노동의 경우), ③ 근로시간제(시간제 고용의 경우) 중 하나에라도 해당되면 비정규직으로 간주하는 것이다. 실제로 이러한 정의에 따르면 한국의 비정규직 규모는 경제활동인구조사의 임시직·일용직의 규모보다 훨씬 적으며, 2000년 시점에서 피고용자 전체의 26.4%에 불과하게 된다(박기성, 2001).

이러한 최경수의 제안에 대한 재비판도 등장했다. 가령 김유선은 최경수의 기준으로는 비정규직에 포함되지 않지만 경제활동인구조사에서 임시직·일용직으로 분류되는 취업자는 역시 모두 '비정규직'으로 간주해야 한다고 주장한다. 그러한 취업자는 '기업의 고용조정시 일차적 감원대상이자 신분상으로도 각종 불이익을 요구받고 있으며, 최근에는 정규직 일자리 대체 수단으로서 악용되고 있는'(김유선, 2001: 101) 존재이기 때문이다.

이상의 논쟁은 한국의 비정규직 분류에 있어 순수하게 고용 계약의 형태(예를 들어, 고용의 임시성)만을 기준으로 삼아야 한다는 입장과 '신분상의 불이익' 등 실제 처우도 고려하여 판단해야 한다는 입장 간의 대립이라고 볼 수 있다. 애초에 이러한 논쟁에서 타당한 결론점을 찾는 것은 용이한 일이 아니지만, 여기서 의문스러운 점은 왜 한국의 경제활동인구조사에서는 피고용자를 상용직, 임시직, 일용직으로 세분화하는 데 있어 고용 계약 기간의 유무와 장단長短

뿐만이 아닌 퇴직금 및 보너스의 유무 등 실제 대우에 관련된 기준을 원용하고 있는가라는 점이다. 왜냐하면 그러한 원용이 이루어지지 않았다면, 애초부터 이러한 논쟁은 발생하지 않았을 가능성도 있기 때문이다.

이에 대해 정이환은 "상용직, 임시직, 일용직의 구분 기준인 '고용 계약 기간'이 한국의 실정에 잘 맞지 않은 채 일본에서 도입되었기 때문일 것이다"(정이환, 2001: 93)라고 지적했다. 정이환의 이러한 지적을 단서로 삼아, 피고용자 분류체계에 관한 일본에서 한국으로의 '전파'와 한국에서의 '토착화' 과정을 밝히도록 하겠다.

일본의 '노동력조사'와 한국의 '경제활동인구조사'의 관계

1. 일본의 노동력조사의 조사 항목·카테고리 체계의 전파

한국의 경제활동인구조사 및 그 전신인 노동력조사는 일본의 고용 통계인 노동력조사와 형식이 매우 유사하다. 〈표 1〉은 양 정부의 고용 통계의 '종사상 지위' 및 '종사 상황'의 구체적인 카테고리를 대응 시기별로 나타낸 것이다. 이를 보면, 일본에서는 1959년 1월에 이루어진 개정에 따라 피고용자가 '상고', '임시', '일고'의 3개의 카테고리로 하위구분 되었고, 나아가 종사하고 있는 일에 대한 연간 지속성을 알아보기 위한 '종업 상황'이라는 항목이 새로 마련되었다.

한편 한국에서는 1957년에 최초의 정부고용 통계조사인 노동력조사가 시작되었다. 필자가 습득한 자료 중 가장 오래된 1960년 시점의 노동력조사의 조사 항목과 카테고리를 살펴보면(내무부 통계국, 1960), 종사상의 지위 항목의

표 1 정부 고용 통계의 조사항목과 카테고리 체계의 한일 비교(1950년대 말~1960년대 초)

일본	노동력조사(~1958. 12.)	노동력조사(1959. 1. 개정)	노동력조사(1961. 10. 개정)
종업상의 지위 (종사상의 지위)	자영업주 가족종업자 고용자 경영·사무·기술자 상용근로자·견습도제 일용노무자	피고용자가 있는 업주 피고용자가 없는 업주 가족종사자 상고(상용고용자) 임시(임시고용자) 일고	피고용자가 있는 업주 피고용자가 없는 업주 가족종사자 상고(상용고용자) 임시(임시고용자) 일고
종업 상황	항목 없음	정상定常 불규칙 계절 임시	폐지
한국		**노동력조사(~1962)**	**경제활동인구조사(1963~)**
종사상의 지위		자영주 가족종사자 일반고一般雇 일고日雇	자영업주 가족종사자 상용고(상용근로자) 임시고(임시근로자) 일고(일용근로자)
종업 형태		정상正常 불규칙 계절 임시	폐지

* 「노동력조사보고」 및 「경제활동인구연보」. 통계청(1994), 내무부통계국(1960)

구체적인 카테고리는 일본과 약간은 다르지만, '종업 형태'라는 항목은 그 카테고리도 포함하여 일본의 '종업 상황'과 매우 흡사하다. 그 이후 정권 교체의 시기적 상황도 있어 표본 추출에 다소 문제가 있었던 노동력조사는 중단되었고, 1963년부터는 새롭게 경제활동인구조사가 시작되었다. 경제활동인구조사에서는 종래의 '종업 형태'의 항목이 폐지되고 종사상 지위 항목의 '일반고'가 '상용고'와 '임시고'으로 나뉘어, 1961년 10월에 개정된 일본의 노동력조사의 형식에 한층 가까워졌다. 이상의 검토에서 알 수 있듯이 일본의 노동력조사 개정보다 약간 늦게, 매우 유사한 조사 항목이 포함된 점과 아울러 이 조사 이외에도 이 시기의 한국의 정부 통계가 일본과 유사한 점이 상당하다는 것을 감안하면 역시 경제활동인구조사도 사회 구조 및 배경이 비교적 비슷한 일본 정부의 통계를 참조하여 조사 항목 및 구체적인 카테고리를 설정했다고 볼 수 있을 것이다. 기타 외국의 고용 통계들을 살펴보아도, 취업자의 종사상의 지위 항목에서 피고용자를 고용 계약 기간의 유무 및 길고 짧음에 따라 하위구분 하려는 시도는 따로 보이지 않으며, 한국의 경제활동인구조사가 상용직, 임시직, 일용직으로 피고용자를 세분하고 있는 것은 역시 한국의 고용 통계가 정이환이 지적한 대로 일본의 노동력조사를 참조하여 분류 항목을 도입하였으며, 이를 한국에 접목시킨 것이 지금까지도 계속 사용되고 있는 것이다.

2. 일본의 '노동력조사'에서 피고용자의 하위분류가 포착하는 것

고용 통계에서의 종사상 지위 항목이란 본래 고용 관계에 있어서의 위치의 차이를 나누려는 것으로, 그 핵심은 고용주·자영업주(가족종사자)와 피고용자를 구별하는 것이다. 그러나 산업화의 진전과 함께 자영업주의 수가 감소하고, 피고용자의 비중이 압도적으로 높아지면서 몇몇 나라의 고용 통계에서는 피고용자를 보다 세세한 하위 카테고리로 분류하려는 움직임이 나타났다. 그러나 이러한 피고용자의 하위분류를 어떻게 나눠야 할지에 대해, 국경을 초월한 합의는 아직 부재하며 각각의 사회에서 중요하다고 여겨지는 기준에 따라 구분되는 경우가 많다. 예를 들어, 타이완과 미국은 취업처가 민간기업인지 공공영역인지(공무원 등)의 여부에 따라 피고용자를 하위분류한다. 이는 타이완과 미국 사회에서는 민간기업에 근무하는 피고용자와 공공기업에 근무하는 피고용자의 구별이 사회적으로 중요하기 때문이다(有田伸, 근간).

그렇다면 일본의 상황은 어떠한가? 이 문제를 고려할 때 중요한 것은 일본의 노동력조사에서도 처음부터 상용직, 임시직, 일용직으로 분류가 이뤄진 것은 아니라는 사실이다. 〈표 1〉에 나타나고 있듯이 1959년 개정 이전의 조사 보고서에서는 피고용자의 종사상의 지위가 경영·사무·기술자, 상용근로자·견습도제, 일용노무자의 세 가지로 분류되고 있었다. 이것이 1959년 1월 개정에 따라 고용 계약 기간을 기준으로 하는 분류로 바뀐 것이다. 이 점은 일관성이 중시되는 정부 통계라는 측면에서 꽤나 격렬한 변화라고 볼 수 있다. 그렇다면 왜 이러한 카테고리의 개편이 이뤄진 것일까? 또한 본질적으로 이 조사 항목은 피고용자 간의 어떠한 '차이'를 파악하려고 한 것일까?

결론적으로 이야기하자면 일본의 노동력조사의 피고용자의 하위분류는 단순히 고용 계약 기간의 유무와 장단만을 파악하려고 한 것이 아니라, '신분'적인 종업원 카테고리의 차이를 파악하려 한 것이라고 볼 수 있다. 일본에서는 같은 기업에서 일하는 사람들 사이에도 보수의 수준 및 종류, 승급·승진 기회, 채용 형식, 고용 안정성 등 여러 가지 면에서 큰 격차를 수반하는 종업원 카테고리의 구분이 존재했기 때문에 이러한 하위분류가 생겨난 것이다.

제2차 세계대전 이전 일본의 기업에서는 '직원'과 '공원工員(생산직 노동자)'의 차이가 이러한 대우의 격차를 동반하는 종업원 카테고리의 구분으로서 가장 중요했다(氏原正治郎, 1959; 久本憲夫, 2007). 화이트칼라직으로 구성된 '직원'과 블루칼라직의 '공원' 사이에는 보수의 수준뿐만 아니라 급여 지급 방식(월급제인가 일당제인가의 차이)과 복리 후생 등에서의 큰 격차가 있어, 심할 경우 양자 사이에는 인격적인 주종관계가 성립하는 경우도 있었다. 더욱이 현장노동자 가운데에도 기업의 공식 구성원으로서 어느 정도 안정적으로 고용된 노동자와 기업 구성원으로서가 아니라 일용직으로 고용되어 노무를 제공하는 일용노동자 사이의 차도 존재했다. 제2차 세계대전 직후에 시작된 일본의 노동력조사의 종사상 지위 항목에 채용된 경영·사무·기술자, 상용근로자·견습도제, 일용노무자의 피고용자 하위분류는 당시 일본의 노동 시장에서 중요했던 '신분'으로서의 종업원 카테고리의 차이를 파악하기 위한 것이라고 볼 수 있다.

그러나 그 후 직원과 공원 사이의 각종 격차는 양측이 단일 노동조합을 결성하여 차별 철폐 운동을 일으켰던 것 등을 계기로 대폭 축소된다. 나아가 양측이 함께 '사원'이라는 동일한 카테고리에 포섭되면서 직원과 공원의 구별 자체가 폐지되었다. 결과적으로 직원과 공원의 구분이 큰 의미가 없게 된 것이다.

이러한 상황에서 새롭게 종업원의 '신분' 차이로서 중요성을 더해 간 것이 본공과 임시공의 구분이다. 직원과 공원 사이의 차별 철폐 운동의 성과로서 블루칼라 종업원에게도 연공식 임금체계가 적용되고 고용의 장기화가 진행되었으며, 장기 고용이 일반화되면서 고용 완충 장치로서 임시공 제도가 사용되게 된 것이다. 특히 한국전쟁을 계기로 확대된 수요에 대응하기 위하여 1950년대 이후 임시공이 크게 증가했다(西成田豊, 1995; 中村圭介, 2000). 임시공은 고용계약 기간에 제한이 있어 본공에 비해 고용이 불안정할 뿐만 아니라 보수 및 복리 후생 등의 대우 면에서도 본공과의 큰 격차를 내포하고 있었다. 이러한 임시공은 오늘날의 일본의 비정규직과 비슷한 성격의 존재라고 볼 수 있다.

일본의 노동력조사의 종사상 지위의 카테고리가 1959년 1월 개정으로 과감하게 개편된 것은 이러한 노동 시장의 변화를 배경으로 하고 있다. 지금까지 피고용자 사이의 '신분'의 차이로서 중요했던 직원과 공원 간의 구별이 실질적인 의미를 소실한 대신 정규직인 본공과 임시직인 임시공 사이의 차이가 보수 및 근로 조건의 큰 격차를 내포한 종업원 카테고리의 차이로서 중요해졌다. 이러한 상황에서 보다 의미 있는 피고용자 내부의 '차이'를 파악하기 위해 종사상 지위 항목의 피고용자 하위분류가 '경영·사무·기술자, 상용근로자·

견습도제, 일용노무자'의 분류에서 '상용직, 임시직, 일용직'의 세 분류로 변경된 것이라고 볼 수 있는 것이다. 이렇게 보면 상용직, 임시직, 일용직의 피고용자의 하위구분은 고용 계약 기간의 유무와 장단을 파악하기 위해서뿐만 아니라 고용 계약 기간의 유무 및 장단을 기준으로 설정된 신분적인 종업원 카테고리의 차이를 파악하기 위한 것이었다고 결론 내릴 수 있다.

한일의 고용구조 차이와 한국의 피고용자 하위 구분의 토착화 과정

1. 1960년대 한국의 고용구조

이상의 검토를 통해 알 수 있듯이 한국의 경제활동인구조사에서의 상용직, 임시직, 일용직의 세 가지 분류는 일본의 노동력조사의 분류체계가 전파된 것이라고 할 수 있다. 나아가 일본의 그러한 분류체계는 고용 계약 기간의 유무·장단뿐만이 아니라 이를 분류 기준으로 하여 대우의 격차로까지 이어지는 종업원 카테고리의 차이를 파악하려 한 것이라 볼 수 있다.

그러나 여기서 하나의 의문이 생긴다. 일본에서의 본공과 임시공 사이의 구별은 직원과 공원 사이의 대우 차이가 개선되면서 종래의 공원 고용 안정성이 높아지는 상황에서 나타났고, 또한 유의미한 것이었다. 정부의 고용 통계에서 일본과 같은 피고용자의 분류체계가 채용된 당시 한국에도 애초부터 고용 계약 기간을 기준으로 한 신분적인 종업원 카테고리의 구별, 혹은 거기까지는 아니더라도 고용 계약 기간이 명확히 정해져 있어 다른 종업원에 비해 특히 불안정한 종업원 그룹이 존재했을까?

경제활동인구조사가 시작된 1960년대 초는 본격적인 경제 성장이 시작되기 이전 시기로 당시 한국을 산업 사회로 보기는 어렵다. 당시 한국에는 취업자의 6할 이상이 제 1차 산업에 종사하고 있었으며, 제조업 종사자는 1할에도 못 미쳤다. 또한 후에 한국 경제를 주도하게 되는 재벌기업도 당시에는 아직 충분히 성장하지 못한 상황이었다. 게다가 이러한 경제 구조와 고용 구조를 가진 당시의 한국은 전반적으로 고용의 유동성이 높아, 일본과 같은 고용의 장기화가 정착된 상태는 아니었다. 따라서 기업이 일부러 일반 정규직사원과 고용 안정성 등에서 구별되는 종업원을 따로 고용할 필요성은 그리 크지 않았을 것이다.

실제로 당시 한국에서는 건설업 등에서 일용직 노동자가 고용되고는 있었지만, 일반 기업에서는 정규직 사원과 뚜렷하게 구별되는 임시직 종업원이 많이 존재하지는 않았던 것 같다. 그중 예외적인 사례가 관공서 및 공기업이었다. 당시 한국에는 대한조선공사와 대한석유공사 등 공기업이 존재했으며, 이들은 관공서와 함께 중요한 고용 섹터를 이루고 있었다. 이들 조직은 채용 시험을 실시하는 등 명확한 채용 과정이 갖춰져 있었을 뿐만 아니라 민간 기업과 달리 장기 고용을 전제로 한 처우 제도가 구축되어 있어 실제로 근속 연수가 장기화되고 있었다(金鎔基, 1997, 2002). 더욱 주목해야 하는 것은 이들 조직에는 직원 수의 '정원'이 존재하는 경우도 많았다는 점이다. 예를 들어 당시 대한조선공사 등 공기업에서는 누적 적자 문제에 대응하기 위해 대폭 감원이 단행되었으며, 감원 후의 종업원 정원을 엄격히 준수할 것이 요구되었다. 이러한 사정은 대체로 관공서에서도 마찬가지였다.

그래서 이들 조직은 정식 채용 과정을 거쳐 채용되어 종업원 정원 안에 포함된 일반 종업원 외에 그들과는 구별되는 임시직의 종업원을 사용하게 되었다. 신원철(2003a)과 김용기金鎔基(2002) 등에 따르면 대한조선공사는 1950년대 말부터 몇 개월 단위의 고용 기간을 설정한 임시공의 수가 크게 증가하기 시작했고, 1960년대 초반에는 임시공의 수가 본공의 수에 필적하게 되었으며, 이후 본공의 수를 웃도는 경우마저 있었다고 한다. 이 같은 임시공의 증가는 대폭적인 인원 감원에 따른 "작업량의 변동에는 '임시공을 수시로 증감하는' 것으로 대응하는 방침이 정해진"(金鎔基, 2002: 139) 것에 기인한다. 일반 종업원의 고용이 장기화되면서 임시공이 고용 완충 장치로서의 역할을 맡게 된 것이다.

또한 임시공은 단순히 고용 계약 기간에 대한 명확한 규정이 있다는 것뿐만 아니라 실제 대우에 있어서도 본공과의 사이에 큰 격차를 내포한 존재였다. 대한조선공사의 경우 임시공의 평균 임금은 1960년대 후반을 통틀어 본공 평균의 약 56%에서 69% 정도에 불과했으며, 더욱이 임시공은 상여금을 지급 받지 못하고 승급·승진, 유급휴가 등의 기회도 주어지지 않았다(金鎔基, 2002). 또한 근로기준법은 1년 이상 계속적으로 고용된 종업원이 퇴직하는 경우에는 퇴직금을 지급하도록 의무화하고 있었지만 임시공에 대해서는 1년 미만의 고용 계약을 되풀이함으로써 이러한 의무를 면하는 것이 일반적이었다.[3] 이러한 대한조선공사의 임시공은 오늘날 일본의 비정규직과 흡사한 성격을 가지고 있다고 볼 수 있다. 그들은 '고용 계약 기간이 정해져 있는가 아닌가' 라는 점에서 정규 종업원과는 구별되는 동시에 그것 외에도 정규 종업원과의 사이에서 여러가지 대우의 격차를 지닌 고용 신분이었던 것이다. 현 시점에서는 아직 충분한 검토가 이뤄지지 않았지만, 이러한 본공과 임시공이라는 종업

3 다만 신원철에 의하면, 1960년대 중반 이후 임시공도 노동조합에 가입하여 노조활동을 통해서 상여금 지급 및 유급휴가제도, 퇴직금제도의 적용을 얻어내는 성과를 이뤘다고 한다. 신원철(2003a), 「조선산업 임시공제도의 형성과 소멸 – 대한조선공사 사례」, 『한국학보』 29(1).

원 신분 체계 자체도 일본으로부터의 전파의 결과로서 도입됐을 가능성을 부정할 수 없다.[4]

어쨌든 이상에서 살펴 본 임시공과 정규종업원 사이의 구별은 공기업 및 관공서 등에서 고용이 장기화되고, 종업원 수의 정원 또한 명확하게 정해져 있었기 때문에 유의미했다는 점을 재차 강조하고 싶다. 실제로 신문·잡지 데이터베이스에서 임시직(원)·임시공, 임시사원 등의 키워드로 기사 검색을 해봐도 1960년대 초반의 신문·잡지기사에 나타나는 임시직원·임시공은 그 대부분이 우체국 등 공적 기관의 임시직원 또는 대한석유공사와 대한조선공사와 같은 제조업 부문의 공기업의 임시공에 집중되어 있다. 이러한 결과들에서도 1960년대 당시 민간기업이 임시직 종업원을 사용하는 것은 일반적인 것이 아니었다는 점을 알 수 있다. 왜냐하면 민간기업에서는 종업원의 정원 제한 등이 존재하지 않았으며, 또한 자연 이직을 통한 고용 조정도 비교적 용이했기 때문에 명확한 고용계약 기간을 설정한 종업원을 통상의 종업원과 구별하여 채용할 필요성은 그다지 크지 않았기 때문이라 생각한다.

2. 종사상 지위 분류 기준의 '토착화'

경제활동인구조사가 시작된 1960년대 초반, 한국의 고용 상황은 대체로 이상에서 살펴본 바와 같았다. 일본에서 사회문제가 되고 있었던 임시직은 한국의 경우 관공서 및 공기업을 제외하고는 그다지 일반적이지 않았다. 따라서 상용직, 임시직, 일용직의 피고용자 하위분류가 조사에 포함되었다고 하더라도,

4 예를 들어, '임시직원'은 식민지 시기의 행정조직에서 흔히 사용되었던 것이다.

조사 데이터의 임시직 규모는 그리 크지 않을 것이라고 예상할 수 있다.

그러나 실제 조사의 결과는 이러한 예상을 크게 뒤집는 것이었다. 경제활동인구조사가 시작된 1963년 시점에서 비농가가구의 피고용자 중 임시직의 비율은 20.0%, 일용직의 비율은 34.3%에 달했으며, 상용직의 비율은 45.7%에 불과했다. 일본에서는 임시직의 증가가 큰 문제가 되고 있었다고는 하지만 비농림어업에 종사하는 피고용자 중 임시직의 비율은 1963년 시점에서 전체의 5.1%에 불과했으며, (일용직 비율은 3.7%) 상용직이 91.2%를 차지하고 있었다. 지금까지 개관해 온 당시의 일본과 한국의 고용 상황을 감안하면, 한국의 경제활동인구조사 데이터에 나타난 임시직의 비율은 역시 지나치게 높다.

한국의 높은 임시직 비율은 경제활동인구조사가 시작된 당초부터 이미 피고용자 하위분류에 있어서의 모종의 '토착화'가 일어나고 있었다는 사실을 시사한다. 즉 민간기업에서는 일정한 고용 계약 기간을 정한 고용이나 노동 조건을 서면 형식으로 명확히 제시하는 고용 계약 자체가 일반적이지 않았던 점을 감안하면 조사가 시작되었을 당시부터 이미 피고용자를 상용직, 임시직, 일용직으로 분류할 때, 본래의 기준인 고용 계약 기간뿐 아니라 퇴직금 및 보너스 등의 지급 여부와 기업의 인사 관리 규정의 적용 여부가 원용되고 있었던 것이 아닌가라는 생각이 드는 것이다.

이러한 고용 계약 기간 이외의 기준의 원용은 애초부터 뚜렷한 고용 계약이 체결되는 경우가 적고, 고용 계약 기간 자체의 판단이 어려운 상황에서 당시 소수였지만 관공서 및 공기업에 존재하던 임시공·임시직과 유사한 고용상황에 있는 피고용자를 넓게 파악하기 위한 것이었다고 생각하면 납득이 간다. 경제활동인구조사 현장에서 상용직과 임시직을 구분할 때 사용되었던 '회사의 소정 채용 절차에 따라 입사하여 인사 관리 규정의 적용을 받는지 여부'는 대한조선공사의 사례에서 드러났듯이 정식 채용 과정을 거쳐 채용되어 종업원 정원에 포함되는 종업원이거나 아니면 정원 외로 그 이외의 프로세스에 의해 채용된 종업원인지를 묻는 것으로, '퇴직금 및 상여금 등 각종 수당을 받는지 여부'는 당시 임시공·임시직원이 대부분 이와 같은 수당을 받지 못한 것에 착안한 것으로 보인다.

이러한 경위를 거쳐 한국의 경제활동인구조사에서는 본래의 기준인 고용계약 기간뿐만 아니라 실제의 대우에 관한 기준도 원용되면서, 상용직, 임시직, 일용직이라는 세 카테고리에 의한 피고용자 하위분류가 이루어지게 된 것이다. 이러한 '토착화'는 새로 도입된 하위분류가 당시 한국의 고용 구조에 충분히 적합하지 못했기 때문에 생긴 것이기는 하나, 한편으로는 일본의 노동력조사에서 종사상 지위 항목이 본래 무엇을 파악하려고 한 것이었는가를 충분히 이해해서 이루어진 조치라고도 평가할 수 있다. 즉 일본의 노동력조사가 피고용자의 고용 계약 기간의 유무와 장단뿐 아니라 다양한 대우의 격차를 지닌 종업원 카테고리의 구별을 파악하기 위해 상용직, 임시직, 일용직의 분류를 사용한 것과 같이, 한국의 피고용자 하위분류 또한 고용계약기간뿐 아니라 그 이외의 조건을 기준으로 삼아서 실제 대우면에서 피고용자 간에 존재하는 유의미한 차이와 격차를 포착하려고 시도한 것으로 볼 수 있다.

3. 피고용자의 하위분류가 포착하고 있는 격차의 성격 차이

그러나 피고용자의 종사상 지위 하위분류에 있어서 그 형식과 기준이 매우 유사하다고 하더라도, 그를 통해 파악되고 있는 현실적 격차의 성격에는 오늘날에도 일본과 한국 간에 다소 상이한 부분이 있다. 건설업 등 특정 업종에 많이 존재하는 일용직은 일단 차치하고, 일본의 상용직과 임시직의 구분은 주로 기업 내에서 '신분'으로서의 종업원 카테고리의 구별에 대응한 것이다. 한편 한

표 2 기업규모별 상용직, 임시직·일용직 비율

(단위: %)

	1~4명	5~9명	10~29명	30~99명	100~299명	300명 이상	전체
상용직	10.8	26.7	47.5	67.1	81.3	86.4	48.0
임시직·일용직	89.2	73.2	52.5	33.0	18.7	13.6	52.0
합계	100.0	100.0	100.0	100.0	100.0	100.0	100.0

* 최경수(2001)

국의 상용직과 임시직의 구분은 물론 기업 내의 종업원 간 대우 격차를 포착하고 있는 측면도 있으나, 그보다는 기업 '간'에 존재하는 대우의 격차를 반영하는 부분이 훨씬 컸다.[5]

〈표 2〉는 한국의 경제활동인구조사의 피고용자의 종업상의 지위(하위분류)별 구성비를 기업 규모별로 나타낸 것이다. 이를 보면 피고용자 중 임시직·일용직의 비율은 1~4명 규모의 기업에서 89.2%, 5~9명 규모의 기업에서는 73.2%로 매우 높지만 300명 이상의 기업에서는 13.6%로 매우 낮은 수치를 기록하고 있다. 결국 한국경제활동인구조사의 임시직·일용직에는 영세 소기업의 종업원이 많이 포함되며, 상용직에는 중·대규모 기업의 종업원이 많이 포함되어 있는 것이다. 즉 한국에서는 기업 규모에 따른 보수의 격차가 일본과 동등하거나 그 이상으로 크며, 상용직과 임시직·일용직 사이의 구분도 이와 같은 기업 간 격차를 포착하고 있는 측면이 강하다고 할 수 있다.

5 정이환은 이러한 격차를 '사회적 격차'라고 규정한다. 정이환(2003), 「비정규노동의 개념정의 및 규모추정에 대한 하나의 접근」, 『산업노동연구』 9(1).

실제로 1~4명 규모의 기업에서 9할 가까운 취업자가 임시직·일용직으로 분류되고 있는 사실은 이들 영세 기업에서는 모든 종업원이 임시직·일용직으로 분류되고, 상용직으로 분류되는 취업자는 전혀 없는 기업도 많다는 것을 의미한다. 그래서 영세 기업의 임시직·일용직의 대우가 떨어지고 있는 것은 같은 기업 내에서의 정규 종업원과의 대우의 차별화로 인한 결과라기보다는, 대다수의 경우가 원래부터 근무처가 영세하기 때문에 근로 기준이 제대로 지켜지지 않거나, 퇴직금 및 상여금 등이 지불되지 않았기 때문이라고 보는 것이 타당할 것이다. 한국의 경제활동인구조사에서 임시직·일용직을 '비정규직'으로 볼 경우에는 이러한 구분이 기업 간의 종업원 대우의 차이를 반영한 측면이 강하다는 점에 유의할 필요가 있다.

이후 일본과 한국의 비정규직과 그 포착 방법

1. 일본에 있어서 이후의 비정규직

여기서는 그 이후의 한일 양국의 비정규직의 구체적인 형태와 포착 방법의 변화에 대해서도 간단하게 확인해두고자 한다. 우선 일본에서 1950년대에 급증한 임시공은 이후 고도 경제 성장에 따른 노동력 부족과 노동조합의 운동 등을 계기로 점차 본공으로 등용되었으며 임시공 문제의 중요성은 점차 줄어들었다. 한편 새롭게 확대되기 시작한 고용형태가 파트타이머로, 파트타어머 수는 노동력 부족과 서비스 경제화의 진전으로 인하여 중·노년 여성이 노동 시장에 참가함에 따라 증가했다.

파트타임 종업원은 대체로 정규 종업원보다 노동 시간이 짧지만, 양자의 차이가 단지 실제 근로 시간의 길고 짧음에만 있었던 것은 아니다. 통상적으로 정규 종업원은 연공적인 임금 체계가 적용되어 각종 복리 후생의 대상이 되는 데 비해 파트타이머는 그러한 대상에서 제외되는 경우가 많다. 따라서 정규 종업원과 파트타이머의 차이는 역시 노동 시간의 차이 이외에도 다양한 대우의 격차를 내포한 기업 내의 '신분'적인 종업원 카테고리의 차이로 볼 수 있다(大沢真理, 1993).

이러한 정규 종업원과 파트타이머의 대우 차는 일본에서 존재하는 '기업이 종업원의 생활을 보장해야 한다'라는 생각과 그 전제가 되는 남성 생계부양자 모델에 의해 지탱되고 있다. 일본에서는 노사 협상 과정에서 직원의 생활 보장에 중점을 두어 임금이 정해졌고, 동일한 발상에서 장기 고용 제도 및 각종 복리 후생 제도가 마련되었다. 그러나 모든 종업원이 이러한 기업에 의한 생활보장의 대상은 아니었다. '남자 생계부양자 모델'하에서는 '생계부양자'로 상정된 남자 종업원이 생활보장의 주된 수혜자로 여겨졌기 때문에 기혼 여성 종업원은 거기에서 제외되는 경우가 많았다. '생활에 필요한 임금을 지불한다'라는 개념은 기혼 여성에게는 '생계부양자'인 배우자의 수입을 보충하는 정도의 낮은 임금만을 지불하는 것을 '정당화'하는 역할을 했다고 할 수 있다. 일본에서는 이러한 발상의 지탱을 받아 기혼 여성을 중심으로 하는 파트타이머와 정규 종업원 사이에 다양한 대우의 격차가 존재해 온 것이다.

게다가 양자 사이에는 '정사원은 회사 사정에 의한 (근무지 변경)발령 및 초과근무 명령을 따를 필요가 있지만 파트타이머는 그러한 것들이 면제된다'라는 의무와 책임의 차이도 존재한다. 오늘날에는 양자 사이의 대우 차는 이러한 의무·책임의 차이에 의해서도 '정당화'되고 있다. 이 밖에 아르바이트, 계약사원, 임시직원과 정사원 사이에도 기본적으로는 마찬가지의 대우 격차와 의무·책임의 차이가 존재한다.

그 후 일본에서는 고용 통계의 피고용자의 분류 방법에도 큰 변화가 있었다. 기존의 조사에서 파트타이머는 실제 근로시간이 40시간 미만인 노동자 또는 '소정의 근로 시간이 같은 사업체의 일반 노동자보다 짧은 노동자'로 정의하여 그 규모를 추정하는 것이 일반적이었다. 그러나 이런 방법의 문제점 또한 점차 드러났다. 즉 종업원 카테고리에서는 '파트타이머'로 규정되어 정규직에 비해 대우가 떨어지고 있음에도 불구하고, 노동 시간 면에서는 정규직과 동등하거나 그 이상으로 일하는 취업자가 상당수 존재하여 노동 시간의 기준만으로는 이들 취업자를 적절히 파악할 수 없다는 점이 문제시된 것이다.

그래서 새로 도입된 것이 직장에서의 호칭에 따른 분류 방법이었다. 이는 직장에서 '파트타이머'로 불리는 사람들을 파트타임노동자로 간주하는 방법으로, 이를 통해 파트타이머에 대한 포착이 이루어지게 되었다. 이는 정규직과 파트타이머 차이의 본질이 실제 근로 시간의 장단에 있는 것이 아니라 어디까지나 기업 내에서의 차별적 취급(및 그 결과로서의 여러 보수의 격차)에서 발생하는 것이며, 이러한 차별적 취급을 적절히 파악하기 위해서는 그 근거가 되고 있는 종업원 카테고리의 차이 자체를 포착해야 한다는 판단에 입각한 접근이다.

이렇게 정부의 고용 통계인 노동력조사의 종사상의 지위 항목에도 고용 계약 기간을 기준으로 하는 종래의 상용직, 임시직, 일용직의 구분과 함께 직장에서의 호칭을 묻는 질문이 추가되었다. 현재 피고용자에 대해서는 정규직원·종업원, 파트, 아르바이트, 노동자 파견 사업소의 파견사원, 계약사원, 촉탁, 기타 중 하나를 선택하는 형태로 직장에서의 호칭 조사가 실시되고 있다. 이와 같은 선택사항에는 따로 자세한 정의나 설명을 첨부하고 있지 않아, 이러한 호칭이 각 종업원 카테고리의 명칭으로서 일본 사회에 강하게 정착되어 있다는 것을 알 수 있다. 대우의 격차 및 책임·의무의 차이를 지닌 종업원 카테고리 체계는 오늘날 일본에서 매우 자명시 되는 견고한 형태로 존재하고 있다. 이 때문에 일본에서는 직장에서의 호칭을 기준으로서 '정규직' 이외의 종업원 카테고리에 해당하는 경우를 비정규직으로 간주하는, 외국에서 본다면 다소 엉뚱한 비정규직 포착 방법이 널리 사용되게 된 것이다.

2. 한국의 비정규직 증가와 그 특징

이미 앞에서 살펴봤듯이 한국에서도 1960년대 이후 비정규직의 구체적인 형태와 그 포착 방법에 있어 큰 변화가 생겼다. 예를 들면, 대한조선공사의 임시공은 그 후 조선업의 수요가 확대되고 기능직 노동력 부족이 심각해짐에 따라 차츰 본공화되어 갔으며, 1980년대 초반에는 거의 사라졌다(金鎔基, 2002; 신원철, 2003b). 경제성장과 함께 임시공이 본공화되어 가는 흐름은 일본의 경험과 동일한 것이라고 볼 수 있다.

그 후 상황이 크게 변한 것은 1980년대 말이다. 1987년의 민주화 선언 이후 그 때까지 제한되었었던 노동운동이 활발하게 전개되기 시작했고, 그 성과로서 노동자의 임금이 대폭 상승하는 등 근로 조건의 눈부신 개선이 이루어졌다. 또한 같은 시기에 대기업을 중심으로 내부 노동 시장이 확대되면서 고용의 장기화가 진전되고, 노동자의 상황도 크게 호전되었다. 그러나 이러한 변화는 경영자 측에서 보면 인건비 상승과 고용의 유연성 저하와 다름없었다. 이러한 경영 환경의 변동에 대한 인사 관리상의 대응책 중 하나가 바로 '임시공 및 사내하청공 등 임금이 낮고 쉽게 해고할 수 있는 노동자의 고용을 늘리는 것'(정이환, 1992: 105)이었다.

임시공은 앞에서도 살펴본 대로 계약기간을 정해 고용하는 노동자이다. 사내하청은 기업이 업무의 일부를 하청업자에게 발주하고, 그 하청업자가 노동자를 조직하여 발주 기업체 내에서 그 업무를 수행하도록 하는 것이다. 본래라면 파견 노동과 달리 발주 기업이 사내하청업자 노동자에 대해 직접 지시·명령을 내려서는 안 되지만 실제로는 그러한 룰이 제대로 지켜지지 않았으며, 발주 기업에서 직접 지시·명령을 내리는 경우가 많았다.

1980년대 말 이후, 제조업 현장에서 인건비 삭감과 고용의 유연성을 확보하기 위하여 많이 사용된 고용형태가 바로 사내하청공이었다. 사내하청업자는 발주 기업의 전 종업원이 그 업무를 하청 받기 위한 목적만으로 설립하는 등 발주 기업과 매우 밀접한 관계인 경우도 많았다. 앞에서 말한 것처럼 실제로는 사내하청공에 직접적인 지시 및 명령이 내려지기도 했으며, 고용보험료의 부담 등 원래는 고용주가 수행해야 하는 의무도 모두 하청업자에게 전가할 수 있어 사내하청공은 발주한 기업에 있어 '마음대로 사용하기' 좋은 노동력이었다. 이렇게 한국의 제조업 기업은 정규직보다 보수가 낮고 고용 안정성도 떨어지는 종업원으로서 사내하청공을 많이 사용하게 되었다.

물론 한국에서도 이러한 간접적인 고용이 아닌 직접 고용형태로도, 고용안정성 및 보수 수준이 낮은 종업원을 고용하는 경우가 존재했다. 특히 대기업의 화이트칼라직을 중심으로 많이 사용된 유기 고용의 계약직 사원 등이 그 예이다. 1980년대 말 이후, 노동운동의 성과로서 남성에 비해 임금이 적고 승진·승급 기회도 제한되었던 여성 종업원의 처우가 대폭 개선되었으며 암묵적인 양해가 있었던 '여성 종업원은 결혼과 동시에 퇴직한다'라는 관행도 바로잡혀 갔다. 이러한 상황에서 경영자 측은 인건비 절감과 보다 유연한 노무 관리를 추구하며, 정규직으로 채용하던 여성 종업원을 유기 고용인 계약직 사원 등으로 전환시켰던 것이다.

그러나 계약직 사원이 많았던 금융업의 사례 등을 보면 한국의 대기업에서는 계약직으로의 변환이 특정 직종에 한해서만 이뤄지는 경우가 많았던 것 같다. 예를 들면, 은행 등에서는 창구 업무와 콜 센터 업무를 담당하는 직원은 기본적으로 모두 계약직으로 전환되었으나 그 이외의 업무는 고용기간의 규정이 없는 직원이 그대로 담당하는 식으로, 정규 종업원과 유기 고용의 종업원을 구분하는 라인을 직종 구분의 라인에 맞추는 경우도 많았다. 그 결과, 직접 고용 종업원 내부에서의 '유기고용 여부'는 직종의 차이와 강하게 연관된 것으로, 유기고용 여부는 대부분이 그 자체가 처우를 결정하는 '원인'이라기보다 직종 차이에 따라 결정된 '결과'로서의 성격도 강했다. 이러한 점이 유기고용인지 혹은 시간제 고용인지 여부가 종업원 카테고리의 직접적인 분류기준으로서 사용되고, 결과적으로 다양한 보수 격차와 결부되는 일본과는 상이한 부분이라고 할 수 있다.

그리고 이후 한국에서는 비정규직의 포착 방법 자체에도 큰 개편이 가해졌다. 2002년, 노사정위원회에서 ① 한시적 근로자 또는 기간제 근로자(불안정한 고용상태), ② 비전형노동(파견, 용역, 호출 등의 형태로 종사하는 근로자), ③ 단시간 근로자(파트 타임 고용 등) 등의 세 가지 기준 중 하나에라도 해당되면 '비정규직'으로 간주하는 정의가 결정되었다. 또한 경제활동인구조사에도 관련 조사 항목이 정식으로 편입되었으며, 이 방침에 입각하여 비정규직의 규모를 측정하게 되었다. 이는 실제 대우보다는 고용 계약의 형태를 기준으로 하는 정의와 포착을 도모하려는 움직임이라고 볼 수 있다. 여기에서 논한 것과 같이 한국에서는 직접 고용 종업원 내부에서 '정규직'적인 종업원카테고리와 '비정규직'적인 종업원 카테고리의 구분이 일본만큼은 명확하지 않았으며, 큰 대우의 격차를 수반하는 형태로 표준화되지도 않았기 때문에 순수하게 고용의 지속성 등의 구체적인 고용 조건을 기준으로 하는 비정규직 고용의 정의와 포착 방법이 지향되었다고 할 수 있다.

맺음말: 한국 사례가 일본에 미치는 영향

이상에서 밝혀진 바와 같이 일본기업에서 나타난 '비정규직'과 한국의 관공서·공기업에서 나타난 '비정규직'은 원래는 나름대로 유사한 성격을 지닌 것이었다. 또한 당시의 비정규직의 포착방법도 매우 비슷했다. 그러나 그 후 각각의 사회에서 비정규직의 성격은 서로 상당히 다르게 변화였으며 정부 통계의 포착 방법도 상이해졌다.

그 결과 오늘날 일본과 한국의 비정규직은 얼핏 닮아 보이지만 그 세부적인 형태는 상당히 다르다. 이처럼 '세세한 차이'가 있기 때문에 한국의 비정규직 및 그 포착 방법을 일본과 비교해 보는 것은 일본의 비정규직과 그 포착 방법의 특징을 적절히 이해하기 위한 귀중한 계기가 될 수 있다. 예를 들어 '한국에서는 비정규직의 포착 방법에 대해 최근 상당히 거센 논란이 일었는데 반해 왜 일본에서는 그러한 논란이 발생하지 않는가' 혹은 '한국에서는 실제 고용계약 기간 등의 조건에 착목하여 비정규직을 포착하고 있는데 왜 일본에서는 호칭에 따라 포착하고 있는가' 등의 물음을 검토하는 것은 일본에서 매우 공고하게 확립된 정규직과 비정규직 구분의 자명성을 되묻는 작업인 것이다. 이 글에서의 고찰도 이러한 접근 방법에 입각한 시도 중 하나라고 할 수 있다.

실제로 최근 들어 긴밀해지고 있는 일본과 한국 간의 노동운동과 노동법 관계자, 나아가 정책 담당자 간의 인적 교류를 통해 '한국의 사례를 참고하여 일본의 비정규직 문제의 해결책'을 찾으려는 움직임은 더욱 활발해지고 있다. 한국의 비정규직보호법이 일본에 준 영향이 그 대표적 사례이다. 한국에서는 2006년, 이른바 비정규직보호법이 국회를 통과하여 이듬해부터 시행되었는데, 이 법률은 기간제 근로자 및 단시간 근로자 등의 비정규직 종업원과 정규 종원업 사이의 노동 조건의 차별 금지 및 유기 고용의 종업원을 2년 이상 고용할 경우에는 '기간이 정해져 있지 않은 종업원(정규직)'으로의 전환 의무를 정하는 등 매우 선진적인 내용이다. 실제로 이 법률은 일본의 노동법 관계자들의 큰 관심을 끌었으며, 신문 및 잡지 등 각종 매체에서 그 내용에 대한 소개가 이루어져 왔다. 이러한 교류 및 소개 등을 통해 한국의 비정규직보호법은 이후 일본의 비정규직 문제의 해결을 위한 움직임에도 적잖은 영향을 주었다.

한국에서 이와 같은 선진적인 법률 제정이 가능했던 이유로는 우선 당시 노무현 정부의 진보적 성격과 비정규직 문제에 관한 노동운동의 활발한 전개 등을 꼽을 수 있다. 그러나 이 글의 시각을 살려서 생각해보면, '한국기업에는 직접 고용 종업원 내부에서의 "신분적" 카테고리 구분이 일본만큼은 강하게 정착되지 않았던 점'도 하나의 요인으로 꼽을 수 있다. 즉 한국에서는 유기고용이나 시간제 고용을 정규직고용과는 다른 '고용상의 신분'으로 규정하여, 책임·의무의 수준과 함께 보수 자체에서도 크게 차별화를 주었던 종업원 분류체계가 일본만큼 표준화되지도 자명시되지도 않았기 때문에 정규직의 차별을 금지하는 법안 통과가 일본보다 쉬웠을 가능성도 고려할 수 있는 것이다.[6] 지금까지의 논의를 정리하자면, 한국에서는 고용 계약 기간과 근로 시간을 기준으로 하는 '직접 고용 종업원의 위계적인 카테고리 구분'이 충분히 정착된 상황이 아니었는데, 그것이 비정규직보호법 통과를 가능하게 한 요인으로 작용, 최종적으로 일본의 비정규직 문제를 논의할 때 참고사례로서의 역할을 수행하는 '부메랑 효과'를 가지게 된 것이다.

이 글에서 비정규직의 사례를 통해 살펴본 바와 같이 정책 및 법률 등을 포

6 한편으로 한국에서도 제조업에서 비정규직의 주류가 되고 있는 사내 하청노동자에 관한 문제의 해결은 한층 더 곤란한 상태라고 할 수 있다.

함해서 사회를 바라보는 시각 및 지향점 등 아이디어나 퍼스펙티브 자체가 서로 왕래했다는 것 또한 전후 한일관계의 한 측면은 아니었을까? 지금까지는 한국 측이 일본의 사례를 참조하는 경우가 압도적으로 많았을지 모르나, 근래에는 비정규직 문제 외에도 사회 보장 정책과 외국인 노동자 정책 등과 같이 일본 측이 한국의 사례를 참조하는 경우도 점점 증가하고 있다.

사회의 지향점을 생각하기 위한 참고 사례는 많으면 많을수록 좋다. 사회구조가 비교적 유사하고, 다양한 '전파'와 '토착화'를 겪어 온 일본과 한국은 앞으로도 서로의 참고 사례로서 그 중요성을 유지할 것이라고 기대한다.

참고문헌

김유선(2001), 「비정규직 노동자 규모와 실태」, 『노동사회』 55.

内務部統計局(1960), 『労動力調査実査要領』, 内務部統計局.

박기성(2001), 「비정형근로자의 측정과 제언」, 한국노동경제학회 2001년 학술 세미나 발표논문.

신원철(2003a), 「조선산업 임시공제도의 형성과 소멸－대한조선공사 사례」, 『한국학보』 29[1].

신원철(2003b), 「사내하청공 제도의 형성과 전개－현대중공업 사례」, 『산업노동연구』 9[1].

정이환(1992), 「제조업 내부노동시장의 변화와 노사관계」, 서울대학교 사회학과 박사논문.

정이환(2001), 「비정규직 규모를 어떻게 볼 것인가－비정규노동의 규모를 둘러싼 논쟁과 관련하여」, 『노동사회』 56.

정이환(2003), 「비정규노동의 개념정의 및 규모추정에 대한 하나의 접근」, 『산업노동연구』 9[1].

최경수(2001), 「비정형근로자 규모의 국제비교」, 한국노동경제학회 2001년 학술 세미나 발표논문.

統計庁(1994), 『지난三〇年間 雇用事情의 変化－経済活動人口調査三〇年』, 統計庁.

有田伸(2011), 「非正規雇用概念の適用過程からみる韓国労働市場の『格差』－日本との比較を通じて」, 『社会科学研究』 62[3·4].

有田伸(근간), 『報酬格差の社会学(仮題)』, 東京大学出版会.

禹宗杬(2010), 『韓国の経営と労働』, 日本経済評論社.

氏原正治郎(1959), 「戦後日本の労働市場の諸相」, 『日本労働協会雑誌』 1[2].

呉学殊(2006), 「日韓労使関係の比較－非正規労働者を中心にして」, 『大原社会問題研究所雑誌』, 576.

大沢真知子·金明中(2009), 「労働力の非正規化の日韓比較－その要因と社会への影響」, 『ニッセイ基礎研所報』 55.

大沢真理(1993), 『企業中心社会を超えて－現代日本を〈ジェンダー〉で読む』, 時事通信社.

金鎔基(1997),「1950年代韓国企業の経営管理と労働者－大韓造船公社の事例分析」,『大原社会問題研究所雑誌』469.

金鎔基(2002),「韓国造船産業の立ち上がりと技能人材形成－1960年代大韓造船公社の事例分析」,『商学討究』53[2·3].

瀬地山角(1996),『家父長制の比較社会学－ジェンダーの比較社会学』, 勁草書房.

高安雄一(2010),「非正規雇用問題」, 環日本海経済研究所編,『韓国経済の現代的課題』, 日本評論社.

中村圭介(2000),「本工·社外工·臨時工」, 高梨昌·花見忠 編,『事典·労働の世界』, 日本労働研究機構.

中村高康·藤田武志·有田伸 編(2002),『学歴·選抜·学校の比較社会学－教育からみる日本と韓国』, 東洋館出版社.

西成田豊(1995),「日本的労使関係の史的展開(下)－1870年代~1990年代」,『一橋論叢』, 114[6].

久本憲夫(2007),「労働者の『身分』について－工職身分格差撤廃と均等処遇」,『日本労働研究雑誌』562.

尹辰浩(2005),「IMF経済危機以降の韓国労働市場の柔軟化－非正規職労働者を中心に」, 塚田広人 編,『雇用構造の変化と政労使の課題－日本·韓国·中国』, 成文堂.

横田伸子(2003),「韓国における労働市場の柔軟化と非正規労働者の規模の拡大」,『大原社会問題研究所雑誌』535.

横田伸子(2012),『韓国の都市下層と労働者』, ミネルヴァ書房.

Brinton, Mary C., ed.(2001), *Women's Working Lives in East Asia*, Stanford University Press.

Hamilton, Gary G. and Nicole Woolsey Biggart(1988), "Market, culture, and authority: A comparative analysis of management and organization in the Far East." *American Journal of Sociology*, Vol. 94(S).

11장

한 명의 아이도 포기하지 않는 교육

'한일합동교육연구회'의 교류를 중심으로

최규승

들어가며

한일합동교육연구회(이하 한국연구회), 일한합동수업연구회(이하 일본연구회)가 함께하는 20회 사이타마埼玉교류회[1]를 마치고 애프터 필드워크로 후쿠시마福島에 다녀왔다. 이 일정은 후쿠시마현 다무라田村시 오노小野중학교 교사인 호리코시 노부堀越伸의 초대로 이뤄졌다. 1박 2일의 짧은 일정이었지만 후쿠시마 피폭 지역에서 피난 나온 주민의 증언을 들을 수 있었다. 또한, 진입이 금지된

1 2014년 8월 1일(금)~4일(월)까지 일본 사이타마현 국립여성교육회관에서 진행된 한일 교사 및 학생, 교육 관계자, 일반인 등이 참가한 교육 및 수업 교류회로서 2014년의 주제는 '한 명의 아이도 포기하지 않는 교육 – 후쿠시마 아이들로부터 알 수 있는 것(一人の子どもも切り捨てない教育 – 福島の子どもたちから見えてくるもの)'이었다.

피폭 지역인 귀환곤란구역帰還困難区域 바로 남쪽, 거주제한구역의 바닷가에 있는 도미오카富岡역까지도 갈 수 있었다. 하차가 금지되어 있어서 차에 탄 채 차창으로 부서진 역사를 보았다. 역사 너머 파도가 언뜻언뜻 보이는 도미오카역[2]은 2011년 3월 11일에 그대로 멈춰 있었다. 쓰나미와 방사능 피폭으로 폐허가 된 마을은 여전히 복구되지 못했고, 논과 밭이었던 곳은 이미 다년생 풀로 무성한 '초록의 폐허'가 물결을 이루고 있었다.

호리코시는 핵발전소 방사능 유출사고가 일어난 2011년 3·11재해 이후에도 후쿠시마에서 학생들을 가르치고 있었다. 그는 오키나와와 함께 소위 내부식민지 또는 '희생의 시스템'[3]으로 인식되고 있는 후쿠시마에서 인권과 환경에 주목하는 수업으로 학생들과 만나면서, 이를 바탕으로 지역 시민운동에도 적극적으로 참여하고 있었다. 그는 1995년 '1회 서울교류회'[4]에서 「원자력발전에 대해서 생각한다」라는 제목으로 수업보고를 했고, 두 번째 발표는 2013년 '19회 합천교류회'[5]에서 「한순간에 사라진 풍요로운 자연」이라는 실태보고를 했다. 1995년 첫 발표는 '이렇게 전기가 필요할까요?'라는 부제에서 짐작할 수 있듯이, 자본주의 사회의 에너지 소비 과잉, 이로써 희생되는 핵발전소 지역 주민을 '공존'의 가치로 무마하는 일본 사회의 실태를 직시하는 수업이었

---

2 차창 안에서 볼 수밖에 없었지만 도미오카역은 폐허인 상태였는데도 한국 동해안의 정동진역이 연상될 정도로 아름다운 바닷가 작은 기차역이었다.

3 다카하시 데쓰야 저, 한승동 역(2013), 『희생의 시스템 후쿠시마 오키나와』, 돌베개.

4 1995년 8월 13일(일)~15일(화)까지 한국 서울 숭실대학교에서 진행된 교류회로서 2년여의 준비 기간을 거쳐 한일합동수업연구회의 출발을 알리는 첫 교류회였다. 당시에는 교류회 주제를 정하지 않았다.

5 2013년 8월 2일(금)~5일(월)까지 한국 경북 성주군 가야호텔에서 열린 교류회로서 주제는 '원폭에서 핵발전소까지 고통의 역사를 마주하는 교육(原爆から原発まで苦痛の歴史に向き合う教育)'이었다.

다. 나아가 위험한 핵발전소를 나의 위험으로 받아들이는 학생들과 이를 극복할 수 있는 실천으로 절약을 생활화함으로써 환경의 중요성을 일깨우는 내용이었다. 그 수업은 15년 후 일어날 큰 사건의 감지였고 경고였다.

그는 18년 뒤 두 번째 발표에서 3·11 이후 '한순간에 사라진 후쿠시마의 자연'을 생생하게 보여주었다. 사진 한 장 없이 진행된 이날의 실태보고는 이성적인 언어로 차분히 진행됐지만 세미나 참석자들의 공분을 일깨우기에 충분했고, 객관적인 사실을 말했지만 사람들의 눈물샘을 자극하고야 말았다. 3·11은 한국과 일본 시민의 사회 인식에 큰 변화를 불러일으켰을 뿐만 아니라 교류회에서도 주제 변화의 전환을 가져다준 사건이었다.

1995~2014년까지 20여 회 진행된 교류회의 주제는 한일 간에 해결해야 할 과거사 문제를 기본으로 역사 문제가 주요한 주제로 작용해왔다. 거기에 환경과 인권, 문화 등의 문제가 그때그때 내용을 달리하며 부각되었다. 근현대 한일관계사는 이 모든 분야의 기본적인 인식을 규정했다. 가령 인권도 자이니치(재일 한국·조선인)와 관련된 문제가 주를 이뤘으며, 문화도 과거사로 인해 벌어진 양국 시민의 틈을 메우는 편견 깨기, 문화 이해하기의 범주 내에서 제기되었다.

그러다 보니 기본적으로 교류회 주제는 일제 침략에 의한 식민지 문제와 그 해소 방안, 즉 역사 문제에서 파생된 여러 주제에서 크게 벗어나지 않는 범주에 머무를 수밖에 없었다. 그 이유는 여러 가지가 있겠지만 단순하게 얘기하면 과거사 문제가 해결되지 않았기 때문이다. 그리고 양국 사회의 집단적 무의식, 즉 식민지 콤플렉스를 그 이유로 들 수 있다. 회원들 역시 식민지 시대를 진앙지로 한 과거사 콤플렉스의 피해 의식(한국 측 참가자)과 반성 의식(일본 측 참가자)을 벗어나지 못한 상태였다. 이런 상태를 콤플렉스라고 한 이유는 의식적으로 벗어날 수 없는 집단적 심리 상태였기 때문이다. 여기에서 벗어나는 것은 세대가 거듭되어, 말 그대로 양국 간의 역사는 역사로만 존재할 때 가능하다.

교류회에서는 다양한 교과와 수업 내용으로 매년 다양한 주제를 설정했음에도 역사 문제를 떼어놓고는 어떠한 주제도 제대로 다룰 수 없었다. 아이러니하게도 서로의 콤플렉스를 건드림으로써 교류회의 주제는 선명해졌고, 참가 회원들의 만족도는 높았다. 세미나임에도 불구하고 눈시울을 적시는 때가 한두 번이 아닌 것은 바로 이 때문이었다. 그렇기 때문에 이와 같은 큰 흐름과는 달리 과거사 문제에서 벗어나 현재의 모습대로 이루어지는 한일 간 교류, 즉 문화적인 교류를 원하는 소수의 의견도 존재해왔다. 역사 문제를 정치적으로, 문화를 비정치적으로 나누는 것은 단순한 인식이라고 할 수 있지만, 교류를 '지금, 여기'의 다양한 분야에도 초점을 맞추자는 문화적 교류는 한일 교류의 미래를 생각할 때 의미 있는 인식이라고 할 수 있다.

이런 점에서 볼 때, 3·11은 지금 인류가 당면한 문제인 핵 문제, 환경 문제를 다룬다는 점과, 한국 측에서도 일본에서 일어나고 있는 문제에 관심을 갖고 수업과 교육 활동의 내용으로 삼았다는 점에서 주제 변화의 결정적인 계기가 되었다. 일본연구회가 과거사 문제에 집중해온 이유는 단순히 가해국의 국민으로서 피해국의 국민에게 사죄하기 위한 것이 아니라, 그 문제가 결국 국가를 넘어 한일 양국 시민의 문제로 다가왔기 때문일 것이다. 마찬가지로 한국연구회가 3·11 이후의 일본 사회에 주목하는 것은 피해를 당한 일본 시민을 걱정하는 마음 때문만은 아닐 것이다. 국경을 무화無化하는 핵사고의 폭발력이 위험 사회에 노출된 같은 시민으로서의 문제의식과 연대 활동으로 나아가게 한 것이다.

이로써 한일연구회는 과거사에 파생된 역사 문제뿐만 아니라 지금, 여기에서 구체적으로 대두된 환경 문제에 대해서도 서로의 인식에 접점을 찾고 나아가 교류의 폭을 넓히고 문제의식의 깊이를 더하게 되었다. 그 내용을 3·11 이후 진행된 17회 정선교류회에서부터 살펴볼 수 있다. 물론 이전에도 환경 문제는 중요한 주제였지만, 앞서 언급한 호리코시가 1회와 19회 교류회에서 발표한 내용에서 볼 수 있듯이 일어날 일과 일어난 일에 대한 인식 차이는 엄청났다. 특히 교육 실천은 미래의 시민과 대면하는 일이므로 더욱 그렇다. 한일 연구회의 20년 교류의 역사는 이런 흐름으로 현재 진행되고 있다. 그 흐름의 여러 모습을 짧은 글에서 모두 다루기는 힘들지만, 한일 교육 교류의 기록이란 측면에서 살펴보면 의미가 있을 것이다.

한일 교육 교류의 역사

한국에 근대교육이 도입된 것은 조선 개항 이후인 1880년대부터다. 1883년, 당시 조선 조정은 동문학同文學을, 원산 지방의 민간 유지들은 원산학교를 설립했다. 이 두 곳이 한반도 근대교육기관의 출발점이라 할 수 있다. 하지만 본격적인 근대교육은 갑오개혁(1894) 직후 국가교육 전담 부서인 학무아문學務衙門의 설치와 이듬해 '홍범 14조'의 발표로 시작되었다. 이로써 언문일치를 법제화하고 신분제와 과거제를 폐지하면서, 소위 문명개화를 위한 교육의 필요성을 강조하기 시작했다.[6]

근대교육은 민족국가로 탈바꿈하는, 조선이 근대화로 가는 필연적인 과정이었다. 이 변화의 과정이 아래로부터 일어나면 이는 시민화 과정이라 할 수

6 강진호(2006), 「근대교육의 정착과 피식민지 주체」, 학술진흥재단.

있고, 위로부터 이루어지면 국민화 과정이라 할 수 있다. 하지만 시민화와 국민화는 일방적인 방향으로만 이루어지는 것이 아니라 서로 길항하면서 근대 민족국가, 시민사회가 형성되는 것이다. 아래로부터의 움직임 중 동학으로 대표되는 민중적인 움직임은 일본군과 관군에 의해 진압되어 실패로 끝났지만 갑오개혁에 그 움직임이 반영된 것은 주지의 사실이다. 이후 지식인이 선도하는 다양한 시민적 공론장이 형성되고 교육계에서도 사립 교육기관이 늘어나는 등 시민 참여의 근대 이행이 증폭되었다.

개화기 조선 사회에서 동학 등 민중의 혁명적 근대화 요구는 좌절됐지만 아래로부터의 시민적 참여는 위로부터의 국민적 동원을 압도했다. 즉, 한반도의 근대화 과정은 형식적인 면에서는 위로부터 진행됐지만 그 내용을 채운 것은 아래로부터의 참여였다. 하지만 이처럼 길항하며 진행되던 개화기 한반도의 근대화 과정은 일제에 의한 조선 식민화 이후 시민적 내용이 거세되고 철저히 국민적 동원의 형태를 띠게 되었다. 이에 저항하는 시민 세력은 서서히 활동이 축소되거나 해외로 공간을 옮겨 활동을 이어가야만 했다.

식민지 시대, 학교교육은 조선의 특수한 상황에 걸맞은 교육 주체의 자발성에 기초하기보다는 일본 국민으로 편입시키기 위한 일환으로 학제 등 교육체계가 갖추어졌으며, 이를 통해 철저히 국민적 동원이 가능하도록 체화하는 교육으로 전개되었다. 즉, 국가의 호명에 즉각적으로 응답하는 식민지 국민을 양성하는 것이 조선총독부 교육정책의 핵심이었다. 1919년 3·1만세운동으로 일시적이나마 문화통치의 기조가 있기는 했지만, 이러한 흐름은 1910년 이후 1945년 일제의 패망 때까지 시간이 갈수록 강화되었으며 그 방식도 통제 등 직접적 방식으로 일원화되어 갔다.

식민지 교육정책은 1, 2차 조선교육령에서는 조선어 교육 등 식민지의 교육적인 특수성이 과도기적으로 반영되어 있었지만, '3차 조선교육령(1938~1943)'

에서는 식민지 조선의 특수성이 배제되고 일제의 식민지 국민으로서 정체성이 확립되었다. 이 시기 교육령의 방침이 '국체명징國體明徵', '내선일체內鮮一體', '인고단련忍苦團練'의 세 가지로 제시된 것만 봐도 교육의 목표와 방향이 무엇이고 어디인지 알 수 있다.[7]

식민지 시대, 조선의 교육 현실은 아래로부터의 시민적 참여는 철저히 배제되고, 조선총독부를 통한 위로부터의 국가적 동원이 관철된, 교육의 자율성이 무너진 암흑기였다. 소위 식민지 근대화론을 펼치는 일부의 논자들은 이러한 과정조차 교육 근대화의 과정이라고 주장하기도 한다. 하지만 근대화는 근대성을 자기정체성으로 확립하는 과정이며, 개인의 탄생과 그 개인이 사회 구성원을 이루며 참여하는 시민적 각성이 근대성의 기본 성격일 것이다. 그러므로 동원되는 국민이, 참여하는 시민과 서로 길항하며 시민이 우위를 점해가는 구도는커녕, 식민지라는 특수한 상황에서 식민지 종주국의 이해를 관철하기 위해 이루어진 일방적인 국가적 동원을 내면화하는 교육이 한 사회의 근대화 교육이라고는 할 수 없다.

더욱이 그런 과정을 거쳐 탄생한 개인이 근대적 시민으로서 정체성을 갖기는 힘들다. 식민지 시대의 한일 간은 두 지역이 평등하고 평화적인 관계로 맺어지지 않았기 때문에 교육 관계 역시 일방적일 수밖에 없었다. 식민지와 그 종주국이라는 차별적인 관계로 인해 참여가 아닌 동원, 교류가 아닌 이식의 관계였다고 규정해도 무리가 없을 것이다.

일제에 의해 이식된, 국가 동원의 일방적 내용으로 내면화되고 시스템화된 식민지 공교육이 정치적인 해방을 맞았다고 해서 하루아침에 해소되는 것은

7 김혜련(2011), 『일제강점기 조선어과 교과서와 조선인』, 역락, 97쪽.

아니었다. 더욱이 해방 후 일제 식민지 교육의 불완전한 청산 과정을 거쳐 식민지 교육 시스템은 왜곡된 모습으로 온존했으며 이승만 정권 이후 소위 '조국근대화'를 내세운 박정희 유신정권과 전두환 독재정권을 거치는 동안 소위 민족교육이라는 이름 아래에 숨어 생명을 이어갔다.[8]

이 시기의 한일 간 교육 관계는 한일협정 후 유네스코의 권유로 일부 진행되기는 했지만 큰 흐름에서 모순된 두 가지 모습이 나타났다. 일본과의 교류, 특히 교육 교류는 친일과 같은 맥락으로 받아들여져 공식적이고 공개적인 모습으로 드러나지 않았다. 다만, 유학 등 진학과 학문 연구의 차원에서 개별적이고 개인적으로 이뤄졌다. 하지만 한국 사회의 교육현장, 그중에서도 공교육 현장에서는 여전히 식민지 교육이 깊이 뿌리내리고 있었다. 학제와 그에 따른 학교 명칭뿐만 아니라 군복 같은 교복, 전근대적 두발 규제 등 외형적인 면에서도 식민성을 대부분 간직하고 있었다. 그것이 '간직'인 이유는 그와 같은 규제가 교육적이란 이름으로 받아들여지고 있었기 때문이다.[9]

이런 흐름이 바뀐 것은 1987년 6월 민주항쟁 이후 제도적 민주화가 정착되어가는 1990년대 들어서다. 그간의 일회성, 부정기성을 넘어 집단적이고 지

---

8 1960년 4·19로 집권한 장면 정부는 1961년 5·16 쿠데타로 무너졌기 때문에 개혁 정책을 펴기에는 집권 기간이 너무 짧았다. 특히 식민지 교육 시스템을 민주 교육 시스템으로 개혁하려는 시민적 움직임이 이어지기도 전에 정치군인들에 붕괴되고 말았다.

9 1965년 한일협정으로 국교가 정상화된 이후에도 이러한 상황은 바뀌지 않았다. 한일협정이 교육현장에 직접적으로 미친 영향은 아주 미미했다. 국교정상화 이후 일본 여행이나 유학이 좀 더 자유로워졌고, 일본인의 한국 여행 역시 자유로워져 (일본 사회학계나 인류학계 등의) 연구를 목적으로 한 개인의 방문이 이루어졌을 것이다. 협정의 내용 중 교육과 관련된 직접적인 내용은 없었지만 굳이 간접적으로나마 교육과 관련시키자면, 차관(식민지배에 대한 배상금이나 보상금이 아니다) 등에 의해 포항제철이 건설된 후, 포항공대 등 학교가 생겼으며, 식민지 시대의 일본 정부나 일본인 재산(敵産)의 포기, 즉 한국의 입장에서 보면 몰수가 인정된 정도일 것이다. 즉, 적산에는 당연히 학교 등 상당수 교육기관이 포함되어 있었다.

속적인 교류의 싹이 이때 트기 시작했다. 그중에서도 주목할 만한 것은 일본의 역사교육자협의회(이하 역교협)와 한국의 전국역사교사모임(이하 전역모)의 한일 역사교육자 교류, 배움의공동체연구회(이하 배공) 등의 일본의 혁신적 교육철학의 수용 등이다. 이로써 한일 교육 교류는 비로소 시민사회의 흐름으로 자리잡게 되었다.

전역모와 역교협은 한일 양국에서 각자 활발한 활동을 이어가다가 2001년 일본 역사교과서 문제를 계기로 전역모의 한일교류위원회와 역교협의 일한역사교류위원회가 공동으로 한일역사교육심포지엄 등 다양한 형태의 교육 실천 교류를 진행하고 있다.

배공의 대표인 손우정 교수는 일본 유학을 통해 교육학자 사토 마나부佐藤學 당시 도쿄대 교수의 교육철학을 연구한 뒤 한국에서 이를 실천하고 있다. 배공을 통한 한일 교육 교류의 방식은 교육 이론과 실천 방법의 공유가 강단에서 사제 관계로 이뤄졌다는 점이다. 일본 유학을 마치고 한국에 돌아온 손우정 교수는 '배공' 철학을 당시 김대중 정부의 BK21에 맞춰 전파함으로써 한국에 자신의 교육철학을 전파하게 된다. 2010년 '배움의공동체연구회'를 조직, 개인의 실천에서 단체의 실천으로 활동 방법을 확대하면서 배공은 공교육, 구체적으로는 학교를 중심으로 교사의 '수업을 열고', 교육컨설턴트의 도움을 받아 '수업을 디자인하고', 이를 통해 배공 교육철학을 학교에 안착시키는 데 주력하고 있다. 배공 방식의 한일 교육 교류는 교사 등 인적 교류보다는 교육철학을 공유하는 방법으로 진행되어 왔으며, 양국 간 교사 교류나 수업 교류는 일본 배움의공동체학교 방문 등을 통해 후속적인 확인의 의미로 이뤄지고 있다.

이 외에도 다양한 교류가 진행되었거나 진행되고 있지만 한일합동교육연구회와 함께 이 세 가지 방식이 교육 교류의 특징을 대표하고 있다고 할 수 있다.

한일합동교육연구회의 교육 교류 20년

한국연구회는 1995년 일본연구회와 공동으로 1년에 한 차례씩, 여름방학 기간 중 4~5일간, 20회의 교류회를 진행해오고 있다. 20회의 교류회가 진행되는 동안 교사·교수·학생·시민 회원 등 연인원 1,500여 명이 참가해 한일 교육 분야에서 교류의 깊이가 더해졌다. 1년에 한 차례 진행되는 교류회는 1년 동안 준비한 수업보고, 연구보고, 실태보고뿐만 아니라 특강과 문화공연 등을 심포지움 형식으로 진행하고 있으며, 또한 교류회 장소를 중심으로 지역 필드워크를 통해 주로 역사와 관련된 현장성도 확보하고 있다. 한국과 일본을 오가며 진행되어온 교류회의 간단한 연혁은 〈표 1〉과 같다.[10]

한일합동교육연구회와 일한합동수업연구회(이하 한일연구회)는 1995년 교류회를 통해 공식적인 활동을 시작하지만, 이미 한두 해 전부터 일본과 한국의 초·중·고 교사들이 중심이 되어 모임을 준비하기 시작했는데, 일본연구회의 요시모토 유키오善元幸夫 등이 중심이 되어 논의를 해왔다. 1994년 10월경 신문기사에 모임 결성에 관한 취지가 게재되고 한국 측에서도 이 같은 취지에 공감하는 교사들이 요시모토의 한국 방문을 맞아 함께 논의하기 시작, 1995년 1회 서울 교류회가 성사되었다.[11]

교류회가 시작된 1995년은 '독립 50주년, 한일 국교정상화 30주년'(한국연

---

10 4회 교류회는 일본에서 개최될 차례였으나 한국이 국제통화기금(IMF)의 관리를 받는 사태를 맞아 원화 가치가 떨어져 일본으로 갈 경우 많은 비용이 들었기 때문에 부득이 한국에서 개최됐다. 또한 17회 교류회 역시 일본에서 개최될 차례였으나 3·11로 방사능 피폭 등으로 한국 측 참가 인원이 줄어들 것을 염려, 한국에서 개최됐다.

11 편집부(2013), 「인터뷰 – 사쿠라이 게이코 선생님, 한일합동교육연구회의 역사로 꽃 핀 20년」, 『한일교육연구』 3호, 한일합동교육연구회, 323쪽.

표 1 한일연구회 교류회(1995~2015)

회차	연도	주최국	장소
1회	1995	한국	서울 숭실대 사회봉사관
2회	1996	일본	도쿄 YMCA 회관
3회	1997	한국	서울 기독교 100주년기념관
4회	1998	한국	서울 양재교육문화회관
5회	1999	일본	도쿄 올림픽기념청소년종합센터
6회	2000	한국	경주 경주교육문화회관
7회	2001	일본	가나가와현 미우라시 마호로바리조트
8회	2002	한국	인천 강화군 강화도호국교육원
9회	2003	일본	후쿠오카현 후쿠요시호텔
10회	2004	한국	경남 밀양군 밀양대학교
11회	2005	일본	도치기현 후지하라종합문화회관
12회	2006	한국	경기도 포천군 포천베어스타운
13회	2007	일본	도쿄 리후레포럼
14회	2008	한국	경기도 안성군 경기도교직원연수원
15회	2009	일본	오키나와현 나하시 오키나와교육회관
16회	2010	한국	제주도 제주시 제주대학교
17회	2011	한국	강원도 정선군 하이원호텔
18회	2012	일본	나라현 아스카무라 이와이도소
19회	2013	한국	경북 성주군 가야호텔
20회	2014	일본	사이타마현 국립여성교육문화회관
21회	2015	한국	광주 5·18교육관

구회, 안준모 대표의 개회사), '한국 해방 50주년, 일본 패전 50주년'(일본연구회, 요시모토 유키오 대표의 개회사)이며, 아시아 여러 나라에 대한 식민지 지배와 침략을 인정하고 공식적으로 사과한 무라야마 담화가 발표된 해이기도 하다.

이 해에 한국과 일본의 관계는 한국 해방 후, 그리고 한일 국교정상화 후 그 어느 때보다 내외적으로 서로의 갈등을 해소하려는 분위기가 무르익었다. 그만큼 사회 여러 분야에서 교류의 분위기가 고조되었다고 할 수 있다. 하지만 이는 사회 구성원의 저변에까지는 미치지 못했다. 특히, 한국에서는 반일 감정이 사그라진 것이 아니었고, 오히려 민족적 자부심을 강조하는 데 일본을 손쉽게 활용했다. 김영삼 정부는 문민정부로서의 자기 정체성을 확립하려는 일환으로 '일제 잔재 청산'이라는 이미지를 쌓아갔다. 그 정점에 있었던 것이 당시까지 국립박물관으로 사용하던 옛 조선총독부 건물의 해체이다. 1995년 8월 15일, 무라야마 담화와 맞물려 그 효과는 극대화되었다. 교류회 첫 해의 마지막 날, 교류회 참가자들은 그 역사의 현장인 광화문에 있었다.

이런 사회 분위기 속에서 한일 교류를 바라보는 한국연구회 회원을 둘러싼 주변 시선은 기대나 신뢰보다는 우려와 의심이 더 강했다. 교류에 참가하는 교사는 심지어 '친일파'라는 비난도 감내해야 했다.[12] 그런 이유로 자신이 교류회에 참가하는 것을 주위에 쉽게 드러내지 않는 회원도 많았다. 그럼에도 근무하는 학교에서 '일본을 바로 알자知日'라는 취지로 '일본연구반'을 만들어 다양한 활동을 하며 학생들에게 일본과 관련된 편견을 불식하고 한일 과거사 문제에 대한 사실적 접근과 판단을 할 수 있도록 일본 문화와 일본 노래 배우

12 하타노 요시코(2014), 『내가 찾아가서 만난 한국』, 이리, 109쪽. 하타노 요시코는 일본연구회 회원으로서 그동안의 교류와 연구를 담아 한국어로 이 책을 썼다.

기 등 다양한 수업 및 활동을 한 회원도 있었다. 하지만 입시 위주의 교육 환경, 일본이라면 무조건 싫어하는 분위기에서 이 같은 활동을 바라보는 시선은 고울 수 없었다. 특히, 그 누구도 아닌 동료 교사 사이에서 '일본 유학 갔다 와 학생들 친일파로 만드는 교사'라는 비난이 공공연히 나온 것이 당시의 사회 분위기였다.[13]

그럼에도 불구하고 한일연구회가 20여 년 동안 한 해도 빠짐없이 교류회를 진행할 수 있었던 원동력은 어디에서 나온 것일까? 물론, 양국의 회원들이 그만큼 교류를 통해 한일 간 여러 문제를 드러내고 해결을 모색하려는 신념에 가까운 마음이 모였고, 이에 따른 교육현장의 실천이 있었기에 가능했을 것이다.

하지만 무엇보다 구체적인 이유는 두 가지다. 첫째, 매월 이루어지는 정기 모임과 둘째, 회원들의 회비로만 운영되는 단체의 회계 구조다.[14] 1년에 한 차례 이루어지는 교류회를 위해 매달 모임을 갖는다는 점이 그 첫 번째 원동력인데, 월례 모임은 크게 1월의 정기총회 후 교류회 전까지 6개월 동안의 교류회 준비 활동과 교류회 후 정기총회 전까지의 교류회 반성 및 후속 활동으로 그 성격이 나뉜다. 구체적인 활동 내용은 매년 내용을 달리해 진행되고 있지만 형식은 매년 크게 다르지 않다. 2014년 한일연구회의 활동 내용을 〈표 2〉로 간단하게 정리해 보았다.

---

13 편집부(2014), 「인터뷰 – 안준모 한일합동교육연구회 초대회장, '응답하라 1995', 한일합동교육연구회의 처음에게 묻는다」, 『한일교육연구』 4호(통권 20권), 한일합동교육연구회, 267~268쪽.

14 물론 '아시아연구기금' 등에서 몇 차례 비정기적 지원을 받았지만, 이는 『교류회 보고서』나 『한일교육연구』의 출판에 한정된 후원으로, 단체 운영은 기본적으로 회원의 회비로만 이뤄지고 있다.

표 2 2014년 한일연구회 활동 내용[15]

월	날짜	활동 내용	장소	비고
1	10(금)~11(토)	2014년 정기총회	성남 경기국악학교	1박 2일
2	8(토)	20차 교류회 문화행사 준비 등	양재 온누리교회 근처 커피숍	1시 30분 ~5시
3	22(토)	전래놀이 특강	한국전래놀이문화협회	3~8시
4	26(토)	간송문화전 관람	DDP 디자인박물관	3~9시
5	24(토)	회원 강의 '상처 싸매기와 머물기'	윤봉길새책도서관	3~9시
6	28(토)	교류회 수업보고 1차 점검	윤봉길새책도서관	3~9시
7	19(토)	교류회 수업보고, 연구보고 2차 점검 및 교류회 총점검	윤봉길새책도서관	3~9시
8	1(금)~4(월)	20회 사이타마교류회	일본 사이타마 국립여성교육회관	3박 4일
	9(토)	교류회 반성회	윤봉길새책도서관	3~9시
9	13(토)	성남 세계문화비빔축제 (다문화)	성남시청 앞 광장	3~9시
10	18(토)	예술의 전당 토요 명품 공연 관람	국립국악원 우면당, 국악박물관	3~9시
11	22(토)	지역사 특강, '안산 지역의 역사'	윤봉길새책도서관	3~9시
12	20(토)	독서 토론 및 와인 특강	성남 경기국악학교	3~9시

월례 모임은 기본적으로 두 축으로 진행된다. 역사·교육·문화·환경 등 분과별로 준비되는 프로그램과 함께 교류회와 관련된 준비와 후속 작업이 이루어진다. 매년 7월 말 또는 8월 초에 열리는 교류회를 중심으로 1월의 정기총

15 편집부(2014), 앞의 글, 332~334쪽. 구체적인 활동 내용을 빼고 도표로 재구성했다.

회 이후 7월까지는 교류회를 준비하는 모임을, 교류회 후 8월부터 1월의 정기총회까지 교류회 반성 및 후속 작업이 이루어진다.

이와 함께 단체의 지속성을 담보하는 또 하나의 힘은 회원의 회비로 운영되는 회계 구조를 들 수 있다. 정회원은 연회비로 12만 원 정도를 납부한다. 이는 보고서, 자료집, 연간 잡지 발간, 회원 경조사 부조금, 총회 비용 등 교류회 이외의 활동에 쓰인다. 월례 모임에 필요한 경비·입장료·식비 등은 연회비에서 충당하지 않고 월례 모임 참가자에게서 별도로 일정액을 걷어서 충당한다. 또한, 교류회 경비는 전체 경비를 산출, 회원이나 비회원에 관계없이 일인당 참가비를 책정한다. 일본에서 교류회가 열리는 해는 참가자의 비용에 항공료까지 더해진다.

매달 모임에 빠지지 않고 교류회에도 참가하는 회원이 내는 연회비, 월례 모임 식비, 교류회비 등을 합하면 연간 약 55만 원이 지출된다. 물론 일본에서 교류회가 열릴 경우 지출해야 할 항공료는 포함되지 않은 것이다. 회원 개인에게는 결코 적지 않은 금액임에도 불구하고 지금까지 무리없이 모임이 지속되어온 것은 외부의 지원이나 보조금에 의존하지 않고 자력으로 모임을 꾸리겠다는, 회비 지출에 대한 합의가 회원 사이에 형성됐기 때문이다. 회원 등급과 그에 따른 차등을 두지 않는 평등한 회비 납부 방식은 곧 활동의 적극성으로 이어졌으며 이로써 한 해도 적자를 내지 않고 모임을 지속할 수 있었다.

한일연구회의 교류회는, 다양한 한일 간 교류회, 특히 교육 관련 교류회가 그렇듯이 역사 문제를 접점으로 시작되었다. 평화공존을 목적으로 하는 교류조차 그 출발은 한일 간 과거사 문제를 직접적으로 다루거나, 역사 문제를 다루지 않더라도 기저에는 여전히 해결되지 않은 한일 간 과거사 문제가 교류의 성격을 제약했다.

한일연구회에서 진행하는 교류회의 특징은 형식보다 내용으로, 기존 교육의 틀을 깨는 실천 활동으로 교류한다는 점에 있다. 학교와 수업에서 분화된 교과의 틀 안에서 교육 내용을 도출하는 것이 아니라 교육 외적인 정치·경제·역사·사회·문화 등의 문제와 이슈를 적극적으로 학교·수업·교재에 끌어들였다. 교과서에 있는 내용으로 진도에 맞춰 수업하는 것이 아니라, 역사 문제 등 사회 문제를 교재화하고 과거를 현재에 컨텍스트화해서 수업하기 때문에 그 내용에서 기존 교육의 틀을 부수거나 국가의 경계를 넘어서기 위한 시도가 공공연히 진행되어온 것이다.

교류회 초기, 이미 수업의 자율성이 일정 정도 확보된 일본연구회의 수업은 기존 수업 형식의 파괴보다는 국가의 틀을 넘어서는 실천, 예를 들면 '오키나와 강제 징용 한국인 실태 조사와 그에 따른 법적 배상 및 보상 요구' 등과 같은 활동을 해온 반면, 한국연구회는 그때까지 입시와 정부의 제약으로 획일화된 학교 현장에서 수업의 자율성을 넓혀가는 실천 활동을 진행해왔다. 교과 외적인 수업, 예를 들면 동아리 활동, 방과 후 수업, 특별활동, 답사 등의 방법으로 시작해서 수업에서도 이를 적용해나간 것이다.

이와 같은 한일연구회의 성격 때문에 초기에는 회원 대부분이 교사였지만[16] 교류회가 거듭될수록 다양한 분야의 시민이 회원으로 참가하게 되었다. 회원 자격은 교사뿐만 아니라 교육에 관심을 가진 시민이라면 누구나 참가할 수 있도록 개방되어 교육의 주체를 다양화하는 효과를 가져왔다. 즉, 교과와 교실을 벗어난 다양한 교육 활동을 통해 다양한 사회 문제를 적극적으로 수업화하

---

16 일본연구회 회원은 대부분 교사였지만 한국연구회의 회원 구성은 이와 달랐다. 이는 당시까지만 해도 한국에서는 교사의 사회활동을 정치적 활동으로 여기는 분위기가 강했으며, 특히 일본인과 함께 단체 활동을 하는 것을 삐딱하게 보는 경향이 있었다. 그렇기 때문에 한국연구회에서는 초기 교류회(1~5회)에서 수업보고를 할 교사가 부족해 몇몇 회원이 연이어 수업보고를 하는 경우도 있었다.

는 데 있어서 교사뿐만 아니라 다양한 분야의 시민이 참여함으로써 그만큼 수업 내용을 풍부하게 하는 피드백을 받을 수 있다.

이외에도 국가나 정부, 기업으로부터 독립된 단체의 성격을 유지하기 위해 중앙이나 지방정부 어디에도 등록하지 않고 있다. 이로 인해 비슷한 성격의 단체와 소통이 활발하지 않은 단점도 있지만, 이를 회원 개인의 활동으로 일정 정도 극복하고 있다. 즉, 회원 개개인은 하나 이상의 여타 단체나 모임에 참가하고 있어서 그 활동 경험을 한국연구회의 활동과 교류회의 방향 설정에 더하고 있다. '소통은 다양하게, 운영은 독립적으로' 하는 것이 한국연구회의 지속성을 가져온 또 다른 힘이다.

한일연구회는 처음부터 교류를 목적으로 하는 단체로 출발했다. 일본의 역교협과 한국의 전역모의 교류, 배공의 한일 교류와는 달리 한일연구회는 처음부터 교육 분야의 교류를 목적으로 만들어진 단체다. 역교협과 전역모는 양국에서 독자적으로 연구와 실천을 진행해오다 필요에 의해 교류로써 접점을 이룬 사례이고, 배공은 일본에서 시작된 교육철학과 그 방법론 및 실천을 한국에 적용한 사례로 이와 같은 교류는 구체적인 활동보다는 교육철학 등의 공유로써 이루어진다. 이에 견줘, 한국연구회와 일본연구회는 한일연구회의 각국 지부 또는 지회의 성격을 가진다. 물론, 각국 연구회의 성격은 하향식의 지부나 지회가 아닌, 교류회라는 행사를 접점으로 하는 상향식의 독자적인 모임, 말 그대로 한국연구회와 일본연구회의 '합동' 연구회다.

한일연구회의 교류회 형식과 내용

'가깝고 먼 이웃 나라.' 한일협정 50주년을 맞이하는 요즈음은 이렇게 말하는 사람이 거의 없지만 한일연구회의 교류회가 시작된 1995년, 이 말은 한일관계를 이야기할 때면 관용적으로 자주 쓰이던 말이다. 당시 한국의 학교교육 환경은 입시교육을 내용으로 하는 관 주도의 공교육인데 견줘, 일본의 학교교육은 입시와 관련된 일부의 학교를 제외한 대부분의 학교에서 소위 공교육이 붕괴된 상황이었다. 아이러니하게도 이 같은 일본의 학교교육 상황은 개별 교사의 자율적 수업이 가능한 환경을 조성했다.

교류회를 시작한 1995년에는 한일합동수업연구회였던 한국연구회의 정식 명칭이 한일합동교육연구회로 바뀐 배경에는 수업을 구성하는 교사의 자율성이 거의 주어지지 않은 당시의 한국 교육환경이 반영됐기 때문이다. 당시 한국 교사 회원들은 수업 이외의 다양한 활동으로 입시 위주의 교육환경을 극복하고 교류회를 준비했다. 일본연구회는 그럴 필요가 없이 수업을 구성할 수 있었기 때문에 일한합동수업연구회라는 명칭을 지금까지 그대로 사용하고 있다.

교류회의 발표 내용에서도 이 같은 양측의 성격이 드러났다. 한국연구회 회원의 발표는 주로 역사 문제, 교육·환경 문제, 한일 간 현안 등 수업보고가 아닌, 논문이나 보고서 형식의 발표가 많았다. 발표는 교육 환경이나 역사인식의 현황을 설명하고 그런 상황의 문제점을 지적하고 극복을 위한 제언을 도출하는 내용으로 구성되었다. 상황이 이렇다 보니 한국 측 교사의 수업은 교사가 주도하는 성격이 강했다.

이에 견줘 일본연구회 회원의 발표 내용은 학교 또는 학급 소개로 시작해서 다양한 한일 간 역사 문제, 여기서 파생된 인권 문제 등이 주요한 사회 문제를 적용해 진행했던 수업을 담은 것으로 시간차를 둔 공개수업 형식이었다. 말 그대로 수업보고였던 것이다. 수업을 진행하는 주체는 교사가 아니라 학생이었으며, 교사는 수업의 진행 및 조정, 기록을 담당하는 역할을 했다.

한국의 교육 환경 변화가 작용하기도 했지만 교류회가 거듭될수록 한국 측 교사의 수업보고도 일본 측 교사의 수업보고와 비슷해진 점으로 봤을 때, 초기 한국연구회는 교류회를 통해 일본연구회의 문제의식과 수업에 임하는 태도에 영향을 받거나 이를 적극적으로 배웠다고 할 수 있다.

현재에도 양측의 문제의식과 수업 방법에는 차이가 여전히 존재하지만, 그동안의 교류회 과정을 살펴볼 때, 20여 년 동안 영향을 주고받은 결과 한국과 일본이라는 틀로 구별되는 성격은 일정 정도 희석되고 융화되었다. 이는 획일화를 의미하는 것이 아니라 관점과 문제의식의 다양성이 스펙트럼처럼 넓어졌다는 것을 의미한다. 왜냐하면 한국과 일본의 성격을 규정할 수 없는 이면에는 다양해진 개인별 관점이 존재하기 때문이다. 그래서 어떤 사안에서는 한일 양측의 견해차보다 한국 교사 사이의 견해차가 더 클 때가 있다. 이는 일본연구회 회원 사이에도 비슷하게 드러나는 양상이다.

매년 교류회를 마치고 해온 설문조사의 답변을 양측 구분 없이 섞어놓으면 초기에는 구분이 쉽지만 해를 거듭할수록 구분이 쉽지 않은 이유도 이 같은 양상이 반영된 결과일 것이다. 더욱이 어떤 사안에 대한 생각을 그룹화했을 때 크게 한두 그룹으로 구분되던 것이 다양한 의견으로 나타난다. 이는 교류회에 참가하는 회원들의 문제의식이 과거에서 현재와 미래로, 역사에서 환경과 문화로 바뀌어가고 있음을 감지케 해준다.

물론 역사 문제에 접근하는 양측의 입장은 뚜렷하게 차이난다. 한국연구회의 회원들에게는 자신이 경험하지 않았지만 한국 사회에 집단적 무의식처럼 스며 있는 식민지 콤플렉스를 치유하는 과정으로도 이해된다. 이 과정은 일본에 대한 잘못된 선입견과 편견을 교정하는 과정이기도 하다. 반면, 일본연구회 회원들에게는 한일관계 이전에 좀 더 보편적인 세계관의 관점, 즉 세계사적 관점에서 제국주의 시대에 형성된 일본 우위의 잘못된 역사관을 반성해가는 과정이다. 그러므로 이는 식민지 조선뿐만 아니라 당시 모든 제국주의 침략의 기록을 고쳐나가는 과정이다.

간혹, 식민지 시대를 활용한 수업에서 한국연구회 회원이 잘못 인용한 근거나, 사실에 근거하지 않은 주장 등에 대해서는 혹독한 비판 또는 문제 제기를 할 때가 있다. 그 이유는 과거 일본이 잘못했기 때문에 무조건 반성하는 것이 아니라, 보편적 관점에서 객관적·이성적·사실적 관계를 중시하기 때문이다. 이 때문에 한국연구회 회원 중 일부는 일본연구회 회원의 진정성을 의심하는 경우도 있었다.

교류회는 큰 틀에서는 동감하지만 그 출발점이 서로 다름을, 따라서 미세한 차이로 발생하는 여러 가지 오해를 서로 이해하고 해소하는 과정이기도 했다. 이와 같은 한일연구회의 활동은 양측의 월례 모임에서도 진행되지만 교류회는 이를 집중적으로 해소하는 과정이라고 할 수 있다. 교류회는 3박 4일(애프터 필드워크를 포함하면 5~6일)의 짧은 일정으로 진행되지만 프로그램은 매우 엄격하고 집중적으로 구성된다. 〈표 3〉은 15회 오키나와 교류회 일정표인데, 이 예시로 매년 진행되는 교류회 프로그램의 내용을 살펴볼 수 있다.

교류회는 크게 수업보고와 필드워크로 구성된다. 수업보고는 한일연구회 회원 중 교사가 주로 하지만 꼭 학교 현장, 즉 공교육 현장의 수업만 이에 해당하는 것은 아니다. 대학은 물론 학교 밖의 여러 수업 형태, 방과 후 수업이나 문화 예술 활동 등 넓은 의미의 수업을 대상으로 한다. 수업보고 외에도 연구보고 또는 실태보고가 진행되는데, 연구보고는 학술적 연구가 아닌 교육적 실천을 보고하는 것으로 수업이란 형식이 아닌 다양한 활동과 조사에 대한 연구를 그 내용으로 한다. 가령, '학생 심리 상담을 통해 알아본 도시 저소득 지

표 3 2009년 15회 오키나와 교류회 일정표[17]

날짜	시간	주요 활동 내용
8월 9(일)	7:00 9:20~11:30 13:30~15:20 15:30~16:30 16:30~17:30 18:00~20:00 20:00~	인천국제공항 집합 인천공항 출발, 나하 공항 도착(공항에서 점심식사 후 숙소로) 사전 필드워크 고코쿠지(호국사), 대만 조해자의 무덤, 작은 벚꽃의 탑(쓰시마마루 조난 아동 위령탑) 안내: 마타요시 모리키요(오키나와대학 교수) 접수 개회 강연(마타요시 모리키요) 저녁식사(숙소) 및 휴식 분과별 협의회
8월 10(월)	8:30~18:00 18:00~20:00 20:00~	필드워크 출발 사키마 미술관(마루키 부부의 오키나와 전투 그림, 후텐마 묘지, 사키마 도후 씨의 이야기), 세계문화유산 나카구스쿠, 아부치라 가마(이토카즈 육군병원 방공호), 한국인 위령탑, 평화기념공원, 평화의 초석 자료관 숙소 도착 및 저녁식사 및 휴식 발표자, 사회자, 통역 및 양국 임원 협의회
8월 11(화)	9:00~17:00 18:00~20:00 20:00~	수업보고(장소: 교육회관) 한국·일본 수업보고 4편 발표, 질의응답 및 토론 환영 리셉션(장소: 숙소 2층 연회장) 양국 각종 협의
8월 12(수)	9:00~12:00 13:00~	전체 토론회(장소: 교육회관) 폐회 강연(야마모토 다카시 오키나와현 일교조 부위원장) 15회 오키나와 교류회 평가회, 16회 제주 교류회 개요 발표 자유 필드워크
8월 13(목)	9:00~12:00	애프터 필드워크(역사) 아메라시안(Amerasian) 학교(노이리 교장 설명: 1차) 점심식사(구스누치 회관) 푸른 언덕의 탑(한국인 희생자 위령탑) 일본군'위안부' 이야기

17 편집부(2009), 『제15회 교류회 보고서』, 한일합동교육연구회, 13쪽.

날짜	시간	주요 활동 내용
8월 13(목)	13:00~17:00 18:00~20:00 20:00~	애프터 필드워크(환경) 아메라시안 학교(노이리 교장 설명: 2차) 아와세 갯벌 이야기, 아와세 갯벌 체험 숙소 도착 및 저녁식사 휴식 및 자유시간
8월 14(금)	9:00~12:00 12:40~15:00 15:00~17:15 18:00	한국 측 자유 필드워크 나하 공항 도착 및 출국 수속 나하 공항 출발, 인천국제공항 도착 해산

역의 문제'를 살펴본 「쫓겨난 사람들, 소외당한 도시의 아이들」(김민경, 2013년 합천교류회)이라든지, '핵폭발 사고 이후 후쿠시마 지역의 조선학교 실태'를 추적한 「3·11 후 조선학교 방문 기록과 자료 해제」(오모리 나오키, 2012년 아스카 교류회) 등이 이에 해당한다. 발표와 질의응답, 상호 토론을 거쳐 차이를 이해하고 교류의 확대와 깊이에 대한 문제의식을 공유한다.

필드워크는 교류회가 거듭될수록 강화되고 있다. 이는 수업보고 등 세미나 형식의 프로그램에서 부족한 현장성을 보완하는 프로그램으로 시작되었지만 오키나와교류회(2009) 이후에는 그 자체로 독자적인 프로그램으로 자리잡고 있다. 수업보고는 교사 회원을 중심에 둘 때는 의미 있는 프로그램이다. 매년 교류회를 마치는 반성회에서 시간의 부족을 호소할 정도로 발표의 밀도와 내용의 깊이가 더해가고 있다. 하지만, 비교사 회원에게는 무엇보다 필드워크가 교류회의 주제에 쉽게 접근할 수 있는 현장성 있는 프로그램이다. 제한된 교류회 기간을 넘어 사전 또는 사후 필드워크가 기획될 정도로 회원들의 요구가 큰 프로그램이 필드워크다.

그 외에도 개회 프로그램과 폐회 프로그램으로 강연·공연·문화 행사 등이 준비된다. 해당 교류회의 주제와 회원들의 요구, 교류회 장소에 따라 이는 유동적으로 적용된다. 또한 필수사항이 아니어서 수업보고나 필드워크를 중심에 두기 때문에 시간상 생략될 때도 있다. 그리고 양측 회원 상호 간의 친목과 교류를 위한 리셉션과 양측이 준비한 문화 행사[18]가 있다.

교류회 프로그램은 이와 같은 구성으로 매년 진행된다. 매년 1월 총회에서 주최국 연구회에서 주제를 정하고, 초청국 연구회와 협의해 이를 확정한다. 그리고 6개월 동안 주제에 맞춰 교류회 프로그램을 구체적으로 구성해나가는데, 양측은 대외협력 담당을 통해 긴밀하게 협력한다. 수업보고자가 결정되면 양측 연구회는 월례 모임을 통해 발표 내용을 점검하고, 발표자는 회원들의 피드백을 받아 발표 내용을 주어진 시간에 맞춰 최종 확정한다. 이와 병행해서 주최국은 필드워크 지역에 대한 사전 점검과 진행자, 통역자 등을 확정한다.

교류회가 끝난 뒤 총회가 열리는 1월까지 6개월간은 교류회를 돌아보는 기간으로 교류회의 기록을 정리한 보고서(한국연구회는 보고서와 교류회 이외의 활동, 회원 개인의 글 등으로 구성된 『한일교육연구』를 2010년부터 발간하고 있고 일본연구회는 보고서와 정기적으로 소식지를 발간)를 발간한다. 또한, 교류회 후속 수업 등 교류회에서 제기된 문제를 점검해보는 활동을 진행한다. 이와 관련된 활동 또한 양측의 대외협력 담당을 통해 교환된다. 교류회 프로그램은 20여 회의 교류회 동안 처음의 틀을 수정해왔지만 비슷한 구성으로 진행되었다. 그동안

18 문화 행사는 주로 리셉션을 통해 이루어진다. 이는 공연 형식이 아니라 장기자랑 성격이 강하다. 리셉션에서는 양국 회원들이 수업 교류의 진지한 분위기에서 벗어나 서로 마음을 열고 개인으로서 더욱 친해진다. 이를 통해 평소에도 편지나 이메일 등을 주고받는 등 개인 교류의 기회를 얻게 된다. 이처럼 리셉션과 문화 행사는 수업 교류의 빈 곳을 채우는 주요한 역할을 한다. 리셉션에서 일본 회원이 부르는 「춘향가」의 '사랑가'와 한국 회원이 부르는 오키나와 민요 '시마우타(島唄)'는 단순히 상대방을 예우하기 위한 레퍼토리가 아니다.

의 교류회 중 분기점이 되는 주요 교류회를 짚어봄으로써 프로그램의 변화가 회원과 시대의 어떤 요구를 담아왔는지, 이를 통해 교류의 질적 변화가 어떻게 이뤄졌는지 알 수 있다.

1회 서울교류회(1995)는 2년여의 준비 끝에 한국과 일본의 교사들이 한일연구회를 공식적으로 발족한 교류회다. 제국주의와 식민지로 대변되는 한일 간 과거사를 중심으로 한 역사 문제를 드러내는 발표와 질의응답, 토의를 통해, 과목이 아닌 주제로서의 역사교육에 중점을 둔 수업으로 교육적으로 실천하는 방향을 잡게 된다. 이 대회에서 역사·환경 분과 토의가 진행되어 이후 15회 오키나와교류회에서 분과 토의가 해소될 때까지 계속되었다.

5회 도쿄교류회(1999)에서는 보다 적극적인 수업 교류의 방안으로 공동수업이 처음으로 기획, 발표되었다. 또한 한국연구회 회원의 교류회 발표 내용이 질적으로 향상된 해이기도 하다. 이전까지 한국 측 회원의 발표는 주로 한일관계를 이해하는 수준의 내용이었다. 이는 회원의 문제의식이 약해서라기보다는 일본에 대한 편견이 팽배한 한국 사회의 분위기 때문이다. 한국 측 회원은 역사, 환경 등의 문제를 수업에 적극적으로 적용해 교사의 전문성을 제고하게 되었고, 그에 따라 수업의 깊이도 더해졌다. 수업의 내용에 있어서도 왜관, 개항기 인천 등 총론보다는 각론으로 세밀화되었으며, 근현대사뿐만 아니라 조선시대, 고대, 선사시대까지 확장해 한일관계사를 정리해 발표했다. 이 교류회에서 교사나 교수가 아닌 시민단체의 회원이나 비교육자 회원이 참가하기 시작했다. 분과 토의도 기존의 역사·환경에 더해 교육·문화 분과 등이 새롭게 시작되었다.

6회 경주교류회(2000)에서는 실질적으로 교류회의 주제가 설정되었다. 조선통신사와 임진왜란을 주제로 다양한 수업발표가 있었으며, 연구 및 실태보고가 늘어났다. 직접적인 수업 이외의 연구와 조사로 교육 활동이 다양화되었다. 7회 가나가와교류회(2001)에서는 공동선언문이 채택됨으로써 그동안의 교류회를 통해 확인된 양측의 관심사를 하나로 모은 교류회였다. 이후에도 사안이 있을 때마다 공동선언이 채택되었다. 9회 후쿠오카교류회(2003)에서는 공동수업이 일반화되었으며, 학생 교류가 시도되었다. 11회 도치기교류회(2005)에서는 필드워크를 정규 프로그램으로 공식화했다. 공동수업에서 더 나아가 양국의 역사교과서를 번역해 검토하고 토론하는 시간을 갖기도 했다.

13회 도쿄교류회(2007)에서는 '차별과 마주보는 교육'이라는 주제가 공식적으로 채택되었다. 이전까지 진행되어온 분과 토의 중심에서 전체회의 비중이 늘어난 교류회였다. 14회 안성교류회(2008)에서는 연구보고가 크게 늘었으며, 「한류가 한일관계에 미친 영향」(한도 지즈코) 등 동시대의 한일관계가 본격적으로 연구되기 시작했다. 이를 통해 과거사에서 최근의 쟁점으로 주제가 변화하는 것이 감지되었다.

15회 오키나와교류회(2009)에서는 14회 교류회에서 감지된 주제의 변화가 본격화되었다. 역사에서 평화로, 과거의 문제에서 현재를 진단하는 것을 넘어 현재의 문제를 통해 미래를 준비하는 방향으로 주제가 변화했다. 필드워크의 비중이 크게 늘어났을 뿐만 아니라 사전에 다양하게 준비된 자료를 숙지하는 등 필드워크를 대하는 회원들의 태도 역시 수업보고에 버금가는 집중도를 갖게 된 교류회였다. 특히, 15회 교류회에서 분과 토의가 발전적으로 해소된다. 그 이유는 분과 토의로 분산되는 회원의 관심사를 통합할 필요가 있었고, 통역 확보 등 교류회 준비의 어려움이 반영되었기 때문이다. 하지만 무엇보다도 더 이상 분과 토의를 통하지 않더라도 다양한 분야의 문제의식을 공유하고 토의하는 데 필요한 회원 상호 간의 인식 편차가 줄어들었으며, 사회적으로도 통합성을 요구하는 상황이 반영되었기 때문이다. 16회 제주교류회(2010)에서는 오키나와교류회의 연장선상에서 평화를 깊이 있게 다루게 되었다. 이로써 주제에 걸맞은 양국의 지역을 선정함으로써 주제의 연속성과 토의의 깊이를 더하는 형식을 갖게 되었다.

17회 정선교류회(2011)는 원래 일본에서 개최될 차례였지만 3·11 후쿠시마 핵발전소 폭발사고로 안전을 걱정하는 한국 회원들을 배려해 한국에서 일본연구회의 주관으로 개최되었다. 이 교류회에서는 환경 문제가 가장 큰 주제로 등장하게 되었다. 그런데 한일 간에는 3·11사태를 바라보는 시각의 차이가 존재했다. 한국 측은 환경 문제로서의 핵발전소에 초점을 맞춘 반면, 일본 측은 3·11 이후 사고 지역과 관련된 불평등·인권·지역 차별 등 일본 내 차별 구조에 초점을 맞추었다. 하지만 이는 대립적 차이가 아니라 상황의 차이에서 오는 문제 설정의 선후 차이라고 할 수 있어서 서로의 입장을 이해하는 발표와 토의가 이후 19회 합천교류회(2013)와 20회 사이타마교류회(2014)에서 지속적으로 연결돼 그 깊이를 더해갔다.

이처럼 20여 년 동안 진행된 교류회는 프로그램의 형식적인 측면에서는 짧은 일정에 맞는 효율적인 틀로 완성되어 갔다. 하지만 내용적인 측면에서 볼 때 양측 사회의 상황과 회원 개개인의 요구 및 전문성이 넓어지고 깊어지면서 많은 변화를 겪었다. 〈표 4〉를 보면 1회 서울교류회에서 19회 합천교류회까지 수업보고 등 총 발표 수는 253회이며, 한국(50.6%)과 일본(49.4%)이 치우침 없이 골고루 발표 기회를 가졌음을 알 수 있다.

직업(소속)별 발표 횟수는 〈표 5〉에서 보듯이 교사가 전체의 절대다수(82.7%)를 점했다. 교사 중에서는 초등 교사(42.4%)와 중고등 교사(40.3%)가 비슷한 비율로 구성돼 있다. 이는 한일연구회 회원의 구성 비율과 비슷하다. 교수나 강사 또는 기타 발표자는 대부분 초청 강사이기 때문에 초등 교사와 중고등 교사가 각각 전체 회원의 거의 절반을 차지한다고 할 수 있다.

발표를 형식별로 살펴보면 〈표 6〉에서 수업보고가 총 발표 수의 3분의 2를

표 4 한일연구회의 교류회 발표(1995~2013)

총 발표 수	한국연구회	일본연구회
253	128	125
100(%)	50.6	49.4

표 5 직업(소속)별 발표(1995~2013)

총 발표 수	교사(초)	교사(중)	교사(고)	교수	강사	기타
253	107	37	65	22	6	16
100(%)	42.4	14.6	25.7	8.7	2.3	6.3

표 6 형식별 발표(1995~2013)

총 발표 수	강연	수업보고	실태보고	연구보고
253	19	172	25	37
100(%)	7.5	68.0	9.9	14.6

표 7 주제별 발표(1995~2013)

총 발표 수	교육	문화	역사	인권	평화	한일 이해	환경
253	19	53	64	42	7	15	53
100(%)	7.5	20.9	25.3	16.7	2.8	5.9	20.9

차지할 정도로 많다. 교류회를 거듭할수록 연구보고와 실태보고가 늘어나는 추세이지만 아직 괄목할 정도는 아니며, 또 교류회의 성격으로 볼 때도 일상적인 교육 실천인 수업보고의 비율이 이보다 줄어든다는 것은 한일연구회의 성격 변화를 의미하므로 이와 같은 비율은 수업연구회를 표방한 한일연구회의 정체성에 부합하는 비율이라고 할 수 있다.

주제별로는 역사(25.3%)가 전체의 4분의 1을 차지한다. 문화와 환경이 각각 20.9%이며 인권이 16.7%로 그다음이다. 교육(7.5%)과 한일 이해(5.9%)는 교류회 초기에 수업의 자율성이 확보되지 못한 교육 환경에서 한국 측 발표가 많았지만 교류회가 거듭될수록 그 횟수는 줄어들게 된다. 평화 관련 주제는 적은 수치(2.8%)지만, 15회 오키나와교류회 이후 늘어나는 추세다. 20회 이후의 교류회에서는 환경과 평화가 주제 면에서 늘어날 것을 예상된다.

이상에서 살펴본 것과 같이 한일연구회는 작은 단체임에도 20여 년 동안 꾸준히 한일 간 교류를 지속해왔다. 적은 수의 참가자로써 명맥을 유지하는 데 급급했던 것이 아니라 교류의 질을 높여왔을 뿐만 아니라 그에 따라 축적된 교류의 결과는 단체의 미래에 큰 밑거름이 되고 있다.

아무리 작은 단체라도 20여 년을 자신의 정체성을 유지하며 그에 부합하는 활동을 지속하기는 쉽지 않다. 단체의 지속성은 깊이(내용의 질)와 규모(형식 및 참가자의 양)로 확보되는데, 한일연구회는 규모보다는 깊이에 방점을 찍음으로써 그 지속성을 확보했다고 할 수 있다. 이로써 성급하게 일반화할 수는 없지만, 교류는 기본적으로 그 규모로써가 아니라 깊이에 대한 고민, 즉 교류 내용의 질을 더함으로써 지속성이 유지된다고 할 수 있다. 지속성은 교류의 성공을 판단하는 중요한 근거가 됨은 두말할 필요가 없다.[19]

여기서 관건은 새로운 회원의 확보인데, 이때 중요한 것은 새 회원의 수가 아니라 교류의 질을 더하면서 회원 활동을 지속할 수 있는, 적극적 회원의 확

---

19 교류의 지속으로 개인적인 측면에서 특별한 결과도 나타나고 있다. 세대가 더해지면서 양측 회원이 서로의 개인사를 알게 되고, 또 깊이 이해하게 되면서 배려와 도움뿐만 아니라 닮고 싶은 사람, 즉 롤모델이 생기기도 한다는 점이다. 이는 교류와 관련된 것뿐만 아니라 지극히 개인적인 측면에서도 이뤄지고 있다는 점에서 일반적이지 않은 현상이라고 할 수 있다.

보가 필요하다. 그러기 위해서는 교류회의 내용을 철저히 준비해 첫 참가자에게 자신의 교육 활동을 돌아보고 부족하거나 간과했던 점을 보완할 수 있는 계기를 줘야 한다. 공부만 열심히 하는 것 같아서 꺼려진다는 주위의 평가가 역설적이게도 한일연구회의 지속성을 확보케 하는 원동력일 것이다.

20회 교류회를 맞아 실시한 특별 설문조사에서 양측의 많은 회원이 새 회원 확보의 어려움을 호소했지만 그렇다고 가벼운 주제를 선정해 보다 많은 신입회원을 확보하자는 데에는 선뜻 동의하지 않았다. 오히려 좀 더 많은 수업보고와 다양한 연구 및 실태보고를 발표하고 토의하기 위한 시간이 부족하다는 의견이 강했으며, 필드워크도 좀 더 주제의 깊이를 더하는 것이었으면 좋겠다는 의견이 적지 않았다.

이로써 유추할 수 있는 회원들의 생각은 결국 교류의 깊이를 더해 지속성을 유지해야 한다는 것이다. '한 명의 아이도 포기하지 않는 교육', '고통의 역사와 부조리한 현실을 마주하는 교육'의 자세를 잃는다면 설사 아무리 많은 회원이 확보된다 해도 소용없다는 것이 설문조사에서 드러난 회원의 목소리였다. 결국 한일 간 교류 단체의 회원이 늘어서 교류가 튼튼해지고 광범위해지는 것이 아니라, 자신의 색깔을 잃지 않고 지속성을 확보해가는 단체가 많아져야만 교류가 확대된다는 것을 한일연구회는 20여 년의 활동으로 보여주고 있다.

나오며

교류는 작은 차이도 극복한다. 이때의 극복이란, 차이를 없애고 하나된 어떤 의견이나 생각을 만드는 것이 아니라, 상대방의 생각을 있는 그대로 파악해 차이의 미세한 부분까지도 이해한다는 의미다. 선입견과 편견의 발원지를 찾고 제거함으로써 다양한 생각과 의견이 왜 필요하고 그것이 모임이나 단체 나아가 사회에서 어떤 역할을 하는지 보여주는 과정인 것이다.

이러한 과정이 꾸준히 진행되지 않으면, 최근 한류에서 혐한으로 바뀌어가는 과정의 일본 사회에서 볼 수 있듯이, 문화적 접근(그 순기능에도 불구하고 근본은 상업적인 접근이다)만으로 교류할 때 한순간에 지속성이 끊기는 현상이 발생할 수 있다. 일본뿐만 아니라 한국 사회도 마찬가지다. 『제국의 위안부』 소송 사태[20]에서 볼 수 있듯이, 한국 사회에서 그동안 일본에 대한 편견 극복과 양국의 발전적 미래에 대한 노력이 얼마나 장밋빛으로 물들어 있었는지 알 수 있다. 표현의 자유, 학문의 자유는 차치하고 다른 생각에 대한 이해나 인정이 없는 사회가 다양성이 필요한 교류에서 지속성을 갖기는 힘들다. 비록 소규모일지라도 교류의 다양성과 그 내용의 질이 담보되지 않으면 지속성을 확보할 수 없다는 점을 일본의 혐한 기류와 한국의 『제국의 위안부』 소송 사태를 살펴봄으로써 얻을 수 있다.

국가 간의 소통으로서 교류와 외교를 생각한다. 제국주의 시대의 국가 간 소통은 외교가 주를 이루었다. 궁극적으로는 자국의 이해관계를 따르는 것이 외교라고 정의할 때, 그 극단은 전쟁을 통한 침략일 것이다. 그렇기에 침략의 다른 이름인 외교적 문서로써 소위 한일합방이 체결되어 일본의 조선 침략이 합법화된 것이다. 과거가 과거의 역사로만 남아 있지 못하고 오늘날에도 계속 소환되는 이유가 여기에 있다. 자국의 이해관계를 대변해주는 역할을 위해 외교는 '민간 외교' 등 여러 가지 가면을 쓰고 출몰하는 것이다.

---

20 박유하(2013)가 쓴 『제국의 위안부』(뿌리와이파리)가 일본군'위안부'의 명예를 훼손했다는 이유로 '나눔의 집' 일본군'위안부' 할머니들로부터 소송당한 사건(2014. 6. 16.)이다.

이에 반해 교류는 타인의 생각, 다른 나라의 처지를 이해하고 인정하는 데서 출발한다. 그렇기에 교류를 통해 사람들은, 비록 그것이 국경을 넘는 소통일지라도 이해관계를 초월한다. 그럼으로써 한쪽의 이익을 위해 다른 쪽이 희생되는 것이 아니라 양쪽의 이익을 더하는 결과를 낳는다.

교육 교류뿐만 아니라 여러 분야의 교류는 대규모가 될 때 외교에 노출되기 십상이다. 그러므로 한일 간 교류는 교류 단체의 규모를 키우는 것보다는 작은 교류 단체의 수를 늘려 다양한 교류가 지속적으로 이루어지도록 하는 게 중요하다. 이러한 교류가 주요해지면 어떤 사회적 트렌드에도 흔들리지 않고 교류를 깊이를 더해갈 수 있다. 결국 한국과 일본의 중앙정부나 지방정부 역시 외교적 입장에서가 아니라 교류적 입장에서 상대방을 대할 때, 오히려 자국의 이익에 더 충실할 수 있다. 하지만 이러한 결과는 결국 교류로 증명할 수밖에 없다.

한일합동교육연구회, 일한합동수업연구회의 20년 활동은 작은 규모로 이뤄지기 때문에 양국 사회에 미미한 영향밖에 미치지 못할지 모르겠지만 교류의 방향을 설정하는 데는 중요한 사례가 될 것이다. 교류가 외교를 압도한다는 것은 평화와 공존이 자리잡은 미래를 예약한 것과 마찬가지다. 혐한과 편견을 극복하고자 한다면 한국과 일본 사회는 더 이상 외교의 호명에 답하지 않아야 한다. 그러기 위해서는 귀를 닫는 것이 아니라 교류 쪽으로, 그 깊이를 더하는 쪽으로 귀를 열어야 할 것이다. 한일협정 50주년인 2015년은 국가 주도를 넘어 한일 시민 간 다양한 교류가 주도하는 한일관계의 출발점이 되기를 바란다.

참고문헌

강진호(2006), 「근대교육의 정착과 피식민지 주체」, 학술진흥재단.

김혜련(2011), 『일제강점기 조선어과 교과서와 조선인』, 역락.

다카하시 데쓰야 지음, 한승동 옮김(2013), 『희생의 시스템 후쿠시마 오키나와』, 돌베개.

박중현(2011), 「역사교육을 통한 한·일 간 '역사화해' 방안 연구」, 공주대학교 대학원 역사교육과.

송호근(2013), 『시민의 탄생』, 민음사.

장미경(2011), 「'일본어 교과서'로 본 식민지 교육」, 『일본어문학』 제48집.

우리교육 편집부(2008), 「수업을 바꾸는 조용한 혁명, 배움의 공동체」, 우리교육.

하타노 요시코(2014), 『내가 찾아가서 만난 한국』, 이리.

한일합동교육연구회(2009), 『교류회 보고서』 제1회~제16회(1995~2009).

한일합동교육연구회, 『한일교육연구』 1~4호(2010~2014).

12장

한국의 일본계 종교와 일본의 통일교

문화현상으로서의 양국 간 종교문화의 상호 수용

임경택

머리말

일본의 패전과 더불어 한국이 식민지에서 해방된 후, 한일 두 나라가 국교를 정상화한 지 50년이 지난 지금, 수많은 관광객이 오고 가고 있고, 기업 간의 협력이나 경제적 교류, '한류'나 '닛폰필'로 대변되는 문화 분야의 교류는 매우 광범위하게 이루어지고 있다. 하지만 다른 한편으로, 양국 사이에는 여전히 과거사나 영토 문제를 둘러싼 민족 감정의 벽이 높을 뿐만 아니라, 최근 일본에서는 일부 극단적인 세력에 의한 '혐한시위'마저 등장하고 있는 실정이다. 한국에서도 일본이나 일본적인 것에 대해 거부감을 가진 사람들을 많이 볼 수 있고, 일본 대중문화 개방 등을 '문화침략'으로 규정하는 흐름이 사회 내에서 영향력을 발휘하고 있는 상황이 지속되고 있다. 이러한 가운데, 만화나 애니메이션과 같은 대중문화와 함께 소리 없이 국경을 넘나들고 있는 것이 종교 또는 종교문화라 할 수 있을 것이다.

실제로 현재 한국 내의 일본계 종교는 총 18개 교단이 있고, 각 교단이 제시한 신자 수를 더하면 약 192만 명에 이른다(이원범, 2007: 78).[1] 이 수치는 전체 인구의 약 4%에 이르는 것으로, 일본계 종교는 한국의 주요 기성종교인 불교(24.4%), 개신교(21.4%), 가톨릭(6.7%)의 뒤를 잇는 규모의 종교집단이 된다. 또한 한국 정부가 2005년에 발표한 종교인구통계에서 보듯이, 한국 내 종교인구가 전체 인구의 53.5%였다는 점을 고려하면, 한국 내 종교인구의 약 7.5%가 일본계 종교의 신자인 셈이다. 일본계 종교에 대한 기존의 사회적 관념을 생각해 보면, 놀랄 만한 수치가 아닐 수 없다. 왜냐하면 일본의 식민지를 경험했던 한국 사회에서는 일본 문화 특히 일본계 종교의 확산은 반민족적인 정서를 가진 매우 위험한 집단의 확산과 동일시되고, 그것은 새로운 문화침략이 될 수도 있다는 우려로 나타나는 경우가 많았기 때문이다. 그 반일 정서를 보여주는 대표적인 단어가 '왜색종교'라는 말이다. '왜'라는 말은 일본을 폄하하면서 일본에 대한 문화적 우월성을 함의하고 있고, '색'이라는 말에는 이질적인 이데올로기 또는 이질집단이라는 것을 드러내기 위한 의미가 포함되어 있다고 생각한다. 그래서 '왜색'은 한국인이라면 늘 경계하고 거리감을 가져야 하는 일제 식민지문화의 잔영을 뜻하는 것이라 할 수 있다.

그럼에도 불구하고, 오늘날 일본계 종교의 교세가 크게 확장된 이유나 배경은 무엇일까? 우선 종교가 지닌 본질적 속성에서 기인하는 부분이 있다. 종교란 본질적으로 국경이나 문화적 차이를 넘어 스스로 변해 가면서 확산되는 것이다. 더구나 한국은 '종교백화점' 또는 '종교시장'으로 불릴 정도로 '종교단체

1 이 조사는 2003년 9월부터 2005년 8월까지 2년간에 걸쳐 실시되었다고 한다.

수가 많고, 그 종교단체들이 자본주의적 시장경제의 원리에 따라 일종의 선택 가능한 상품으로 존재'(고병철 외, 2012: 1)하기 때문에, 종교의 월경越境이 더욱 용이할 것이라 생각된다. 한국은 오랜 기간 단일민족사회로 존재해 오면서도 종교적 측면에서는 다종교사회로서의 특징을 지니고 있으며, 그 종교들이 상호 공존하는 정도가 매우 높은 사회라 평가되어 왔다. 그런 측면에서 한국 내 외래종교의 유입과 확산은 우선 '종교다원주의의 보편화 현상과 관련이 있다'(이원범·사쿠라이 요시히데 편, 2011: 77)고 평가할 수 있을 것이다. 이른바 '왜색종교'도 역사에서 기인하는 사회적 분위기에도 불구하고 그 흐름 안에서는 예외가 되지 못한 것이라 생각된다.

한일 양국 간 종교문화의 교류 혹은 종교의 상호 수용을 고려할 때 이와 같은 종교다원주의의 보편화 현상이라는 배경은 그 무엇보다도 중요하지만, 다른 한편으로 한국과 일본 사이의 특수한 관계도 무시할 수는 없다. 양국은 지리적으로도 인접해 있기 때문에 종교문화 교류에 작용하는 요인들이 순수하게 종교적인 상호관계의 문제로만 존재하는 것이 아니라, 복합적이고 미분화된 상태로 존재하고 있다. 또한 과거 역사가 종교를 단순히 개인의 문제에 머물게 하지 않고, 정치적·경제적 문제와 결부된 형태로 나타나게 한다. 이 글에서는 일본계 종교의 주요 교단이 가진 근본 교의와 이데올로기적 성격, 한국으로의 유입 및 역사적 전개과정에 대해 살펴보고자 한다. 즉, 교의의 내용과 성격, 한국 사회에 정착할 수 있었던 사회적·문화적 배경에 대해 살펴봄으로써, 양국 간 종교문화 교류현상의 일면을 파악해 보고자 한다.[2]

2 한국에 유입된 외래종교는 일본계 외에도 중국계와 타이완계, 아랍계도 있지만, 이 글에서는 일본계만을 다루기로 한다. 또한, 한일 간 종교문화 교류의 구체적 양상에 대해서는

그리고 한국의 기독교단에서는 이단시되는 통일교[3]가 일본에 성공적으로 정착한 사실도 한일 간의 종교문화 교류를 생각할 때 빼놓을 수 없는 사실이다. 한일 국교정상화 이전이었던 1958년 최봉춘(일본명 니시가와 마사루西川勝)이 일본에 밀입국하여 1959년 10월에 '일본통일교회(일본통일협회)'를 세운 후, 1964년에 일본 내의 종교법인이 된 통일교는 2006년경에 신자 수가 40만 명을 넘어섰고, 교회는 2013년에 286개에 이르렀다고 한다. 일본의 '하와'와 한국의 '아담'이 천륜을 맺는다는 합동결혼식으로 유명한 통일교는, 일본 내에서 '마인드 컨트롤 소동'이나 '영감상법靈感商法' 등의 문제를 일으키기도 했지만, 일본 사회에서 뉴커머의 한 축을 형성하기도 했고, 한국 농촌에서는 효부상과 표창장을 휩쓰는 '일본인 며느리'를 탄생시켰다. 이런 현상을 생각하면, 통일교 문제는 한일 양국 간의 종교문화 교류를 파악하고자 할 때 매우 중요한 대상임에 틀림없으며, 종교문화의 교류를 생각할 때 반드시 주목해야 할, 지역의 민속문화와 교단의 활동이 빚어내는 복잡한 구조를 확인하는 데에도 매우 중요한 시사점을 제공해 줄 것이라 생각한다.

이원범 편(2007), 『한국 내 일본계 종교운동의 이해』, 제이앤씨와 이원범·사쿠라이 요시히데 편(2011), 『한일종교문화교류의 최전선』, 인문사를 참조하기 바란다.

3 통일교의 명칭은 창설 당시에는 '세계기독교통일신령협회'였으나, '세계평화통일가정연합'으로 바뀌었다가, 2010년에 현재와 같이 통일교라 부르고 있다.

일본계 종교의 한국 진출: 역사적 과정의 개요

1. 일제강점기와 해방 직후의 상황: 한일 국교정상화 이전

근대 이전에는 일본 종교가 종교적 목적을 위해 한반도에 유입된 사례가 없었다. 그러나 1876년 강화도조약 체결 이후 일본의 영향력이 확대되면서 조선에서 본격적으로 조직적인 활동을 전개하게 된다. 메이지유신에 성공한 세력들은 천황제 국가의 기반을 다지기 위해 폐불훼석廢佛毁釋으로 대표되는 신불神佛분리정책을 전개하여 '국가신도'의 보급을 강화했지만, 교의가 없는 신도의 한계로 여러 가지 문제가 드러나자 다시 불교를 동원했다. 그러한 정책의 연장선상에서 강화도조약 체결 후 조선인들의 적개심을 완화시키기 위해 진종眞宗 본원사本願寺에 협력을 구했고, 일본 정부의 후원 아래 1877년 부산에 진종 대곡파 본원사 별원을 건설했다. 그 후 1881년에는 일연종日蓮宗의 와타나베 니치운渡辺日運이 부산에 '일본회관'을 건립했고, 1897년에는 정토종의 미스미다 모치몬三隅田持門이 부산에 상륙하여 포교를 시작했으며, 1898년에는 경성에 '개교원'을 설치했다. 하지만 1911년 6월에 조선총독부는 '사찰령'을 공포하여, 일본 불교 세력이 조선 불교계에 영향력을 확산시키는 것을 용인하지 않고 직접 관리하는 정책으로 전환했는데, 이때부터 일본 불교의 조선인에 대한 포교와 확산이 어려워졌다. 결과적으로 신자들은 대부분 재조일본인들이었고, 해방과 동시에 이 교단들은 모두 철수했다.

한편 메이지 정부는 1882년에 포고령을 반포하여 국가신도 체계를 확립하고, 민간신앙단체들을 13개 교파로 정리했는데, 이들을 '교파신도'라고 부른다. 이러한 교파신도 중에서 조선에 진출한 교단이 신앙요법을 중시하는 천리교였다. 1893년 고치高知현의 사토미치 타로里見治太郎가 부산으로 건너와 포교활동을 하기 시작했는데, 1910년에 조선인 신자가 420명에 이르렀다고 한다. 1938년에는 조선인 신자가 2만 명을 넘어선다.

일본 기독교 세력이 조선에서 포교를 시작한 것은 갑오개혁이 진행되던 1894년경이었다. 처음에는 일본 기독교의 3대 교파인 '일본조합교회', '일본감리교회', '일본기독교교회'가 재조일본인들을 대상으로 선교활동을 시작했다. 일본 국가주의와의 갈등관계를 벗어나고자 국가 예속의 길을 선택한 일본 기독교는, 일본의 조선 침략과 청일전쟁, 러일전쟁을 긍정하는 논리를 제시했다. 조선인의 정신교화를 목표로 내건 일본 기독교는 이와 같이 일본제국의 식민지 정책에 영합하는 것이었다. 그런데 조선의 기독교인들은 반일운동을 주도하고 있었기 때문에 체제순응적인 일본 기독교는 조선인들로부터 배척을 당할 수밖에 없었고, 결국 재조일본인들을 대상으로 했으며, 조선인에 대한 전도는 실패로 돌아갔다. 이와는 달리, 조선인만을 선교 대상으로 삼은 일본 기독교는 기독동신회가 유일했다. 일본에서 최초의 해외선교사라 일컬어지는 노리마쓰 마사야스乘松雅休가 1896년 서울에서 전도생활을 시작했지만, 당시 조선 기독교인의 대다수는 외국 기독교 교단에 속해 있었다.

그러나 해방 직후인 1945년 9월 11일에 발족한 미군정청은 국내의 모든 일본 종교들에게 해산할 것을 통고했고, 그들의 재산을 대부분 기독교 교회로 넘겼다. 이러한 상황에서 명맥을 유지한 것은 본문불립종과 천리교, 기독동신회 정도였다. 본문불립종은 한국인으로 주지가 승계되면서 살아남았고, 천리교는 빈민이나 고아들을 돌보는 복지활동단체인 '천경수양원'으로 변신하는 등 반일 정서 속에서도 생존을 위한 노력을 계속하여, 1960년대에 교세를 크게 확장시키지만, 재단운영 문제, 일본 본부와의 관계로 인해 분열했다. 한편 기독동신회는 1960년대부터 교세를 확장하기 시작했는데, 그들의 활동 중 가장 눈에 띄는 것이 원경선이 세운 '풀무원' 농장이다.[4] 이 기독동신회가 '왜색 종교'라는 낙인을 받지 않았던 것은 근본주의적인 입장을 취하고 있었기 때문이다.

2. 한일 국교정상화 이후

패전 후 일본을 점령한 연합군사령부GHQ가 1951년 '종교법인법'을 공포한 후, 일본 내의 종교 교단들은 정교분리의 원칙하에 법적으로 보장된 지위와 자격을 갖추고, 보다 자유롭고 적극적으로 활동을 전개하게 됨으로써 경제성장과 함께 종교 붐이 일어났다. 그 시기 한국에서는 경제성장을 통해 정권의 정당성을 확보하려고 한 제3공화국의 박정희 정권이 정책의 일환으로서 일본과의 국교정상화를 도모했고, 드디어 1965년 12월 18일 한일 양국은 '한일협정 비준서'를 교환함으로써 국교정상화를 이루게 된다. 그로부터 양국 간에 경제 협력뿐 아니라 인적 교류도 활발해지면서, 한국 내의 일본 종교도 새로운 전기를 맞게 되었다. 기존에 잔존해 있던 일본 종교가 일본의 본부와 다시 연계되면서 활동을 재개－천리교, 본문불립종 등－하는가 하면, 해방과 동시에 사라진 종교들이 재일교포를 비롯한 일본과의 인적 교류가 잦아지면서 재생－일연정종, 창가학회SGI 등－되기도 했다. 재일교포들의 모국 방문은 일본계 종교가 다시 한국에 전파되기 시작하는 데 있어서 무엇보다도 중요한 요소였다. 고도성장하던 일본 사회에서 건너 온 재일교포들은 상대적으로 빈곤하던

4 원경선은 1955년에 '풀무원'이라는 농장을 만들어 공동생활을 시작했고, 1976년에 '정농회'를 발족시켜 무공해 농법으로 농사를 지었다. 여기에서 생산된 농산물은 후에 그의 아들인 원혜영이 중심이 되어 '풀무원식품주식회사'를 세워 판매했다.

한국인들에게 동경의 대상이 되었는데, 그들은 경제적인 도움과 함께 문화를 전달했고, 이것이 일본 종교가 다시 전래되는 계기가 되었던 것이다. 그 외에는 대부분 1960년대 이후 한국에 처음 들어왔는데, 대다수가 패전 후 고도성장과정에서 발생한 종교 붐 이후에 생성되거나 급성장한 단체들이었다. 하지만 해방 이후 한국 사회에서 일본계 종교는 이른바 '왜색종교'라고 외면당했을 뿐 아니라 법적·사회적 제재를 받았다.

1980년대 후반, 한국에서는 민주화가 성취되고 경제적으로 안정되어 가면서 실리를 중시하는 인식도 동시에 확산되었으며, 일본과의 물적·인적 교류도 증가했다. 그에 따라 종교를 포함한 문화 교류도 활발하게 전개되어 갔다. 이러한 교류의 증대는 일본계 종교의 위치마저 변화시켜, 일본계 종교 중에서도 한국 내에서 주류에 가까운 위치를 차지하게 되는 거대한 교단이 등장하였다. 이는 단순히 일본계 종교의 문제라기보다는 글로벌화시대를 맞이하여 일어난 종교의 다원화와 개성화를 지향하는 세계적인 흐름도 중요한 역할을 했을 것이다.

일본계 종교 교단의 한국 진출과 활동

현재 한국 내에서 활동하는 일본계 종교 18개 주요 교단을, 신앙형태를 기준으로 보면 크게 신도계, 불교계, 신불습합계, 기독교계, 수양도덕계로 분류할 수 있다(이원범, 2011: 89). 신도계 교단으로는 신자 수 27만 명을 웃도는 천리교와 금광교, 불교계는 신자 수가 155만 명으로 한국 내 일본계 종교의 압도적 다수를 차지하고 있는 창가학회를 비롯하여, 본문불립종, 일연정종日蓮正宗, 영우회靈友會, 입정교성회立正交成會 등이 있고, 신불습합계는 세계구세교와 선린교善隣教, 진여원 등을 들 수 있을 것이다. 기독교계 교단으로서는 기독동신회와 예수어령교회가 있고, 수양도덕계 교단으로는 도덕과학연구소(모랄로지) 등이 있다. 이 글에서는 특히 신도계의 천리교, 불교계의 창가학회와 일연정종, 입정교성회, 신불습합계의 세계구세교, 선린교, 영우회 등을 중심으로, 이 교단들의 종교적 성격과 한국으로의 진출과정과 활동상황에 대해 구체적으로 살펴보도록 하겠다.

1. 천리교

천리교는 에도시대 말기, 지주 집안의 주부였던 나카야마 미키中山ミキ를 교조로 하는 종교단체이다. 모시는 신은 천리왕명天理王命이고, '밝게 사는' 세계를 지향하고 있다. 인간 생명의 발상의 중심을 지바地場라고 하여 신앙의 대상으로 삼고 있다. 현재의 천리교 교회 본부도 이 지바를 중심으로 세워져 있으며, 지바의 중심에는 6각형의 감로대가 놓인 신전이 있고, 그를 둘러싸고 신자들의 '예배장'이 있다. 메이지유신 이후의 국가신도 체제하에서 국가와 지방권력으로부터 압력을 받아오다가, 창설자의 사후에 이른바 『명치교전』을 만들어 결국 국가신도에 종속되었고, 1908년에 교파신도의 한 파로 독립을 인정받음으로써, 국가신도 체제하에서 공인을 받았다. 하지만 근본적으로 천황제 이데올로기와 이질성을 지니고 있던 천리교는 집요하게 압박을 당하고 신자들은 불경죄에 몰리기 일쑤였다. 패전 후 신앙의 자유가 실현됨에 따라 초기의 민중구제, 현세중심, 인간본위의 신앙으로 회귀했고, 드디어는 세계종교의 길을 지향하게 되었다.

천리교의 교의는 1867년에 만들어진 『미카구라우타御神樂歌』에 집대성되어 있는데, 오야가미親神는 인간들이 밝고 힘차게 살아가는 모습을 보고 싶어하

며, 그 신의 보호를 받으며 인간이 살아가는 것이라 가르친다. 따라서 인간이 겸허한 마음으로 신에 대해 한결같은 마음을 가진다면, 구제를 받아 즐거움이 넘치는 이 세상의 극락이 실현된다는 것이다. 욕심을 버리고 평화롭고 풍요로운 세계를 지향하는 것이 가장 중요하다고 설파하고 있다. 마음을 바르게 쓰지 않으면 먼지가 쌓이므로 자기중심적인 생각을 버리고 그 먼지를 청소해야 한다고 가르친다. 모든 인간관계는 부모자식·부부관계를 기본으로 하여 쌓아가는 것을 이상적이라고 간주한다. 교조의 가르침에 따라 '사람을 돕는 것'이 기본이념이며, 그것이야말로 '본인이 구원받는 길'이라고 한다. 매일 행해야 하는 기진寄進으로 교회의 청소활동을 비롯하여, 지역에서의 봉사활동을 실천한다. 기도는 세상을 밝게 만들기 위한 활동이고, 환자나 다친 사람도 교조가 치유해 준다고 믿는다. 교단에서는 죽는 것을 '새출발出直し'이라고 부르며, 인간은 죽더라도 다시 이 세상에 태어난다고 가르친다. 즉 내세관을 가지고 있지 않은 것이다. 더욱이 1887년에 교조가 사망했지만, 교조의 혼은 다시 태어나는 것이 아니라 지상(천리교 교회 본부, 교조전 내)에 살아 있어서, 세계를 돕기 위해 매일 일하고 있다고 하는데, 이를 '존명의 이치'라고 부른다. 박자목을 치면서 '천리왕天理王'이라는 신의 이름을 부르는 독특한 포교방식[5]을 가지고 있다.

해방 이전에 국내 조선인 신자들을 가장 많이 확보했던 천리교는 해방 이후에도 지속되어 현재까지 이어져 오고 있는데, 이승만 정권하에서는 일제 잔재의 상징이라는 낙인으로 인해 매우 곤란한 지경에 처하기도 했다. 이 문제와 관련하여 국내 천리교의 자주적 정체성의 문제도 심각하게 부각되었다. 미군정하에서 천리교 계열의 모든 교회는 기독교 교회로 접수되었다가, 전쟁 중

5 이를 향내를 풍긴다는 의미로 '니오이가케(においがけ)'라고 부른다.

이던 1952년에 천경수양원을 해체하고 '대한천리교연합회'를 결성했다. 이를 1954년에 다시 '대한천리교 본원'으로 개칭했지만, 1955년에 독자적인 자주 교단을 지향하는 대한천리교 본원, 일본과의 연계를 주장하는 대한천리교교리실천회, 교회 간의 연합회 형식을 취하려던 대한천리교연합회로 분열되었다. 그중 천리교 본원(이후 대한천리교총본부로 개칭)은 한국 사회에 정착하기 위한 시도, 예를 들면 애국가 봉창, 국군장병 위로고사, 한국식 의상, 아악 채택, 청소작업의 권장 등을 행했다. 그 후 우여곡절을 겪다가, 1963년에 대한천리교총본부가 재단법인 등록을 하면서 재산문제로 완전히 분열하게 된다. 즉 독자노선과 연계노선의 대립이 계속 이어졌던 것이다. 1964년과 1984년에 왜색종교라는 거센 사회적 비판을 받아, 정부로부터 '왜색'을 제거하라는 명령을 받기도 했다. 그에 대응하여 천리교는 신앙의식 등에서 많은 개선조치를 취했다. 1998년에 대한천리교총본부와 별도로 한국천리교연합회가 법인 인가를 받자, 교단의 재산과 관련된 많은 법정 분쟁이 빈발했고, 현재는 '대한천리교'와 '천리교한국교단'으로 분열되어 있다.

일제강점기에는 조선총독부의 민간신앙 단속으로 인해 무당들이 질병치료를 할 수 없게 되자, 천리교가 치병이나 현세 이익추구를 활용하여 교세를 확대할 수 있었고, 해방 이후 미군정기에 나타난, 기독교의 조선 전통문화에 대한 배타적인 태도로 인해 교세확장의 기회를 포착할 수 있었다. 즉 미군은 우상타파와 미신타파라는 명목으로 조상제사는 물론 기독교 이외의 종교적 상징물과 전통문화재를 비판했다. 따라서 미국의 종교로 인식되었던 기독교는 한국 사회 근대화의 상징으로 그 지위를 확립했으며, 천리교도 이 시기에 교세를 다시 확대할 수 있었는데, '조상제사를 허용하고, 다른 종교에 중복 소속을 허락한 점'(이현경, 2011: 161) 등이 유효하게 작용했을 것이다. 대한천리교회의 경우, 2005년 신자수가 8만 명 정도였다.

2. 일연정종과 창가학회, 한국SGI불교회

일연정종이란 니치렌日蓮을 종조로 하고, 파조인 닛코日興가 후지대석사富士大石寺를 본산으로 하여 개창한 불교의 종파이다. 니치렌이 죽자 제자들 사이에 갈등이 일어났다. 그중 막내인 닛코가 미노부身延산을 나와 후지산 기슭에 대석사를 짓고 스승의 가르침을 전했는데, 이 종파를 '일연정종'이라고 했다. 미노부산에 남은 다섯 제자가 세운 종파는 일연종이 되었다. 즉 일연정종과 일연종은 같은 니치렌을 모시지만 다른 종파가 된 것이다. 종조를 본불本佛로 받들고, 대어본존을 믿고 창제唱題의 수행을 하기만 하면, 누구나 반드시 일생 중에 성불할 수 있다고 가르친다. 또한 불교 각 종파에서는 여러 가지 계율이 정해져 있지만, 일연정종의 계율은 사악지선捨惡持善 뿐이다. 법화삼부경法華三部經과 종조의 유문인 『일연대성인어서日蓮大聖人御書』 등을 주요 경전으로 삼고 있는데, 불교의 기초인 삼보三寶에 대해서도, 니치렌 대성인이 불보이며, 남무묘법연화경南無妙法蓮華經이 법보라고 했고, 닛코 등의 역대 어른들이 승보라고 했다. 다보탑이나 석가·여래 등의 불상을 제작하거나 숭배하는 것을 일절 금하고 있다. 일연정종이 한국에 유입된 것은 재일교포가 자신의 친척들에게 포교하는 경로와 '홀치기'라는 섬유사업을 통해 일본과 관계를 맺고 있던 사업가의 개인적인 호기심을 통해서라고 전해진다. 현재는 신앙생활을 하는 신자수가 1만 명도 채 되지 않는다고 한다.

한편, '종교법인 창가학회'는 현재 '국제창가학회SGI'의 일본조직이다. 당초에는 일연정종 내부의 종교법인격을 가지지 않는 법화강法華講으로 발족했으나, 현재는 일연정종과 완전히 분리된 단체이다. 1930년, 초등학교 교장이었던 마키구치 쓰네사부로牧口常三郎와 도다 조세이戸田城聖 등의 교육자들이 모여, 일연의 불법정신에 기초한 교육의 실천(교육자의 육성)을 목적으로, 일연정종의 교의와 마키구치의 『가치론』을 합체시켜 '창가교육학회'를 구성했는데, 이것이 창가학회의 전신이었다. 1936년에는 총본산에서 제1회 '창가교육학회수양회'가 개최되었다. 패전 후인 1946년에 '창가교육학회'가 '창가학회'로 개칭되었고, 1952년에 도쿄도지사로부터 종교법인의 인증을 받아 '종교법인 창가학회'가 정식으로 발족되었다. 이후 일연정종도 크게 발전하게 되었는데, 특히 1960년에 현 명예회장인 이케다 다이사쿠池田大作가 회장으로 취임한 이래 본당을 새로 짓는 등 양자 간의 밀월관계가 계속되었다. 1964년에는 우익 언론들의 공격에 대응하는 방식의 하나로, 창가학회 내에 '공명정치연맹'(후에 '공명당'으로 개칭)을 결성하여, 정치에도 관여하기 시작했다. 1970년에 창가학회는 공명당과 공식적으로 분리되었고, 이후 창가학회는 '생명, 생활, 생존의 인간주의'를 표방하면서 활동하기 시작했다.

이어서 창가학회는 1975년 '제1회 세계평화회의'를 개최하고 '국제창가학회'를 출범시켰다. 일연정종 재가在家 신도들의 신앙을 교육하기 위한 결사체講의 하나로 출발했던 창가학회로부터 발전한 SGI는 그 산하의 해외포교단체 중 하나였다. 하지만 1991년 이케다가 대석사 종무원으로부터 파문을 당하고, 이듬해에는 신도로서도 제명처분을 당함으로써 완전히 독자노선을 걷고 있다.

한국에 유입되던 1960년대 말에는 창가학회 해외부가 해외포교를 담당하고 있었기 때문에, 일연정종과 창가학회가 구분되어 있지 않았고, 일반적으로 창가학회로 알려졌었다. 짧은 기간 동안 회원 수가 증가하면서 창가학회도 역시 '왜색종교'라는 사회적 낙인이 찍혔다. 창가학회는 "남묘·호렌·게쿄!"를 외치는 것으로 유명한데, 이 염불은 남무묘법연화경의 산스크리트어 발음에 일본식 한자 읽기를 더하고 여기에 변화를 줘 만들었다고 하는데, 이러한 행위를 창제라 한다. 이 '남묘호렌게쿄'를 반복해서 부르면 원하는 것을 이루고 깨달음에 이를 수 있다고 주장한다. 남무묘법연화경의 창제를 실천하고, '법화경' 사상의 포교를 선언했으며, 불교사상에 기초한 평화적인 사회의 실현을 목표로 하고 있다고 한다. 하지만 일본의 국조인 아마테라스가 들어있는 본존을 모시고 동방요배를 하는 것으로 알려지면서 사회적인 비난을 받게 되었다. 1964년에 창가학회는 '반국가적·반민족적 단체'로 단정되었고, '간접적인 정신침략'이라고 하여 포교가 금지되었다. 1965년 한일 국교정상화를 반대하던 학생들이 창가학회 본부를 공격하기도 했다. 이러한 위기상황에서 한국 내의 일연정종 신자들은 분열되어 갔다. 1973년에 일본창가학회가 파견한 한국지도장에 의해 통합조직인 '일연정종불교회'가 결성되었고, 국제창가학회가 결성되자 한국창가학회의 결성을 위한 본격적인 활동을 개시하여 1975년에 총합본부를 출범시켰다.

역설적으로 한국창가학회의 발전은 일연정종과의 관계 청산을 계기로 더욱 활성화된다. 1990년부터 '한국SGI불교회'를 대외적 명칭으로 사용하고 『성교聖教타임즈』를 창간했다. 이케다 회장이 파문을 당하면서 '한국SGI불교회'와 일연정종은 분리되었고, '한국SGI불교회'는 일본창가학회와의 관계를 더욱 강화하게 되었다. 1996년의 '국토대청결운동'을 시작으로 사회적인 활동을 본격적으로 전개했고, 공명당이 1993년의 호소카와 연립내각에서 여당이 되었고, 그 후로는 원내 제1당인 자민당과 연립여당을 구성함으로써 성장의 발판을 마련했다. 1998년에 이케다 회장이 한국을 방문하여 경희대학교와 제주대학교에서 명예박사학위를 취득하게 되면서 그 위상을 제고하기 위하여 노력했다. 법인으로 등록된 것은 김대중 정부 시절이었는데, 2000년에 '한국SGI'로 문화관광부에 등록함으로써 사회적인 공인을 받게 되었다. 초고속으로 성장하던 '한국SGI'는 이 무렵부터 약간의 정체현상을 보이면서 신자 수 120만 명 정도를 유지하다가, 현재는 155만 명으로 확산되었으며, 전국적으로 365개의 교당을 보유하고 있다.

창가학회는 일본의 군국주의에 반대했고, 반공反共노선을 견지했다. 따라서 일본 국내에서도 군국주의와 공산주의를 거부하는 일본인들이 몰려들어, 대석사의 신도단체에 불과하던 것이 도다 회장 취임 15년 만에 300만 회원을 갖는 전국조직이 되었다. 군국주의 일본에서 억압을 받았던 재일교포들은 일본 패전 후 창가학회에 가입했고 1960년대에는 고국으로 이를 전하는 주역이 되어 한국에서도 회원을 확보하는 데 큰 역할을 했다.

3. 입정교성회

입정교성회는 영우회에서 파생한 법화계의 신종교이다. 영우회의 유력한 신자였던 니와노 닛쿄庭野日敬가 주도하고 나가누마 묘코長沼妙佼가 협조하여 1938년 '대일본입정교성회大日本立正交成會'를 설립한 것이 그 시초이다. 재가신도들이 법화경으로 조상을 공양한다는 점에서는 영우회와 동일하지만, 법화경에 기초한 교의나 근본불교, 개조 법화에 의한 인간 내면을 수양하면서, 자타가 같이 구원받을 수 있는 수행(이를 '마음밭을 일군다'고 한다)을 하는 등 교단의 독자적인 특색도 지니고 있다. 법화경 삼부(무량의경無量義經 · 묘법연화경妙法蓮華經 · 불설권보현보살행법경佛說勸普賢菩薩行法經)를 경전으로 삼고 있는데, 니와노 등 초기 지도자들은 신앙지도를 통해 이른바 '가난과 질병과 전쟁貧病爭'의 고통으로부터 구원하여 불도의 정진으로 이끌겠다는 자세로 포교에 임했다. 당시의 일본은 오랜 전쟁의 영향으로 많은 사람들이 힘든 생활을 강요당하고 있었기 때문에, 많은 신자들이 인생고를 근본적으로 해결하고자 열심히 수행했다고 한다.

패전 후, 급속한 교세 확대로 주목을 끌게 되면서, 사회적으로 비판의 대상이 되기도 했는데, 1957년경부터 종교의 역할은 인생의 고민이나 괴로움을 해결하는 것뿐만 아니라 경전이나 교의에 의거한 인격의 향상을 지향하고, 행복한 가정이나 평화로운 사회를 구축하는 것도 중요하다고 하여 법화경의 연찬으로 회귀할 것을 강조했고, 활동의 중심도 법화경을 배경으로 하는 조상공양·교학연수·인간수양으로 옮겨 갔다. 또한 타 종교나 타 교단과의 교류를 일찍부터 추진했고, 동시에 지역사회·국가·세계평화를 위한 공헌도 중시하게 되었다. 예를 들면, 유니세프 가두모금, 세계종교자평화회의WCRP를 중심으로 군축이나 핵무기폐지운동을 전개하기도 했다. 교단 창립 60주년을 계기로 '한 사람 한 사람의 마음밭을 일군다'는 교단방침을 새롭게 목표로 정했다. 즉 '무상無常'이라는 불교의 진리를 인식하고, 생명의 존엄성을 깨달아가는 것을 의미한다. 그 기쁨을 한 사람이라도 더 많이 전파하여, 모두가 함께 행복을 맛볼 수 있는 세계를 만들어가겠다고 한 것이다.

앞에서 말한 창가학회와 입정교성회는 교세를 확장해 가던 중에, 인권 침해 등 공공복지에 반하는 요소가 있다는 호소가 사회 각 방면에서 터져 나왔으며, '서쪽의 천리교'와 '동쪽의 입정교성회'를 박멸하자는 운동이 전국적으로 확산된 적도 있었다. 급기야 1956년에는 국회에서 '부정한 종교활동에 대한 결의'가 만장일치로 채택되기도 했다.

입정교성회가 한국에서 본격적으로 활동을 시작한 것은, 1978년 문화공보부에 종교활동을 신고한 후, 서울 연희동에 법좌소를 개설하고부터이다. 1988년 현재의 한남동 건물에 일본으로부터 부처를 모셔와 법당에 안치하여 사찰로서의 위세를 갖추고 활동을 시작했지만, 교세는 소수에 머물고 있다. 2004년에 등록된 신자 수는 2,704세대이다.

4. 세계구세교

세계구세교는 오카다 모키치岡田茂吉가 1935년에 세운 신종교계의 교단이다. 일본 내의 3곳[6]을 성지로 정하고 있는 이 교단의 특징적인 종교활동은 각 신자들이 '정령浄霊'이라는 손을 얹는 의식적 행위를 행한다는 것, '자연농법'이라는 농법을 추진하는 것, 예술활동을 하는 것 등을 들 수 있다. 정령이란 병자의 환부 또는 각 질병별로 유효하다고 여겨지는 '급소'라 불리는 부위에 손을 얹음으로써, 그 병상을 치유한다는 것이다. '오히카리おひかり'라 부르는 목걸이를 한 신자라면 누구라도 할 수 있다고 가르친다. 교의상 병원에 가거나 약을 복용하는 것이 금지되어 있다. 교조인 오카다는 질병의 원인은 약에 의한 2차 피해라는 사상薬毒을 설파하여, 서양의료의 투약이나 수술, 동양의학의 한방을 대신하는 치료로서 정령을 추진했지만, 의사들로부터는 인정받지 못했다. 이 종교는 교조가 사망한 후에야 의학과의 공존적 자세를 취하게 되었고, 교단이 스스로 의료시설을 설립하기도 했다. 현재 세계구세교 내부에는 질병치료를 주로 하는 분파 동방지광東方之光과 종교의식만을 중시하는 분파(세계구세교 이즈노메교단世界救世教いづのめ教団, 세계구세교 주지광교단世界救世教主之光教団)가 병존하고 있다.

또한 일본 사회에서 주목받은 것이 오카다의 '자연농법'이었다. 그는 1940년대 후반부터 자연농법이라는 명칭으로, 독자적인 무농약 유기농법을 연구하고 실천했다. 세계구세교는 각 성지에 미술관을 운영하고 있는데, 하코네箱根에 '하코네미술관', 아타미熱海에 'MOA미술관'을 운영하면서, 교단이 소장하

6 아타미(熱海) 즈이운향(瑞雲郷), 교토부(京都府) 사가노(嵯峨野), 교토(京都) 헤이안향(平安郷)이다.

고 있는 미술품을 전시하고 있다.

세계구세교가 다시 한국에 유입된 것은 해방 후 1964년 재일교포가 자기 고향에서 친지들에게 전파하면서부터였다. 처음에는 주로 병자 치료와 봉사 측면에서 활동했는데, 재일교포의 영적 능력을 보고 신자가 점점 늘어갔다. 또한 이 교단은 일정한 수행기간과 능력을 갖추면 하나의 독립된 영적 능력자로서 정령을 행할 수 있다는 것이 큰 장점이었다. 세계구세교의 분파 중에서 최초로 한국에 들어온 교단은 1971년에 분파된 '세계메시아교' 계통으로 여겨지고 있으며, 현재 한국에는 1988년에 분파한 '동방지광'과 '이즈노메'가 들어와 활동하고 있다.

5. 기타 교단

1) 선린교

선린교는 리키히사 닷사이力久辰斎가 창설한 교단이다. 어물상인이었던 아버지가 지병을 치료하기 위해 수행하는 사이에 영적 능력자로 명망을 얻어 '신도실행교력구교회神道実行教力久教會'를 설립했다. 그는 한반도와 규슈 각지에서 수행하면서 1947년에 '서봉원정신수양도장瑞鳳園精神修養道場'을 개설했고, 이듬해에 교단명을 '천지공도선린회天地公道善隣會'로 개칭했으며, 1952년에 종교법인을 설립했다. 1960년에 후쿠오카현에 본부를 설립하고 교단명도 '선린회'로 개칭했으며, 1992년에 현재의 명칭인 '선린교'로 개칭했다.

'마음은 운명의 제조자요, 생활은 운명의 제조소이다'를 근본원리로 하여, 마음과 생활을 개선하여 자신의 깊은 업보를 반성하고 밝고 부드럽고 상냥하게 살아가는 실천을 수행함으로써 스스로의 운명을 개척하고 진실과 행복의 인생관을 확립할 것을 목적으로 삼고 있다. 의식 중에는 '즉결即決'이라는 독특한 의식이 있는데, 교주의 신체에 접촉함으로써 일순간에 난치병이나 장애가 치유된다는 것이다. 2대 교주 리키히사 류세키力久隆積는 교주가 아니더라도 그 수행법을 익힌 사람과 접촉해도 가능하다고 가르쳤다.

해방 후 1968년, 교주의 한국 방문을 계기로 다시 부활하는데, 1973년부터 '한국원폭피해자협회'에 구원금을 전달하면서 전교를 시작했지만, 전반적으로 활동이 활발하지는 않았고, 원폭피해자협회에 대한 정기적인 지원을 계속함으로써 원폭피해자들이 신자 집단의 중심을 이루었다.

2) 영우회

종교법인 영우회는 구보 가쿠타로久保角太郎가 창설한, 재가에 의한 법화경의 보살행 실천과 보급을 목적으로 하는 신종교이다. 그 기본은 자기 자신의 존재를 이해하는 것에 있다. 즉 불교의 인연에 따라 자신을 다시 파악하는 것이다. 그래서 자신이라는 존재는 시간적·공간적인 관계성 안에서 현상現象하는 것이고, 그 관계성을 이해하는 것이 자신을 이해하는 것으로 이어진다는 것이다. 그리하여 영우회의 수행은 자신과 연결된 부계·모계 양 계 조상과의 관계, 일상생활에서 접하는 모든 타자와의 관계 안에 자신의 존재가 반영되어 있다는 것을 인식하고, 거기에서 문제점을 깨닫고, 그를 바탕으로 일상의 행동을 변혁시켜가는 것을 중시한다. 독경을 하는 것도 내성과 깨달음을 위한 시간으로 중시된다. 자신의 깨달음을 타인과 나눔으로써 타인의 깨달음도 유발하고, 그것이 또 다른 타자를 유발시키는 '깨달음의 연쇄'고리를 이어간다고 한다. 이와 같이 영우회의 수행은 스스로의 깨달음과 타자의 깨달음을 동시에 희구한다는 법화경이 창도한 보살행을 실현하는 것이고, 조상 공양을 포함한 모든 활동이 보살행의 일환이라고 간주하고 있다. 하지만 영우회는 개인의 자유와 주체성을 중시한 나머지 다양한 해석과 분열을 허용해 버리는 약점을 지니고 있어서, 여기에서 분파한 단체만 해도 상당한 숫자를 헤아린다.

한국에서는 1970년대부터 본격적으로 포교활동을 시작했다. 1975년에 정식으로 '재가불교대한영우회' 창립총회를 개최했고, 한국 본부가 일본 지국의 형태로 개설되었다. 그 후 정체되어 있던 활동이 1980년대 후반부터 다시 활발해져 현재는 크게 3개 지부로 나뉘어 활동하고 있다. 2004년의 통계로 약 3,585명의 신자를 보유하고 있다고 한다.

3) 모랄로지(The Institute of Moralogy, 도덕과학연구소)

모랄로지는 히로이케 치쿠로廣池千九郎가 전개한 도덕사상운동으로 시작되었다. 교육자였던 그는 현재의 레이타쿠麗沢대학의 기원이 되는 '도덕과학전공학원'을 열어 인재양성에 힘을 쏟았다. 그리고 1926년에 『도덕과학의 논문』을 집필하는 등의 활동을 통해 모랄로지의 기초를 구축했다. 이 모랄로지 교육을 위한 중심 장소로 '도덕과학전공학원'을 세운 곳이 현재 본부가 있는 지바현 가시와柏시였다. 이 학원에서는 모랄로지에 근거한 학교교육과 사회교육을 연관시키는 생애교육을 시작했는데, 학교법인 히로이케학원에서 학교교육을, 재단법인 도덕과학연구소에서 사회교육을 실시하고 있다. 모랄로지는 일종의 도덕실천운동이며, 자기혁신을 추구하는 것을 목적으로 한다. 도덕과학연구소는 히로이케의 유지를 계승하여 인류의 기초가 되는 도덕윤리의 연구와 교육을 통해, 안심과 평화와 행복의 실현을 목표로 한다. 활동은 주로 도덕윤리에 관한 문헌 발행과 생활에 관한 세미나 개최이다.

한국에서는 1968년 청계천에 설립된 '도덕과학연구회'가 최초이다. 1973년에 '사단법인 도덕과학연구회'로 등록하고 수차례의 강연회를 실시하여 주로 지식인을 대상으로 확산되기 시작했으나, 1980년대부터 점차 축소되어 현재는 수십 명 정도의 회원만 남아 있을 뿐이다.

4) 생장의 집(광명사상보급회)

'생장의 집生長の家'은 1930년에 다니구치 마사하루穀口雅春가 창설한 신종교단체이다. 신앙의 내용은 신도·불교·기독교·이슬람교·유대교 등의 가르침에 심리학과 철학 등을 융합시켰다. 모든 종교의 진리는 하나라는 '만교귀일萬教歸一' 사상을 주장하고 포교하고 있다. 교조가 저술한 『생명의 실상生命の實相』, 『감로의 법우甘露の法雨』 등이 주요 경전이며, 교의는 이 2개의 경전을 기초로 하며, '강습회'가 주요한 신앙활동이고 문서 전도를 하는 것이 특색이다. 1939년에는 해외에도 진출하여 만주국에서 교화단체로 공인받기도 한다. 제2차 세계대전 중에는 전쟁에 적극적으로 협력했고 천황의 절대화를 주장했으며, 노동자들의 전시동원체제에도 헌신적인 노력을 했다. 기본적인 교의는, 인간은 신의 자식으로 원래 죄가 없다고 하여 원죄론을 부정하고, 환경은 마음의 그림자로서 진리를 알고 실상의 완전함을 믿는다면 모든 불행이 사라진다고 한다.

이와 같이 국가주의적 태도와 활동을 해 온 '생장의 집'이 한국에 들어온 것은 교조의 『생명의 실상』을 읽는 독서모임 '광명정심회'가 시초였다. 1983년에 경주에서 개최한 '연성회'는 광명회의 포교활동에 새로운 전기를 마련해주었고, 1988년에는 한국교문사로 출판사 등록까지 마치고, 월간지 『광명』을 1만 부씩 발행하기 시작했다. 이 광명회의 한국 신자들은 대부분 고학력의 중산층으로 구성되어 있다는 것이 중요한 특성이며, 1990년대에 들어 세계화와 정보화의 진전과 함께 가장 두드러지게 성장한 교단이다. 1994년 광명회는 비영리법인인 '공익재단 광명회'로 등록되었고, 일본 본부와의 관계가 강화되면서 일본 '생장의 집'과 종교적인 동일화 과정을 보여주고 있다. 현재는 '광명사상보급회'가 종교법인적 성격을 지닌 단체로, '한국교문사'는 그 부속기관으로 출판을 담당하는 체제를 완비하여 한국 내 신자들을 포괄하는 단일교단체제를 완성했다. 광명회에서는 '실상관'과 '감사행'을 중심으로 한 의례를 행하고, 감사행에서 거둔 치유의 효과를 체험담의 형식으로 『광명』을 통해 알리면서 꾸준한 성장세를 보이고 있다. 현재 이 잡지의 정기구독자는 3만 명 가까이로 추정하고 있다.

통일교의 일본 진출과 일본 사회

1. 통일교의 탄생과 일본 진출

통일교는 1954년 문선명에 의해 '세계기독교통일신령협회'라는 이름으로 창시된 기독교계의 신종교이다. 교단의 명칭은 1997년에 '세계평화통일가정연합'으로 바뀌었다가, 2010년에 다시 '통일교'로 개칭되었다.

1920년 기독교의 교세가 강했던 평안북도 정주에서 출생한 문선명은, 1954년 16세 때에 '예수 그리스도로부터 자신이 이루지 못했던 인류의 구원사업을 완성해 달라는 명령'을 받았고, '기독교 신자들이 자신을 재림메시아라고 받아들인다면 구원받을 것'이라고 했으나 당시에 받아들여지지 않아, 그 기독교를 대체하는 것으로 '통일교'를 설립했다고 한다. 하지만 기성 기독교계로부터 '이단'이자 '사이비종교'라는 비난을 받고 조직적인 반대운동에 부딪히자, 해외포교로 눈을 돌리기 시작하여 1958년에 최봉춘을 일본으로 파송(밀입국)했다. 그는 불법체류자 신분으로 포교활동을 했는데, 주로 재일교포 기독교인들을 대상으로 했다. 그리고 당시 일본 내에서 상당한 기반을 가지고 있었던 입정교성회가 통일교에 대해 상당히 우호적이었지만, 입정교성회 청년부의 신자가 통일교로 집단 개종을 하면서 양자는 관계를 끊게 되었다. 이때 통일교로 입신한 사람들이 이후 일본통일교회의 주도세력이 된다. 일본통일교회는 한국에서와 마찬가지로 대학생 전도에 힘을 쏟아 1964년에 '전국대학연합원리연구회'가 설립되었고, 통일교의 간부는 대부분 이 연구회 출신자 중에서 발탁되었다. 이 시기에 '부모를 울리는 원리운동'이라는 말로 일본 사회를 떠들썩하게 했던 학생들이 이후에 통일교의 전도와 사업에 매진하게 되었던 것이다.

문선명은 1974년까지 신자 수 50만 명을 목표로 내세웠으나 달성하지는 못했다. 1975년 '세계적 복귀섭리' 시대를 선포한 문선명은 120개국에 동시에 선교사를 파견하고 본인은 미국을 거점으로 세계선교를 지휘했다. 일본통일교회에 대해서는 선교사 파견에 필요한 지원을 사명으로 부여했고, '문화센터'라는 비디오교육 중심의 시설을 세우고 경제활동에 주력하게 된다. 이때 통일교가 청소년을 마인드컨트롤과 같은 방법으로 개종시켰다는 비판을 받았다. 또한 경제활동으로 '해피월드'라는 회사를 세워 한국에서 들여온 인삼차·꽃병·석재 공예품·인장과 함께, 영적 능력이 깃들어 있다고 하면서 한국 대리석으로 만든 도자기 등을 판매했고, 성명 판단이나 가계도 진단 등으로 일반 시민들을 곤란하게 했다. 또 신자들이 이 회사에 다니면서 받은 급여를 헌금으로 내어 선교기금을 마련했는데, 이를 『아사히신문』이 이른바 '영감상법'이라고 비난하면서 언론에 의한 통일교 비판이 확산되었다. 1993년에는 '천주天宙적 복귀섭리'의 시대로 규정했는데, 이 시기에는 남미 선교와 여성활동을 크게 부각시켰다. 문선명의 부인 한학자韓鶴子를 '세계평화여성연합'의 총재로 추대했고, 또한 일본통일교회에 '한일일체화' 사명을 부여했다. 일본통일교회가 일본식 전통을 세우려는 것을 저지하기 위해 '유관순정신선양회' 등을 만들어 일본통일교회의 한국화를 유도했다. 그리고 특히 주목할 것은 이 시기에 통일교회가 '천지정교天地政教'를 흡수했다는 것이다. 강제징용으로 사망한 한국인과 중국인을 위해 공양제를 드리던 교주가 1993년 교단을 통일교회에 헌납했던 것이다.

통일교가 일본에 진출한 1960년대에는 고도성장하에서 경제적 풍요로움 외에는 사회적 가치가 확립되어 있지 않았고, 좌익적인 정치운동에 갈증을 느끼던 젊은 세대에게 통일원리는 새로운 이념으로 다가갔다. 무엇보다도 통일원리가 종교와 과학을 통일하고 동서 대립을 통합하는 정치사상으로 받아들여졌다. 또한 통일원리의 이원론은 동서 냉전체제에서 공산주의를 타도하는 승공勝共운동으로 발전해 간다. 민주주의와 공산주의를 구약성서의 아벨과 카인의 대립구도로 파악하고, 1968년에 '일본국제승공연합'을 창설하여 공세적인 반공운동을 전개했던 것이다. 그리고 영감상법 등이 사회적 비난을 받자, 일본 종교문화를 접합시킨 영술계靈術界의 신종교로 변신을 도모하기도 했다.

요약하면, "공산주의를 이기기 위한 '승공', 가정당 창설로 대표되는 '순결한 가정 갖기', 한일 해저터널과 교차결혼으로 상징되는 '초국가운동', 종교간 장벽을 허무는 '초종교운동'이 통일교를 이루는 키워드이다. 통일교는 이 운동을 이루는 파트너로 일본을 선택"(이정훈, 2006: 230)한 것이다.

2. 통일교의 합동결혼식과 한일 사회

통일교에서는 신과 사탄과의 싸움을 상징하는 남북 분단의 현실을 안고 있는 한반도에 재림메시아가 나타나 신의 섭리를 실현하고자 지상천국을 건설하는 것이 신의 뜻이라고 믿는다. 최초의 인간인 아담과 하와의 타락은 다름 아닌 성적 타락이고, 그로 인해 악의 원천인 사심을 갖게 되었다고 한다. 따라서 문선명 부처가 주관하는 축복, 즉 합동결혼식을 통해 신자끼리 맺어짐으로써 원죄가 없는 아이들이 태어나 신의 왕국이 실현된다는 것이다. 이러한 결혼을 위해 혼전순결을 특별히 강조한다.

또한 부모 자식이나 형제 관계와 같은 '천륜'을 강조한다. 그러므로 한국과 일본을 화해시키려면 양국 교인끼리 결혼해서 자식을 낳아 천륜을 맺어야 한다고 하고, 한국은 아버지, 일본은 어머니 나라로서, 부부가 한 마음이 되어 미국이라는 '아들'을 움직여 세계평화를 이루어야 한다고 주장한다. 그리하여 수만 쌍의 '축복가정'이 태어나게 되었다.

이 합동결혼은 한일 양 사회에 많은 변화를 가져오는 한 요인이 되었다. 우선 통일교는 국교정상화 이후에 일본으로 건너간 한국인 즉 뉴커머의 한 축을 형성하고 있다. 그들은 여태까지 민단이 하지 못한 일본 내 '한국 지키기'를 주도하고 있다. 한편, 한국 농촌에서는 '일본인 며느리'가 효부상을 휩쓰는 것으로 화제가 되고 있고, 지방자치단체가 추진하는 일본과의 교류사업에서 중추적인 역할을 하는 일본인 여성들을 쉽게 만날 수 있다.

맺음말: 한일 종교문화 교류의 가능성과 한계

한국 내 외래종교의 유입과 확산은 종교다원주의의 보편화 현상과 관련이 있다고 평가되고 있으며, 일본계 종교도 그 흐름 안에서는 예외가 되지 못했다는 것이 필자의 기본적인 생각이다. 그리고 한일 간의 역사적·지리적 환경이 나름대로의 역할을 했다는 것이 일반적인 분석이다. 그런데 일본계 종교의 내부적 특성과 한국 사회에서 그 근거를 생각해 볼 수는 없을까? 한국 내 종교 인구의 구조를 보면 불교신자가 압도적으로 많기는 하지만, 관념적 세계에서는 기독교의 영향이 매우 강하게 나타난다. 이는 한국인의 전통적인 '하늘사상'과 기독교의 배타적인 유일신 사상이 결합하면서 더욱 강화되었다고 한다.

종교다원주의 시대에 일본계 종교가 공통적으로 지니고 있는 만교귀일 또는 만교동근의 포용적 정신이 한국 종교문화 안에서 일본계 종교가 확산되어 가는 하나의 요인이 되었다. 바꾸어 말하면, 일본계 종교가 지닌 신앙의 보편성과 교단의 포용성이야말로, 종교적 독점을 지향하는 기독교적 종교문화에 익숙해져 있는 한국인 수용자에게 새로운 종교적 매력을 제시한 것으로 볼 수도 있다. 이와 더불어 일본계 종교의 '만인사제주의'는 한국의 기독교 교회가 비판받아 온 성직자 중심의 권위적 성격이 벌려 놓은 틈새를 파고들었다고 생각한다.

그리고 한일 간의 특성상 정치적·경제적 요인도 일본계 종교의 확산에 영향을 미치는 배경이 되었다고 생각한다. 세계 경제질서 내에서 일본의 위상, '한류' 시장으로서 일본, 정보화의 진전으로 인한 동시간대 정보 전달 및 교류 확대 등이 일본을 바라보는 한국인의 시선을 어느 정도 부드럽게 변화시킨 사실도 무시할 수 없을 것이다. 동시에 감정적인 반일보다는 일본에 대해 실리적으로 대응할 필요성에 대한 인식도 생겨났다고 여겨진다.

이와 같은 내외적 조건 외에 역사적이고 심정적인 유사성도 일본계 종교가 진출하는 데 중요한 요인이 되었다고 생각한다. 한국인과 일본인의 정신세계는 매우 다르기도 하지만, 역사적으로 공유하는 부분도 상당히 많아서, 일본에서 성공한 종교는 한국에서도 성공할 가능성이 높기 때문이다. 특히 일본의 신종교들이 지닌 구제적인 성격은 한국인의 종교적 욕구에 상당히 적합한 것으로 판단되며, 실제로 그로 인해 한국인에게 상대적으로 용이하게 받아들여진 측면이 있다. 모든 종교가 하나로 통한다는 일본계 종교의 만교귀일사상과 한국 개신교의 근본주의신학과의 차이, 성직자와 신자의 위치가 명확히 구분된 한국 불교나 기독교 문화에 비해 모든 신자에게 사제의 길이 열려 있는 일본계 종교의 만인사제주의와 같은 한일 종교문화 간 이질성이 오히려 일본계 종교가 한국 사회에 수용되는 요인이 되었다고 할 수 있다.

일본계 종교가 안고 있는 가장 큰 문제는 한국 내 기성종교와의 마찰일 것이다. 앞에서 살펴본 바와 같이, 기성종교와의 마찰은 한국 사회가 일본계 종교를 백안시하고 반격하는 계기가 되어 배척과 억압을 반복하게 되는 결과로 이어질 가능성이 매우 높다고 여겨진다. 이는 한국과 일본 사이에 과거 식민지배와 피지배, 갈등과 반목이라는 역사적 부채가 여전히 존재하고 있음을 역설적으로 설명하기도 하는 것이다. '왜색'이라는 말은 한국 사회에서 아직도 살아있는 단어인 것이다.

마지막으로 한일 양국 사회에서 동시에 진행되고 있는 통일교 현상에 대해서도, 이제는 그들의 생활을 추적하여 그들의 왕래가 양국 사회에서 이루어지고 있는 교류의 한 형태로서 그 의미를 분석해야 할 시점에 이르렀음을 환기시키고자 한다.

참고문헌

이원범(2007), 『한국 내 일본계 종교운동의 이해』, 제이앤씨.

이원범·사쿠라이 요시히데 편(2011), 『한일종교문화교류의 최전선』, 인문사.

이정훈(2006), 「일본을 흔든 한국 통일교, 한국 뚫은 일본 창가학회」, 『신동아』 558호.

문화체육관광부(2012), 『한국의 종교현황』, 책임연구자 고병철, 문화체육관광부.

井上順孝(1985), 『海を渡った日本宗教－移民社会の内と外』, 弘文堂.

桜井義秀·中西尋子(2010), 『統一教会－日本宣教の戦略の韓日祝福』, 北海道大学出版会.

中牧弘允(1986), 『新世界の日本宗教』, 平凡社.

Ⅳ

지역사회의 한일관계와 현지조사의 시각

13장

큐슈의 지역교류와 한일관계의 현장

가부 다카요시

머리말

한일 국교정상화 50주년을 앞두고, 양국의 지역교류에 새로운 싹이 트고 있다. 특히 큐슈[1] 지역은 한국과의 지리적 인접성으로 인해 고대부터 한반도와 일본과의 교류에 있어서 중요한 지역적 창구 역할을 해 왔으며, 최근에는 다른 지역 블록에서는 볼 수 없는 새로운 움직임도 일고 있다. 예를 들어, 비행기로 서울에서 1시간 반, 부산에서는 55분 만에 도착하는 후쿠오카에는 당일치기로 일본의 미용실을 이용하러 오는 한국인도 있다. 또한 물류 분야에서는 1대의 트럭에 한일 양국의 번호판을 단 더블넘버판 트럭이 큐슈와 한국의 도로를

1 국립국어원의 일본어 표기법에는 어두에 오는 청음을 예사소리로 적도록 하고 있으나, 큐슈의 영어표기 'kyusyu'에 의거하여 원음에 가까운 발음표기인 '큐슈'로 표기한다.

달리고 있다. 이처럼 도시 간 교류 및 지역 간 교류는, 단순히 자매도시로서의 교류뿐만 아니라, 실리를 추구하는 교류로 발전하고 있는 것이다. 그중에서도 부산과 후쿠오카 두 도시는 국경을 넘어선 일체적인 교류권의 형성을 목표로 하고 있다. 양 도시의 일체적인 교류권 형성의 기획에 참여했던 입장에서 이러한 부분을 좀더 구체적으로 짚어보기로 한다.

현재 내가 소속되어 있는 공익재단 큐슈경제조사협회(약칭 '큐경조')는 큐슈의 지역경제를 연구하는 지역 싱크탱크 역할을 담당하고 있다. 전쟁이 끝난 다음 해인 1946년에 설립되어, 각종 경제조사 등을 바탕으로 미력하나마 큐슈의 지역발전에 공헌해 왔다. 또한 본 협회가 위치하고 있는 후쿠오카는 '아시아의 열린 도시'를 표방하고 있다. 후쿠오카는 1989년에 아시아·태평양박람회(요카토피아)를 개최하는 등 여타 도시보다 선구적인 교류활동을 지속하고 있다. 또한 후쿠오카 아시아먼스, 아시아·태평양페스티벌 후쿠오카, 후쿠오카 아시아문화상, 아시아·태평양 어린이회의인 후쿠오카 등 아시아를 특화한 각종 이벤트도 개최하고 있다.

이 연구에서는 큐슈라는 하나의 지역에서 본 한일 지역 간 교류의 현상을 논하려고 한다. 특히 나는 지역경제를 담당하는 연구자로서, 경제 분야를 중심으로 하는 큐슈와 한국의 교류를 중심으로 소개해 나갈 생각이다.

큐슈와 한국의 교류 현황과 변화

1. 큐슈와 한국의 교류변천사

우선, 큐슈에서 본 한일 국교정상화 이후의 50년과 앞으로의 방향을 살펴보자.

1965년에서 2015년까지의 50년간을 보면, 많은 변화가 눈에 띈다. 그렇기 때문에 〈표 1〉에서는 50년을 다시 전반기 25년(1965~1990)과 후반기 25년(1991~2015)으로 나눠, 큐슈에서 본 한일 간의 교류변천사를 정리해 보았다.

표 1 큐슈에서 본 한일 국교정상화 50년

	전기 (1965~1990)	후기 (1991~2015)	한일 국교정상화 50년 (향후)
1) 국가 위상	선진국과 개발도상국의 교류, 국경 장벽이 높음	선진국 간의 교류, 국경 장벽이 낮음	국경 개념이 없는 교류, 초국경 교류권
2) 인적 교류	국제관광, 타국 개념, 남성 관광객과 사업 중심, 비자 필요 관부페리, 부관페리	준국내관광, 교류의 일상화, 남녀노소 전 세대의 교류, 한일 상호 간 무비자 LCC, 카멜리아 라인 고속선	당일교류권, 일상교류권. LCC에 따른 저가 고속 이동, 자가용으로 양국 간 이동, 전자화폐를 이용한 머니레스 공동 교통카드
3) 물류	부두에서 재적재를 통한 해상물류	심레스 물류	–
4) 대학	자매학교, 교환유학	공동수업	학점 교환, 해외캠퍼스 설치, 국경을 넘어선 학생 모집
5) 조직	문화, 시민단체의 자매교류	행정 간의 자매도시 교류, 산학관 일체적 교류, 기업에 의한 조직 간 교류	한국인과 일본인이 같은 사무실에서 업무를 보는 전문 사무국의 설치
6) MICE	개별 실시	공동 실시	MICE 공동 유치, 공동 개최
7) 무역	수직무역	선진국 간의 무역, 수평무역	한일 FTA, TPP 등 자유무역으로의 변화
8) 대한국 직접 투자	저코스트 생산을 위한 공장 설치, 프리존에의 진출	음식업, 서비스업에의 진출	기간 공장의 설치, 공동으로 제3국 진출
9) 대일본 직접 투자	항공회사, 여행사 등의 사무소	은행, 서비스업, 벤처, 호텔, 골프장 등 한국브랜드의 판매 거점	도매업, 서비스업의 진출

* 필자 작성

1) 국가 위상

1996년 한국은 선진국 클럽이라고 불리는 경제협력개발기구OECD에 가맹함으로써, 아시아에서 두 번째로 선진국 대열에 진입했다. 일본은 한국보다 한 발 앞선 1964년에 OECD에 가맹했기 때문에, 전반기 25년간의 한일관계는 선진국과 개발도상국의 관계라고 볼 수 있으나 후반기에 들어서면서 양국 관계는 선진국 간의 관계로 변화한다. 특히 후반기에는 한국 내 개인소득의 향상과 함께 인적 교류의 내용이 크게 변화했다. 한일이 선진국 간의 관계로 들어서면서, 국경이라는 장벽의식이 낮아진 것이다. 또한 양국 간의 무비자제도가 행해지면서 양국 국민이 상대방 국가를 국내에 준하는 감각으로 여행하는 것도 가능해졌다. 이렇듯 국경을 넘어서는 교류는 향후에도 더욱 증가할 것으로 보이며, 나아가서는 일체적인 초국경교류권이 형성될 것으로도 보인다.

2) 인적 교류

일본 측에서 보면, 전반기의 교류는 친척 방문과 남성 방문객, 그리고 사업출장이 많은 데 비해, 순수한 관광 목적으로 한국을 선택하는 경우는 그다지 많지 않았다. 반대로 한국인의 일본 방문 역시 1989년 해외여행 전면 자유화가 한국에 내려지기 전까지는 엄하게 규제되었다. 사람의 왕래가 적으면 당연히 교통네크워크가 적기 때문에, 당시의 교통은 큐슈와 가까운 시모노세키를 중심으로 1970년부터 운항된 관부페리와 많지 않은 항공편이 양국을 잇는 교통수단이었다.

그러나 후반기로 접어들면서 이러한 상황은 급격하게 변화하기 시작했다. 하카타~부산 간에 카멜리아 라인(1990), 고속선 비틀(1991) 등이 연이어 취항했다.

제도적인 측면에서 1993년부터 일본인의 한국 방문은 90일간 체재인 경우에는 무비자였으나, 한국인의 일본 방문도 2005년이 되어서야 90일간 무비자 입국이 가능해졌다. 또한 스포츠와 문화면에서도 양국에는 많은 접근이 있었는데 특히 2002년 월드컵 공동 개최와 2004년 이후 일본 내에 불어닥친 '한류 붐' 등은 양국 국민에게 상호 간의 심리적 거리감을 좁히는 데 일조했다고 보인다. 이러한 이유로 한국을 방문하는 일본인 관광객은, 후반기에 들어서 오히려 여성이 반수 이상을 차지하게 되었으며, 또한 양국의 무비자 정책에 따라 외국관광이라는 개념보다는 오히려 일상생활의 연장이라는 개념으로의 관광형태가 실현되기에 이르렀다.

또한 향후의 교통수단에 있어서도 중저가항공회사Low Cost Carrer의 본격적인 운항에 따른 저가격 고속이동의 시대가 될 것으로 보인다. 이로 인해, 당일교류권, 일상교류권의 실현에 더욱 가까워졌다고 볼 수 있다. 실제로, 일본의 미용실을 이용하기 위해 당일치기로 후쿠오카에 오는 한국인도 있다. 또한 페리를 이용하여 싣고 온 자가용을 현지국가에서 타거나, 한 장의 교통카드로 양국의 버스와 지하철을 이용할 수 있는 제도적 장치가 가까운 시일 내에 마련되는 구상도 실현될 것으로 보인다.

3) 물류

물류 분야에서는 30년 이전부터, 반도체 제조장치 등의 정밀기계와 활어 등의 운송 시에 일본의 트럭이 일시적으로 한국 내 임시운행 허가를 받은 적이 있다. 그러나 한일 국교정상화 50주년을 앞두고 큐슈에서는 특이한 움직임이 일고 있다. 1대의 트럭에 한일 양국 2장의 번호판을 달고 큐슈와 한국의 남부지방을 운행하게 된 것이다. 2013년 닛산자동차(큐슈)와 르노삼성자동차(부산) 사이에 더블넘버판 트럭의 상호운행이 실현되었다. 종래에는 한국 국내 트럭으로 운송하여 페리에 적재한 후, 다시 일본 국내에서 트럭에 적재하는 3단계

그림 1 더블넘버판 트럭

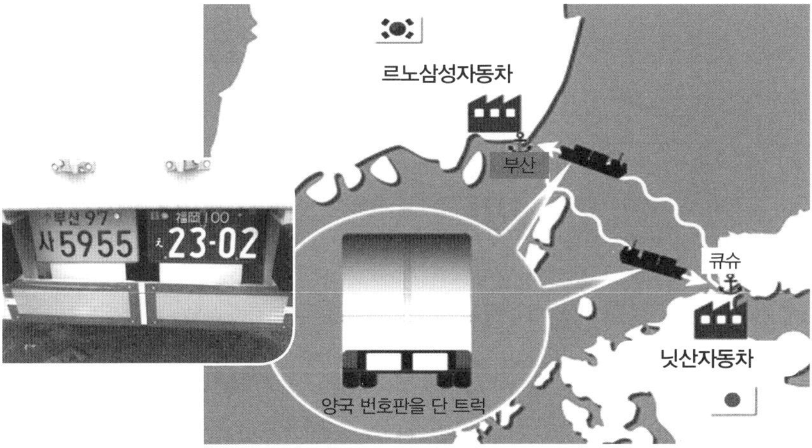

* 사진은 필자 촬영(부산항에서), 지도는 필자 작성

의 운송방법을 거쳤지만, 이제는 그러한 재적재가 필요 없게 된 것이다. 이를 통해 국경을 넘어서는 저스트 인 타임Just in time이 실현되어, 현재 이를 이용 중인 자동차공장에서는 부품재고가 25일분 비축에서 3일분 비축으로 단축되어, 전체 비용의 40%를 절감할 수 있게 되었다.

더블넘버판 차량의 통관은 현재 시모노세키항에 한정되어 있으나, 하카타항에서도 통관될 수 있도록 하자는 의견이 늘어나는 추세이다. 또한 향후에는 한일 간 페리, 로로선roll-on roll-off vessel, RO/RO Vessel, LO/LO Ship의 항로 등을 가진 항만으로 순차적인 확대를 해 나갈 예정이다.

4) 대학

대학 간의 교류는 조직, 연구자, 학생 등 다양한 분야에서 다양한 교류가 행해지고 있는데, 그중에서도 자매학교 체결과 이를 이용한 교환학생이 주를 이루고 있다. 최근 부산과 후쿠오카 대학 간의 동향을 살펴보면, 대학컨소시엄을 만들어, 1대 1 학교 교류에서 다수 간의 학교 교류로 확대되고 있다. 컨소시엄 중에는 공동수업 등의 시범실시도 열리고 있으며, 학점 교환은 물론 위성 캠퍼스로서 상대방의 학교를 활용하는 방법도 실시되고 있다. 또한 학생 모집을 위해 대학생을 유학생으로 받아들이는 것뿐만 아니라, 최근에는 상대국의 고등학생을 직접 모집하는 움직임도 양국에서 볼 수 있다. 실제로 부산의 대학교가 큐슈의 고등학교를 대상으로 입학 설명을 하는 경우도 있었다.

5) 조직

조직 교류는 양국의 전반기부터 각 지방을 중심으로 자매도시 교류가 행해져 왔다.

큐슈에서도 한국의 도시와 자매결연한 경우를 40건이나 찾아볼 수 있는데, 중소도시에서는 보통 1년에 1번 정도의 상호방문과 문화교류 등을 하는 것이 일반적인 관례로 되어 왔다. 현재는 이러한 문화교류와 함께 경제효과를 얻는 실리추구의 교류로 그 의식이 변화하게 된다. 큐슈에서는 1992년에 현 규모로 한일해협연안 현시도지사 교류의회가 발족되었고, 다음 해 1993년에는 국가기관인 큐슈경제산업국이 중심이 되어 한국·큐슈 경제교류회의가 처음으로 개최되었다(〈표 2〉). 또한 큐슈경제산업국은 경제산업성의 출원 기관 중 유일하게 국제부[2]가 존재하는데, 이는 일본이 아시아에서 한국을 중요한 교류 상대로 보고 있다는 증거이기도 하다. 그리고 2006년에는 도시를 단위로 하는 부산·후쿠오카 포럼이 발족했으며, 2008년에는 큐슈투자지원회가 발족하여 큐슈에의 투자유치를 목적으로 하는 조직도 생겨나게 되었다.

2 큐슈 이외 지역의 경제산업국에는 '국제부'보다 한 단계 낮은 '국제과'라는 부서를 두고 있다.

표 2 한국·큐슈의 경제권 형성과 관련된 조직의 개요

명칭	큐슈 측	한국 측	목적	비고
부산·후쿠오카 포럼	후쿠오카 측 12명의 오피니언리더	부산 측 15명의 오피니언리더	부산과 후쿠오카의 교류 확대를 목표로 하는 민간 제언 그룹	2006년 발족
한국·큐슈 경제교류회의	큐슈 경제국제화 추진기구	지식경제부, 지자체, 한일경제협회, 한일산업기술 협력재단 등	한국과 큐슈의 자금·기술·인재 등의 지역자원을 상호 보완하여, 무역·투자 및 산업기술의 교류 확대와 지역 간 교류 촉진 도모	1993년 첫 모임
한일해협연안 현시도지사 교류의회	후쿠오카현, 사가현, 나가사키현, 야마구치현의 현지사	부산시, 전라남도, 경상남도, 제주도 등의 시장 및 도지사	국경을 넘어 지역 중심의 광역 우호관계를 구축함은 물론, 다양한 교류활동을 통한 양 지역의 상호 우호관계 증진	1992년 발족
큐슈투자 지원회	22개 회사·단체, 5개의 옵저버단체 사무국: SBJ은행(신한은행) 후쿠오카 지점	-	한국과 큐슈 지역의 상호 투자활동에 관한 적절한 지원과 서비스 제공	2008년 발족

* 각 홈페이지에서 수집한 정보를 필자 수정

6) MICE

MICE는 지금까지는 한 국가가 단독으로 개최하는 것이 일반적이었지만, 큐슈와 한국의 남부지방 도시 사이에서는 하나의 이벤트를 공동 개최하는 경우가 늘어나는 추세이다. 2012년에는 필자도 참가했던 BRIT XII - 2012Fukuoka/Busan[제12회 Border Regions in Transition(BRIT) 국제학술회의(BRIT 2012)]가 후쿠오카와 부산에서 개최되었다. 2012년 11월 13일~16일의 일정으로, 첫날과 둘째 날에는 후쿠오카에서 국제학술회의를 열고, 셋째 날에는 필드트립

을 위해 부산으로 이동했다. 이동은 ㈜JR큐슈고속선 '비틀'을 전세로 대여하여 부산으로 이동 도중 쓰시마를 종단했다. 4일째는 부산에서 나머지 국제학술회의를 개최했는데, 이 학술회의에는 세계 40여 개국에서 200여 명의 국경연구자가 참가하여 후쿠오카와 부산을 방문함으로써 두 도시의 일체성을 재확인할 수 있는 학술 이벤트로 큰 의미가 있었다. 이러한 국경을 초월한 이벤트의 공동 개최는 현재 증가추세에 있음은 물론이며, 그 전 단계로 볼 수 있는 공동 MICE 유치 또한 늘어나고 있다. 예를 들면 격년으로 개최되는 '모터쇼'를 같은 일정으로 공동 개최한다든지, 스포츠 이벤트를 큐슈와 한국의 남부도시에서 공동 개최하는 방안도 고려해 볼 수 있을 것이다.

7) 무역

한일 간의 무역 전반기와 후반기 초기에는 선진국인 일본과 개발도상국인 한국과의 무역이라는 전제하에, 한국으로부터는 수산품 등의 식품 종류와 잡화 등의 수입이 많은 수직무역의 구조였다. 그러나 후반기에 들어서는 공업제품의 교역이 대부분을 차지하는 수평으로 변환되었다. 향후에도 수평무역임에는 틀림없지만, 한일 FTA와 TPP 등 자유무역을 한층 가미한 구조로 발전할 것으로 보여, 양국 간의 무역량은 더욱 증가할 것으로 여겨진다.

또한 기술력이라는 측면에서는, 1990년대에는 삼성그룹이 자동차시장에 진입한 것을 들 수 있다. 현재 르노삼성자동차의 전신인 삼성자동차가 설립되었을 때, 삼성은 일본의 여러 자동차회사들로부터 협력을 받지 못했으나, 닛산자동차 큐슈공장(현재 닛산자동차 큐슈)이 전면적인 기술지원을 했던 경우가 있다.

8) 대한국 직접투자[3]

큐슈 기업의 대한국 직접투자는 1960년대부터 이루어졌다. 한국의 임금이 저렴했던 전반기에는 많은 노동집약적 공장이 큐슈에서 한국으로 진출했다. 1970년대에는 외자계 기업 유치와 수출 진흥을 목적으로 남부권의 마산에 수출가공구역(프리존)이 설치되는 등 일본기업의 직접투자를 유치하기 위해 한국도 많은 노력을 기울였다.

그러나 서울올림픽을 거치면서 한국의 노동임금이 눈에 띄게 상승하기 시작한 후반기에 접어들면서는 개인소비를 목표로 하는 기업 지출이 증가하기 시작했다. 〈그림 2〉처럼 2000년 이후에는 제조업보다 비제조업의 진출이 확연하게 증가했다. 확대되는 개인시장을 염두에 둔, 예를 들면 테이크아웃 도

그림 2 큐슈 기업의 대한국 직접투자 업종별 건수의 추이

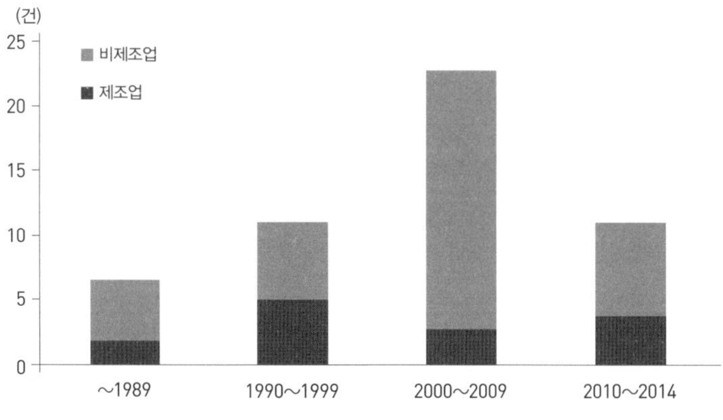

* 야마구치, 오키나와 기업과 업종 미확인, 진출연도 미확인 기업은 제외, 철수 기업 제외, 직접투자 이외에 영업소, 주재원 사무소의 개설은 포함
* 큐슈경제조사협회, 「큐슈, 야마구치 기업의 해외진출 2013」

3 이 글에서는 주재원 사무소의 설치 등 한국 진출의 직접투자를 광의적 개념으로 포괄한다.

시락이나 일본요리전문학교 같은 서비스업이 진출하기 시작한 것이다. 이러한 지출에 발맞춰 프랜차이즈까지 확대되면서 곱창전골이나 우동체인점 같은 외식산업 또한 한국으로 진출하게 되었다.

9) 대일본 직접투자[4]

한국기업의 큐슈 직접투자를 살펴보면, 전반기에는 항공회사와 여행사 등의 사무소 설치를 들 수 있다. 그러나 후반기에 접어들면서 유명 한국기업이 자사제품을 판매하기 위해 큐슈에 지점이나 영업소를 설치했다. 2000년 이후에는 일본에 불어닥친 한류 붐을 타고 한국 제품의 소매판매가 증가하기 시작했다. 고려인삼 관련 제품이나 한류스타 관련 상품 등을 판매하는 가게를 연 것이다.

후쿠오카에는 한국 자본의 은행도 개설되었다. 또한 IT와 정보, 환경 쪽의 벤처기업도 큐슈에 진출하기 시작하여, 큐슈의 지자체와 손을 잡고 운영을 해나가고 있는 사례도 생겨났다. 그 밖의 특징으로는 골프장과 호텔 개장을 들 수 있다. 경영난을 겪고 있는 일본의 골프장과 호텔을 M&A 방식으로 매수하여 한국 자본으로 바꾸는 것이다. 앞서 말한 대로, 최근 한국에서 불고 있는 골프 붐을 일본으로 유치하기 위해 골프장과 호텔을 함께 매수하는 것이다. 일본 전체의 한국 자본 골프장의 반 정도가 큐슈에서 영업을 하고 있으며, 앞으로는 리조트 호텔과 도시형 호텔의 매수도 증가할 것으로 보인다.

---

4 주1처럼 직접투자 외에 사무소 설치 등을 포함한다.

2. 인적 교류의 변화

여기서는 50년간 한일 간에 있어서 가장 두드러지게 변화한 부문 중의 하나인 인적 교류의 변화, 특히 대학 간의 교류에 관한 설명을 해보려고 한다. 인적 교류는 크게 큐슈에서의 한국 방문과 한국에서의 큐슈 방문을 들 수 있는데, 전자의 경우 통계의 제약에 따라 정확한 숫자가 잡히질 않으므로, 여기서는 후자를 중심으로 논하고자 한다.

1) 증가 추세의 한국인 입국자 수

〈그림 3〉은 1965년 한일 국교정상화 이후 큐슈의 항만과 공항으로 입국한 한국인 수의 추이를 나타내고 있다. 1965년 한 해 동안 입국한 한국인 수는 불과 2,180명이었지만, 2013년에는 역대 최고인 79만 4,482명이 입국했다. 즉, 2013년에는 평균적으로 하루에 2,177명이 입국하여 결론적으로 1965년의 1년분 입국자가 하루 동안에 달성되었다고 볼 수 있다.

이런 일본 방문의 한국인 증가에는 몇 가지 우여곡절이 있었다. 먼저 1989년부터 실시된 한국인의 해외여행 전면 자유화로, 1990년대 이후 해외여행객이 큰 폭으로 증가했다. 이에 맞춰 1990년에는 하카타항과 부산항을 잇는 '카멜리아 라인'이 취항하고, 다음 해인 1991년에는 같은 노선에 고속선 '비틀II'가 취항하여 비행기가 아닌 해상여객 항로가 충실하게 확보되었다. 또한 2000년 이후에는 환율상의 원고(엔저)현상도 있어 큐슈를 방문하는 한국인이 더욱 증가하게 되었다.

또한 〈그림 3〉에서 선그래프는 일본 전체에서 큐슈가 차지하는 비중을 나타내고 있다. 움직임이 안정되기 시작한 1970년대 이후를 보면, 일본에서 차지하는 큐슈의 비중이 서서히 높아지고 있는 것을 알 수 있다. 최근 자료에 따르

그림 3 큐슈에 입국하는 한국인 수와 일본 전체에서 큐슈가 차지하는 비중의 추이

* 일본 입국 한국인 수는 출입국관리통계의 표기상 제약으로 1966년 이전에는 '조선', 1967년 이후에는 '한국'으로 표기

* 법무성 출입국관리통계연표

면, 입국자 수에 있어서 2014년 큐슈가 차지하는 비중이 28.4%로 나타났다. 일반적으로 큐슈는 '10% 경제'라는 말로 표현되기도 하는데, 이는 인구규모, 지역총생산 등의 각종 지표가 차지하는 비중이 일본 전체의 약 10% 정도이기 때문이다. 이러한 '10% 경제'를 놓고 보면, 2014년의 28.4%라는 입국 숫자가 얼마나 높은 비중인지 다시 한 번 확인하게 된다. 즉, 단순하게 한국과 가깝게 위치하고 있다는 지리적 접근성뿐만 아니라, 항공편 · 페리 · 고속선 등의 다양하고 충실한 교통네트워크를 가지고 있다는 점을 알 수 있다.

2) 한국인 관광객과 관광자원

한국인 관광객의 큐슈 관광 목적은 시대와 함께 변해왔다. 온천에서 테마파

크, 골프를 거쳐 최근에는 올레길[5]을 들 수 있다. 즉 한국인 관광객에게 있어서는 남녀노소 전 세대가 선택할 수 있는 관광의 선택이 넓어졌다는 표현이 어울릴 것이다.

〈그림 3〉처럼 한국인 관광객의 입국이 증가하기 시작한 것은 1980년대 말부터라고 할 수 있다. 당시는 큐슈의 온천을 목적으로 방문하는 관광객이 주를 이루었으며, 특히 벳푸 같은 대형온천지역에 많은 관광객이 몰렸다. 벳푸 온천을 대표하는 스기노이호텔은 한국의 해외여행 자유화를 목표로 1980년에 이미 서울사무소를 개설하여 발 빠르게 한국 내 영업에 착수했다. 이러한 온천여행의 목적지도 벳푸 같은 대형온천지에서 유후인, 쿠로카와 같은 소규모 온천지로 확대되고 있다. 일본인이 좋아하는 일본 특유의 감성을 살린 분위기를 한국인도 이해하기 시작한 것으로 보인다.

테마파크의 인기는 1990년대부터 시작되었다. 큐슈 각지에 많은 테마파크가 들어서 한국인 관광객들도 다수 방문하게 되었다. 이후 2000년대에 접어들어 골프여행객이 증가하기 시작했다. 한국의 추운 겨울을 피함과 동시에 비교적 저렴한 큐슈에서 골프를 즐기는 한국의 중년남성을 중심으로 골프여행이 증가하기 시작한 것이다. 이러한 골프 수요를 충족시키기 위해 한국 자본이 큐슈의 골프장과 호텔을 세트로 매수M&A하는 경우도 종종 볼 수 있다.

2010년이 지나면서 있는 그대로의 자연을 즐기기 위한 한국인 관광객이 증가하기 시작했다. 한국에서는 중장년을 중심으로 등산과 트래킹의 인기가 높다. 이 때문에 큐슈에서는 '큐슈올레길'이라는 트래킹코스를 만들었다. 큐슈

5 '올레길'은 한국의 제주도에서 시작된 트래킹코스를 총칭하는 말로 '큰길에서 집으로 들어오는 작은 골목길'을 의미는 제주도 방언이다. 현재는 자연과 역사테마를 가진 트래킹코스로 각광받고 있다.

올레길은 코스가 점점 늘어 2015년 2월에 15개 코스가 만들어져 한국에서도 개인 및 그룹의 방문이 점점 증가하고 있다. 큐슈관광추진기구의 통계에 따르면, 2012년 3월부터 2015년 3월까지 3년 동안 매월 평균 3,400명 정도의 한국인이 큐슈를 방문했다고 한다.

3. 대학 간 교류의 변화

1) 큐슈대학의 움직임

일본의 큐슈대학은 오래전부터 한국에 연습림演習林(임학을 연구하기 위한 산림)을 가지고 있으며, 한일 국교정상화 이전부터 한국과 많은 관계를 맺어왔다.

국교정상화 이후 1970년대에는 일본에서도 보기 드물게 '조선사강좌'를 개설했는데, 이는 텐리대학, 오사카외국어대학에 이어 전체 일본 내에서도 세번째 개설이라고 알려져 있다. 이후 2000년에는 김종필 전 총리의 큐슈대학 방문을 계기로 한국연구센터를 개설하는 등 한국에 관한 연구는 일본 내 다른 지역보다 앞서 있다. 2004년부터 불어닥친 한류 붐을 타고 한국연구에 관한 활동은 더욱 활발해졌다. 또한 2008년에는 한일해협권 칼리지를 개강했는데, 이는 1년 동안 외국어 능력과 다문화 이해력 등을 배우는 캐리어맵 프로젝트였다. 여름방학 때는 한국 측 파트너인 부산대학과 공동으로 두 학교의 학생들이 1주일씩 칼리지의 특별강좌를 공동으로 수강하고, 기업 인턴십과 의견교환회, 문화체험 등을 경험하기도 한다. 사용 언어는 영어를 기본으로 하여 생생한 외국어 커뮤니케이션 능력을 향상시키려는 목적도 가지고 있다. 현재는 한일 양국뿐만 아니라, 한미일, 아시아·태평양지역까지 범위를 확대해 나가고 있다.

• 한일해협권 칼리지(2008~2010)

• 한미일 국제 공동 교육프로그램(2011~2013)

• 아시아·태평양 칼리지(2014~2018)

2) 부산·후쿠오카 대학 간 컨소시엄

이처럼 큐슈대학이 중심이 되어 펼치고 있는 프로젝트에는 '부산·후쿠오카 대학 간 컨소시엄'이 있다. 2007년에 개최된 '제2회 부산·후쿠오카 포럼'에서 제안되어, 부산과 후쿠오카 지역의 특징을 살릴 수 있는 인재육성을 목표로 2008년에 설립되었다(〈표 3〉 참고).

당시에는 부산 측 11개 대학과 후쿠오카 측 13개 대학이 모여 발족했지만, 참가 대학생이 서서히 늘어나면서, 현재는 부산 내의 13개 대학과 후쿠오카를 중심으로 하는 15개의 후쿠오카현 내 대학이 참가하게 되어 총 28개 대학으로 늘어났다.

이 컨소시엄의 내용은 공동수업과 한일해협권 칼리지 프로그램을 중심으로 차세대 리더 육성을 목적으로 하는 프로그램, 특별강의, 기업방문, 문화체험, 인턴십, 토론회 등으로 구성되어 있다.

그러나 앞으로 해결해야 할 과제도 남아 있다. 원래 부산대학과 큐슈대학을 중심으로 일부 대학만 참여했던 활동의 폭을 많은 대학으로 넓혀, 다방면의 교류로 확대해 나가는 점이다. 이를 위해서는 학생들의 언어구사력 향상을 빼놓을 수 없다. 영어·일본어·한국어 중에서 상호 의사소통이 가능한 수준의 언어를 구사할 수 있을 정도의 언어능력이 필요하다.

표 3 부산·후쿠오카 대학 간 컨소시엄의 개요

<table>
<tr><td>설립
취지</td><td colspan="3">2007. 9. 1. 후쿠오카시에서 개최된 '제2회 부산·후쿠오카 포럼'의 후쿠오카 선언 2007에서 제창, 부산과 후쿠오카 양 지역의 특징을 살릴 수 있는 인재육성을 목표로 '부산·후쿠오카 대학 간 컨소시엄' 설립</td></tr>
<tr><td rowspan="13">경과</td><td colspan="2">시기</td><td>내용</td></tr>
<tr><td rowspan="3">2007</td><td>10월 25일</td><td>'부산·후쿠오카 대학 간 컨소시엄' 의견 교환회</td></tr>
<tr><td>11월 27일</td><td>큐슈대 가지야마 총장(당시)과 부산대 김인세 총장(당시)이 부산대학교에서 회담</td></tr>
<tr><td>12월 26일</td><td>후쿠오카 측 워크샵 개최(큐슈대학)</td></tr>
<tr><td rowspan="5">2008</td><td>2월 22일</td><td>제1회 합동 워크샵(동서대 개최)
-컨소시엄 구성 대학 및 교류 안건에 관한 협의</td></tr>
<tr><td>4월 18일</td><td>제2회 합동 워크샵(세이난학원대)
-협정안 및 교류 안건에 관한 협의</td></tr>
<tr><td>~6월 12일</td><td>컨소시엄 참가 모집
합동W·G의 검토결과에 따라 컨소시엄 설립 및 협정(안)에 찬성을 표명한 양 지역의 대학을 컨소시엄 멤버로 함</td></tr>
<tr><td>9월 25일</td><td>부산·후쿠오카 대학 간 컨소시엄 학술교류협정 조인식(큐슈대학)
-부산 측 11개 대학, 후쿠오카 측 13개 대학이 서명</td></tr>
<tr><td>11월 1일</td><td>'제3회 부산·후쿠오카 포럼' 개최(부산)
학술·교육 분야의 대표인 부산대 김인세 총장(당시)과 큐슈대 가지야마 총장(당시)이 본 컨소시엄 설립에 대해 기대감 표명</td></tr>
<tr><td>2010</td><td>2월 5일</td><td>새롭게 부산 측에서 2개 대학(동명대, 부산카톨릭대), 후쿠오카 측에서 2개 대학(후쿠오카공업대학, 큐슈산업대학)의 신청을 승인</td></tr>
<tr><td rowspan="2">2013</td><td>2월 2일</td><td>'제7회 부산·후쿠오카 포럼' 개최(부산)
본 컨소시엄의 활성화 표명</td></tr>
<tr><td>8월 19일</td><td>협정 갱신</td></tr>
<tr><td>활동
상황</td><td colspan="3">부산과 후쿠오카 도시권 내의 28개 대학으로 조직된 컨소시엄은 대학별로 아래와 같은 교류사업을 전개하고 있음

1. 공동수업
• 큐슈대학과 부산대학이 대학 1~4학년을 대상으로 7명씩 선정, 릴레이 형식으로 영어로 강의. 학내 일정에 의거하여 부산대학과 큐슈대학에서는 원격강의 실시, 학생 간의 활발한 토론을 기대할 수도 있음</td></tr>
</table>

활동 상황	• 주로 정치·경제·역사·교육·환경·에너지·의료 분야를 시작으로 한일해협권의 공통과제를 주제로 최신 연구성과를 소개하고 수강생들과 함께 의논 2. 한일해협권 칼리지 • 큐슈대학 학생 50명과 부산대학 학생 50명이 여름 방학 2주 동안 캠퍼스를 상호공유하여, 아시아 차세대 리더를 육성하는 것이 목적. 첫 주는 부산대학에서 특별강의와 기업방문, 문화체험 등을 하며(부산대학 캠퍼스), 둘째 주는 큐슈대학에서 특별강의와 인턴십, 토론회 등 개최(후쿠오카 캠퍼스) 3. 학생교류(발족 당시) • 큐슈공업대 – 한국해양대, 세이난학원대 – 경성대, 후쿠오카교육대 – 부산교육대 • 큐슈국제대 – 한국해양대, 큐슈산업대 – 동아대, 동서대
컨소시엄 구성 대학	총 28개 대학: 부산 측 13개 대학, 후쿠오카 측 15개 대학 • 부산 측: 부산대, 동서대, 동아대, 부산외국어대, 고신대, 경성대, 동의대, 부경대, 부산교육대, 한국해양대, 영산대, 동명대, 부산카톨릭대 • 후쿠오카 측: 큐슈대, 큐슈공업대, 쿠루메대, 세이난학원대, 치구시여학원대, 나카무라학원대, 일본적십자 큐슈국제간호대, 후쿠오카대, 후쿠오카교육대, 일본경제대(구 후쿠오카경제대), 후쿠오카국제대, 후쿠오카치과대, 후쿠오카여자대, 후쿠오카공업대, 큐슈산업대

* 원래 자료에 있던 일본력을 서기로 표현
* 큐슈대학 국제부(2013. 9. 6.)

3) 부산·후쿠오카 대학 간 컨소시엄의 미래

50년 후 한일 간의 교육에 있어서, 대학교육의 글로벌화와 저출산이라는 사회적인 문제를 생각해 보면, 현재의 부산·후쿠오카 대학 간 컨소시엄의 역할은 상당히 기대된다고 볼 수 있다. 그 이유는 먼저 한일 간의 전문인재 양성이라는 측면이다.

양국의 국경 개념이 점점 줄어드는 가운데, 상호 간 인재의 유동성을 높이는 사항은 매우 중요해질 것으로 보인다. 또한 대학이 핵심이 되어서 한일 간 기업 연계를 촉진하는 것도 빼놓을 수 없다. 공동으로 개발한 기술을 이용하여 제3국으로 진출하는 방안을 모색하는 등 대학을 매개로 기업 간의 밀착도를 높이는 방안도 필요하다. 이러한 목적을 실현하기 위한 수단으로는 먼저 학점 교환을 들 수 있다. 부산의 13개 대학과 후쿠오카의 15개 대학에서 수강하여 취득한 학점을 졸업학점으로 인정하는 제도는 컨소시엄의 가장 기본적인 사항일 것이다. 두 번째로는 양 지역의 대학을 하나의 캠퍼스로 보는 시야도 필요하다. 즉 본교 캠퍼스와는 별도로 위성캠퍼스로서 상대국의 대학을 활용하는 방법이다. 일정한 기간을 상대국에서 지냄에 따라 자연스럽게 어학능력이 향상되며, 한일 간의 문화, 풍습, 사고방식 등을 몸에 익힌 한일 관련 전문인재로서의 육성이 가능할 것으로 여겨지기 때문이다.

마지막으로 교직원 간의 교류 촉진을 들 수 있다. 교직원 간의 교류를 통해 새로운 이노베이션의 기대가 한층 높아질 수도 있기 때문이다. 또한 제3국의 유학생도 이러한 제도에 포함시키면, 한일 양국 이외 국가의 유학생 획득에도 선전효과를 거둘 수 있을 것이다. 마지막으로 역사의식의 견해 차이를 비롯한 한일 간의 많은 문제를 해결해 나가기 위해서는 우선 한일 양국을 두루 알고 있는 인재를 많이 배출해야 한다는 점을 강조하고 싶다. 이러한 점에서 보면 부산·후쿠오카 대학 간 컨소시엄의 미래는 더욱 기대되는 분야라고 여겨진다.

한국과 큐슈의 일체적 교류권: 부산·후쿠오카 초광역경제권 형성

부산·후쿠오카를 필두로 하는 큐슈와 한국 남부지역 간의 교류는 20여 년 전부터 논의되어 왔다. 이러한 교류를 행정 측면에서 생각해 보면 국가, 현(일본), 시, 각 계층을 망라한 3개의 교류형태가 존재한다고 할 수 있다(〈그림 4〉).

첫 번째는 한국의 동남권과 큐슈 간의 초광역경제권으로, 광역지역 간의 교

그림 4 큐슈에서 논의되는 초국경광역권

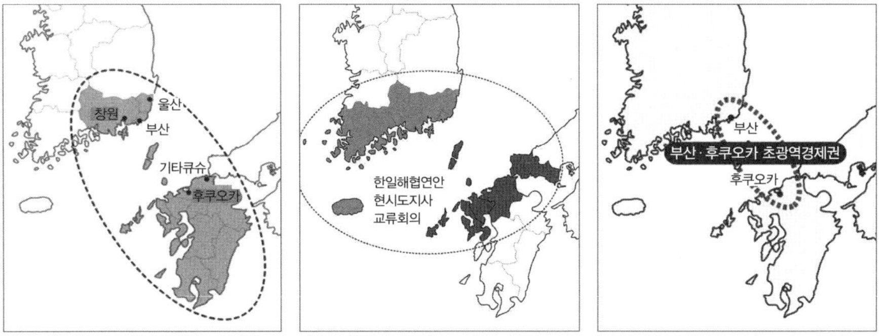

한국의 동남권·큐슈 간의 교류 | 한일해협지사회 참가 지역 | 부산·후쿠오카 광역경제권

* 필자 작성

류라고 할 수 있다. 한국 측은 부산시·울산시·경상남도의 2시 1도를 중심으로 하는 동남권광역경제발전위원회[6]가 주체적인 역할을 해왔다. 큐슈 측은 특별히 주체가 되는 단체는 없지만, 지역 특징상 경제산업성 큐슈경제산업국이 이와 가장 가까운 역할을 하고 있고 볼 수 있다. 원래 큐슈경제산업국은 한국의 지식경제부를 파트너로 해서 국가 전체를 교류지역으로 하는 큐슈·한국 경제교류회를 계획하고 있으나, 지금까지 동남권을 포함한 한국의 남부지방과 구체적인 기업 연계 모델 조사 등을 실시해 온 실적이 있기 때문에, 지역상으로는 한국의 남부지방과 동남권에 특화하고 있는 것이다.

두 번째는 후쿠오카, 사가, 나가사키의 큐슈 북부 3개 현, 야마구치현을 포함하는 일본 측 4개 현, 부산광역시, 전라남도, 경상남도, 제주특별자치도를

6 이명박 정부에 들어서 한국을 5+2지역으로 구분하여 각 지역에 광역경제발전위원회가 조직되었다. 5지역은 수도권·충청권·호남권·대경권·동남권, 2지역은 강원권·제주권을 일컫는다. 이 위원회는 2013년에 해산되었다.

포함하는 한국 남해안지역 1개 시 3개 도로 구성되는 '한일해협연안 현시도지사 교류회의(한일해협지사서미트)'를 들 수 있다(2006년부터 제주도는 특별자치도로 이행). 1993년 이후 매년 1회씩 양국에서 번갈아가며 회의가 개최되는데, 경제, 관광, 환경, 주민, 차세대 등 다양한 공동 교류사업을 실시해 왔다.

세 번째는 부산과 후쿠오카 간의 교류를 들 수 있다. 이는 '부산·후쿠오카 초광역경제권'을 모토로 하는 두 도시 간의 교류를 말한다. 2008년 이명박 대통령이 취임할 당시, '한국의 동남권과 일본의 큐슈 사이에 일체화된 광역경제권을 형성한다'라는 공약이 있었다. 이러한 공약의 중심이 된 부산과 후쿠오카 양 도시 간에는 초광역경제권 형성과 관련한 활발한 움직임이 일어, 산학관을 포함하는 전체적인 경제교류의 움직임이 한 단계 성장했다.

1. 부산·후쿠오카 초광역경제권의 의의와 사업

〈그림 4〉에 나타난 세 광역권 중에서 가장 관심을 가지고 접근하고 있는 것이 '부산·후쿠오카 초광역경제권'이다. 그 이유를 세 가지로 요약해 본다.

1) 양 도시의 연계 강화와 국제경쟁력의 향상, 지역 활성화

국제화의 진행과 함께 과거와는 달리 국경이라는 개념이 약해지는 가운데, 세계는 '국가경쟁력'의 시대로 옮겨가고 있다. 초광역경제권은 국경을 사이에 둔 도시나 지역이 상호 연계를 통해 일정 규모와 기능을 가진 경제권으로 형성되어, 자율적인 발전을 실현하는 것에 그 의미가 있다. 그러나 부산과 후쿠오카는 단독으로 경제권을 형성하기에는 부족한 부분이 있다. 그 이유는 국제적 기준으로 볼 때 부산이나 후쿠오카의 도시 규모가 비교적 작은데다가, 서울이나 도쿄, 상하이 같은 대도시가 주변에 있어서 오히려 도시의 개성이 묻

혀버릴 가능성이 크기 때문이다. 따라서 부산과 후쿠오카라고 하는 해협을 사이에 둔 두 도시가 일체화로 거듭난다면, 상당한 시너지 효과를 발휘함과 동시에 양 도시의 존재감도 높일 수 있다. 그리고 도시로서의 구심력을 증가시켜 타 지역의 인재와 자금, 정보, 기업 등을 유치하는 데도 유리해진다. 그러기 위해서 우선 양 지역의 일체화를 진전시키는 것이 선결과제이며, 개성을 발휘할 수 있는 요소를 창출해 내는 것이 무엇보다 중요하다.

2) 한일 간 새로운 시대에 있어서의 초국경지역 연계 모델

TPP(환태평양 전략적 경제연계협정)와 FTA 등 세계적인 자유무역체제가 발전하고 있는 현시점에서, 한국과 일본은 2004~2005년에 걸쳐 2년간 FTA에 대해 논의를 한 시기가 있었다. 그러나 세부사항에 이르는 합의는 얻지 못했으며, 정부 간 교섭 또한 결렬된 경험도 있다. 이처럼 중앙정부 간의 교섭이 막혔음에도 불구하고, 부산과 후쿠오카는 타 지역의 돌파구가 될 수 있는 사례를 만들기 위해 모든 교류채널의 동원에 착수하고 있다. 즉, 정부 차원에서 진전되지 않는 FTA, EPA를 오히려 지방 차원에서 실현 혹은 대체하는 방법을 생각해 볼 수도 있는 것이다. 다시 말하면, 국가 간 자유무역을 실현하기 전에 부산과 후쿠오카가 파일럿존(시범구역)이 되어, 한일 간 FTA, EPA의 효과를 검증하는 역할도 할 수 있을 것이다.

3) 한일을 잇는 동북아시아의 새로운 국토발전축 형성

현재 한국과 일본은 수도권 집중화라는 문제에 직면하고 있으며, 최근에는 그 상황이 더욱 심각해지고 있다. 이러한 상황에서 부산·후쿠오카 간의 초광역 경제권 형성은 서울과 도쿄에서 떨어져 있는 지역에 새롭게 하나의 수도권을 창출해 낸다는 의미를 가진다고 볼 수 있다. 2011년에 일본 동북지역에서 대

그림 5 동북아시아의 새로운 국토발전축

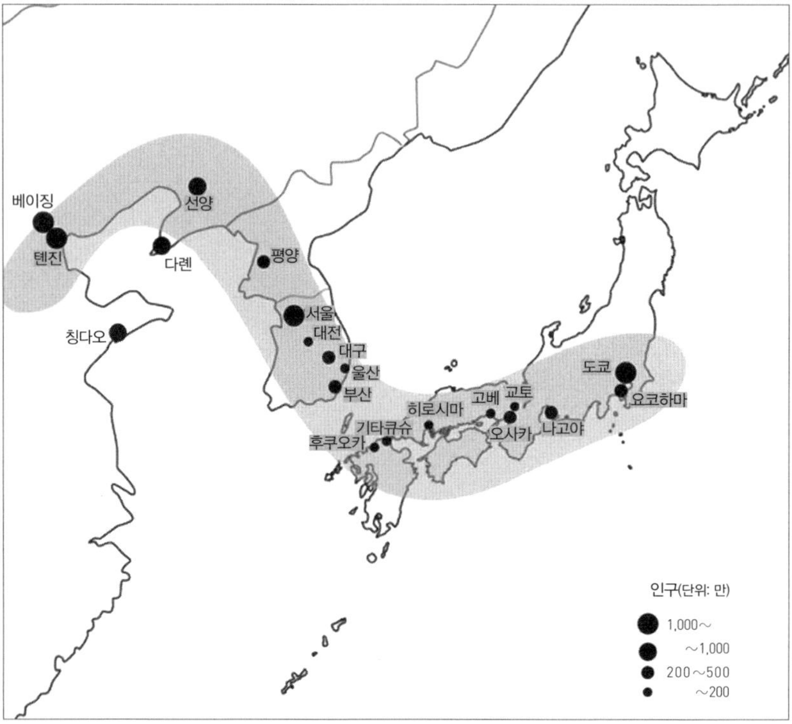

* CHOE, Sang-Chuel, 「Urban corridors in Pacific Asia」

지진이 발생한 이후 일본 내에서는 위험분산이라는 의미에서 지진이나 재해가 비교적 적은 큐슈 북부의 가치가 재검토되어 본사 기능을 큐슈 북부로 이전하는 움직임도 볼 수 있다. 사업거점으로서도 매력을 높일 수 있는 후쿠오카와 한국 제2의 도시인 부산이 초광역경제권을 형성한다면, 일본과 한국을 연결하는 역할을 담당할 수 있으며, 경제발전을 향한 새로운 국토발전축을 형성할 수도 있을 것이다. 이러한 국토발전축의 연결만으로도 수도권 이외의 산업 재배치와 이어지는 효과를 기대할 수 있다.

4) 기본방향 및 사업 내용

부산·후쿠오카 초광역경제권 실현을 향한 구체적인 전략과 전술을 살펴보자. 초광역경제권 실현을 위한 사업계획은 4개의 기본방향과 8개의 전략, 23개의 협력사업, 64개의 사업으로 결정되어 있다(〈표 4〉).

표 4 부산·후쿠오카 초광역경제권 협력사업과 성과

[기본방향 I] **미래지향적 비즈니스 협력 촉진**

전략	협력사업	사업내용	
기업 간 협력 환경 조성	경제협력사무소의 상호 설치	단기	상호 산업정보·기업정보를 얻을 수 있는 사무소 설치, 양 지역의 기업 간 매칭기능 확충, 화상회의 시스템 도입
	중소기업 간 교류 지원	단기	양 지역의 상공회의소에 의한 인터넷 상담회 개최 지원, 부산·후쿠오카 중소기업 CEO 포럼(업종별 교류 포함) 운영 지원, 무역상담회의 개최 지원
	수산시장을 비롯한 시장 간의 교류	단기	수산시장 교류 촉진
		중기	수산시장 간 거래의 실현(시장 간 선어운반선의 운항 등), 청과시장 등의 교류 촉진
	부산·후쿠오카 공동브랜드 창설	단기	양 지역 우체국의 제휴에 의한 부산·후쿠오카 특산품을 한국, 일본의 전 지역에 배송, 지역상품 특판전(물산전) 상호 개최 검토
		중기	부산·후쿠오카 브랜드 창설(심볼마크 만들기, 특산품 선정 등에 대한 검토)
미래형 산업의 육성	미래형 산업의 공동 육성을 위한 시스템 조성	단기	산업 지원기관 및 연구기관의 교류 촉진
		중기	미래형 지식산업 창출을 위한 핵심적 추진 조직의 설립 검토
	IT 산업의 교류 촉진	단기	디지털컨텐츠(게임·애니메이션 등) 분야의 교류회·상담회 개최 지원, IT 분야 협력시범사업의 검토 및 발굴
	자동차 관련 산업의 교류 촉진	단기	부품구매 상담회·전시회 등을 이용한 자동차 부품산업의 교류, 차세대 자동차 관련 산업 집적을 위한 교류
	환경에너지산업의 연계체제 구축	단기	부산 측 환경 관련 시찰단 수용 등의 협력, 환경 관련 전시회의 상호 참가 지원
		중기	큐슈 및 동남권까지 확대한 광역적 연계 검토

<table>
<tr><th>전략</th><th>협력사업</th><th colspan="2">사업내용</th></tr>
<tr><td rowspan="2">상호 투자 촉진</td><td>기업 유치 상호 협력</td><td>단기</td><td>양 지역의 유치 촉진 지역 정보(부산의 부품소재 전용단지, 후쿠오카의 아일랜드시티 등) PR, 부산투자지원회(큐슈투자지원회의 카운트 파트)의 설치 및 큐슈투자지원회와의 연계·협력, 투자유치세미나 개최 지원, 투자사절단 상호 지원, 상대 지역 기업의 벤처마켓 참가 지원</td></tr>
<tr><td>한국기업의 상장에 관한 후쿠오카증권거래소에 대한 지원</td><td>단기</td><td>후쿠오카증권거래소의 아시아 주식시장에서의 기획, 운영에 대한 협력</td></tr>
<tr><td rowspan="3">관광 컨벤션의 교류 협력</td><td>양 도시에의 관광객 유치 촉진(부산·후쿠오카 아시아게이트웨이 2011 추진)</td><td>단기</td><td>부산·후쿠오카 아시아게이트웨이2011에서 행해지는 사업의 추진(공동 프로모션의 실시, TV 프로그램 제작, 스포츠 교류전 개최, 가이드북 제작 등), 환경·돌봄 노동·복지 분야의 산업관광상품 개발, 새로운 테마형 관광상품(미용 에스테, 템플스테이 등)의 개발</td></tr>
<tr><td rowspan="2">컨벤션 상호 협력</td><td>단기</td><td>전시컨벤션 참가 확대를 위한 상호 PR, 애프터컨벤션 협력 연계</td></tr>
<tr><td>중기</td><td>양 지역 컨벤션 관리 당국 간의 연계, 새로운 국제전시컨벤션의 개최 검토</td></tr>
</table>

[기본방향 II] **국제적 전문인재의 육성·활용**

<table>
<tr><th>전략</th><th>협력사업</th><th colspan="2">사업내용</th></tr>
<tr><td rowspan="3">젊은 국제적 전문인재의 육성</td><td>상대국 문화·언어학습 기회의 확대</td><td>단기</td><td>초등학교에서 부교재를 통한 상호 이해 촉진, 중학교·고등학교에서의 상대국 언어동호회의 활동 지원</td></tr>
<tr><td>청소년 교류 촉진</td><td>단기</td><td>초·중·고교 학생의 홈스테이 교류 계속, 스포츠·체험학습 교류, 수학여행(교육여행)의 공동 유치, 학교 간 자매 교류 지원</td></tr>
<tr><td>대학생 교류 활성화</td><td>단기</td><td>양 지역의 유학정보 제공, 대학 간 컨소시엄 활동 협력</td></tr>
<tr><td rowspan="3">실무형 인재의 활용</td><td>인턴십 수용 지원</td><td>단기</td><td>인턴십 수용사업의 계속, 인턴십 사업을 실시하는 기존 단체에 협력, 생활정보 제공</td></tr>
<tr><td rowspan="2">전문인력(인재) 매칭 협력</td><td>단기</td><td>부산시의 전문인력(인재) 중개 체제의 구축 협력, 부산시의 전문인력(인재) 매칭 상담회의 개최 협력</td></tr>
<tr><td>중기</td><td>광역적인 전문인력(인재) 매칭 환경 조성에 협력</td></tr>
</table>

[기본방향 III] **일상교류권 형성**

전략	협력사업	사업내용	
교류권 형성의 환경 조성	우정의 해 기념(인정) 사업의 계속 개최	단기	현재하고 있는 우정의 해 기념(인정)사업의 계속 개최, 새로운 사업 개최 노력(문화행사, 세미나, 교류회, 전시회 등)
	부산·후쿠오카 초광역 경제권 홍보 체제 강화	단기	포탈사이트 운영, 관광·문화 정보 발신 코너 상호 설치, 미디어를 통한 홍보·초청 등의 공동 기획·추진
인적·물적 이동에 있어서 편리성 향상	전자화폐의 이용환경 조성	단기	공항·항만에서 전자화폐의 판매·환불, 관광시설, 백화점 등에 이용 가능 점포 수의 확대, 전자머니의 이용방법 등에 관하여 상대국 언어로 정보 제공
		중기	한일 공통 전자화폐의 발행 요청
	양 도시를 연결하는 교통수단의 확충	단기	기존의 고속선·페리의 증편 확충에 노력, 기존 항공편수의 증편에 노력, 새로운 지역항공사 취항 지원, 부산·후쿠오카 패키지 티켓의 개발 요청
	상대국 언어 표기 확대	단기	교통(기관)·공공시설·음식점 등에 상대국 언어 표기 확대, 오탈자의 수정 협력

[기본방향 IV] **정부에 대한 공동 건의**

사업내용	부산·후쿠오카 초광역경제권의 실현을 위해 제도, 자금 지원 등에 대해 건의 (예: 출입국 및 통관 수속 편의성 향상, 양 지역 협력사업에 대한 재정적 지원 등)

* 비고: 단기는 3~4년 이내, 중기는 그 후 10년 이내를 목표로 실시하는 사업
* 부산·후쿠오카 초광역경제권 형성의 협력사업안(2009) 부산광역시, 후쿠오카시 공동 발행

기본방향을 살펴보면, 비즈니스 측면, 인재 측면, 인재 교류 측면에서 각각 '미래지향적 비즈니스 협력 촉진', '국제적 전문인재의 육성과 활용', '일상교류권 형성'을 기본 방향으로 설정하고 있다. 나중에 '정부에 대한 공동 건의'라는 방향이 추가되면서 총 4개의 기본방향이 만들어진 것으로 정리할 수 있다.

8개의 전략은 4개의 방향성을 분류한 것으로, 비즈니스 측면에서는 '기업

간 협력 환경 조성', '미래형 산업의 육성', '상호 투자 촉진', '관광컨벤션의 교류 협력'의 4개 전략, 인재 측면에서는 '젊은 국제적 전문인재의 육성', '실무형 인재 활용'의 2개 전략, 인적 교류 측면에서는 '교류권 형성의 환경 조성'과 '인적·물적 이동에 있어서 편리성 향상'이라는 2개의 전략을 들 수 있다.

23개의 협력사업은 전략을 보다 구체화한 것을 나타낸다. 주목할 만한 사업으로서 비즈니스 측면에서는 '경제협력사무소의 상호 설치'와 '부산·후쿠오카 공동브랜드 창설', '환경에너지산업의 연계체제 구축', '양 도시에의 관광객 유치 촉진', '컨벤션 상호 협력' 등이 결정되었다. 또한 인재 측면에서는 '상대국 문화·언어학습 기회의 확대', 인재 교류 측면에서는 '전자화폐의 이용환경 조성' 등을 들 수 있으며 마지막으로 64개의 사업은 23개의 협력사업을 실현하기 위한 보다 개별적이고 구체적인 방안을 제시, 다양한 사업주체가 참가할 수 있도록 하고 있다.

2. 부산·후쿠오카 초광역경제권의 과제

1) 가시적 성과의 증가

부산·후쿠오카 경제협력사업의 64개 과제에 관한 조인식으로부터 2년이 지난 2012년, 사업주체에 대한 진행상황과 문제점, 향후 방향성 등을 조사했다.

진행상황의 결과는 〈그림 6〉과 같다. 64개의 과제 중에는 이벤트 분야 같은 일회성 사업이 포함되어 있기 때문에 이미 종료된 사업도 있으나, 결론적으로 '지속, 종료'는 37개(57.8%) 사업으로 과반수의 사업은 순조롭게 진행되고 있었다. '구상, 계획 없음'에 관한 항목은 장기과제로 넘어가는 부분이 있기 때문에 구체적으로 결과가 나오기까지는 시간이 걸리는 부분이 많았다. 무응답도 16개(25.0%) 사업이나 나왔는데, 이는 사업주체가 불명확한 사업, 즉 '미착

그림 6 부산·후쿠오카 경제협력 64개 과제의 진행상황과 향후 방향성

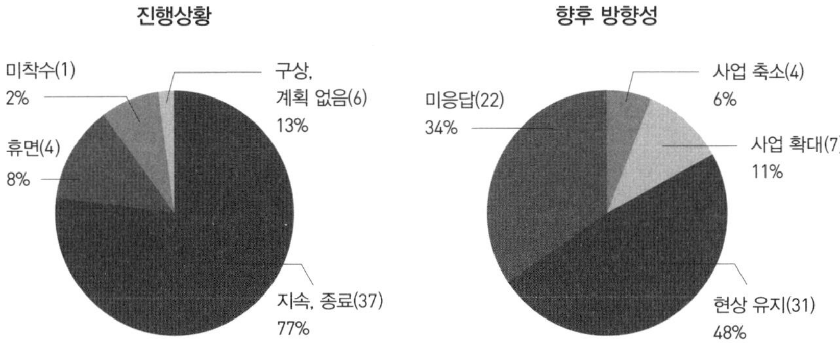

* ( ) 안은 사업자 수
* 큐슈경제조사협회(2012), 『부산과의 연계를 핵심으로 한 아시아 전개의 가능성-향후 지역 간 협력을 위한 조사(자료 편)』 1, 2항 재작성

수' 혹은 '구상, 계획 없음'에 포함시켜도 좋을 듯하다.

또한 향후 방향성에 관해서는 '사업 확대'와 '현상 유지'가 38개(59.3%) 사업이었다. 비교적 높은 약 60%의 사업이 유지, 확대 계획을 가지고 있는 것이다. 특히 '사업 확대'라고 대답한 사업 중 7개 사업은 다음과 같다.

- 상호 간 산업 정보, 기업 정보를 취득할 수 있는 사무소 설치
- 큐슈 및 한국 동남권까지 확대한 광의적 연계 검토
- 양 지역의 유치 촉진에 관한 지역 정보
- 후쿠오카 증권거래소가 아시아주식시장에서 추진하는 기획과 운영에 관한 협력
- 전시컨벤션의 참가 확대에 관한 상호 PR
- 컨벤션 개최 후의 협력, 연계
- 양 지역 컨벤션 관리 당국 간의 연계

2) 문제점과 과제

앞으로 해결해야 할 문제점과 과제에 관해서는 〈그림 7〉과 같은 결과를 볼 수 있다. '사업에 관한 사고방식의 차이'가 11건으로 가장 많았고, 뒤이어 '상대국의 정보 부족'이 7건, '사업비 부족', '자국 수요의 불명확' 등이 각각 5건, '법과 규제 등'이 4건으로 나타났다.

이러한 문제점을 정리해 보면 크게 정보 부족, 재원 부족, 전문성 부족 등의 3개로 나눌 수 있다. 정보 부족은 상대도시의 수요, 법규, 현지 진출 파트 등을 담당할 주체가 불명확한 경우이며, 재원 부족은 사업 추진에 관한 비용 대비 효과가 불명확하여 자금 확보가 불가능한 경우이다. 마지막 전문성의 부족은 전문인재와 지식의 부족을 들 수 있다. 또한 64건의 사업 과제에 대한 회답을 요구했으나, 28건에 대해서만 회답을 받았다. 앙케이트에 대한 회답률이 적은 것으로 볼 때, 사업주체의 자기분석력이 취약한 것도 지적할 수 있다.

그림 7 문제점과 과제

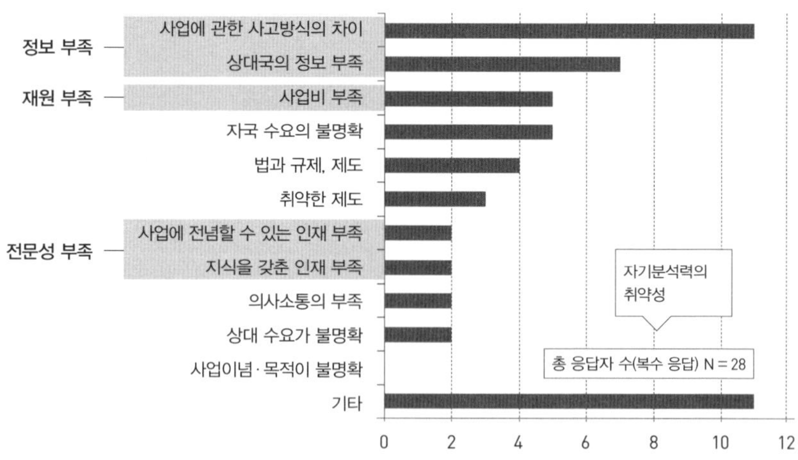

* 큐슈경제조사협회(2012), 『부산과의 연계를 핵심으로 한 아시아전개의 가능성-향후 지역 간 협력을 위한 조사(자료 편)』 1, 2항 재작성

3) 프로젝트 추진의 열쇠

이러한 문제점을 살펴보면서 향후 프로젝트를 추진할 경우, 다음과 같은 4개 사항이 필요한 것으로 나타난다.

첫 번째로 '계획성'을 들 수 있다. 프로젝트에 대한 의식 부족을 의미하는데, 기본적인 수요가 있는 프로젝트인지 혹은 양 도시가 주도하는 초광역경제권과의 관련성이 있는지에 관한 내용에서 불명확한 측면이 없지 않았다.

두 번째는 '재원(확보)'이다. 상담회 같은 경우는 일회성 이벤트로 끝나버리며, 교류 추진을 위한 조직은 최초 그 조직을 설립할 때까지는 순조롭게 진행되는 경우가 많다. 하지만 정작 중요한 것은 그 이후의 일이라고 할 수 있는데 실질적으로는 유지되지 않는 경우가 많다. 그렇기 때문에 지속적인 프로젝트 추진을 위해서는 재원 확보가 필요하다고 할 수 있다.

세 번째는 '정보'이다. 후쿠오카 측의 입장을 들어보면, 프로젝트 추진에 있어서 부산에 대한 정보가 부족하다는 것이다. 정보라는 것은, 기업 정보는 물론 경제와 사회 같은 일반 정보, 그리고 사고방식 등의 상거래 관습까지 포함한다. 예를 들면, 상대기업이 어떠한 비즈니스를 원하고 있는지를 이해하지 못하여 결국 프로젝트를 시작할 당시의 의미가 퇴색되어 버리는 경우로 이어지기도 한다. 또한 정보관리의 문제점도 지적할 수 있다. 수집된 정보를 일원적으로 관리하는 시스템이 없어, 행정 및 기관은 물론이고 관련 기관마저도 정보가 공유되지 않고 있다. 게다가 정보 발신 측면에서도 일반시민을 대상으로 하는 홍보의 취약함이 문제가 되고 있다.

마지막으로는 '조직'을 들 수 있다. 행정기관도 통상적인 업무와 프로젝트를 병행하고 있기 때문에 인력 부족으로 인한 문제점이 발생하고 있다. 따라서 주체적으로 책임감 있게 행동할 수 있는 전문기관이나 전속팀이 필요한 것이다. 이러한 경우 '사람', '재원', '권한'이라는 3개의 분야를 맡길 수 있어야 한다. 즉 '사람'은 전문 직원을 말하며, '재원'은 자유롭게 사용할 수 있는 예산을, '권한'은 독자적으로 판단할 수 있는 의사결정력을 말한다. 이러한 3개의 기능을 가진 전문기관이 있다면, 부산·후쿠오카 간의 교류는 더욱 기능적이고 효과적으로 진전될 것으로 보인다.

맺음말

본문에 게재하지는 않았지만, 큐슈에는 현재 초기 한국과의 관계에 있어서 초석을 다진 2명이 있다. 한 사람은 한강의 기적을 뒷받침했던 포항종합제철POSCO의 제3고로 건설을 물밑에서 진두지휘했던 오이타의 엔지니어이다. 제1용광로와 제2고로를 완공한 후, 당시 일본의 최신 제철소에 필적할 만한 생산능력을 갖춘 제3고로의 탄생이야말로 한국의 제조업을 비약적으로 발전시키는 계기가 되었다고 볼 수 있다.

또 다른 한 사람은 한국의 백화점에 접객 문화를 전파했던 인물이다. 1979년 롯데백화점이 한국에 개장할 때, 후쿠오카의 지역 백화점에서 한국으로 건너가 한국의 초창기 백화점 접객문화를 선도했다. 당시 사는 쪽보다 파는 쪽이 힘이 있었던 당시 한국의 백화점 분위기를 본래의 접객문화로 바꾸는 데 노력했다. 즉 고객에게 감사를 전하는 방법부터 상품 진열, 매장 내 음악, 그리고 큐슈 백화점에서 실시한 직원 연수 등 한국 백화점 서비스의 질적 향상이라는 측면에서 상당한 일조를 한 인물이라 할 수 있다.

이처럼 한국의 경제발전이라는 이면에는 큐슈의 존재감도 적지 않았다. 현재에도 일본 국내 11개 한국 공관 중에서 주후쿠오카 대한민국총영사관은 도쿄의 한국대사관, 오사카총영사관에 이어 세번째의 인원 규모를 자랑하며, 한국무역센터(큐슈)의 주재원도 매년 계속 증가하고 있는데, 이는 한국도 큐슈를 중요 거점으로 인식하고 있다는 의미라고 볼 수 있다.

점차 사라져가는 국경의 의미와 한일 간의 교류를 생각해 보면, 양국에 있어서 일체적인 경제권과 교류권의 형성이라는 부분이 앞으로 더욱 진행될 것이라는 생각이 든다. 유럽연합EU 같은 지역통합이 한일 간, 나아가서는 한중일 간에 구축되어 가는 과정 속에서 국경지역에 위치하고 있는 큐슈의 역할도 나날이 중요해지고 있는 것이다.

그러나 경제교류가 생각처럼 진전되지 않은 것 또한 사실이다. 자동차·반도체·전자·조선·로봇·환경·바이오 등의 연계를 통한 큐슈와 한국의 저력은 확인되지만, 국가 간 혹은 기업계열 간의 장벽에 막혀 산업 교류는 좀처럼 진전되지 않고 있다. 이러한 상황 속에서 큐슈와 한국, 나아가서는 중국의 연해안 지역까지 세계의 제조업을 이끌 수 있는 거점을 황해를 중심으로 하는 환황해지역에서 구축해 나가는 것이 향후 과제라고 할 수 있다.

지역창조가 중요시되고 있는 현재, 한국과의 산업 교류를 통한 지역경제 활성화, 미래지향적인 한일 교류를 큐슈에서 실현해 나가고 싶다.

참고문헌

加峯隆義(2010),「動き出した九州と韓国東南圏地域の超広域経済圏」,『玄海圏(韓国内部地域－九州北部地域)における地域連携のあり方』, 九州国際大学経営経済論集.

加峯隆義(2011a),「福岡が提案する2つの総合特区」,『都市計画』, (社)日本都市計画学会.

加峯隆義(2011b),「動き始めた福岡·釜山超広域経済圏」,『九州経済調査月報』, (財)九州経済調査協会.

加峯隆義(2012a),「福岡·釜山超広域経済圏」, 東アジア学会経済部会 編,『東アジア地域経済協力と九州』.

加峯隆義(2012b),「福岡·釜山超広域経済圏構想」,『日本の国境問題 現場から考える』, 藤原書店.

加峯隆義(2012),「福岡·釜山と英仏ドーバー海峡－海峡を越えた地域間交流」,『韓国経済研究』, 九州大学.

(財)九州経済調査協会(2009),『福岡·釜山超広域経済圏の形成促進に向けた協力事業』.

(財)九州経済調査協会(2011),『福岡·釜山インターリージョン形成調査報告書』.

(財)九州経済調査協会(2013),『九州経済白書－アジア最前線 九州のグローバル戦略』.

藤原利久·江本伸哉(2013),『シームレス物流が切り開く東アジア新時代－九州·山口の新戦略』, 西日本新聞社.

14장

관광 교류를 통해 살펴본 한일관계

쓰시마의 한국인 관광을 중심으로

나카무라 야에

머리말

글로벌리즘이 진행됨에 따라 국경을 오가는 사람들이 증가하고 국가라는 단위를 넘어선 활동이 활발해지고 있다. 그런 가운데 쓰시마對馬는 조선통신사를 컨셉으로 하는 교류로 알려진 것처럼 한일 교류에 적극적인 노력을 기울여 많은 한국 관광객이 찾는 지역으로 주목받고 있다. 그렇다고 쓰시마 관광을 통해 국경을 오가는 사람들이 현재에 국한된 것은 아니다. 쓰시마는 예로부터 한반도와 일본 열도 사이에서 중개 역할을 하고 있었다. 또 국경이 없었던 전전, 국경이 재설정된 전후를 거쳐 여러 형태로 끊임없이 교류가 이어지고 있어 전전과 전후 직후의 왕래를 기억하는 사람도 적지 않다. 국교정상화를 거쳐 행정기관과 민간단체, 개인에 의한 수많은 인적교류가 이루어져 왔지만 지금과 같은 한국인 관광이 시작된 것은 1990년대에 들어서이다.

이 글에서는 쓰시마 관광 교류의 변천과 실태에 대해 알아보고자 한다. 한국인의 쓰시마 관광을 통해 나타나는 관광객의 쓰시마에 대한 시선, 반대로 쓰시마 현지인이 보는 관광객 및 한국에 대한 시선은 도대체 어떤 것인지, 쓰시마를 찾는 관광객이나 현지인들, 한일 교류 및 관광과 관련된 사람들에 대한 인터뷰를 토대로 살펴보겠다.[1] 한일 교류를 관광으로 연결시키기 위해 노력하는 쓰시마의 모습에서 지역 진흥에 관광이 필수적 요소가 되고 있는 지자체의 보편적인 문제점과 국경 지대에 위치하기 때문에 한일관계의 부침 속에서 자신과 타자와의 관계를 항상 의식해야 하는 쓰시마의 특수성을 알아볼 수 있을 것이라 생각한다.

쓰시마의 개요

쓰시마는 남북으로 82km, 동서로 18km, 대략 두 개의 큰 섬으로 구성된다. 행정구역은 2004년에 합병되어 섬 전체가 쓰시마시이다. 전체의 89%가 삼림이고, 인구는 약 3만 3,000명(2014. 10.)이며, 인구 유출을 고민하는 섬이기도 하다.

남동부에 위치한 이즈하라嚴原에서 후쿠오카福岡까지 항로가 약 132km인데 비해 북단에서 한국까지의 최단거리는 약 49.5km여서 한국과 더욱 가깝다. 얼마나 가까운 지는 눈으로도 확인할 수 있다. 가미쓰시마上對馬의 전망대는

1 2008~2014년까지 여러 차례에 걸친 현지조사에서 수집한 자료를 바탕으로 하고 있으며, 이 조사의 일부와 이 글은 JSPS과학연구비(과제번호 21320165)에 협력자로 참여한 성과를 포함한다.

부산 광안리의 불꽃놀이가 보이는 장소로 유명하다. 부산에서도 맑은 날에는 쓰시마를 볼 수 있으며, 한국에서는 '대마도'라는 이름으로 불리고 있다. 그래서 기회가 되면 한 번 가보고 싶은 관광지, 쉽게 방문할 수 있는 해외로 인기가 있다.

쓰시마는 한국과 가깝다는 것 외에 조선통신사를 활용한 국제교류로도 잘 알려져 있다. 또한 매년 8월에 열리는 축제에서 재현하는 조선통신사 행렬은 쓰시마가 한일 교류의 섬임을 보여준다. 또 한국과 친분이 있는 인물이나 사건에 관한 현창비顯彰碑 건립사업이 장기간에 걸쳐 계속되고 있으며 도로 표지판과 식당 메뉴에 한글 표기를 하는 등의 노력을 통해 늘어나는 한국인 관광객에 대응하고 있다.

그러나 지리적·역사적으로 방위 요충지인 쓰시마가 한국과 교분을 쌓으면 쌓을수록 주로 섬 외부에서는 "쓰시마가 위험하다", "한국에 빼앗긴다"라는 선동적인 경계론이 출현하고 있다. 반대로 한국에서는 독도 문제가 일어나면 늘 "쓰시마는 한국 땅", "쓰시마를 반환하라"는 목소리가 커지는, '국경의 섬'이라는 점을 염두에 두어야 한다.

한국인의 쓰시마 관광이 이렇게 발전하기까지는 몇 가지 단계와 계기가 있었다. 첫째는 국제항로의 정기화로, 이로 인해 현재의 관광 형태가 완성되었다. 둘째는 동일본 대지진으로 인한 항로 중단과 이후의 항로 증설, 그리고 '불상도난사건'으로 인한 조선통신사 행렬의 중지와 그 파장이다.

2000년에 국제정기항로가 개설되면서 한국인 관광객 수는 여객선이 취항한 이후 지속적으로 증가하여 2008년에는 약 7만 2,000명이 방문했다. 2008년 금융위기로 이듬해에는 약 4만 4,000명으로 감소했지만 2010년에 6만 명 가까이 회복하는 순간 2011년 3월 동일본 대지진이 발생했다. 이 영향으로 하나밖에 없는 항로가 운휴運休하면서 한때 관광객이 끊겼다. 그러나 이를 계

그림 1 쓰시마와 주변 지역과의 항로

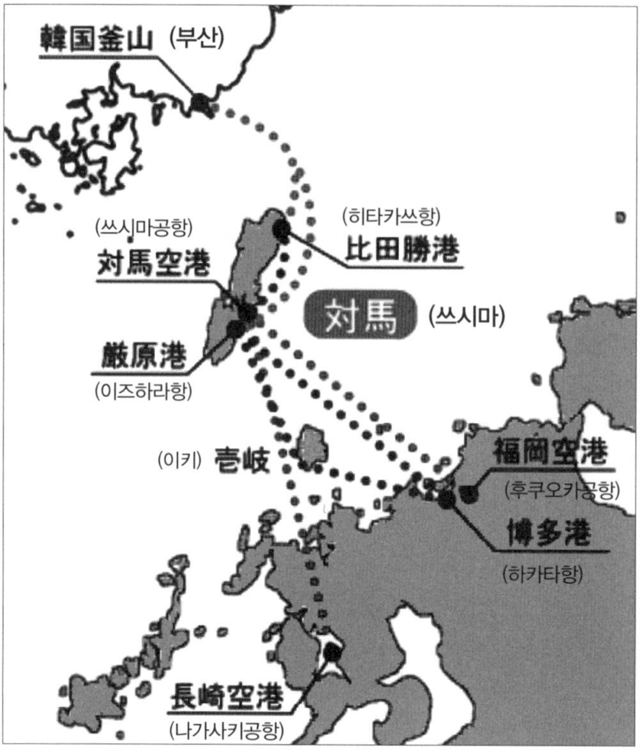

* 쓰시마관광물산협회 홈페이지

기로 타사의 참가가 결정되고 결과적으로는 한일 3개사가 운행하는 형태로 안정되었다. 이후 경쟁체제가 되고 선박이 고속화하면서 급속히 관광객 수가 증가하고 있다. 나가사키長崎현 관광통계에 따르면 2012년에 쓰시마에 입국한 한국인은 약 15만 명, 2013년에는 약 18만 명이었다.

그럼 국제정기항로에 대한 개요를 보고, 한국인 관광실태와 이를 둘러싼 쓰시마의 반응, 마지막으로 항로 중단에 따른 영향과 '불상도난사건'이 관광 교류에 미친 영향에 대해 알아보자.

국제항로의 개설과 변천

1. 정기항로 전사

종전 후 정식으로 국제선박항로가 개설되기 전 한국과 쓰시마 사이에 사람과 물자의 이동이 없었던 것은 아니다. 그것은 여객항로가 아니라 '변칙무역'이라는 형태였다. 한국에서는 무역이 금지되어 있어 '밀무역'이지만, 일본에서는 정식 무역이었기 때문에 이렇게 불린다. 1960년경을 정점으로 한국으로부터는 주로 고철이, 쓰시마로부터는 다양한 일용품이 운반되었다고 하는데 국교 정상화와 함께 엄격히 단속하게 되자 종말을 맞았다(무라카미, 2014b).

그 후에 시민과 행정에 의해 정기항로 개설이 모색된다. 항로 개설은 쓰시마의 지역 진흥 그리고 관광 진흥과 떼어놓을 수 없다. 구 이즈하라마치嚴原町 부정장助役에 따르면 1973년경 '국경의 섬國境の島'이라는 문구를 만들었다고 한다. 이는 '이국 정서의 섬'이라는 이미지를 만들어 일본 국내 관광객 유치를 노린 것이었다. 가미쓰시마에 한국 전망소가 정비된 것도 이즈음이다. 1980년부터는 지역 축제를 활성화하기 위해 유지들에 의해 조선통신사 행렬이 등장했는데, 이는 이국 정서의 양성에 적합한 소재였다(村上和弘, 2009: 村上和弘, 2014a: 25).

1988년부터는 '쓰시마아리랑축제對馬アリラン祭'[2] 라는 명칭이 사용되기 시작하여 조선통신사 행렬이 축제의 메인 이벤트가 되었다. 조선통신사연지연

---

2 1964년에 시작되는 축제의 명칭은 원래 '이즈하라항축제'였는데, 현의 보조금 확보한다는 목적도 있어서 국제적 색채를 띤 '이즈하라항축제쓰시마아리랑축제'로 바뀌어 2012년까지 사용되었다.

락협의회朝鮮通信使縁地連絡協議會가 설립되어 일본과 한국의 조선통신사 관련 지자체를 연결하는 네트워크 형성에 쓰시마는 주도적 역할을 담당했다. 에도 시대에 쓰시마번에서 근무하면서 조선과의 외교에 종사한 아메노모리 호슈雨森芳洲의 가르침인 '성신교린誠信交隣'을 구현하려는 의도이기도 하다. 이러한 노력을 통해 쓰시마의 구호를 '국경의 섬'에서 '한일 교류의 섬'으로 전환해 나가게 된다. 그리고 일본 국내 관광객 유치에서 한국 관광객 유치로 전환하고, 이를 다시 일본 국내 관광객 유치로의 변화를 노리는 현재의 형태로 바뀌어 가는 것이다.

2. 정기항로 개설까지

지금으로 이어지는 2000년 정기항로 개설과정을 간략하게 살펴보자. 쓰시마에서 항로 개설은 일찍부터 모색되고 있었다. 최초로 한국과 쓰시마를 연결한 것은 쓰시마국제라인이 운영하는 '아오시오'(정원 12명)였다. 한국에서 가장 가까운 북부의 히타카쓰比田勝와 부산 간에 부정기적으로 운행되어 1989년부터 2000년까지 이어졌다.

대형 선박에 의한 정기항로의 시작은 1993년 8월에 취항한 '쓰시마페리'(정원 310명)였다. 마산－이즈하라를 4시간 50분에 가게 된 것이다. 1990년에 한국의 해운회사로부터 타진이 있었으며 우여곡절 끝에 개통되었다.

당시 한국 여행사가 '첫번째 해외 여행지'라는 슬로건을 내세워 2,000명(부산－하카타 항로 기항 포함)의 한국인이 방문했다고 한다. 그러나 한국 측의 일방적인 중단으로 불과 3개월 만에 끝나 버리고, 이는 쓰시마 측에서 큰 불신을 갖는 결과가 되었다.

그 뒤 쓰시마시가 새로운 항로 취항을 위해 힘쓴 결과, 1997년 이즈하라항

국제터미널을 준공하고 1999년 드디어 이즈하라-부산을 잇는 국제항로가 개설되었다. 한국 포항에 본사를 둔 대아고속해운이 운영하는 정원 400명의 '시 플라워'는 2시간 50분 만에 쓰시마를 갈 수 있어 2012년까지 독점 항로로 많은 관광객을 실어나르는 주된 역할을 했다.[3]

3. 한국인 관광객 유치에 대한 신중론

2002년 부산과 정기항로 취항을 전후한 때, 1993년의 항로 중단을 경험한 쓰시마의 관광 관계자는 여객선이 취항해도 언제 중단될지 모른다는 불신을 씻을 수 없었다. 게다가 쓰시마의 상업 관습도 가세하면서 한국인 관광객 유치에 회의적이며 신중론이 두드러졌다.

어떤 숙박업자에 따르면 "이키壱岐는 장사를 잘하지만 쓰시마에는 장사가 좋지 않다는 사고방식이 있다"고 하며, 상업에 종사하는 경쟁자가 적기 때문에 '점잖은 장사'가 되어, 이는 곧 쓰시마의 관광 인프라 정비가 늦어지는 원인이라고 지적했다. 1998년 당시 한국의 관광객 수용에 대해서는 "호텔업계는 크게 반대했다. 자본도 없고 한국어도 모른다. 새로 사람을 고용하면 손실이니까 일본인을 숙박시키는 게 좋다는 사고방식이었다"고 한다. 기본적으로 음식점, 민박집은 찬성했으나 방해하는 동업자도 있었다고 한다. 또 동업자에게 "조선인이 하는 말을 그대로 들으면 안 된다"고 했다고 한다. 한국에 대한 멸시관이 적잖이 영향을 주었다고 할 수 있다.

3 2009년에는 김포공항에서 18인승 정기항공편이 취항했지만 2013년부터 운휴 중이다.

4. 항로 운휴에서 경쟁 시장으로

다음은 국제항로 취항의 한시적 중단과 항로의 복수화로 진행되는 과정을 살펴보겠다. 2008년 국제금융위기의 영향을 받아 관광객이 감소하다가 회복하던 시점인 2011년 3월 동일본 대지진 발생 직후, 운행회사가 승객 감소 등을 이유로 항로를 6개월간 운휴하기로 결정했다. 독점 항로였기 때문에 실질적으로 한국과의 왕래가 완전히 끊겨서 쓰시마는 큰 타격을 받았다.

이 운휴를 계기로 쓰시마에서는 한국인 관광 유치의 중요성이 재인식되었다. 쓰시마 지역의 활기와 경제는 큰 타격을 받았다. 이즈하라 쇼핑센터 내 음식점 관계자는 "거리에 걷는 사람이 없어서 쓸쓸했다. 재개되어서 활기가 돌아왔다. (센터 내) 슈퍼에서는 10% 이상 매출이 떨어진 것 같다. 호텔업이나 음식업은 더 타격이 컸을 것"이라고 말했다. 직접적으로 관광에 종사하지 않는 프로판가스업자도 "가스업자는 관계 없다고 생각할 것이다. 그렇지만 분명히 주문 수가 줄어들었다. 한국인이 숙박하거나 먹거나 활동하거나 하지 않으니까"라고 밝혔다.

운휴로부터 3개월 후, 시와 한국 여행사 등의 항의로 부분적으로 재개됐지만 그동안 타사의 참가가 검토되었다. 그해 10월에는 한국 미래고속의 '코비'가 히타카쓰-부산 항로에 취항하고, 11월에는 JR규슈고속선의 '비틀'이 이즈하라-부산 항로에 취항했다. 2012년 대아고속해운도 배를 대형화·고속화하여 대응했다. 모두 고속정으로 이즈하라-부산은 1시간 55분, 히타카쓰-부산은 1시간 10분에 연결되어 한국과 쓰시마는 더 '가까워'졌다. 이렇게 해서 하루 여러 편의 배가 부산과 쓰시마를 오가게 되었고 가격 경쟁도 치열해져서 쓰시마를 방문하는 한국 관광객은 급증해 갔다.

한국인의 쓰시마 관광

1. 한국인에 의한 쓰시마 관광의 유형과 동기

여기서는 한국인에 의한 쓰시마 관광의 유형과 동기에 대해서 개관해보겠다.[4] 2012년 이전의 한국인 관광객의 최대 특징은 '단체, 단기간, 중·노년층'이었다. 예전에는 단체여행으로 1박 정도의 단기간 중·노년층이 눈에 띄었다. 그러나 항로의 복수화에 따라 '개인, 단시간, 젊은층'이 증가하는 경향을 보인다. 개인이나 소수의 그룹으로 하루 정도의 짧은 시간만 체류하는 젊은이가 눈에 띈다. 여전히 쓰시마는 직장의 위로 여행, 계 등의 단체여행 때 자주 찾는 여행지이고, 자전거 동호회, 등산 동호회 등의 단체여행도 많다. 이러한 단체는 중·노년 손님이 많으며 가이드가 부산에서 동행하여 안내한다. 하지만 최근에는 가이드 없이 자유롭게 관광을 하는 '자유여행'이 증가하는 경향이다. 쓰시마는 낚시꾼도 자주 찾는 것으로 알려져 있으며 대부분이 쓰시마를 찾는 단골 손님으로, 대체로 정해진 숙소가 있다.

한국인 관광객의 체류기간은 당일 혹은 1박 2일의 짧은 여정이 대부분이며, 길어야 2박 3일 정도이다. 섬 내 이동과 숙박 인프라 문제도 있어 장기간 체류에는 한계를 보이고 있다. 선박의 고속화는 쓰시마 접근을 용이하게 하여 관광객 수를 증가시켰지만, 동시에 원래 단기 체제형이었던 쓰시마 여행을 더 단축시켜서 '단시간'화시켰다. 당일 손님으로는 싼값에 일본에 가 보고 싶은

---

4 쓰시마에서 행한 설문조사 및 인터뷰조사에서 수집한 자료에 기초하고 있다. 설문 내용은 中村八重(近刊), 「韓国人観光客アンケート調査報告書」, 上水流久彦·村上和弘·西村一之編, 『境域の人類学』, 東京: 風響社.

학생, 면세품 구입이 주목적인 젊은이가 두드러진다. 그중에는 비자 갱신을 위해 일시적으로 출국하는 외국인도 있다. 면세품 구입을 목적으로 하는 경우는 면세품 사전예약 등을 통해 부산터미널에서 목적이 이루어지기 때문에 쓰시마에서 관광을 하지 않으며 소비액도 적다는 문제점이 있다.

그러나 손님의 증가는 당연히 큰 경제적 파급 효과를 가져오고 있다. 2012년 한국인에 의한 관광 소비는 5년 전보다 11억 엔 증가한 33억 엔이었다(『니시닛뽄신문西日本新聞』 2014. 1. 8.). 이즈하라항 터미널에서 도보로 갈 수 있는 쇼핑센터와 100엔 숍, 교외의 할인점에서 다양한 상품을 대량으로 사는 모습을 볼 수 있다.

한국 관광객이 어떠한 목적으로 쓰시마를 찾는지 관광객에게 이유를 물었을 때 가장 많은 대답은 '가까움'과 '저렴함'이었다. "가까우니까 한번 가 보자고 생각했다", "짧은 일정으로 갈 수 있는 곳을 찾으니 여기였다", "시간 절약이 되니까"라는 이유가 많았다.

쓰시마는 한국의 대표적 관광지인 제주도와 자주 비교된다. 쓰시마를 여행지로 선정할 때 어디와 비교했는지 물으면 "제주도보다 가깝고 저렴하니까"라는 의견이 가장 많았다. 등산 목적으로 방문한 한 한국인 관광객은 국내의 산은 정복했기 때문에 쓰시마로 등산하러 왔다고 말했다. 쓰시마는 한국인에게 외국이면서 가깝고 싸고, 국내와는 색다른 취미를 즐길 수 있는 장소로서 인기있는 관광지가 되었다.

2. 관광 일정과 쓰시마의 매력

한국인 관광객은 쓰시마를 방문하여 무엇을 보고 돌아갈까? 예를 들어 한 쓰시마 전문 여행사의 1박 2일 표준 패키지 일정을 보면 첫째 날에 이즈하라에 입항하여 세이잔지西山寺, 슈젠지修善寺, 덕혜옹주결혼기념비 등 시내에 있는 한국 관련 사적 관광을 하고, 둘째 날에 북쪽의 에보시다케烏帽子岳 전망대, 와타쓰미신사和多都美神社 등을 견학하고 히타카쓰에서 귀국하는 일정이었다. 반대로 히타카쓰로 들어가 남하하면서 관광을 하고 이즈하라에서 귀국하는 코스도 있다. 이동은 기본적으로 전세 버스를 이용한다. 이 기본 코스가 22만 9,000원이다.[5] 추가 요금을 지불하면, 낚시 · 아소만浅生湾 유람 · 온천 · 회나 향토 요리 등을 선택할 수도 있다. 이 밖에 목적별로, 낚시 · 사이클링 · 등산 · 캠프 등의 코스도 준비되어 있다. 다른 여행사에서는 약 3,000엔 정도로 왕복할 수 있는 당일 투어도 준비하고 있다고 한다.

많은 한국인에게 쓰시마의 매력을 크게 두 가지로 꼽아 보라고 하면, 한국 관련 역사와 아름다운 자연경관을 말한다. 그래서 "산이 아름다웠다", "바다가 아름다웠다"라는 감상이 가장 많았다. 또 "쓰시마에 와서 역사 공부가 되어서 좋았다"고 기뻐하는 소리도 들을 수 있었다. 자녀 교육도 겸해 왔다는 가족, 연수로 방문한 대학생 단체도 자주 보였다. 한국과 관련된 역사에 관심이 있는 관광객은 대체로 40대 이상이 많다.

관광객이나 한국 사람들에 따르면 쓰시마에 관한 정보 수집은 여행사의 정보 외에 블로그, SNS 등의 인터넷 정보를 통해서였다. 부산에는 2003년에 쓰시마 부산사무소가 개설되어 관광 · 교류 정보를 제공하고 있다. 또 부산을 중심으로 하는 경상도권에서는 가족이나 친척, 친구 중에 쓰시마 방문 경험자가 있는 경우가 많아서 입소문 또한 큰 정보원이 되고 있다.

쓰시마는 경상도권, 특히 부산 사람들에게 비교적 가깝고 친근한 여행지이

---

5 쓰시마투어의 여행상품(http://www.thusima.com/ 2014. 5. 1. 검색).

다. 날씨가 좋을 때는 눈으로 볼 수 있으며, 직접 본 적이 없어도 보인다는 사실을 아는 사람은 많다. 다만 젊은층 중에서는 이름밖에 모르는 경우도 있었다. 터미널에서 귀국하는 젊은 관광객에게 쓰시마에 대해 묻자 "아무것도 몰라요"라며 부산에서 보인다고 들은 적이 있는 정도라고 말했다. 쓰시마의 유명한 축제도 몰랐다. 그들이 쓰시마에 온 목적은 면세품 구입이었다.

쓰시마는 조선통신사 행렬을 통한 교류를 비롯하여 많은 민간 교류를 하고 있으나 관광객은 한일 교류에는 별로 관심이 없는 것 같다. '아리랑축제' 당일에도 축제 자체나 통신사 행렬의 존재를 모르는 관광객이 적지 않았다. 또 쓰시마가 한국 영토라는 인식을 가진 사람도 일부 있었다. 중·노년층 관광객 중에 "옛날 쓰시마는 한국이었다"라는 사람도 있었다. 쓰시마는 잘 알려져 있기 때문에 한국 사람들이 친근감을 느끼는 것 같다. "과거의 한국을 보는 것 같다", "한국과 같다"라고 하는 것처럼 쓰시마에서 향수를 찾고 한국과 동일시하는 의견도 들을 수 있었다.

쓰시마를 방문하는 관광객의 속성과 목적은 다양해지고 있다. 취미를 즐기고 가족이나 동료와 친목을 도모하는 등 사람들은 다양한 목적으로 이곳을 방문한다. 서울에서 온 어느 부부는 매년 쓰시마에 온다고 했다. 쓰시마의 조용하고 아름다운 자연을 즐기고, 일본 음식을 먹고, 한가롭게 시간을 보낸다고 했다. 업무와 관련된 새로운 정보를 접하기에 꼭 알맞은 '가장 가까운 일본'이라는 사람도 있다. 어떤 가족은 텔레비전에 소개된 쓰시마의 유명한 과자 '카스마키かすまき' 가게를 방문하고 만족해했다. 술집에서 현지인들과 짧은 일본어로 의사소통을 즐긴 것이 좋았다는 그룹도 있었다. 한국에 없는 일본적인 것을 느끼고, 일본적인 것에 만족하는 여행 스타일이다.

한편, 한국적인 친숙함과 편리함을 추구하는 경향도 있다. 쓰시마에 있는 한국 자본의 면세점과 호텔·식당·민박 등은 말이 통하고 안심할 수 있다고 하며, 특히 단체여행에 편리한 서비스를 제공하기 때문에 선호되고 있다. 한국인 관광객은 한국 관광지라면 반드시 있는 식당이나 카페가 없는 것에 불만을 가지는 경우가 많았다. 한 등산객은 한국의 등산 명소에는 있기 마련인 아웃도어 상점이 없다고 불만스러워했다. 일본의 등산용품이 가지고 싶었던 모양이다. 처음 쓰시마를 방문하여 관광 정보가 적다고 짜증을 내며 돌아간 관광객도 있었다. 그들은 쓰시마에 대해 지식이 없기 때문에, 또 한국적 가치관에 따른 판단과 행동 때문에 불만을 가진다. 그리고 반대로 그들의 한국적인 행동양식이 쓰시마 주민들에게 위화감이나 반감을 품게 하는 것도 부정할 수 없다.

3. 쓰시마 사람들의 관광객에 대한 시선

쓰시마 사람들은 한국인 관광객을 어떤 시선으로 바라보고 있을까? 한국 관광객 수용이 시작되기 전에 반대 의견이 적지 않았던 것은 앞서 말했다. 수용을 시작한 지 얼마 되지 않았을 때에는 관광객의 매너 문제가 거론되었지만 여행사, 쓰시마 부산사무소가 포스터나 배포물을 만드는 등의 계몽활동을 한 결과 개선되고 있다. 그럼에도 불구하고 현재도 틀에 박힌 '매너 문제'가 부각되기 쉬운 이유는 동일한 사건에 관한 에피소드가 좁은 커뮤니티 내에서 반복적으로 유통되고 정착된 탓도 있지만 한국에 대한 고정관념이 전혀 없다고 단언할 수는 없다.

주로 말이 통하지 않는 점에 거부감을 갖고 있던 사람들도 연수가 지나면서 말을 못하는 대로 의사소통 방법을 습득하고 습관의 차이에 대해서도 어느 정도 이해할 수 있게 되었다. 예컨대 어느 상공회 관계자는 "우리도 익숙해졌다. 그리고 한국 사람도 이거는 정말 아니다라는 행동은 안 하게 되었다"라고 말했다. 어떤 음식점의 점원은 "요즘은 손짓, 발짓으로도 어떻게든 된다"라고 그들 나름의 '익숙해짐'을 경험하고 있다. 게다가 "서울 손님은 경상도 손님과 다르다. 점잖고 옷도 깨끗하다. 여행에 익숙한 사람들"이라고 하면서 경험을 통해 그들 나름대로 이해하고 납득하려는 모습이 보였다.

반대로 쓰시마가 한국에 어떻게 비칠지도 과제이다. '쓰시마는 한국'이라는 인식으로 대표되듯이 한국인 관광객에게 쓰시마가 오해받고 있을지도 모른다는 염려 때문에 2011년부터 관광물산협회 주최로 한국인 가이드를 대상으로 하는 교류회를 하고 있다.

일반 사람들은 한국에 대해 어떤 이미지를 가지고 있을까? 쓰시마 출신으로 한국에 유학하고 있는 대학생에 따르면 "고등학생은 드라마나 한류 영향으로 한국을 굉장히 좋아하든지 굉장히 싫어하든지 어느 한 쪽이다. 한국 사람이 많이 오니까 별로 좋게 생각하지 않는다"라고 말한다. 또 "관광 관련 일을 하는 부모는 한국을 나쁘게 말하지 않지만, 그렇지 않은 부모는 왜 한국 같은 곳에 아이를 보내느냐고 하는 사람도 있다"고 한다. 어느 시청 직원에 따르면 쓰시마 사람들은 "한국을 좋아하는 사람이 3할, 한국을 싫어하는 사람이 3할, 아무래도 좋다는 사람이 4할"이라고 한다. 쓰시마에서도 한국에 대한 태도는 사람에 따라 온도차가 있고, 같은 사람이라도 속마음은 다르지 않을까? 언젠가 슈퍼에서 한국인에게 차갑게 대하는 점원을 목격한 주부가 "종업원 교육이 필요하다. 내가 한국에서 이런 대응을 당하면 싫을 것이다. 일본에 대해 나쁜 감정을 갖게 하고 싶지 않다. 한국이 하는 짓은 싫지만"이라는 말은 인상적이었다.

쓰시마의 한국인 관광

1. 한국인의 여행업 진출

앞에서 쓰시마의 관광진흥이 필요불가결하다는 것은 독점항로의 운휴에 따라 재인식되었다고 말했다. 그러나 쓰시마의 관광 인프라가 충분히 정비되어 왔다고는 하기 어렵다. 최근에는 이를 보완하도록 한국 자본의 면세점·호텔에 더하여 한국인이 경영하는 낚시 여관·민박·식당·카페 등이 증가하고 있다. 보완적 시설이라기보다 한국인 관광에 있어서 주요 시설이 되고 있다. 대규모 단체손님을 수용할 수 있는 식당, 와이파이Wi-Fi를 제공하는 카페, 한국어로 정보를 발신할 수 있는 공간 등은 없어서는 안 될 것이다.

그러나 한국인에 의한, 한국인을 위한 경영이 쓰시마 사람들에게 환영 받는 것만은 아니다. 이에 대해 한국 경영자는 쓰시마에 대한 사랑이라고 쓴소리를 한다. 쓰시마의 낚시가 좋아서 여행사를 설립한 한국인 사장은 "10년이 지나도 변한 게 아무것도 없다. 쓰시마 사람은 장사를 할 마음이 없다. 답답하다"라고 말하면서 최근 한국 측에서 극단적으로 값이 싼 쓰시마 여행이 등장하는 것을 우려하고 있었다. 쓰시마에서 낚시 여관과 식당을 경영하고 있는 한 한국인 사장은 "기본적인 시설을 갖추지 않으면 쓰시마에 대해 좋은 인상을 가지지 않"기 때문에 스스로 경영을 하고 있다고 했다. 큰 식당과 민박을 하는 한국인 여성 경영자는 쓰시마에서 사업을 일으킨 이유에 대해 "쓰시마가 좋기 때문에"라며 스스로의 경영이념을 "내가 식당을 하니까 지역 사람들에게 일이 있다. 쓰시마 사람은 하지 않는다. 내가 경영을 하니까 쓰시마에 경제효과가 있다. 자랑스럽게 여긴다. 현지 스탭과 즐겁게 일을 하고 싶다"고 말했다.

이러한 한국인 경영자의 활약은 쓰시마에 관광 개발의 에너지와 자본, 고용의 기회를 제공하고 있다. 그러나 쓰시마에 한국인 관광에 대한 뿌리 깊은 회의나 고정관념이 있다는 것은 부정할 수 없다. 그것은 다음에 말할 '불상도난 사건'과 그 영향에 상징적으로 드러난다.

2. '불상도난사건'과 조선통신사 행렬의 중지

2013년 5월 전년에 한국인 절도단이 훔쳐서 한국으로 운반한 쓰시마의 불상이 반환되지 않은 데 대한 항의로 이즈하라항축제嚴原港まつり 실행위원회는 조선통신사 행렬의 일시적 중지와 '아리랑축제' 명칭 사용 중지를 결정했다. 내부에서도 찬반 양론이 있었지만 이 결정이 받아들여져 쓰시마 안팎에서 주목을 받았다. 실행위원장, 조선통신사 행렬의 지도자들은 "지금 행렬을 하면 기부금이 모이지 않는다. 우리가 목소리를 높여야 한다"고 하며 축제는 한국을 위해서 하는 것이 아니라 쓰시마 사람들의 지역 축제임을 강조하면서 괴롭지만 확신을 가진 결단이었다고 말했다.

앞에서 말했듯이 조선통신사 행렬은 지역 축제인 '항구축제'에 개인이 시작한 볼거리가 한일 교류의 상징으로, 그리고 관광 유치의 상징으로 변화해 왔다. 그러나 창설 당초부터 '조선'풍의 볼거리에 부정적인 목소리가 있었다(嶋村初吉, 2007: 20). '불상도난사건'이 축제에 미친 영향은, 원래 쓰시마에 있던, 한국과 관광에 대한 회의, 한국인 관광객을 통해 형성된 '한국 = 문제'라는 이미지, 전국 미디어를 통해 발신되는 한국 이미지 등도 적지 않게 반영된 결과라고 생각된다. 동시에 축제의 당사자들이 한국 측과 쓰시마 내의 유력 교류 추진자 주도의 교류 및 관광 유치에 대한 이의 제기였다고도 할 수 있을 것이다.

조선통신사 행렬의 일시 중지 결정에 대해 조선통신사연지연락협의회 관계자와 교류 추진자, 그리고 부산에서 쓰시마와 교류 관계에 있고 조선통신사 행렬 사업을 하는 부산문화재단은 강한 우려를 보였다. 쓰시마 부산사무소에서도 쓰시마 관광의 상징이 없어지는 것을 크게 우려하고 있었다. 그런데 2013년 한국인 관광객은 사상 최고를 기록했다. '아리랑축제'의 소멸은 진행형의 관광 자체에 타격을 주지 않았던 것이다. 물론 배편이 충실해지고 엔화 약세 등의 요인도 있지만, 공교롭게도 축제 자체는 한국인의 관광 대상이 아니며 조선통신사 행렬이 곧바로 한국인 관광객 유치로 연결되지 않는다는 것이 드러난 셈이다. 반면 행렬 중단과 이듬해의 재개[6]는 쓰시마 밖에서, 특히 일본 내에서 화제가 되어 응원과 함께 비난도 쏟아졌다고 한다. 쓰시마는 한일 교류에 있어서 그 지명도와 존재 의의를 증명한 것이며, 좋든 나쁘든 한일관계의 직접적인 영향을 받은 사건이었다고 할 수 있다.

맺음말

인구 유출과 고령화가 진행되는 쓰시마에서 한일 교류의 이념과 한국인 관광 유치는 생명선이다. 연간 18만 명을 넘는 관광객의 수용은 쓰시마 자체 내에서 감당하지 못하여 한국 자본과 한국인의 참가가 없어서는 안 되는 상태이다. 그러나 한국과 한국인 관광에 대해서는 불신을 품은 의존 유지 관계라고 지적할 수 있다.

6 2014년 축제 50주년을 맞아 명칭을 '쓰시마이즈하라항축제'로 변경하고, 조선통신사 행렬을 재개했지만 태풍의 영향으로 행렬은 중지되었다.

쓰시마에서는 관광과 그에 의한 한일 교류에 회의적·감정적인 방향과 경제적·이념적으로 교류해야 한다는 방향이 항상 존재하면서 균형을 이루고 있다. 전자에는 한류의 열기가 식은 현재 한국에 대한 부정적 이미지와 내셔널리즘이 반영되어 있다. 후자에는 쓰시마의 긴 한일 교류의 역사가 뒷받침하는 '성신교린'의 이상과 이를 지역 진흥으로 연결하는 리얼리즘이 반영되어 있다고 할 수 있다.

많은 자치단체가 외국인 관광객 유치에서 지역활성화의 활로를 찾는 가운데 쓰시마가 안고 있는 문화적 마찰이나 자본 등의 문제는 다른 지자체에서도 보편적인 과제이다. 그러나 국경지대에 접한 쓰시마는 독특한 배경을 가지고 있고 관광의 방식에도 과제를 던지고 있다. 쓰시마가 각 방면에서 주목받는 이유는 지리적으로 한국에 가장 가깝고 사회·경제·정치적으로 한국과 특별한 관계가 있기 때문이며, 한일관계를 여실히 반영하는 장소이기 때문일 것이다. 따라서 쓰시마를 단순한 '우호'의 섬이라고 보는 것은 잘못이다. 동시에 쓰시마를 '분쟁'의 섬이라고 보는 것도 잘못이다. 쓰시마는 상반되는 감정과 이상이 팽팽하게 균형을 이루는 장소이며, 한일 교류가 단련되어 가는 장소이며, 한일관계의 시금석이 되는 곳이라고도 할 수 있다.

쓰시마는 지금까지 한국과 다종다양한 민간·행정 간의 국제 교류가 이루어져 왔지만 앞으로 더욱 증가할 것이다. 항로가 복선화되어 한국에서 가는 관광객뿐 아니라 더 싼값에 한국으로 오는 쓰시마 주민도 늘어날 것이다. 규슈에서 쓰시마를 경유하여 한국으로 이어지는 관광코스도 구상되고 있다. 쓰시마의 관광 형태는 시시각각 변화하고 있다. 쓰시마에서는 매년 한국 유학 경험자를 배출하고 있는데, 변하기 쉬운 관광에 그들을 효율적으로 활용하는 것이 바람직할 것이다. 최근에는 한국의 젊은층 관광객이 증가하고 있으니 향후 새로운 관광교류가 이루어질 가능성도 있다.

참고문헌

嶋村初吉(2007), 『海峡を結んだ朝鮮通信使』, 梓書院.

中村八重(2014), 「韓国から見た対馬観光」, 永留史彦·上水流久彦·小島武博編, 『対馬の交隣』, 交隣社.

中村八重(2015), 「境域のツーリズム－韓国人の対馬観光をめぐって」, 『世新日本語文研究』 第7期, 世新大学 日本語文学系.

中村八重(近刊), 「韓国人観光客アンケート調査報告書」, 上水流久彦·村上和弘·西村一之編, 『境域の人類学』, 東京: 風響社.

村上和弘(2009), 「厳原港まつりの戦後史－対馬における〈日韓交流〉の利用戦略をめぐって」, 小松和彦還暦記念論集刊行会編, 『日本文化の人類学/異文化の民俗学』, 法蔵館.

村上和弘(2014a), 「朝鮮通信使行列と〈日韓〉交流」, 永留史彦·上水流久彦·小島武博編, 『対馬の交隣』, 交隣社.

村上和弘(2014b), 「対馬·厳原の変則貿易」, 永留史彦·上水流久彦·小島武博編, 『対馬の交隣』, 交隣社.

対馬観光物産協会, http://www.tsushima-net.org/nature/nature.php.

15장

지자체 교류와 시민 교류

부천시와 가와사키시의 교류 사례를 중심으로

이시재

머리말: 부천 – 가와사키 한일 교류의 사회 · 정치 환경

부천시와 일본의 가와사키川崎시와의 교류는 시민끼리의 교류에서 시작되었다. 1965년의 한일 국교정상화에 따라 한일 간의 지방자치단체 및 시민 교류를 위한 하부구조가 조성되었다. 여기에서 분석하는 부천과 가와사키의 지자체 교류, 특히 시민 교류는 한일 양국 간의 교류에 매우 중요한 의미를 가진다. 1965년 한국과 일본의 국교정상화는 정부 간의 경제 교류, 정치적인 교류, 그리고 문화 교류의 출발점이 되었지만, 일반시민의 참가는 쉽지 않았다. 한국인들은 대체로 1988년 올림픽 이후 해외여행이 허용되어 일본을 자유롭게 방문할 수 있었다. 1990년대 후반 일본 대중문화의 개방으로 한국인들도 일본의 대중문화에 접할 수 있었고, 2000년대에는 한국의 드라마가 일본에서 큰 인기를 얻게 되어 쌍방 간의 민간 문화 교류도 활발하게 진행되었다.

이 글에서는 1996년 부천과 가와사키가 우호도시협정을 체결한 것을 전후로 양 도시 간에 이루어진 지자체 교류와 시민 교류의 의미를 분석하고자 한다. 가와사키는 도쿄東京와 요코하마横浜 사이에 위치한 공업도시로 전전부터 재일한국인이 밀집해서 살고 있는 곳이다. 인구 140만 명의 가와사키에는 약 2만 9,000명의 외국인이 거주하고 있으며, 중국인이 9,700명, 재일한국인·조선인이 8,000명으로 지금은 두 번째로 많지만 원래는 재일한국인이 가장 많았다.[1]

1991년 필자는 가와사키를 지방자치의 선진사례로서 연구하고, 이를 한국에 소개했다. 연구대상으로 가와사키를 선정한 배경에는 몇 가지 이유가 있었다. 가와사키는 일본의 기초단체 가운데 혁신적인 정책을 다수 채택했고, 일본의 지방자치뿐만 아니라 중앙정부의 정책 변화를 유도한 측면이 매우 컸기 때문이었다. 1971년 시노동조합 출신인 이토 사부로伊藤三朗가 시장에 당선되어 가와사키도 인접한 요코하마, 도쿄와 함께 혁신지자체 대열에 가담했다. 이토 시장은 가와사키의 대기오염을 해결하고 환경영향평가조례를 만들어 공해를 통제했다. 가와사키는 사회교육, 정보공개, 공해대책, 외국인시책 등 여러 방면에서도 일본에서 선도적인 역할을 수행했다. 이러한 혁신적인 정책을 촉진하고 실현하는 데는 가와사키의 시민운동, 직원노동조합, 특히 그 싱크탱크라고 말할 수 있는 지방자치연구센터의 역할이 컸다.

가와사키를 조사, 연구하게 된 또 하나의 계기는, 필자가 가와사키의 재일한국인민족운동, 시민참여운동에 앞장선 사쿠라모토桜本 재일한국인교회 이

1 2014년 가와사키의 인구는 146만 명이며, 2013년의 통계에 등록된 외국인의 수는 2만 9,122명, 그중 중국인이 9,716명, 조선인이 8,060명, 필리핀 3,564명, 인도 962명, 브라질 774명 등이다.

인하 목사와 후레아이관ふれあい館[2]의 관장인 배중도 선생과 유학시절부터 교류했기 때문이다. 두 사람은 재일한국인운동을 선두에서 지도해서 가와사키의 시정부 관계자, 노동조합의 임원, 시민운동가 등과 긴밀한 관계를 유지하고 있었다. 가와사키의 재일한국인들은 1970년대 이래 일본인들과 연대하여, 민족운동, 인권운동, 시민참여운동을 전개했다. 또 두 사람은 1971년의 '히타치日立취직차별사건' 때부터 일본 정부와 일본 사회를 향해 재일한국인의 인권·복지문제를 놓고 싸워왔다. 이 취직차별반대운동은 일본인들과 연대하여 싸웠고, 1980년대에는 지문날인반대운동을 비롯하여 인권·공생·평화·복지운동을 전개했다. 이러한 연대운동은 1988년 가와사키의 다문화센터라고 말할 수 있는 후레아이관의 개관으로 결실을 맺었다. 이와 같이 이인하 목사와 배중도 선생이 일본인들과 쌓은 신뢰관계가 연구에 아주 큰 도움이 되었다.

일본인들과 재일한국인들과의 연대운동은 자연히 일본인들과 한국인들과의 국제교류로 발전하게 되었다. 후레아이관은 다문화, 공생의 기치하에서 민족간의 교류 거점이 되었다. 가와사키 정부는 재일한국인들의 요구를 받아들여, 가와사키에서 처음으로 외국인들에게 공직임용의 기회를 크게 확대하는 이른바 국적조항 철폐정책을 채택했다. 또 가와사키는 외국인의 지방참정권이 아직 실현되지 않았던 상황 가운데 일본에서는 처음으로 외국인대표자회의라는 자문기구를 설치하여, 외국인의 정치참여 기회를 확대했다. 마침 일본에도 외국인노동자들이 많이 들어와 일본인들도 이들과 공생해야 하는 상황이 발생했다. 가와사키에서도 '내부국제화'라는 말이 슬로건으로 사용되기 시작했다.

---

2 후레아이관은 1988년 가와사키가 인권존중의 정신에 따라 차별을 없애고 공생을 위한 지역사회를 만들기 위해 어린이문화센터와 후레아이관을 통합하여 설치한 것으로, 그 운영은 재일한국인이 중심이 된 사회복지법인 청구사가 위탁, 운영하고 있다.

이러한 배경을 바탕으로 1991년 필자는 당시 성심여자대학교[3] 사회과학연구소 소장으로 연구진과 함께 일본의 지방자치를 조사·연구하기 위해 가와사키를 방문했다. 성심여자대학교 사회과학연구소는 1989년에 부천을 조사·연구하고 있었고, 1991년 6월의 지방자치선거를 앞두고 있었기 때문에 일본의 혁신지자체 가와사키의 정책을 연구할 필요가 있었다. 그 연구 결과는 별도의 책[4]으로 출판했으며, 이를 계기로 가와사키와 부천의 관계가 시작되었다. 당시 부천시장은 가와사키에 가는 연구팀에게 자매결연 의사를 전달할 것을 부탁하였고, 가와사키도 적극적으로 이를 검토하겠다고 답변했다. 그러나 임명제 시장이었던 부천시장은 곧바로 이임을 하여 후임 부천시장에게 이를 전달했으나, 자매관계로 발전하는 의미있는 진전이 없었다. 한국은 1960년 이래 중단되었던 지방선거가 1995년에 재개되어 시민들이 시장을 직접 선출할 수 있게 되었고 이로서 명실상부한 지방자치제가 실시되었다. 1995년 7월에 취임한 이해선 부천시장은 1996년부터 적극적으로 가와사키와의 자매관계의 실현을 위해 노력했고, 1996년 10월에 양 도시는 우호도시협정을 체결할 수 있게 되었다. 그러나 이에 앞서 부천과 가와사키의 시민 교류는 1991년부터 이미 시작되었다.

---

3 성심여자대학교는 1995년 가톨릭대학의 의학부, 신학부와 통합하여 가톨릭대학교로 재출발했다.

4 이시재(1991), 『지방자치와 주민생활』, 형성사.

시민 교류에서 우호도시협정 체결로

1. 시민 교류의 계기

부천과 가와사키의 시민 교류는 연구조사차 가와사키를 방문한 1991년부터 시작되었다. 조사여행이 끝날 무렵, 이이즈카 시의원(당시 시의원선거 후보자)은 가와사키의 사쿠라모토 상점가의 진흥조합 사람들이 부천의 상점가와 교류를 희망하고 있으니 알선해 달라고 연구팀에게 부탁했다. 사쿠라모토 상점가는 재일한국인들이 밀집해 있는 가와사키 남부에 위치하고 있으며, 진흥조합의 간부들은 1988년 후레아이관의 개관 후, 서울 등지를 다니면서 교류 상대를 찾고 있었던 참이었다. 연구팀은 귀국 후 부천 원미동 부흥상가의 상인회와 접촉하여 교류를 알선했다. 1991년 봄에는 이이즈카 시의원이 사쿠라모토 상가진흥조합의 간부들을 대동하여 부천을 방문했고, 원미부흥시장 상인들과 교류가 시작되었다.

2. 부천-가와사키 우호도시협정 체결 과정

부천과 가와사키는 1996년 10월에 정식으로 우호도시협정을 체결했다. 그러나 그 이전에도 부천과 가와사키 간의 교류는 이미 지속되고 있었다. 1993년 9월에는 가와사키 직원 20여 명이 부천을 방문하여 한참 개발 중인 중동 신시가지를 견학하고 부천의 관계자들과 의견을 교환했다. 부천에서도 1992년 부천시의원 20여 명이 가와사키의 선진사례 조사를 위해 방문했다. 1994년 부천시 직원들로 구성된 시정발전기획단이 가와사키를 방문하여, 선진 자치도시 가와사키를 견학하고 자매결연을 제안하는 부천시장의 친서를 가와사키에 전달했다. 1996년 협정 체결 이전에도 가와사키의 이이즈카 시의원은 방문단을 구성하여 부천시장을 예방하는 등 적극적으로 교류협력을 시도했다.

부천에서도 1995년 단체장이 직선으로 선출되자 본격적으로 가와사키와의 공식적인 관계를 수립하려는 움직임이 일어났다. 1996년 2월 가와사키 지방자치연구센터는 가와사키에서 주최한 9회 지방신시대 심포지엄에 이해선 부천시장을 초청했다. 이때 부천시장과 다카하시 기요시高橋清 가와사키시장과의 회담이 성립되어, 양 시장은 우호도시협정을 추진할 것을 합의했다. 같은 해 10월 가와사키시장이 부천을 방문하여 양 도시 간의 우호도시협정을 체결했다.

3. 지방자치단체 간의 교류

부천과 가와사키가 우호도시협정을 체결하자, 두 도시 사이에는 다양한 공식적인 교류가 시작되었다. 우호도시협정서에는 '가와사키와 부천은 양 도시의 발전을 파트너로서 시민자치도시의 건설을 목표로 양 시민의 친선교류를 원활하게 행하며, 상호이해와 우호를 증진하기 위해 우호도시를 협정하는 데 합의한다'고 선언했다. 또한 양 도시의 우호친선과 협력관계의 발전이 아시아의 평화와 번영에 공헌할 것이라는 점도 확인했다. 양 도시는 1997년 8월 부천과 가와사키 간의 직원상호파견협정서를 체결하고, 1998년부터 공무원을 상호파견하여 2014년 17기에 이르고 있다.

공무원의 파견을 통해 직원들 간에는 우정이 싹트고 서로 배우는 일이 많아졌다. 부천에서 교환 근무한 오다키리는 그후 부천과 가와사키 간의 시민 교류에서 가교 역할을 맡아왔다. 그는 파견근무기간 중 매월 부천에서의 견문과 경험을 가와사키에 보고했다. 그동안 익힌 한국어로 두 도시 간의 소통에 큰

표 1 부천시 공무원의 가와사키 정책조사 방문

연도	방문 내용
1996	옴부즈만제도 도입을 위한 행정시찰단의 방문
1997	부천시환경보전종합계획 수립을 위한 연구조사단 8명의 가와사키 방문
1997	도로과장 등, 가와사키의 도로시설 운영기법, 관리실태조사차 방문
1998	통상과장과 무역상담위원, 가와사키 선진첨단기술전 시찰
1999	지역경제국장, 첨단기술전시회 협의차 가와사키 방문
2004	'부천시 체육시설 확충계획' 수립 연구를 위해 가와사키의 체육시설 자료수집차 방문
2005	부천시장, 가와사키의 화장장, 뮤자 홀 등 시찰
2011	부천 장기발전연구기획단, 가와사키 청소시설·우수저조시설 견학

역할을 하고 있다. 그 공로를 인정받아 그는 부천의 '강희대시민상'을 수상했다. 가와사키에 근무한 적이 있는 부천의 공무원들도 일본어학습반 활동을 통해 일본과의 교류에 중심이 되고 있다. 직원 교류는 여러 가지 정책 교류의 효과도 발휘했다. 부천은 한국 지방자치단체 가운데 최초로 옴부즈만제도를 도입했는데, 부천 공무원들이 가와사키에 찾아가 옴부즈만제도의 운용방법과 실태를 조사했다. 그 밖에도 도시계획, 산업정책, 환경정책, 문화정책 등을 위해 부천은 가와사키에 수시로 공무원을 파견하여 조사하도록 했다. 〈표 1〉은 부천시 행정담당자들이 가와사키에 정책조사를 하기 위한 출장 기록이다.

부천에서는 매년 5월에 복사골예술제, 여름에 부천판타스틱국제영화제PiFan를 개최하는데, 그때마다 부천과 자매결연 혹은 우호협정을 체결한 도시의 고위직 임원을 초청했다. 가와사키에서도 매년 시장, 부시장, 총무국장 등 고위직 공무원들이 부천을 방문했다. 또한 2006년에는 부천－가와사키 우호도시 협정 체결 10주년을 맞이하여 부천이 자랑하는 부천필하모닉오케스트라가

가와사키의 신축 공연장 '뮤자'에서 공연하여 높은 평가를 받았다. 원혜영 부천시장은 기업인들을 이끌고 가와사키에 가서 투자설명회를 개최하여 가와사키와 부천의 경제 교류, 기업인 교류를 촉진했다.

부천시의회는 2001년 일본의 역사교과서 왜곡에 대한 시정촉구 결의문을 채택하여 가와사키의 교육위원회 위원장에게 보냈다. 또한 2009년에는 부천시의회에서 「일본군'위안부' 문제해결을 촉구하는 결의안」을 채택하여 가와사키의 의회에 송부했다. 그 밖에도 일부 부천시의원들은 가와사키를 방문하여 의회 교류를 진행했다. 부천에서는 부천과 가와사키와의 민간 교류에 힘쓴 것을 치하하여 이이즈카 시의원에게 '명예시민증'을 수여했다.

시민 교류

1. 개관

1991년 가와사키 사쿠라모토 상가진흥조합과 부천 부흥시장 상인들과의 교류에서 시작된 두 도시 간의 시민 교류는 지금 모두 열거하기 어려울 정도로 활성화되어 있다. 부천시에서도 그 전모를 파악하지 못하고 있으며, 가와사키시에서도 모두 집계되어 있지 않다. 여러 집단이 공적기관을 통하지 않고 자발적으로 교류하고 있기 때문이다. 부천시의 공식자료와 양 도시 시민 교류의 주역 가운데 한 사람인 야마타 다카오山田貴夫 씨의 개인적인 기록 등 여러 가지 자료를 종합하여 시민 교류의 실상을 구성해 보았다. 이 글에서는 그 전모를 다룰 수 없지만 중요한 교류사업 가운데 주목해야 할 몇 가지 교류사업에 초점을 맞추어 기술하고자 한다.

부천과 가와사키의 시민 교류를 처음으로 시작한 것은 앞서 언급한 이이즈카 시의원이었다. 그는 68세대의 학생운동가 출신으로 1970년대 초 가와사키에서 재일한국인운동과 연대한 지역운동을 전개했다. 그는 시공무원으로 입사하여 노동운동에 투신하여 시직원노조에서 중요한 역할을 했다. 필자가 방문한 1991년 봄 그는 시의원에 출마했다. 그의 지역구는 재일한국인이 밀집해 살고 있는 가와사키구였고, 사쿠라모토 상가진흥조합의 요청을 받아 부천의 원미동 부흥시장과 연결하게 되었다. 사쿠라모토 상가진흥조합은 상가를 진흥시키는 하나의 방법으로 한국과의 교류를 희망했다. 그들은 1988년에도 서울 남대문시장 등을 방문하여 자매관계를 맺으려고 시도했다고 한다. 그런 가운데 이이즈카 시의원이 나서서 이들과 부천의 부흥시장번영회가 연결된 것이다. 1991년 3월 사쿠라모토 상가진흥조합 간부들의 부천 방문, 1991년 가을 부천 부흥시장번영회 간부들의 가와사키 방문이 이어졌다.

이이즈카 시의원은 매년 한국을 방문했는데, 그의 선거구 후원회 회원들을 많이 대동하고 부천을 방문했다. 부천YMCA 등의 시민단체, 학자들과의 교류가 있었으며, 그러한 방문은 지금까지 20회에 이르고 있다. 가와사키의 기업인, 상가 상인, 재일한국인, 카페의 주인 등 다양한 시민들이 이 여행에 참여하여 한국과의 교류를 심화시켰다. 이이즈카 시의원은 생활협동조합 연수를 위해 부천YMCA 간사의 일본 방문을 주선하여, 부천YMCA의 간사가 2주간 가와사키에 체제하면서 협동조합 활동을 연수했다. 부천YMCA는 이미 일본의 생활협동조합의 모델을 따라 협동조합 활동을 하고 있었다. 이이즈카 시의원은 부천의 시민단체와 교류, 복사골예술제에 참가하는 등 부천에서 다양한 교류활동을 전개했다.

부천과 가와사키의 미술전시 교류는 양 도시가 우호도시협정을 체결한 1996년부터 시작되었다. 격년으로 부천과 가와사키에서 번갈아 가며 화가들의 미

표 2 부천-가와사키의 주요 시민 교류 행사

구분	교류 프로그램	주요 인물·기관	주요 활동
1	가와사키 시민 한국 방문단(20회)	이이즈카 마사요시 시의원	부천, 한국투어, 시민 교류
2	지방자치연구센터 주최 한국연수투어(1993~2002) 10회	야마다 다카오(시 직원)	부천 시민 교류, 역사현장 방문
3	한국 다문화사회연구투어 (2005~2010) 5회	야마다 다카오(시 직원)	부천, 서울대학교, 학술교류, 현장방문
4	부천-가와사키 미술협회 교류전(1996~현재) 13회	야오이 미에, 김야천/ 한국미협 부천지부	미술교류전· 어린이 미술교류전
5	작은도서관 교류(2006년) 4회	부천지역작은도서관협의회	도서관 방문, 국제심포지엄
6	복지단체 교류	부천사회복지협의회, 부천 혜림원/가와사키수산학원	상호 연수
7	고등학생 교류 '하나회' 1999년 29회	하나회/ 고리울청소년문화의 집	상호 방문, 교류
8	부천-가와사키 평생교육원 상호 방문	이토 오사카즈(시직원), 가와사키 사회교육	상호 방문, 공동연구
9	시민교류회	가와사키-부천시민교류회/ 부천-가와사키시민교류회	상호 방문, 공동심포지엄

술교류전을 진행했다. 이 활동은 미술을 통하여 상대방과 교류하고 상호 이해와 다문화 교류를 이루는 것을 목적으로 했다. 한국 측에서는 한국미술협회 부천지회가 중심이 되어 출품자를 모집했으며, 일본에서는 NPO법인 가와사키·부천-일한미술교류회가 행사를 진행했다. 일한미술교류회 회장 야오이 미에矢追三恵는 매년 한국에 와서 전시회를 주재했다. 이 단체는 2008년부터 국제어린이 회화전을 매년 개최하고 있다.

2001년 4월 부천시의회는 「일본의 역사교과서왜곡에 대한 시정촉구결의」

를 만장일치로 채택하여, 우호도시인 가와사키시의회가 본 결의에 대한 지지와 왜곡시정 활동에 참여할 것을 촉구했다. 그리고 6월에는 부천시의원 2명, 시민단체 간부 7명, 보도관계자 3명이 가와사키에 가서 1회 '과거를 바꾸지 말라! 미래를 바꾸라!'라는 슬로건을 내건 역사교과서 문제 가와사키 시민집회에 참가했다.

1998년 12월에는 세계인권선언 50주년 기념 가와사키 문화사업인 '생명의 울림 - 아트축제'에 한국의 김지하(시인), 김민기(가수, 극작가), 홍성담(화가), 도미야마 다에코富山妙子(화가), 다카하시 유지高橋悠治(작곡가, 피아니스트), 김정미(가수), 임진택(연출가)과 마당극단 길라잡이를 초청했다. 이 행사도 가와사키시직원노동조합의 가와사키 지방자치연구센터에서 주관했으며, 이 행사는 도미야마 - 홍성담의 미술전, 「혁명의 예술이 망한 시대에 예술가는 무엇을 생각하는가」라는 주제의 심포지엄, 김지하의 「동아시아 생명공동체」 강연, 다카하시 유지의 피아노 콘서트, 임진택과 마당극단 길라잡이의 마당극 공연 등으로 프로그램이 구성되었다. 이 행사에 참여한 일본의 문화인들은 모두 예술활동을 통해 한국의 민주화운동을 지원했다. 도미야마는 김지하의 시와 일본군'위안부'를 테마로 석판화 작품 시리즈를 발표했고, 홍성담은 5·18민주화운동을 그림으로 표현했다. 김지하는 저항시인으로 일본에서 알려져 있다. 임진택은 민중의 목소리, 민족의 목소리를 대변하는 창唱을 다수 만들어 직접 불렀다. 이러한 문화교류는 가와사키지방자치연구센터의 관계자들이 한국을 방문하면서 구상하고 조직한 것이다.

부천시사회복지협의회는 2002년과 2003년 2번에 걸쳐 부천의 사회복지기관 종사자들을 대상으로 가와사키의 복시시설 연수를 실시했다. 1996년 단체장의 직선이 이루어진 다음에는 복지시설, 사회교육시설이 다수 신설되어 그 운영 문제가 관계자들의 관심이었기 때문에 상당히 많은 사람들이 가와사키의 선진 사례를 배우려고 했다. 부천 혜림원은 장애인복지시설로서 2001~2004년까지 직원들을 가와사키 수산학원에 파견하여 연수를 실시했다. 또한 부천 혜림원도 일본의 가와사키 수산학원으로부터 연수생을 받고 있다.

가와사키는 교육위원회가 설치되어 있고, 사회교육(생애학습)도 교육위원회의 소관이다.[5] 반면 부천에는 교육위원회가 따로 없고 다양한 평생교육시설을 부천시문화재단, 평생교육학습센터 등을 통해 관리하고 있다. 1996년 민선시장이 들어서면서 도서관, 박물관, 주민자치센터, 문화의 집, 청소년수련관, 근로복지회관, 노인복지회관 등 다양한 사회교육, 복지시설을 만들었다. 이러한 시설의 조직 운영과 프로그램을 배우기 위해 많은 관계자와 실무자들이 가와사키를 연수 목적으로 방문하고, 관련 시설의 파트너들과 교류했다.

부천에는 공립도서관이 7개 설립되어 그에 속하는 '작은도서관'이라고 불리는 공립문고 19개소가 운영되고 있다. 또한 민간에서 만든 작은도서관[6]도 현재 52개소에 이르고 있어서 부천에는 도서관운동이 활발하다. 이 도서관운동에 참여한 관계자들은 부천지역작은도서관협의회를 결성하여 2004년부터 가와사키의 도서관 및 관계자들과 교류를 진행했다. 2007년에 풀뿌리도서관 가와사키국제회의에 부천지역도서관협의회 관계자들이 참여했고, 2010년에는 부천에서 같은 취지의 국제회의를 열어 가와사키의 관계자들을 다수 초청했다. 이러한 교류가 정례화되어 2013년에도 부천지역도서관협의회 관계자들이 가와사키에서 개최한 국제회의에 참석했다.

---

5 사회교육은 경기도교육청 소관이나, 주로 민간 사회교육기관(학원 등)을 관리하고 있을 뿐, 평생교육기관은 지방자치단체가 설립하고 있다.

6 사립 '작은도서관'은 면적 33m², 장서 1,000권, 열람실 6석 이상이면 설립허가를 받을 수 있다. 부천에는 장서 수천에서 수만에 이르는 사립 '작은도서관'이 설립되어 있다.

2. 가와사키지방자치연구센터의 한국 연수 투어

가와사키지방자치연구센터[7]는 1993년부터 2002년에 걸쳐 총 10회의 한국연수투어를 실시했다. 이 계획의 실무적 뒷받침은 가와사키시 직원인 야마다 다카오였다. 야마다도 이이즈카 시의원과 마찬가지로 68세대의 학생운동가로서 가와사키에서 재일한국인과의 연대활동을 통해서 가와사키에 거주하게 되었고, 뒤이어 시직원으로 취업했다. 그는 노동·인권·공생 등의 부서에 배치되어 가와사키에서의 재일한국인운동과 연대활동을 하는 한편, 부천과의 시민 교류를 적극 추진했다. 이 한국연수투어에는 가와사키시 직원이 다수 참가였으며, 모두 휴가를 내고 비용은 전액 자비부담으로 했다. 방문지의 결정, 사전연수, 어학연수 등 모두 참가자들이 자주적으로 기획했다고 한다(山田貴夫, 1998). 야마다는 이 한국연수투어의 목적을 '우리들의 역사인식에 입체감과 현장감을 갖추어 한국 시민과의 같은 눈높이의 교류에서 그들의 역사인식과 현상인식을 받아들임으로써 일본의 제국주의적인 침략과 식민지지배의 역사가 무엇을 가져왔는지를 알고, 그 역사를 비판적으로 반성하지 않고 전후보상을 포기하고 있는 상태가 역사를 창조하는 주체로서의 일본인 한 사람 한 사람에게 얼마나 마이너스를 가져온 것인가를 깊히 자각하는 일'이라고 명확하게 표명했다(山田貴夫, 1998). 가와사키지방자치연구센터의 한국연수투어에는 이러한 목적을 가지고 10년 동안 수백 명의 가와사키 시민, 직원, 교수들이 참가했다.

---

7 지방자치연구센터는 가와사키 시공무원노조가 출연한 연구기관으로, 공무원노조를 위한 연구뿐만 아니라, 해외에서의 방문자 안내, 연수와 공무원, 시민들의 연수활동을 주요 사업으로 하고 있다.

표 3 가와사키지방자치연구센터 주최 한국연수투어

구분	시기	참가자(명)	주요 참가자	주요 시찰지
제1회	1993년 8월	23	자치연 이사장, 교수, 시직원 15명, 신문기자, 시민 3명	부천, 성심여자대학, 민속촌, 독립기념관
제2회	1994년 8월	34	자치연 이사장, 시의원, 교수, 신문기자, 시직원 20명	부천, 제암리교회, 민속촌, 이천
제3회	1995년 8월	28	사가미하라자치연센터, 자치연 이사장, 교수, 시의원, 직원 9명, 교원 1명, 시민 8명	정신대대책협의회, 나눔의 집, 경제정의실천시민연합
제4회	1996년 8월	25	생활클럽생협, 사가미하라자치연 센터, 직원 9명, 교원 1명, 시의원 1명, 대학원생	나눔의 집, 판문점, 독립기념관, 민속촌
제5회	1997년 8월 (가나가와인권센터 연수단 합류)	4	야마다, 오다키리, 후지와라, 야마다(딸)	독립기념관, 안중근 기념관 등
제6회	1998년 8월	14	가와사키교원노조 2명, 미술협회 대표, 직원 8명, 시민 2명, 교원 1명	판문점, 나눔의 집, 광주, 부산
제7회	1999년 8월	8	사쿠라모토초교 교장·직원, 민단 단장, 신문기자, 직원 2명, 대학원생	나눔의 집, 우리민족서로돕기운동
제8회	2000년 8월	6	나카무라, 오카다, 후지이, 다케모토(올타연구회)	부천 약대동에서 마을만들기 워크샵
제9회	2001년 7월(고교생 포럼 '하나'와 합류)	7 + 하나 8	신문사논설위원, 후쿠이현 직원 2명, 직원 4명	나눔의 집, 일본대사관 앞 수요집회 참가
제10회	2002년	10	야마사키, 이토 오사카스, 나카노 게이코 등 직원 9명	부천 어린이권리조례 제정 준비 심포지엄 참가, 민속촌

그는 '가와사키 사람들이 매년 30명씩 부천에 방문하도록 하여 한국연수를 하면 10년이면 300명이고, 이 300명이라도 새로운 역사인식을 갖게 된다면 가와사키에 변화가 시작될지도 모른다'라고 연수계획의 의의를 설명했다. 가와사키에서 다양한 사람들이 이 한국역사연수에 참여했다. 시직원·시의원·교수·신문기자·교원·예술가·일반시민 등 다양한 분야의 사람들이 매년 여름연수를 위해 한국을 방문했다. 이 방문단은 부천에서 교류를 마치면, 민속촌·독립기념관·수원제암리교회·나눔의 집·판문점 등을 방문하고, 매주 수요일 일본대사관 앞에서 열리는 일본군'위안부' 문제를 항의하는 수요집회도 참관했다. 이들은 일본의 식민지시대의 역사 흔적을 찾아 방문하고 학습했다. 이 한국연수투어는 야마다의 집념과 헌신으로 어려운 여건 속에서 10년간 지속되었다.

2002년 10차례의 연수가 끝난 다음 야마다는 2005~2010년까지 5회에 걸쳐 한국 다문화사회연구투어를 조직했다. 가와사키는 1990년대 초부터 내부국제화, 다문화공생정책을 펴왔지만, 다문화정책을 위한 법적 장치와 제도는 아직 충분하게 갖추지 못했다. 반면, 한국은 2000년대에 들어와 다문화정책이 크게 변하여 중앙정부와 각 지자체에서 다양한 다문화정책을 도입했다. 다문화사회연구투어에는 주로 그 방면에 관심을 갖고 있는 대학교수들이 다수 참여했다. 참여자들은 가와사키에 국한되지 않았고, 방문처도 부천에 한정되지 않았다. 부천을 경유하여 서울대학교 일본연구소를 비롯하여 대학의 연구소, 지방자치단체의 다문화 관련 시설, 한국 정부의 출입국관리시설 등을 방문했다.

표 4 한국 다문화사회연구투어

구분	시기	참가자(명)	주요 참가자	주요 시찰지, 방문처
제1회	2005년 11월	14	모리야마 자치연 이사장, 김윤정(도쿄대 대학원생), 이이즈카 시의원, 교원 2명, 시민 4명	서울대에서 '외국인의 정치 참가'를 테마로 심포지엄
제2회	2007년 9월	18	와다도 이치로 교수, 도미즈미 마루시아 교수, 도미야 레이코 교수, 우스이 요시코, 오쿠라 이치로 교수, 가토우 에미(와세다 대학원생)	부천에서 심포지엄, 안산시 사단법인 '국경이 없는 거리' 이주민센터, 행정자치부, 서울대에서 심포지엄
제3회	2008년 11월	14	와다도 이치로 교수, 다카야나기 가즈코, 다지마 준코, 다카야나기 도시오, 가나가와네트, 가와사키교원노조	부천, 광주 호남대학다문화교육센터에서 심포지엄, 연세대에서 심포지엄
제4회	2009년 12월	10	박군애, 야마모토 가오리, 우스이 요시코, 다지마 준코, 요코야마 유미코 교수	부천, 서울구로구사단법인 '지구촌사랑나눔' 성공회대에서 심포지엄, 법무부 출입국관리, 외국인정책본부
제5회	2010년 12월	9	박군애, 다지마 준코 교수, 가와사키 시민 3인, 부천시 파견직원	부천, 경남대에서 심포지엄, 부산 사단법인 '이주민과 함께'

3. 부천 · 가와사키 고교생 포럼 '하나'의 사례

부천과 가와사키의 고등학생 포럼 '하나'는 2000년부터 상호 방문을 실시했고, 홈스테이 · 현장조사 · 토론회 등을 15년 이상 지속하고 있다. 부천과 가와사키의 고등학생 포럼 '하나'는 부천 – 가와사키의 시민 교류 가운데 미래지향적인 의미를 갖는 매우 중요한 교류 사례이다. 부천 – 가와사키의 교류 제1세대들이 점차 정년을 맞이하여 현장을 떠나고, 지속적인 교류의 위기가 올지도 모른다고 생각하는 가운데, '하나'는 양 도시 간의 교류에 큰 희망이 되고 있다. 부천과 가와사키 사이에는 어린이 미술교류, 간헐적인 상호 방문과 홈스테이 등이 있다. '하나'는 2000년부터 매년 여름에는 부천에서, 겨울에는 가와사키에서 포럼을 진행하고 있다.

2000년 부천고등학교 일본연구반 대표가 일본의 고등학교 학생들과 교류를 희망하여 그 뜻을 부천시를 통해 가와사키시에 전달하고, 가와사키시에서 가와사키의 고교생들을 연결하여 학생들의 교류가 시작되었다. 이러한 교류에는 부천–가와사키의 교환연수를 했던 공무원들의 조력이 있었다.

'하나'는 매년 여름 광복절을 전후하여 일본에서 고등학생 '하나' 선배, 지도교사, 공무원 등 10~15명 정도가 부천에 와서 부천의 고등학생, '하나' 선배, 시직원, 복지사 등과 교류하고, 학생들은 홈스테이를 하고 함께 한국의 역사유적지 등을 방문하고, 토론회를 개최하는 등의 활동을 한다. 한편 12월에는 한국에서 고등학생들이 가와사키에 찾아가 일본의 '하나' 포럼 회원, 선배들, 교사들과 함께 토론회, 역사현장 방문, 홈스테이 등을 통해 교류를 진행한다.

'하나'는 명확한 이념적인 지향을 표방하고 있다. 즉 남북한 및 일본의 과거사를 바르게 알고, 부천과 가와사키 지역의 역사에 대해서도 학습한다는 것이다. 말하자면 '하나'의 주된 지향은 과거사의 올바른 이해라고 말할 수 있다. '하나'에는 일본 고등학생, 한국 고등학생 이외에도 재일한국인 학생들도 다수 참가하여 민족문제와 냉전의 문제를 함께 고민했다.

고등학생들은 개인적으로는 1, 2회 '하나'에 참가하고 졸업하게 된다. 그러나 '하나'의 경우에는 한일 양국에서 선배그룹이 형성되어 이들도 많이 참가해 후배들을 독려하고 있다. '하나'의 생명력은 바로 이런 선배그룹의 노력의 결과라고 말할 수 있다. 또한 가와사키의 교사 K씨는 매번 '하나'가 있을 때마다 학생들과 함께 한국에 와서 학생들의 활동을 후원하고 있다. 또한 가와사키의 공무원 오다키리, 부천시의원 윤병국도 지속적으로 '하나'와 함께하여 학생들에게 힘을 실어주고 있다. 부천의 고리울청소년문화의 집은 '하나'가 한국에서 열릴 때마다 조직의 자원을 공급하여 활동을 지지했다.

'하나'는 초기에 부천고등학교에서 시작했지만, 지금은 부천 전역의 고등학생들로부터 참가자들을 모집하고 있다. 가와사키에서도 일본고등학교뿐만아니라 가와사키 조선중·고급학교의 학생들도 참가했다. 이러한 현상은 한일교류에 이어 남북 간의 교류도 포함시킨다는 것을 의미했다.

이 교류가 계기가 되어 일부 선배 가운데는 일본에 유학을 가고, 또 한국으로 유학 또는 봉사활동을 오며, 또 결혼을 하는 등 '하나'에서 발단된 교류가 크게 확산되고 있다.

포럼의 주제는 주로 역사인식에 관한 것이었다. 첫 번째 주제는 '역사교과서는 왜 서로 다르게 기술하는가?'라는 물음을 던지는 것이었다. 한국에서 여는 여름포럼에서는 한국에 남은 일본의 흔적, 한국의 일본문화 개방, 일본군'위안부' 문제, 남북한과 일본의 협력, 동아시아 공동교과서 문제, 재일한국인의 상황에 대해서 학습, 토론하고 서대문형무소, 나눔의 집, 수요집회 등 과거사 역사인식과 관련된 장소를 방문했으며, 남북통일과 관련된 통일전망대, 땅굴 등을 찾아가기도 했다.

한편, 일본에서 열리는 겨울포럼에서는 침략의 역사현장과 관련된 주제가 중심을 이루었다. 즉 야스쿠니신사 참배, 재일한국인, 관동대지진과 조선인 학살, 한일 근대교과서, 한류와 혐한류 등을 주제로 학습, 토론했으며, 관련된 역사 현장(가나가와조선학교, 야스쿠니신사, 재일한국YMCA, 이케카미쵸, 사쿠라모토, 황거, 후레아이관, 고려박물관, 신오쿠보)을 방문했다.

포럼 '하나'의 활동은 처음부터 사회적인 주목을 받기 시작했다. 미래세대인 고등학생들의 정기적인 한일 교류가 그만큼 의미가 있었기 때문이다. 2002년 부천–가와사키 고교생 포럼 '하나'는 젊은 사람들의 환경·복지·국제교류 등

표 5 포럼 '하나'의 주제와 현장 방문

구분	한국에서의 여름포럼	일본에서의 겨울포럼
주제	(1) 역사교과서의 서로 다른 기술에 대해서 (2) 재일동포, 월드컵 공동 개최 이후의 한일관계 (3) 한국에 남은 일본의 흔적 (4) 일본, 한국, 재일한국인의 놀이문화 (5) 한국의 일본문화 개방 (6) 일본군'위안부' 문제 (7) 한국, 일본, 북한의 협력 (8) 한중일 공동교과서와 동아시아 평화 (9) 오타쿠 (10) 재일한국인의 역사와 현재	(1) 야스쿠니신사 참배 문제 (2) 재일한국인의 과거, 현재, 미래 (3) 동북아 평화와 인권 (4) 재일한국인의 상호 인식 (5) 관동대지진과 조선인 학살 (6) 역사교과서, 천황제의 과거와 현재 (7) 독도와 다케시마 (8) 한류와 혐한류 (9) 한일 근대교과서 비교포럼 (10) 민족교육과 조선학교
주요 방문지	서대문형무소, 나눔의 집, 경복궁, 임진각, 월드컵경기장, 통일전망대, 경복궁, 땅굴, 평화전망대, 수요집회	가마쿠라, 일본민가원, 다마고교, 가나가와 조선학교, 야스쿠니신사, 재일한국 YMCA, 도라지회, 이케카미쵸, 도데 전도소, 아사오고교, 관동대지진 조선인 학살관계, 사쿠라모토, 황거, 후레아이관, 고려박물관, 신오쿠보

의 활동을 지원하기 위해 만든 가나가와神奈川생활클럽 생활협동조합이 만든 기라라きらら상을 수상했다. 한국과 일본, 그리고 재일한국인이 하나가 되는 친교활동을 평가한 것이다. 또한 2009년에는 한일 교류에 공헌한 개인이나 단체를 시상하는 다카마노미야高圓宮상을 수상했다.

이러한 활동은 여러 미디어에서 다루어졌다. 한일 공동 주최의 월드컵을 앞두고 일본의 NHK는 '한일 새로운 걸음이 시작된다'라는 특집을 방영했다. 그 가운데 2001년 여름부터 촬영을 시작하여 겨울 '하나'의 내용, 2002년 봄, 부천고등학교의 동아리 가입 시기에 맞춰서 동아리 면접상황 등을 촬영했고, 2002년 4월 서대문형무소 탐방 영상으로 마무리지었다. 이 특집은 2001년 여름, 겨울 '하나'를 거치며 조금씩 서로를 알아가고, 새로운 후배를 받아 앞으로 새로운 한일관계를 만들어가는 학생들이라는 느낌으로 '하나'를 소개하고 있다. 또 2007년 부산영화제에서는 수상한 다큐영화 '강을 건너는 사람들'(김덕철 감독)에서도 초기의 포럼 '하나'의 활동이 등장했다. 그 밖에 『아사히신문』, 『부천포커스』, 『가나가와신문』, 『조선일보』 등에서 '하나'의 활동을 크게 보도했다.

4. 시민교류회 결성

부천과 가와사키의 교류 확대에는 양 도시 주요 인사들의 숨은 노력이 있었다. 가와사키의 지방자치연구센터를 중심으로 시의원, 시공무원, 재일한국인 지도자, 관련 연구자와 교수, 시민운동가 등이 부천시민과의 교류를 위해 많은 노력을 쏟았다. 한편 한국에서도 부천의 연구자, 교수, 시의원, 시민활동가, 복지 및 사회교육기관의 종사자들이 가와사키시민들과의 교류를 위해 많은 노력을 했다. 양 도시 간의 교류를 좀 더 제도화하고 조직적으로 추진하기 위해 2003년 가와사키에서는 이인하 목사와 이이즈카 마사요시 시의원의 명의로 가와사키-부천시민교류회 회원을 모집했다. 가와사키-부천시민교류회의 창립총회에서는 공동대표로서 모리야마 사다오森山定雄 자치연 이사장, 엔도遠藤恭正 가와사키 중앙상점가연합회 회장, 야오이미에矢追三恵 가와사키-부천미술교류회 대표, 배중도 후레아이관 관장이 선임되었다. 부천에서도 이에 앞서 부천-가와사키시민교류회를 결성하여, 이시재(가톨릭대교수), 김종해(가톨릭대 교수), 백선기(시민연합 회장)가 공동대표를 맡았다. 양 도시의 시민교류회가 결성되자, 2003년 10월에 양 시민교류회는 상호 협력협정을 가와사키에서 체결했다. 협정서에는 '양 도시의 시민은 과거의 모든 역사를 직시하고 극복과 화해의 중요성을 인식하며, 이를 토대로 함께 교류를 추진하고, 상호 신뢰를 쌓아왔다. 앞으로도 미래를 향해 서로 학습하면서, 시민문화·예술·스포츠·지자체 정책·경제 등을 통해서 상호 협력, 협동한다'고 선언했다. 그리고 '양 도시의 시민활동의 축적을 통해 지역이나 국경을 넘어서 널리 동북아시아의 평화와 번영, 민주주의와 기본적인 인권의 확립에 공헌할 것'을 다짐했다.

양 도시의 시민교류회는 2004년 11월 설립 1주년 기념심포지엄을 가와사키에서 개최했다. '동아시아에 다문화공생사회를 만들자'라는 주제하에 이시재가 '한일 NGO교류와 협력 – 보다 성숙된 파트너십을 위하여'라는 제목으로 발표를 했고, 도쿄대학의 다카하시 스스무高橋進 교수가 동아시아 관계의 새로운 방향에 대해서 발언했다.

양 도시의 시민교류회는 2011년 9월에도 가와사키에서 부천 – 가와사키 시민 교류 20주년을 기하여 「한일 시민 교류 미래를 위한 선언문」을 발표했다. 이 선언문에서 양 도시는 풀뿌리 민주주의·시민자치·기본적인 인권을 기초로, 차별과 배제 없는 다민족, 다문화 공생 만들기를 추진한다는 것을 천명했다. 또한 양 도시의 교류회가 부천 – 가와사키 고등학생 포럼 '하나'를 지원할 것을 선언했고, 양 도시의 정책교류 지원, 공동의 역사인식을 강조했다. 또 선언문에서는 양 도시의 시민 교류를 바탕으로 한국과 일본, 나아가 중국을 시작으로 동아시아 시민 교류의 교두보 역할을 맡는다는 것을 발표했다. 또한 시민 교류 20주년을 기념하여 '지역사회와 동아시아의 공생'이라는 주제로 심포지엄을 열어 강상중 교수가 주제발표를 하고, 이시재, 이이즈카 마사요시 시의원, 한영혜 서울대학교 일본연구소 소장이 토론에 참석했다. 이 행사에서는 후쿠시마 쓰나미와 원전사고의 피해자들을 위해 부천시민들이 모금한 성금을 전달했다. 또한 후쿠시마의 재난에 임하여 부천 – 가와사키시민교류회는 "고통의 터널이 끝나는 날이 반드시 올 것입니다"라는 제목의 위로 메시지를 보냈다.

양 도시의 시민교류회는 시민방문단 및 시정부의 상호 방문에 여러 가지 도움을 주고 있다. 앞서 언급한 포럼 '하나'도 가와사키-부천시민교류회의 오다키리, 부천-가와사키시민교류위원회의 윤병국이 항상 뒷바라지를 하고 있다.

부천-가와사키시민교류회와 가와사키-부천시민교류회는 양 도시 간의 시민 교류를 지지하는 하부구조로서 기능해 왔다. 그 하부구조에는 가와사키의 지방자치연구센터가 큰 역할을 했다. 시민들의 방문에 대해서도 시정부의 협조를 얻어내는 데 지방자치연구센터가 큰 역할을 했고, 여러 가지 교류사업을 직접 주관, 주최하여 시민 교류를 지탱해 왔다. 부천에서도 성심여자대학 사회과학연구소, 푸른부천21협의회 등이 양 도시의 시민 교류를 지지한 기관들이었다.

그러나 시민 교류의 주역을 맡았던 인사들이 정년을 맞이하고 그 직책을 떠나서 이제는 그러한 조직기반이 약화되어 가고 있기 때문에 양 도시의 시민교류회가 필요하게 된 것이다. 이 시민교류회는 2016년 부천-가와사키 우호협정 체결 20주년을 맞이하여 새로운 전기를 마련하기 위해 여러 가지 사업을 모색 중이다.

학술연구교류와 상호 변화

부천과 가와사키와의 시정부 및 시민 교류가 1991년의 성심여자대학교 사회과학연구소의 가와사키 지방자치 조사, 연구에서 발단했다는 것은 이미 언급한 바 있다. 이시재·이종구·한영혜·문옥표·한경구 등 서울대학교 지역연구소 일본연구회는 1993년 2월 가와사키에 일본의 '초나이카이町内会'의 현지조사를 실시했다. 7명의 사회학자들과 2명의 인류학자로 구성된 연구팀[8]은 일주일에 걸쳐 가와사키의 초나이카이 활동을 조사했다. 이 연구회는 1994년 2월에는 '사회교육'을 주제로 시민의 자립과 참가를 촉진했던 사회교육운동을 연구했다. 1995년에는 가와사키의 시민운동, 특히 생협운동, 보육운동, 다문화운동 등 여러 시민운동을 조사했다. 1996년 2월에는 가와사키시가 주최한 9회 지방화시대 심포지엄 특별분과회의에서 3년간의 연구성과를 보고, 발표했다. 이 자리에는 미야지마 다카시宮島喬 릿쿄대 교수, 마치무라 다카시町村高志 히토쓰바시대 교수, 홋카이도대의 쓰보이 젠메이坪井善明 교수가 토론자로서 발언했다. 지방자치연구센터의 사무국은 이상과 같이 조사연구팀을 받아들이고 일정을 짜고, 면접대상을 선정하고, 연구를 위한 모든 자원을 동원했다. 한국 측은 서울대 국제지역연구소가 연구비의 조성, 보고서 작성 등을 위한 중간지원조직으로서 기능했다. 이 조사연구의 결과는 20편의 논문으로 정리되어 『일본의 도시사회』(2001, 서울대출판부)로 출판되었다.

1995년 부천에서 열린 세계화심포지엄에는 가와사키 연구자인 에바시 다카시江橋崇 호세이대학 교수가 주제발표를 했고, 이시재도 에바시 교수가 주최한 지방자치단체의 국제화심포지엄에 초대되어 논문을 발표했다.

한영혜 교수가 한신대학교 사회학과를 떠나 서울대 일본연구소 소장으로 임직하여 가와사키와 서울대 일본연구소와의 교류가 크게 증가했다. 서울대 대학원생들이 가와사키를 현지 조사했고, 일본에서 오는 학자들을 서울대에서 받아들여 세미나를 열었다. 가와사키의 다문화연구투어는 서울대 일본연

---

8 이 연구에 참가한 학자들은 다음과 같다. 이시재(가톨릭대, 사회학), 이종구(성공회대, 사회학), 문옥표(한국학중앙연구원, 인류학), 정진성(덕성여대, 사회학), 이숙종(세종연구소, 사회학), 한경구(국민대, 인류학), 김미숙(청주대, 사회학), 윤정로(카이스트, 사회학), 한영혜(사회학).

구소에서 학술회의를 진행했다.

가와사키와 연구 교류를 통해 한국 학자들도 혁신지자체 공무원들의 혁신성에 크게 감동했고, 배우는 것이 많았다. 한국 학자들의 현지조사활동은 가와사키 시민들에게도 신선한 충격을 준 것 같았다. 초나이카이 조사가 끝나고 귀국 전날 밤 사례를 겸해서 피조사자들을 초청해서 식사를 했다. 그때 어떤 피조사자는 자기들이 지금까지 갖고 있었던 한국인에 대한 생각이 근본적으로 바뀌었다고 말했다. 그들도 한국인에 대한 편견에 사로잡혀 있었지만, 한국인과 직접 접해보고 편견에서 벗어날 수 있었다고 한다.

우리 연구자들은 가와사키 사회교육운동의 중심에 서 있었던 주몬지 미에十文字美恵에 매료되어 있었다. 그가 말해준 사회교육운동을 통한 시민의 한 사람으로서의 자립과정과 정신해방의 궤적, 비판정신은 우리 조사자들을 크게 감동시켰다. 주몬지도 우리를 만나 자기 자신의 내부에 막연하게 갖고 있었던 '조선인관'에 큰 변화가 일어났다고 말했다. 그는 1995년 『아사히신문』과 『동아일보』가 공동 기획한 전후 50년 현상논문에 응모하여 「재일이 뿌리를, 지자체가 줄기를, 손을 맞잡은 시민운동이 미래를 연다」라는 제목으로 논문상을 받았다.[9] 주몬지는 이렇게 썼다. "조선에 대한 이유 없는 차별이나 편견과 같은 어릴 때부터 심어져 있어 눌러 붙어 있었던 '자기 속의 조선'과 같은 것이 이 연구자 여러분들의 인터뷰를 응하는 가운데 변해갔다"라고 말했다. 그는 조사단의 이해 깊이에 압도되어, "웃음과 눈물과 분노를 모두 드러내놓고 말했고, 어느새 인간으로서 그들의 매력에 포로가 되어 있었다"고 고백했다. "문제를 모두 공유할 수 있는 동료와 같은, 운동의 강력한 파트너를 얻었다

9 山田貴夫(1998), 「市民同士の連帯を求めて」, 『世界』 10月号.

는 믿음을 느끼게 하는 것이었다"고 했다. 주몬지는 1995년 여름 3회 가와사키지방자치연구센터의 한국연수투어에 참가했다.[10]

맺음말

1. 시민이 교류의 중심을 이루다

한일 국교정상화 50년간 한일 간에는 여러 방면의 교류가 있었지만, 이 글에서는 지방자치단체의 교류, 특히 시민 교류에 초점을 맞추었다. 부천-가와사키의 교류에서는 시민이 선행하여 교류를 진행했고 뒤이어 지자체 간의 우호도시협정을 체결하여 시민 교류를 뒷받침했다. 〈표 6〉은 부천-가와사키 간의 지자체 교류 및 시민 교류를 집계한 것이다. 여기에서 부천-가와사키 교류의 몇 가지 특징을 볼 수 있다. 1996년 양 도시가 우호도시협정을 체결하기 이전에도 시민들의 교류가 있었고 시민 교류가 지자체 교류보다 훨씬 많았으며, 시민 교류에 있어서도 가와사키에서 부천을 방문하는 횟수가 부천에서 가와사키로 방문하는 횟수보다 많았으나, 1996년 이후 부천시민의 가와사키 방문도 크게 증가했다는 점이다.

한일 간의 국교정상화가 궁극적으로 지향한 목적은 양국이 과거 역사를 반성하고, 그것을 바탕으로 공동의 미래를 열어가는 일일 것이다. 양국의 국교

10 주몬지에 대한 기록은 小田切督剛(2006), 「特別報告2: 川崎と富川の市民交流と生涯学習」, 黃宗建·小林文人·伊藤長和 編, 『韓国の社会教育·生涯学習』, エイデル研究所에서 인용한 것이다.

표 6 부천-가와사키 교류 분포

연도 \ 구분	가와사키 → 부천		부천 → 가와사키		합계
	행정교류	민간교류	행정교류	민간교류	
1991~1995		10	3	6	19
1996~2000	9	24	11	13	57
2001~2005	6	25	9	23	63
2005~2010	12	12	11	7	42
2010~	7	17	3	6	33
합계	34	88	37	55	214

* 이 표는 부천 국제교류 담당자가 작성한 연표와 야마다 타카오의 연표를 종합하여 작성한 것으로 이 연표에서 파악되지 않는 교류행사도 많이 있었으리라 생각한다. 2010년 이후는 모두 집계하지 않았다는 점을 유의해야 한다.

정상화를 이렇게 이해한다면, 부천-가와사키의 지자체 교류 및 시민 교류는 국교정상화의 근본취지를 가장 잘 실현해 가고 있는 사례일 것이다.

2. 시민 교류의 조건들

부천과 가와사키에는 상호 교류를 갈망하는 조건들이 있었다. 가와사키의 일본 시민들 사이에서는 재일한국인과의 연대운동을 통하여 한국의 시민들과 교류의 필요성이 대두했다. 이들은 식민지지배에 대한 역사인식의 변화를 추구하고 있었고, 이를 실현하기 위해 한국을 방문했다. 또한 1990년대 초 일본의 각 지방자치단체는 '국제화'정책을 채택하여 시민들의 국제활동을 지원했다. 사쿠라모토 상가진흥조합과의 교류과정에서 알 수 있듯이 지자체는 국제화를 지원했고, 국제화가 지역상가의 진흥에 유리하게 작용할 것이라는 생각을 갖게 된 것이다.

한편, 부천에서는 1961년 5·16 군사정변 이후 폐기되었던 지방자치제가 1991년부터 부활하여 1991년에는 지방의회의 구성, 1995년에는 단체장의 직선이 실현되어 지방자치의 정치적인 기초가 확립되었다. 특히 단체장 직선은 도시정책의 변화에 큰 영향을 주었다. 각종 복지시설이 확충되고, 도서관·평생교육원·문화재단 등 사회교육시설이 만들어져, 이들의 운영을 위해 선진사례를 조사 연구하는 열풍이 불었다. 지방자치단체의 공무원들도 새로운 도시계획·교통계획·환경정책·폐기물정책을 세우기 위해 빈번하게 선진사례를 조사하러 해외에 나갔다. 이러한 정치적 환경 속에서 부천에서는 행정부문뿐만 아니라 민간부문에서도 가와사키와 교류의 필요성이 급증했다. 2000년 이후 한국 시민의 소득수준도 상승하여 해외여행의 붐이 일어났고, 이러한 사회경제적인 변화가 시민 교류에 유리하게 작용했다.

교류는 무엇을 얻기 위해서라기보다 그 자체가 가치를 갖는 것이다. 미술교류, 스포츠 교류, 학생들의 교류 등은 무엇을 얻기 위한 수단으로 삼지 않았고, 그 자체가 귀한 가치를 갖는 것으로 인식되었다. 그러한 교류가 거듭되면서 친선과 연대의 축적이 생겨난다. 부천시민들은 가와사키에서 무엇을 배우고 얻기 위해서 교류를 시작했지만, 교류과정을 통해서 상호 이해와 우정이 두터워졌다.

부천과 가와사키의 시민 교류는 가와사키지방자치연구센터와 관련된 인사들의 촉매활동이 크게 주효했다. 지방자치연구센터는 부천에서 온 방문객을 안내했고, 부천시민들의 활동을 지원했으며, 한국학자들의 조사연구활동을 전면적으로 지원했다. 가와사키의 '후레아이관'도 한국에서 찾아오는 단체들을 맞아 가와사키의 각 행정부서 및 민간부문과 연결시키는 데 중요한 역할을 수행했다. 또한 지방자치연구센터는 연수투어를 조직하고, 포럼 '하나'와 같은 활동을 지원했다.

포럼 '하나'의 사례에서 알 수 있듯이, 처음부터 지금까지 '하나'의 활동을 헌신적으로 지원해 온 교사, 지자체 직원, '하나'의 선배그룹은 포럼의 존속에 없어서는 안될 요소이다.

이러한 중간지원조직과 매개자는 부천에도 형성되어 있다. 푸른부천협의회, 고리울청소년문화센터, 시의회 의원, 부천-가와사키시민교류회는 양 도시의 시민 교류를 지탱해온 중요한 하부구조이다.

3. 교류에서 공유로

부천-가와사키 시민 교류는 구체적으로 사람들과 접촉함으로써, 기존의 일본인관, 한국인관에 변화를 일으켰다. 국가와 민족이라는 큰 틀로 구성된 상대방에 대한 이미지에 구체적인 인격적 만남encounter을 통해 변화가 일어난 것이다. 주몬지와 같은 변화의 경험은 포럼 '하나'의 활동에서 수없이 관찰되었다. 일본 학생들이 '나눔의 집'을 찾아갔을 때, 한 할머니가 "젊은 세대의 아이들에게는 죄가 없어. 여기 있는 일본의 고등학생들이 미울 이유도 없지. 얘기를 듣기 위해 온 것만으로도 고맙단다"라고 말하는 것을 듣고 큰 감동을 받았다고 한다. 할머니들을 만나기 전에는 자기들이 무언가 죄지은 것 같고, 할머니들이 화가 나 있을 것 같은 두려움이 있었지만 이 말을 듣고 안도했다고 한다.

일본의 교과서 문제, 독도 문제가 발생하여 한일 간의 정치적인 분위기가 악화되었을 때도 가와사키와 부천의 시민 교류는 지속되었고, 포럼 '하나'는 이럴 때일수록 더 열심히 교류해야 한다는 생각을 갖고 있었다. 시민 교류를 통한 공동인식의 형성이 바탕이 되어 교과서 문제와 관련하여 한일 공동으로 저지하기 위한 공동행동을 취할 수 있었다. 부천과 가와사키의 시민 교류가 각자의 필요에 의해 시작되었지만, 어느새 양측의 시민들은 공동의 역사의식,

가치의식을 공유하게 되었다. 즉 과거의 역사를 직시하고, 극복과 화해의 중요성을 인식했으며, 동아시아의 번영과 평화, 민주주의와 기본적인 인권 등의 가치에 대해 합의(양 도시의 시민교류회 상호협력협정서)했다.

이러한 역사인식과 공동의 가치는 모든 한국인과 일본인이 공유하고 있는 것은 아니다. 이것은 가와사키 시민의 일부, 그리고 부천 시민의 일부가 공유하고 있을지도 모른다. 그렇지만 이러한 역사인식, 민주주의, 인권의 가치에 대해 공유한 부분을 국경을 넘어 확대하는 것의 의미는 매우 크다. 양 교류회는 한일 간에 싹튼 이러한 역사의식과 공유가치가 한국과 일본은 물론, 중국·타이완·홍콩 등 주변 국가와 시민에게도 확산되기를 힘쓰기로 다짐했다.

부천-가와사키 시민 교류의 초기에는 부천에서 가와사키에 가서 선진적인 제도를 배워오는 일이 많았다. 복지관의 운영, 사회교육기관의 프로그램 등을 배워왔다. 그러나 2000년 이후에는 한국에서도 여러 가지 정책변화가 일어나 일본에서 이를 배우러 오는 경우도 늘어났다. '작은도서관' 운동은 그 규모는 작지만 시민참여와 창의에 기초하고 있다는 의미에서 부천의 실험을 가와사키의 시민들이 주목했다. 다문화정책에서도 2000년대 이후 한국이 제도적으로는 앞서가는 측면이 있어서 일본에서 견학 오는 사람들이 많아졌다. 사회적 기업과 협동조합활동에 대해서도 일본에서 제도적인 지체현상을 개탄하는 소리가 들린다. 외국인의 지방자치 참정권 문제에 있어서 가와사키의 다양한 정책(외국인대표자회의, 공무원 임용에 있어서 국적조항 철폐와 같은 것)을 펴고 있어서 부천이 배워야 할 점이 많다. 그러나 한국 정부가 외국인에게 지방참정권을 일찍이 법제화한 것은 일본에 비해 크게 앞서가는 사례라고 할 수 있다.

반면, 인적인 교류에서 정책의 학습에 있어서 부천은 아직 가와사키로부터 배워야 할 점이 많다. 앞으로 부천-가와사키의 교류는 좋은 점을 서로 공유하여 더 넓은 범위로 확산시키는 방향으로 추구되어야 할 것이다.

참고문헌

부천시(2014), 「부천시-가와사키시 교류연표」, 『국제도시간 자매결연 관리대장』(미공개).

이시재 외(2001), 『일본의 도시사회』, 서울대학교출판부.

이시재(2002), 「일본가와사키시의 내부국제화정책연구」, 『한국사회학』 Vol.22, No.6.

이시재(2003), 「일본의 외국인지방자치참가의 문제의 연구: 가와사키시의 외국인시민대표자회의의 성립 및 운영과정을 중심으로」, 『국제지역연구』 No.12, 서울대학교 국제지역원.

조현미(2014), 『자갈투성이의 신작로: 재일한인2세배중도의 생애와민족』, 도서출판책과세계.

포럼 '하나'(2010), 『10주년기념집』(미발표 원고).

한경구(2001), 「〈가와사키의 사회교육을 생각하는 모임〉과 운동가의 개인사」, 이시재 외, 『일본의 도시사회』, 서울대학교출판부.

伊藤三郎(1977), 『ノミとカナヅチ: 人間都市づくりの10年』, 第一法規出版株式会社.

李仁夏(2006), 『歴史の挟間を生きる』, 日本キリスト教団出版局.

江橋崇 編著(1993), 『外国人は住民です』, 学陽書房.

小田切督剛(2006), 「特別報告2: 川崎と富川の市民交流と生涯学習」, 黃宗建·小林文人·伊藤長和編, 『韓国の社会教育·生涯学習』, エイデル研究所.

高橋清編(1999), 『川崎市長 高橋清対話集: 川崎の挑戦』, 日本評論社.

黃宗建·小林文人·伊藤長和編(2006), 『韓国の社会教育·生涯学習』, エイデル研究所.

宮島喬編(2000), 『外国人市民と政治参加』, 有信堂.

山田貴夫(1998), 「市民同士の連帯を求めて」, 『世界』 10月号.

山田貴夫, 「川崎·富川/日·韓 市民交流の活動記録·年表」.

16장

한일 간 인류학 교류와 한국 인류학의 일본 연구

박동성

머리말: 한국 문화인류학의 성립과 일본

1. 해방 후 한국의 인류학

해방 이후 한국의 인류학은 일제강점기 일본 인류학과는 단절된 상태로, 1950년대 말에 미국으로부터 문화인류학의 체계를 도입하면서 시작되었다. 1958년 11월 19일 강윤호·김동욱·이두현·김정학·김기수·임동권·임석재·장주근 8명이 발기인이 되어 한국문화인류학회가 창립되었고, 그해 12월 18일 한국문화인류학회 제1회 연구발표회에서 김정학의 「미국인류학계의 근황」이라는 제목의 발표가 있었다. 그리고 1961년에 서울대학교에 고고인류학과가 설립되면서 한국의 인류학은 제도학문으로서 본격적으로 출발했다.

일제강점기의 조선에서는 경성제국대학에서 근무했던 아키바 다카시秋葉隆,

이즈미 세이이치泉靖一 등의 인류학자에 의한 연구가 상당한 정도로 축적되어 있었다. 전경수의 연구(1999)에 의하면, 조선인 중에도 송석하·손진태·이극로와 같이 체계적으로 인류학 연구를 했던 사람들이 있었다. 이들을 주축으로 1946년에 조선인류학회가 조직되고 서울대에서 인류학개론, 인류학연습 등의 수업이 이루어졌다. 그러나 해방 직후에 있었던 인류학의 맹아는 성숙하기도 전에 6·25전쟁 등의 혼란 속에서 사그라졌고, 결국 이후의 문화인류학으로 계승되지 못한 것이다.

이처럼 한편으로는 미국식 문화인류학이 새롭게 이루어지고, 또 한편으로는 식민지기의 인류학과는 다른 형태로 일본 인류학과의 교류를 통해 문화인류학의 기반이 만들어지고 있었다.

김택규는 국교정상화가 이루어지기 이전인 1961년 7월에서 1962년 7월까지 1년간 도쿄대학에서 연구생 신분으로 유학했다. 그는 이 시기에 이후 평생 연구의 틀이 되는 문화권과 문화영역을 기초로 하는 방법론을 이론과 실습을 통해 정립했다고 한다.

김택규는 원래 덴리天理대학에서 유학을 하고 있었는데 이즈미 세이이치를 찾아서 1961년 도쿄대학으로 갔다. 당시 도쿄대학 문화인류학연구실에서는 주임교수였던 이시다 에이이치로石田英一郎의 방침으로 미국식의 폭넓은 인류학 방식을 취하고 있었다. 마침 연구실에서는 대규모 프로젝트로 남미 안데스 지역의 잉카문명 발굴과 「일본문화의 지역유형 연구日本文化の地域類型研究」가 진행되고 있어서 학생들은 현지조사 실습을 겸해서 이 조사에 참가하고 있었다.

김택규는 「일본문화의 지역유형 연구」에 관심이 있어서 시코쿠四國의 다이쇼마치大正町 촌락조사에 학생들과 함께 참가했다. 문화인류학연구실에서 1년을 보내고 귀국한 김택규는 안동 하회마을에서 집중적인 지역사회 조사를 실시하고, 1964년에 그 성과를 『종족부락의 생활구조 연구 – 반촌문화 조사보고』(1964, 청구대학출판부)라는 제목으로 출판했다.

김택규는 한국 기층문화 영역을 단오권, 추석권, 추석단오복합권의 3영역으로 나누고 있다. 그의 이론적 배경은 빈 학파의 문화권 개념과 미국의 문화영역 개념을 일본 민속학과 인류학이 해석한 것을, 다시 나름대로 해석하여 한국의 민속 상황에 적용한 것이라고 할 수 있다. 오바야시 타료大林太良는 김택규가 설정한 한반도의 3영역과 현용준의 연구를 종합하여 한반도를 4영역으로 설정하여 이론화했다.

국교정상화 이전에는 한일 학자들의 직접 교류 기회가 극히 제한적이었지만, 1961년 하와이의 학회에서 이즈미 세이이치와 이두현이 만나 교류한 후, 이 만남은 도쿄대학 문화인류학연구실과 한국 학자와의 교류 창구가 된다.

2. 국교정상화와 한일 간 인류학 교류

제국주의 시대 일본 인류학에서는 아시아 각지의 식민지와 점령지에 대한 현지조사를 수행해 왔다. 전쟁 종결과 함께 일본의 영역은 열도지역으로 한정되고 인류학자는 그때까지의 현지조사 지역을 상실하게 되었다. 그래서 일본의 인류학자들은 현지조사 지역을 당분간 일본 국내로 한정하여 과거 민속학의 영역이었던 국내조사를 수행했다.

1950년대가 되면 경제 회복과 더불어 외부 세계에 대한 관심이 고조되고 아메리카·중앙아시아·아프리카·동남아시아 등지에서 해외 현지조사가 시작된다. 그러나 정치적 상황 문제로 인근 동아시아 지역에 대한 현지조사는 오히려 늦어졌고, 한국과의 교류와 한국에서의 인류학 연구도 국교정상화 이후로 미루어진다.

1965년 한일협약으로 국교정상화가 이루어지자 도쿄대학의 이즈미 세이이치와 도쿄대학에서 정년퇴직을 하고 도호쿠東北대학 일본문화연구시설로 자리를 옮긴 이시다 에이이치로가 인류학자로는 가장 먼저 한국을 방문했다. 이즈미는 1965년 10월 제주도를 조사하고, 1967년 10월에는 서울·양주·대구·안동 등지에서 샤머니즘에 대한 조사를 실시했다. 이즈미의 관심은 한국 사회뿐 아니라 한국 학자와의 교류로 이어져서 도쿄대학에서는 인류학과 민속학을 연구하는 한국 학자들을 초빙했다.

이두현은 1968년 7월부터 1969년 4월까지 도쿄대학 문화인류학연구실에서 객원교수로 근무했고, 장주근은 1969년 7월부터 1년간 도쿄대학에 초빙되어 한국민속학을 강의했다. 현용준은 1970~1971년까지 도쿄대학 대학원에서 유학했다. 당시 도쿄대학에는 스에나리 미치오末成道男, 이토 아비토伊藤亜人, 요다 지호코依田千百子, 시마 무쓰히코嶋陸奥彦 등이 재학하고 있었고, 이들이 이후 한국 연구자로 성장하는 데는 한국인 연구자와의 교류가 중요한 역할을 했다.

1970년대까지 강신표·김택규·이광규·이두현·이종철·장주근·최길성·현용준 등이 일본과 학문적 교류를 하면서 일본 연구로 업적을 남기고 있다. 장주근은 1969년 교환교수 기간에 '제주도 무가연구회'를 해 보라는 이즈미의 권유로 반 년간 매주 토요일 오후에 도쿄대학 동양문화연구소에서 연구회를 가졌다. 이 연구회에 출석한 멤버는 이즈미 세이이치, 아오키 다모쓰青木保, 사쿠라이 도쿠타로桜井徳太郎, 호리 이치로堀一朗, 무라타케 세이이치村武精一 등을 포함한 10여 명이었다. 장주근은 이 연구회를 통해 10여 년에 걸쳐 수집한 자료를 정리했고, 1974년에 한국의 민간신앙 연구로 도쿄대학에서 박사학위를 받았다. 현용준은 1982년 제주도 무가 연구, 김택규는 1987년 한국농촌제사의 연구로 각각 도쿄대학에서 박사학위를 받았으며, 최길성은 1985년 한국무속 연구로 쓰쿠바대학에서 박사학위를 받았다.

일본과의 교류를 통해 이루어진 이러한 연구는 이후 한국인 인류학자의 일본 연구와 일본인 인류학자의 한국 연구에 직간접적인 영향을 미쳤다. 민속학 분야 김택규의 저서와 농촌사회학 분야 최재석의 저서는 이토 아비토, 시마무쓰히코 등에 의해 번역되기도 했다. 혼다 히로시(2010)가 지적하듯이, 경성제국대학에 재직하면서 한반도의 농촌사회를 연구한 스즈키 에이타로鈴木栄太郎의 연구는 해방 후 한국의 농촌사회학자들에게 비판적으로 수용되었고, 이것은 다시 일본 전후 제1세대 연구자들에게 계승되어 한국 촌락사회 연구에도 직간접적인 영향을 미쳤다(혼다 히로시, 2010).

한국 인류학자의 일본 연구 경향

1. 일본 연구의 흐름

한일협약 이후로 일본에 유학한 학자, 기존의 인류학자나 민속학자가 일본을 연구하는 경향이 나타나기 시작했다. 1980년대까지는 한국과의 비교나 개인적인 관심사에 따른 단편적인 연구가 주를 이루고 있다.

1975년 김동욱이 한국문화인류학회 전국대회에서 발표한 논문 「일본기마민족 정복설과 복식의 상관성」은 동북아시아 지역의 복식에 대한 역사적 접근이다. 최길성은 1973년 7월 가고시마단기대학 부설 남일본문화연구소의 요론토與論島 민속조사에 참가했으며 1978년 「오끼나와의 샤먼에 대하여」(『한국문화인류학』 10)를 발표했다.

1970년대부터는 일본학술진흥회의 지원으로 한일 인류학자의 공동연구가 이루어지기도 하고, 일본의 연구팀에 한국 인류학자가 참여하기도 했다. 1973~1974년 「한국인 이민에 관한 문화변용 연구」를 주제로 하는 공동과제는 식민지기 히로시마에 이주했던 사람들과 귀환자가 많았던 합천 지역을 조사지로 했다. 한국 측에서는 이두현·이광규·김택규, 일본 측에서는 야기 사이치八木佐市 등이 참여했다. 1977년부터 3년간은 「한일 양국의 촌락사회구조의 비교연구」를 주제로 하는 공동연구에 한국 측에서는 김대환·박병호·최용기·김택규가, 일본 측에서는 에모리 이쓰오江守五夫·미야라 다카히로宮良高弘가 참가했다(전경수, 1999: 252~253). 최길성은 1975년 3월 일본학술진흥회의 연구비를 받아 오키나와 본도와 미야코지마宮古島 조사, 8월 세이조成城대학의 연구팀과 함께 오키나와 본도와 미야코지마 조사에 참가했다. 1970년대 중반에 최재석·이두현·임동권 등에 의한 오키나와 조사도 이루어졌다.

1980년대 이후에도 기존 인류학자들의 일본 연구는 한국과의 비교나 주로 단기간 조사로 수행된다는 면에서는 비슷한 경향을 보이지만, 양적인 면에서는 큰 증가를 보이고 있다. 이광규는 재일교포, 최길성은 종교, 한상복은 어촌과 사회구조 분야에서 활발한 연구를 수행하고 있다.

1980년대 초부터 김택규·전경수·한상복 등이 참가한 한일어촌사회경제공동연구회의 과제 수행을 통하여 한국 인류학자의 장기 프로젝트가 수행되었다. 이광규는 재일교포 연구로 1981년부터 오사카 이쿠노生野의 재일교포 등에 대한 연구결과를 발표했다. 이광규는 재일교포사회에 대한 연구를 시작으로 해외교포 일반에 대한 연구 영역을 확장해 갔다. 이문웅은 재일제주인의 의례생활과 사회조직, 무속을 연구하여 1988년부터 연구논문을 발표했다. 이후 재일교포사회뿐 아니라 일본의 지역활성화, 지역정보화 등으로 연구 영역을 확장시켰다. 김주희도 1994년 재일한인 연구논문을 발표한 이래 재일한인의 민족교육, 일본인의 가족제도 등 연구를 수행했다.

1980년대에 무엇보다 중요한 것은 장기간에 걸친 인류학적 현지조사를 수행하는 일본 연구자가 등장하기 시작했다는 점이다. 박사논문을 위해 일본에서 장기간 인류학적 현지조사를 거친 한국인 연구자는 1984년에 영국 옥스퍼드대학에서 박사학위를 취득한 문옥표가 최초이다. 문옥표는 일본 군마현의 산촌 마을에서 수행한 현지조사를 기초로 일본 농촌사회의 문화변동을 주제로 한 박사논문을 제출했다. 문옥표는 일본을 전공하는 최초의 한국인 인류학자라는 면에서 선구적이다. 한국 인류학자로 문옥표 이후의 박사학위는 1990년대에나 배출되며 이후 모든 연구가 문옥표의 업적에 빚지고 있다는 점은 자명하다.

1980년대 상황에서 또 하나 중요하게 지적해야 할 점은 한국의 경제성장에 따른 해외 지역에 대한 관심 증가로 인한 지역연구의 성장이다. 특히 일본에 대한 연구가 급속히 증가했는데, 1990년대 초 한국 인류학자에 의한 지역연구 논저 중 거의 절반이 일본에 관한 것(문옥표, 1997: 102)이었다. 이 시기에 축적되는 인류학자의 일본 연구는 후속 세대에게 일본에 대한 관심을 자극하는 강한 유인이 되었다. 새롭게 학문의 길로 들어서려는 세대에게 교수의 연구와 관심은 직간접적인 영향을 미칠 수밖에 없다. 일본을 선정한 것은 현지조사를 위한 연구비의 확보, 교류연구의 가능성, 지리적인 인접성, 장래의 전망 등 다양한 면에서 검토되었을 것이다. 나의 경우도 일본 연구 경험이 있는 지도교수로부터 일본 유학을 권고받은 것이 계기가 되어 여러 상황을 검토한 후에 일본을 유학지로 결정했다.

1990년대가 되면 일본에 대한 현지조사로 박사학위를 취득하는 숫자도 크게 증가한다. 구미 혹은 일본에서 유학을 하거나 한국 국내에서 박사과정을 이수하고 학위를 취득하는 연구자도 등장하여 한국의 일본 연구도 다양한 스펙트럼을 가지게 된다. 또한 한국에서 학부 혹은 석사를 마치고 일본에 유학하여 박사학위를 취득한 후 현지에서 취업하는 연구자도 등장하기 시작했다.

일본 연구는 1980년대까지는 주로 일본의 지원을 받았으나 1990년대 이후에는 지역연구의 붐을 타고 한국 내에서도 지원이 크게 증가했다. 또 일본 지역 전문 인류학자가 증가하면서 지역연구에서 인류학이 점차 중심적 위치를 차지하게 된다. 한국의 지역연구가 1990년대를 통하여 양적·질적으로 비약적인 성장을 한 배경에는 지역연구에 대한 인류학 분야의 적극적 참가가 있었을 것이다.

이 시기의 인류학계에 큰 변화를 일으킨 연구 중 하나는 전경수의 인류학사 연구이다. 전경수는 식민지기와 해방 직후의 인류학이 이후 문화인류학의 성립과 성장으로 전혀 계승되지 못한 것을 발견했다. 그는 알려지지 않았거나 재조명의 여지가 있는 자료를 발굴하고 분석하면서 한국과 일본의 인류학사를 재구성했다. 전경수의 초기 연구는 『한국 인류학 백년』(1999)으로 출판되었고 이후 일본의 인류학사를 정리하고 재조명하는 연구로 이어졌다. 이런 일련의 연구는 한국뿐 아니라 일본의 민속학계와 인류학계에도 중요한 영향을 미쳤다. 1990년대는 식민지 근대와 식민지주의 문제에 대한 관심이 고조되던 시기였고, 전경수의 이런 연구는 한일 인류학자들과 대학원생들이 식민지기에 대해 관심을 가지고 연구하도록 하는 동인이 되었다.

2000년대가 되면 지역연구에 대한 관심은 여전히 높지만, 1990년대부터 본격화된 중국과 동남아시아에 대한 관심의 증가로 일본 지역은 상대적으로 위축되어 보인다. 일본 지역을 전공하는 인류학 박사학위자의 배출도 1990년대에 비하면 현저하게 세력이 줄었다. 그러나 1990년대를 통해 축적된 연구 인력과 연구결과에 힘입어 일본 연구는 심층적으로 이루어지고 다양화되었다. '식민주의'와 '동아시아 인류학'이 인류학 내에서 주요한 키워드로 자리잡고 후속 세대의 연구 결과로 이어지는 것은 이에 대한 증거가 될 것이다. 그리고

2010년대가 되면 박사학위 배출의 증가와 더불어 연구주제도 다양화되고 있다. 그럼 일본 연구자의 유형 분류와 연구경향을 살펴보자.

2. 일본 연구자의 유형 분류

일본을 연구하는 한국인 인류학자에 대해서는 몇몇 연구자들이 연구경향, 학위 취득 지역, 세대 등 유형을 나누어 살펴본 적이 있다. 여기서는 기존의 분류 방식을 소개하고 나름대로 연구경향을 정리해 보겠다.

일본을 연구하는 한국인 인류학자의 유형 분류는 이토 아비토가 유학 지역에 따라 일본유학형과 서구유학형으로 분류한 것이 처음이었다(Itoh Abito, 1992). 일본유학형은 한국에서 인류학이나 민속학을 전공하고 일본에 유학하여 인류학을 전공한 학자로, 최길성과 현용준처럼 한국의 자료로 박사학위논문을 작성하는 경우도 있으며, 황달기·이진영·김양주 등과 같이 일본 사회를 현지조사지로 하는 경우도 있었다. 서구유학형으로는 문옥표·한경구·정병호·권숙인 등이 있는데, 이들은 영국과 미국에서 유학하고 일본을 현지조사하여 박사논문을 작성했다.

문옥표(1997)[1] 는 이토가 구분한 두 가지 연구자 그룹의 특징을 분석하고 있다. 그의 분석에 따르면 일본유학형은 "조사지에서의 경험 이외에도 일본 사회에서 장기간 생활하면서 얻은 경험을 토대로 하고 있기 때문에 언어에 능통

1 문옥표의 글은 1994년 「한국 인류학의 지역연구 동향」, 『한국의 사회와 문화』 제22집에 발표한 것을 수정하여 『인류학과 지역연구』에 실은 것으로, 여기서는 1997년 논문을 따른다.

하여 특히 일본인 학자들의 일본 연구를 정확히 소개할 수 있는 장점을 가지고 있다. 그러나 반면 준거집단이 한국과 일본 두 사회에 한정되는 경향을 보이며, 세계인류학의 맥락에 그들의 일본 연구 결과를 위치짓는 면에서는 취약하다"고 했다. 한편 서구유학형에 대해서는 일본유학파에 비해 일본 사회에서의 경험이 적지만 "현지에 들어가기 이전에 주제를 정확하게 설정하고 충분한 기간 동안 그 주제에 대하여 연구한 사람들"이며 "한국인으로서보다는 제3자의 입장에서 보다 객관적으로 일본 사회에 접근하려는 경향"이 있기 때문에 "특수주의적 경험주의를 강조하는 일본인 학자들과의 교류는 제한된다"고 설명하고 있다.

임경택(2008)은 위의 두 유형에 '국내형', '프로젝트형 혹은 교류형'을 추가하여 네 가지 유형으로 일본 연구 인류학자를 분류했다. 이 시기는 문옥표가 연구동향을 정리한 1994년에 비해 일본을 연구하는 한국인 인류학자의 숫자가 늘어났을 뿐 아니라 여러 개인연구와 공동연구 성과가 축적되면서 일본 연구가 양적·질적으로도 크게 향상되어 있었다. '국내형'의 경우에는 1994년 홍성흡이 일본 간토 지방의 농촌을 조사하여 산업농 체계하에서의 농업경영 방식 연구로 학위를 받은 이후로 박사학위가 배출되지 않았다. '프로젝트형 혹은 교류형'은 일본에서의 장기적인 필드워크 경험은 없으나 자신의 특정 관심이나 비교연구를 위해 일본을 연구하는 유형이라고 하고 있다. 이 유형의 경우는 "연구여건과 국내의 사회적 관심의 추이만이 그들의 연구의 지속성을 담보"한다는 한계를 지니며 일본 사회에 대한 심층적인 이해 부족과 자료나 현상의 자의적인 해석이 있을 수 있기 때문에 전문적인 지식의 축적은 기대하기 힘들다고 지적한다. 그러나 민속학·역사학·문학 등 인류학의 주변 학문에서도 인류학과 유사한 주제와 방법론을 이용한 연구가 증가하는 현상을 고려한다면 진지한 협력연구가 필요한 것은 당연하다.

표 1 일본을 연구하는 인류학자의 유형별 분류

<table>
<tr><th>구분</th><th>서구유학형</th><th>일본유학형</th><th>한국국내형</th><th>프로젝트형</th></tr>
<tr><td>1980년대</td><td>문옥표</td><td></td><td></td><td rowspan="4">강신표, 김주희, 김택규, 김춘동, 안미정, 유명기, 유철인, 이광규, 이두현, 이문웅, 이종철, 장주근, 장철수, 정승모, 전경수, 조경만, 최길성, 한상복</td></tr>
<tr><td>1990년대</td><td>한경구, 정병호, 권숙인, 한승미</td><td>황달기, 김양주, 임경택,</td><td>홍성흡</td></tr>
<tr><td>2000년대</td><td>김효진, 박지환</td><td>박동성, 최인택</td><td>진필수</td></tr>
<tr><td>2010년대</td><td>조수미</td><td></td><td>이진교, 이강원, 이영진, 오은정, 진명숙, 차은정</td></tr>
</table>

권숙인은 2014년 5월 'IUAES 2014 with JASCA'[2] 에서 발표한 「한국 인류학의 일본연구: 1980년대 이후를 중심으로」(미출간)에서 마찬가지의 유형 분류를 소개하고 있다. 단지 2014년 시점에는 2008년에 비하여 새로운 박사학위자의 숫자가 상당히 증가했고 주제가 다양화되었기 때문에 권숙인은 세대를 구분하는 방식으로 연구경향 분석을 시도하고 있다.

한국에서 전문연구자라고 불리는 경우는 거의 박사학위 소지자를 말한다. 따라서 여기에서도 박사학위를 취득하고 한국에서 활동하는 인류학자를 우선적으로 하여 일본을 연구하는 인류학자를 유형별로 정리하면 〈표 1〉과 같다.

연구자의 분류는 구미에서 유학하고 일본을 현지조사하여 박사학위를 취득한 경우, 일본에서 유학하고 일본을 현지조사하여 박사학위를 취득한 경우, 한국에서 박사과정을 이수하고 일본을 현지조사하여 박사학위를 취득한 경우,

2 IUAES(The International Union of Anthropological and Ethnological Sciences)와 JASCA(The Japanese Society of Cultural Anthropology, 일본문화인류학회)가 공동으로 개최한 국제학술대회로, 2014년 5월 15일~18일까지 일본 지바현에서 개최되었다.

한국 사회 혹은 다른 지역을 현지조사하여 박사학위를 취득한 인류학자가 프로젝트에 따라 일본 지역을 연구한 경우 등 4개의 유형으로 분류했다. 각각을 서구유학형, 일본유학형, 한국국내형, 프로젝트형으로 부르기로 하겠다. 프로젝트형 일본 연구자의 경우에 일본 지역에 대하여 기간에 관계없이 현지조사를 수행하고 학술논문을 발표한 적이 있는 인류학자가 대상이 된다.

현재 일본에서 현지조사를 완료하고 박사논문을 집필하고 있는 연구자도 있다. 일본에서 유학하는 김계연·박승현, 미국에서 유학하는 김지은·김경민, 국내에서 박사과정을 이수한 김희경·지은숙 등이 박사논문을 준비하고 있다. 현재 박사과정에 있거나 박사학위를 취득하고 외국에서 활동 중인 경우에는 정확히 현황 파악을 할 수가 없기 때문에 여기에서의 분류가 연구자를 망라하고 있지는 않다. 그래서 여기에서는 국내에서 활동하는 연구자를 위주로 해서 연구경향을 파악하도록 하겠다.

3. 일본 연구자의 세대별 연구경향

2000년대에 박사학위를 취득한 사람은 4명이다. 임경택이 연구경향을 정리한 2008년에는 일본 지역을 현지조사지로 하여 박사학위를 취득하고 한국에서 활동하고 있는 사람이 박동성(2006년 학위 취득)까지 11명이었지만, 권숙인이 연구경향을 정리한 2014년에는 21명이 되었다. 6년의 차이지만 이 기간 동안에 일본 지역 전공 한국 인류학자는 숫자가 두 배로 늘어났고 연구내용에서도 질적인 변화가 있었다.

권숙인은 일본 지역 전공 인류학자를 세대별로 나누고 그 사이에 의미 있는 연구경향의 차이를 발견하고 있다. 권숙인은 1980년대부터 일본에 대한 전문적인 인류학 연구가 시작되었다고 보고, 일본 연구 제1세대를 1970~1980년대에 한국에서 학부교육을 받고 박사학위를 취득한 학자로, 제2세대를 1990년대에 학부교육을 받고 2000년대 이후 학위를 취득한 학자로 분류했다. 일반적으로 제1세대의 작용으로 제2세대가 생성되는 것이며, 제2세대 학자들은 제1세대에게 교육을 받거나 지도학생인 경우도 있기 때문에 세대 구분은 적절하고 충분히 설득력이 있다. 권숙인은, 박동성과 진필수의 경우 1980년대 학부교육을 받고 각각 2006년과 2008년에 박사학위를 취득했기 때문에 이 분류에 잘 들어맞지 않지만 이들은 제1세대의 감수성에 가깝다고 평하고 있다. 실제 이 두 사람은 1990년대에 석사학위를 받고 대학에서 강의를 하고 있었고 연구경향에서도 '전통적' 방식을 보인다는 점에서 제1세대로 분류하는 것이 적절해 보인다. 또 최인택은 1980년대에 일본에 유학했으며, 문옥표의 경우에는 제1세대로 분류되는 인류학자들을 가르친 세대이지만 연구경향 면에서는 같은 그룹으로 분류할 수 있을 것으로 보인다. 여기서는 이와 같은 방식으로 세대를 구분하고 연구경향을 살펴보도록 하겠다.

제1세대로 분류할 수 있는 인류학자에는 문옥표(1984)·황달기(1990)·한경구(1991)·정병호(1992)·김양주(1994)·홍성흡(1995)·한승미(1995)·임경택(1998)·최인택(2000)·박동성(2006)·진필수(2008) 등이 있다(괄호 속의 숫자는 박사학위 취득 연도이다).

박사논문에서 문옥표는 군마현 산촌마을의 조사를 통하여 농촌의 사회변동을 분석했으며, 황달기는 일상적·의례적 선물교환 행위를 통하여 일본사회의 인간관계를 분석했다. 한경구는 도쿄 근처의 인쇄소를 조사지로 하여 회사라는 근대적 조직이 공동체를 구축하는 과정에서 개입하는 정치행위를 분석하고, 정병호는 공동육아제도의 분석을 통하여 육아정책의 정치성과 권력의 문제를 다루고 있으며, 김양주는 지역사회의 주요 운영기제로서 마쓰리의 역동성을 고찰했다. 권숙인은 아이즈의 지역주민들이 외부와의 접촉이 심화되는 상태에서 지역정체성을 구축하는 과정을 고찰하고, 홍성흡은 산업농 체계하에서 일본 농민의 농업경영 방식과 적응전략을 연구했다. 한승미는 칠기를 소재로 하여 지역산업을 국가적 전통으로 포섭하는 정치과정을 고찰하고, 임경택은 지역의 상가와 가업의 사회적 관계를 고찰하는데 주로 농가를 중심으로 논의되어 온 일본의 '이에' 문제를 재검토하고 있다. 최인택은 오키나와의 야에야마八重山 도서사회의 민족지 구성을 주요 과제로 박사학위논문을 작성했고, 박동성은 근대 일본의 국민국가 형성기를 중심으로 지역사회의 형성과정을 분석했다. 진필수는 미군기지가 들어서면서 오키나와의 마을공동체가 재편되고 지속되는 과정을 고찰하고 있다.

박사논문 이후 제1세대의 연구경향은 지역사회와 공동체의 영역을 벗어나 재일동포·다문화·관광·음식문화·전통공예·지역표상·지역활성화 등으로 주제와 영역을 확장시키고 있다.

한국에서 정규 교육과정을 마치고 일본에서 유학한 후 연구활동을 하는 인류학자로 오키나와 연구를 하고 메이오名桜대학에서 교편을 잡고 있는 이진영, 에부네家船 연구로 박사학위를 취득하고 일본 아시아대학에서 교편을 잡고 있는 김병철, 천황가에서 사용하는 물품을 제작하고 납품하는 직인 집단을 연구한 이영주, 오키나와의 신앙체계를 연구하고 제주도에서 활동하고 있는 강경희 등을 같은 세대로 분류할 수 있을 것이다.

제1세대가 박사과정에서 장기간의 현지조사 대상으로 삼았던 것이 대체로 공동체나 지역사회였다는 점은 일본 사회에 대한 연구에도 마을연구의 패러다임이 작동하고 있었다는 것을 말한다. 이들이 전통 인류학적 접근방식을 취한 사실에 주목할 필요가 있는 것은 그동안 프로젝트형 일본 연구자의 상당한 연구 축적에도 불구하고 여전히 일본에 대한 인식체계는 서구로부터 유입되는 담론에 의지하는 바가 컸기 때문이다. 일본의 집단주의적 성향이나 '혼네本音',

'다테마에建前'의 이미지가 여전히 유통되는 상황은 일본 사회에 대한 표면적인 접근을 넘어서지 못했기 때문일 것이다. 이런 상황에서 일본을 전문적으로 연구하는 인류학자에게 요구되는 덕목은 전통적 민족지의 축적일 수밖에 없었을 것이다. 그리고 이런 민족지의 축적이 일본에 대한 이론화 작업으로 진전되고 새로운 접근방식과 주제의 다양화로 나타나는 것이다.

제2세대로 분류할 수 있는 인류학자는 김효진(2008)·박지환(2011)·이진교(2011)·이강원(2012)·이영진(2012)·진명숙(2012)·오은정(2013)·차은정(2013)·조수미(2014) 등이다(괄호 속의 숫자는 박사학위 취득 연도).

제2세대는 적어도 제1세대의 토대 위에서 일본 연구를 시작할 수 있었다. 학문적 토대가 튼튼하면 시작이 용이하다는 장점이 있지만 새로운 영역을 개척해야 하고 더 심한 경쟁에 노출된다는 말이기도 하다. 제2세대의 연구지역과 주제를 살펴보면 주제와 지역이 매우 다양해졌다는 것을 알 수 있다.

박사논문에서 김효진은 교토 도심의 지역재생운동과 지역정체성을 주제로 연구했으며, 박지환은 학교의 계급 선별과 계급재생산 구조를 연구했다. 이진교는 요사코이마쓰리를 소재로 홋카이도와 고치高知현의 도시축제의 실행과 참여집단을 연구했으며, 이강원은 방재과학기술의 공공재로서의 측면을 고찰했다. 이영진은 전쟁에서 죽은 특공대원의 넋을 달래는 위령과 죽음의 정치를 주제로 가고시마와 도쿄를 비롯한 중앙정치 무대를 조사지로 하여 특공대 출신 전사자에 대한 위령과 기억이 어떤 모습을 하고 있는가를 고찰했고, 진명숙은 고치현의 유스하라檮原정에서 환경의 상징을 통하여 지역활성화를 도모하는 지역사회의 정치과정을 고찰했다. 오은정은 한국과 일본을 오가는 현지조사를 하면서 원폭피해자가 피폭자로 인정되는 과정에서 과학·정치·관료제가 작용하는 메커니즘을 피폭 생존자를 대상으로 하는 생애사, 문서자료 분석 등을 통해 규명했으며, 차은정은 패전 후 조선에서 귀국한 일본인을 대상으로 재조귀환자가 고향을 어떻게 이미지화하고 해석하는지를 기억의 정치학이라는 틀로 분석했다. 조수미는 오사카에 거주하는 오키나와인의 음악과 춤의 실천양상을 분석하여 박사논문을 작성했다.

인류학자에게 박사논문을 위한 현지조사는 적어도 1년 이상 체류하는 것이며 전문연구자로서의 출발점이기도 하다. 제1세대의 연구지역은 동일본 지역에 편중되어 있으며 하나의 지역사회나 집단을 대상으로 하는 것이 보통이다. 이것은 제1세대 연구자들이 마을연구 패러다임에 충실하고 도쿄를 중심에 두고 생각하는 한국인 연구자들의 성향을 반영하고 있기 때문인 것으로 보인다. 그런데 제2세대의 경우에는 조사 지역이 전국에 걸쳐 있으며 조사지 혹은 조사대상이 여러 지역에 걸친 경우도 있다. 오은정의 경우 히로시마, 나가사키, 한국을 오가며, 이영진의 경우는 가고시마와 도쿄를 교차하는 연구를 진행했으며, 이강원의 경우에는 지역사회와 방재연구소를 잇는 현지조사를 수행했다.

박사논문의 주제를 살펴보면, 제1세대에서는 지역사회와 인간집단을 대상으로 공동체성을 분석하고 공동체 담론의 해체를 시도하기도 한다는 면에서 전통적 인류학의 색채를 반영하고 있다. 이에 비해 제2세대에서는 현지조사의 대상이 지역사회나 고정집단에 한정되지 않으며 이런 특징을 반영하여 과학기술, 관료제, 감성과 인식 등이 일본 연구의 주제에 포함되어 있다는 것을 알 수 있다. 박사논문에서 전통적 방식으로 접근했던 김효진과 같이 이후 대중문화와 서브컬처에 대한 활발한 연구가 진행되기도 한다. 제1세대가 영역이나 주제설정에서 한정적인 데 비해 제2세대는 자유롭게 확장해 가는 모습을 보여준다.

제1세대와 제2세대의 물리적 구분에서 흥미로운 것은 2000년을 전후하여 10년이 조금 못 미치는 기간 동안의 단절이다. 박사논문을 위한 현지조사 지역 선정이 아무리 짧아도 최종학위 취득보다 5년 이상 전에 이루어진다는 점을 감안하면 1990년대 말부터 2000년대 중반까지 일본 지역을 조사지로 선택하지 않았다는 것이 된다. 박동성과 진필수의 경우 조사지를 일본으로 정한 것은 1990년대 후반이고 박사논문의 완성이 늦어져서 학위취득 시기가 늦었다고 보면 이런 견해는 타당하다.

이것은 한국의 인류학과 학생이 조사지를 정할 때 그 지역에 대한 전망을 고려하여 지역을 선택한 결과를 반영한다. 이제까지 한국인의 박사학위 취득자는 꾸준히 증가해 왔다.[3] 2000년대 들어서 인류학 전공의 학위자도 전체적으로는 증가했지만 일본 전공자의 증가율을 상대적으로 낮다. 중국, 동남아 지역을 전공하는 인류학자가 현저히 증가한 것은 일본 연구자의 증가율 감소와 시기가 일치한다. 한국 사회에서 인류학자의 숫자는 꾸준히 늘었고 이것은 한국의 지역연구에 대한 관심 정도와 비례한다. 연구지역은 아시아에 집중되어 있는데 1980년대까지 일본에 집중되어 있던 경향이 다른 지역으로 분산되거나 오히려 중국과 동남아시아 지역으로 편중되는 시기가 1990년대 후반이었던 셈이다. 그리고 2000년대 중반에 들어 다시 일본에 대한 관심이 증가하고, 그 결과가 2010년대에 박사학위 취득자가 현저하게 증가하는 현상으로 나타나고 있다.

---

3 국내 박사학위 취득자 현황을 보면 1990년 2,481명에서 2013년 1만 2,625명이며, 사회과학 계열은 1990년 424명에서 2014년 2,405명으로 1년에 배출하는 인원이 5배 이상 증가했다(http://www.index.go.kr/ 나라지표 사이트의 박사학위 취득자 현황 통계자료 참조). 인류학 전공 박사학위 취득자도 증가했으나 지역으로는 중국, 동남아 지역 전공자가 크게 증가하고 북미, 라틴아메리카 등의 지역 전공도 증가하여 일본 지역 연구자의 증가율은 상대적으로 낮다.

공동연구와 연구교류

지역전문가로서의 인류학자는 분과학문 내에서 혹은 다른 분야의 지역전문가와 공동으로 지역연구를 수행하게 된다. 일본 전문가로서 한국인 학자만으로 구성된 공동연구팀의 연구가 시작된 것은 한국 사회의 지역연구에 대한 관심이 고조되는 것과 더불어 진행되었다.

앞에서 살펴보았듯이 1970년대부터 일본의 연구팀에 한국인 인류학자가 합류하는 형식의 연구가 이루어져 왔고, 1980년대가 되면 '한일어촌연구', '한일농촌연구' 등 한일 학자의 공동연구가 이루어져 왔다. 1990년대부터는 지역연구에 대한 관심의 증가와 일본 지역을 전공으로 하는 신진 인류학자들의 참여로 인류학자가 주축이 되는 공동연구가 이루어지기 시작했다. 이런 공동연구에는 인류학자만으로 이루어진 공동연구, 인류학자가 주도적으로 참여하고 민속학·역사학·사회학·문학 등 타 분야와의 학제적 연구를 수행하는 공동연구 형태도 있다.

여기서는 일본 지역 전공 인류학자가 주도적으로 참여한 공동연구와 일본 연구자 간의 교류를 중심으로 일본 사회에 대한 지식축적 과정을 살펴보겠다.

1. 인류학의 공동연구

1992년 서울대학교 비교문화연구소에서 한국학술진흥재단의 대학부설연구소 지원과제에 응모하여 지원된 연구비로 「일본의 지방자치」 과제가 수행되었다. 전경수를 연구책임자로 하고 정병호·한경구·김양주가 공동연구원으로 구성된 연구팀이었다. 과제의 핵심은 일본 지역을 전공하는 인류학자가 일본 지역에 대한 현지조사를 통하여 지방자치의 현실을 규명한다는 것이었는데,

지역으로는 당시 김양주 박사의 조사지였던 고치현의 유스하라정이었다.

이 연구팀은 1993년에 현지조사를 하고 1994년 4월 23일 서울대학교 비교문화연구소의 제3회 학술심포지엄에서 연구결과를 발표했다. 이 심포지엄에서는 조사지인 유스하라정의 주민이 발표자와 토론자로 참가하여 현지조사의 결과물에 대한 발표와 논의가 이루어진 것이 인상적이었다. 당시 유스하라정은 인구 5,000명이 좀 안 되는 기초지방자치단체로 인구 유출이 이미 상당히 진행된 지역이었다.

이 공동연구에서는 한 지역에 대한 종합적 이해라는 인류학적 지역연구의 전형을 지키기 위하여 애쓴 흔적을 볼 수 있다. 시공간·인구·행정·교육·복지·종교·축제·주민네트워크·지역성·외부사회와의 관계 등 지역사회를 구성하는 모든 측면을 담고, 이것을 '일본 지방자치의 인류학적 접근'으로 포장하여 지역연구를 주도하려는 시도를 엿볼 수 있다. 이 연구 결과는 『숲과 물과 문화의 마을, 유스하라: 일본 지방자치의 인류학』(1997)으로 출판되었다.

다음에 이루어진 공동연구로는 서울대학교 지역종합연구소를 통하여 한국학술진흥재단의 지원을 받아 1996~1999년까지 3년간 수행된 「관광연구를 통한 일본문화의 분석: 역사적, 문화인류학적 분석」을 들 수 있다. 이 과제는 연구책임자 문옥표, 공동연구원 황달기·김양주·권숙인으로 구성되어 여행과 관광의 역사, 현대의 관광, 관광개발과 지역 등을 주제로 광범위한 현지와 역사를 망라한 연구였다.

유스하라의 지방자치 연구에 비하여 일본의 관광 연구는 인류학적 연구로서 진일보한 면을 보인다. 공동연구는 팀으로 수행하기 때문에 박사과정에서와 같은 장기적인 현지조사가 불가능하다. 이를 보완할 수 있는 것은 연구기간을 장기화하고 연구팀 내부에서 조사자료와 자료분석의 결과를 공유하는 것이다. 일본의 관광 연구는 3년 이상의 기간이 주어지고 그동안에 현지조사와 팀원끼리의 공동 세미나가 지속적으로 이루어졌다는 점에서 인류학의 장점을 부각시킬 수 있었다고 보인다. 이 연구 결과는 공동연구자 각자가 학술논문으로 출판하고 이후에 『일본인의 여행과 관광문화』(2006)라는 공저로 출판되었다.

1990년대 후반부터 2000년대 초까지는 수년 동안 일한문화교류기금의 지원을 받아 한일 간에 서로 상대 국가를 전공 지역으로 하는 인류학자들로 구성된 공동연구가 진행되었다. 한국 측 연구자는 한경구·문옥표·권숙인·홍성흡·김양주 5명이며, 일본 측 연구자는 이토 아비토·시마 무쓰히코·히데무라 겐지秀村研二·혼다 히로시本田洋·스에나리 미치오 5명이다. 권숙인의 설명(2014)에 따르면, 이 공동연구는 상대국을 연구하는 인류학자들이 모여 공통의 주제를 설정하여 연구를 진행하고, 그 결과를 한 권에 담아 자연스럽게 비교연구가 될 수 있게 하는 기획이었다. 이 공동연구는 한국에서 『한일 사회조직의 비교』(2002), 『한일 사회의 중심과 주변』(2007)으로 출판되고, 일본에서는 『韓日社会組織の比較』(2002), 『中心と周縁から見た日韓社会の諸相』(2007)으로 출판되었다.

2002년도 국립민속박물관의 학술연구용역사업으로 문화인류학회가 주관하여 수행한 공동연구과제인 「일본 관서지역 한인동포의 생활문화」는 오사카지역을 중심으로 재일동포의 생활문화를 조사한 결과로, 같은 해 12월에 보고서로 출간되었다. 연구책임자는 문옥표, 공동연구자로는 한경구·유철인·권숙인·오지은·정병호가 참여했다. 국립민속박물관의 2005년도 사업은 「일본 관동지역 한인동포의 생활문화」이며 가와사키시 남부의 게이힌공업지대에 거주하는 한인동포와 그 자손을 대상으로 생활문화를 조사하여 보고서로 출간했다. 연구책임자는 문옥표, 공동연구자로는 하종문·김병철·홍성흡·이경·남근우가 참여했다.

사실 지역연구에서는 인류학자만으로 구성되는 공동연구보다는 학제적 연구에서 주도적 역할을 하는 경우가 더 많다. 지역연구의 양적·질적 진전에 따라 인류학자의 참여가 요구되는 상황이 일반적인데, 이는 일본 지역도 예외가 아니다.

일본에 대한 학제적 연구에서 가장 중요한 업적으로는 가와사키 지역을 대상으로 하여 1993년부터 3년간 진행한 일본의 도시연구를 꼽을 수 있다. 이 연구는 인류학자 2명과 사회학자 7명이 연구모임활동을 하던 중에 당시 서울대학교 지역종합연구소에서 지원하는 지역연구과제에 응모하여 선정되어 진행하게 된 과제이다. 연구주제는 가와사키시의 근린사회조직 초나이카이町內會 연구로 사회학자인 이시재가 주도하여 시작했다. 이 연구팀은 사회학자를 위주로 구성되었지만, 인류학의 조사방법을 채택하여 일본 현지조사 경험이 있는 인류학자인 문옥표와 한경구가 주요 역할을 담당했다. 조사방법은 초기에는 전원이 함께 움직이는 방식의 조사에서 개별적 관심에 따라 조사를 수행하는 방식으로 진행되었다. 관건은 새로운 조사방법론의 시험 결과를 가지고 공동연구의 취지를 살려서 정리하는 것이었는데, 이를 위하여 공동으로 혹은 개인별로 작성한 현지조사 노트를 발표하고 공유했다. 또한 수집한 유인물·복사물·녹음테이프·비디오테이프·노트 등을 분류하여 통합관리했다. 이때 수집한 자료는 디지털아카이브가 되어 한국연구재단의 기초학문자료센터KRM에서 볼 수 있다. 그리고 연구결과는 『일본의 도시사회』(2001)로 출간되었다.

인류학자가 주도하는 일본 지역의 공동연구는 2000년대 중반까지 한동안 정체를 보였지만 2000년대 말이 되면 활기를 되찾는다. 서울대학교 일본연구소의 예를 보면 이런 상황을 잘 알 수 있다. 서울대학교 일본연구소는 '현대일본 생활세계 연구의 세계적 거점 구축'을 어젠다로 하여 2009년에 인문한국지원사업의 지원을 받았다. 특히 '생활세계 연구'는 문화인류학의 주도적 역할이 요구되는 주제로 「현대일본의 전통문화와 예술」, 「전후일본의 생활세계와 동아시아」, 「포스트 고도성장기 일본의 사상과 문화표상」, 「고도성장기 에너지 전환과 생활세계의 변화」, 「일본의 사회적 격차와 공공성의 재구축」, 「생활평화주의의 형성과 전개: 전후 일본인의 생활과 평화」, 「공동체의 변형과 사회적 연대의 재구성」, 「거시정치학: 정치와 문화-기능에서 표상으로」 등의 공동연구과제에 인류학자가 연구책임자가 되거나 공동연구자로 참여하고 있다. 이러한 공동연구과제의 수행은 현지조사 활동, 연구과정의 보고를 위한 학술회의, 연구결과의 발표와 출판을 통하여 인류학 분야의 일본에 대한 지식축적과 연구교류라는 결과로 나타나고 있다.

2. 연구와 교류 모임

앞의 사례에서 보았듯이 일본 지역 연구의 활성화와 더불어 인류학자들이 프로젝트에 참가하는 경우가 많아졌고 인류학자가 주도하는 공동연구 프로젝트도 있었다. 그런데 공통의 문제의식을 가지고 새로운 어젠다를 개발하고 담론을 생산하기 위해서는 공동연구를 뛰어넘어 일본 연구자 내부에서 지속적으로 대화가 이루어질 수 있어야 한다. 여기서는 한국 국내와 한일 간 연구자의 교류에 대하여 비교적 최근에 있었던 두 가지 사례를 소개하면서 이것이 한국 인류학의 일본 연구에서 어떤 의미를 갖는지 살펴보도록 하겠다.

일본사회문화연구회는 2008년 1월 19일에 7명이 모여 준비모임을 가지고 2월 25일에 12명이 모여서 발기인 모임을 개최했다. 회원은 참가의사를 표현한 26명으로 하고 사회학자인 이종구를 회장으로 선임하여 연구회를 진행했다. 이 모임은 일본 연구에서 현지조사를 통한 공동작업을 한 경험이 있는 인류학자와 사회학자가 주축이 되어 연구자들의 정기적인 회합과 주제 개발이 필요하다는 인식하에 만들어졌다. 그래서 회원 자격을 필드워크를 통하여 일본을 연구하는 연구자로 한정하고 특별히 전공제한은 두지 않기로 했다.

2000년대 들어서 일본 지역 연구는 저조해지고 새로운 연구자의 충원도 잘 이루어지지 않았다. 이런 상황에서 자유롭게 연구상황을 발표할 수 있는 장을 마련하여 개인의 연구를 발전시킬 수 있는 기회를 제공하고 공통의 주제를 개발할 필요성에 대한 문제의식이 연구회 설립으로 발전한 것이다.

연구회는 학기당 2, 3회 정도 개최되었고 진행 중인 연구, 미완성 초고, 연구 동향, 이미 발표한 논문 등 자유롭게 발표할 수 있도록 하며 학회와 달리 한 사람의 발표와 토론에 최소한 1시간 이상을 할애했다. 개인적인 차원에서 개별 논문의 발표, 연구주제의 검토 등이 이루어지고, 연구회 전체 차원에서는 공통의 문제의식과 어젠다의 발굴이 이루어졌다. 초기 연구회의 성과는 서울대학교 일본연구소의 어젠다와 사업계획에 중요한 아이디어를 제공한 것을 들 수 있다. 그리고 한일협약 50주년 기념총서 사회·문화 분야의 공동연구도 일본사회문화연구회에서 공통의 관심사를 정리한 결과라고 할 수 있다.

2008년 9월 1일부터 2010년 8월 31일까지 2년간 한국과학재단과 일본국립민족학박물관이 공동으로 지원하는 해외교류협력 프로그램의 지원을 받아서 「한일 간의 인류학 연구 및 교류」 과제를 수행했다. 한국 측 참가자는 전경수·유명기·김주희·박순영·박동성·진필수로 6명, 일본 측 참가자는 아사쿠라 도시오朝倉敏夫·이토 아비토·시마 무쓰히코·오카다 히로키岡田浩樹·오타 심페이太田心平·오타니 사치코小谷幸子·이선애李善愛·고정자高政子·하야시 후미키林文樹로 9명이었다.

이 기간 동안 한일 양국의 인류학자가 각각 자신의 연구결과를 발표하는 장을 한일 양국에서 가졌으며 상호 간에 관심주제를 공유하고 교류를 통하여 새로운 주제를 발굴하는 노력을 기울였다. 발표회는 한국 서울대학교에서 1회,

일본국립민족학박물관에서 1회, 미야자키대학에서 1회 개최하여 총 3회를 개최했다. 이러한 교류와 주제 발굴의 노력은 후속세대가 지속적으로 교류할 수 있는 기반을 마련하기 위한 시도였다.

그러나 「한일 간의 인류학 연구 및 교류」는 과제가 종료된 이후 아직 후속 프로그램으로 이어지지는 못하고 있다. 주된 요인은 후속 세대와의 유기적인 연결고리가 만들어지지 않았기 때문일 것이다. 앞에서 제1세대로 분류한 일본 연구자를 포함한 앞 세대에서는 한일 간 문화인류학자들의 교류와 더불어 공동연구도 활발하게 이루어져 왔다. 그러나 새롭게 일본 연구자 대열에 합류한 후속 세대와의 교류는 공동연구팀을 위주로 이루어져서 세대 간의 교류가 약하다. 이런 원인 중 하나는 신진 연구자들과의 연결고리를 담당해야 할 중견 연구자들의 가교 역할이 제대로 이루어지기 어려운 시대상황 때문일 것이다.

2000년대 이후 신자유주의 체제는 인문사회 분야 연구자들에게도 학문 외적인 부담을 크게 증가시켜 중견 연구자들이 학문공동체에서 활약하는 것을 어렵게 했다. 그렇지만 연구자에게 문제의식과 담론의 생산은 학문적 업적을 사회에 환원하는 과정이라는 점에서 보면, 일본 연구에서 인류학자의 공동연구와 학문적 교류의 중요성을 강조하지 않을 수 없다.

맺음말

한국에서 활동하고 있는 일본 지역 전공 문화인류학자는 20명 정도이다. 학회를 만들거나 내부적인 다양성을 논하기에는 여전히 많지 않은 숫자이지만 인류학자의 전공 지역을 국가 단위로 보면 일본이 가장 많다. 그리고 새롭게 일본 연구자의 대열에 합류하는 인류학자가 증가하면서 연구주제도 다양해지고 있다. 그로 인해 한국 지역연구의 방향설정에 일본을 연구하는 인류학자의 역할은 중요하다.

일본의 한국 연구에도 인류학의 역할은 중요하다. 한일 간 학술교류가 진행되면서 상호 영향을 미치는 범위와 방식도 점차 커지고 있다. 가령, 전경수의 인류학사 연구는 한국 인류학의 역사를 연구하기 위한 시도로 출발해서 일본 인류학사를 다시 쓰게 하고 있다. 자료의 발굴, 기존 자료의 재해석, 오류의 수정 등은 일본인 인류학자와 민속학자들에게 중요한 영향을 미치고 있으며 공동연구를 통하여 구체적인 결과를 만들어내고 있다. 시마의 마을연구나 이타가키의 역사인류학적 연구도 한국의 기존 학설에 대한 재검토를 요구하고 있다.

한편 연구와 강의를 병행하는 일본 연구자의 입장에서 보면, 한국 인류학자의 일본 연구는 마을연구나 미시적 접근을 하는 것이 보통이지만 학부강의는 일본 문화라는 추상적인 단위로 하지 않을 수 없다. 이것은 인류학자의 딜레마이지만 문화연구자로서 풀어나가야 할 숙제이기도 하다. 미시적인 연구는 연구자 개인의 영역이지만 거대담론에 관한 문제는 학문공동체의 인식 공유가 필요하다. 필자가 일본 사회에 대한 현지연구를 시작한 지는 약 20년이 되었지만 같은 조사지에서도 항상 특별한 문화현상의 발견이 있다. 이러한 미시적 차원의 문제도 학문공동체 속에서 대화를 통하여 거시적인 문화에 위치시킬 수 있어야 한다.

인류학에 대해 기대를 거는 것은 연구자가 직접 생활세계를 경험하고 그것을 학술연구의 결과물로 만드는 것이기 때문에 연구대상 사회의 실상에 보다 접근할 수 있기 때문이다. 한일협약 이후, 특히 최근 20여 년 동안 일본 사회에 대한 시각은 크게 변했다. 전통적인 일본관은 여전히 지속되고 있지만 민간 교류의 폭은 넓어지고 교류의 지속에 따라 이해의 깊이도 생겼다. 그리고 일본에 대한 지식이 축적되면서 객관적으로 일본 문화를 바라보려는 태도를 가지는 사람들도 많아졌다. 이런 변화에 일본 지역을 연구하는 한국 인류학자들의 기여가 어느 정도인지 평가하기는 어렵지만 일본 문화에 대한 연구나 발언이 필요한 장에 인류학자가 개입할 기회가 많아졌고 중요한 담론을 생산하고 있기도 하다. 이런 기회는 앞으로도 지속적으로 증가할 것으로 예상된다. 여기에서 중요하게 생각해야 할 것은 연구의 다양성과 더불어 방향에 대한 공감대를 만들어 나가야 한다는 점이다.

지리적인 인접성, 접촉의 깊이, 식민지 시대부터의 지식의 축적 등으로 본다면 한국의 일본 연구는 서구에 비하여 비교우위에 있는 것이 당연한데도 불구하고 과거 한국 사회에서 일본에 대한 체계적인 지식은 서구를 경유하여 간접적으로 수입되는 경향이 있었다. 인류학 분야에서도 해방 후 한국의 문화인류학은 식민지기의 축적을 제대로 계승하지 못하고 출발했다. 그러나 1990년대 이후의 탈식민주의의 연구경향과 축적, 일본 지역 연구의 활성화, 일본 전공 인류학자의 증가 등으로 연구 여건이 크게 개선되었고 일본·중국·동남아시아·서구와 학술교류의 폭도 넓어졌다. 이런 상황에 대응하여 실증적 색채가 강한 일본 인류학, 이론적 색채가 강조되는 서구 인류학에 대하여 한국 인류학의 색깔을 만들어가는 것이 앞으로의 과제이다.

참고문헌

권숙인(2014), 「한국 인류학의 일본연구: 1980년대 이후를 중심으로」(미간행).

김택규(1985), 『한국 농경세시의 연구-농경의례의 문화인류학적 고찰』, 영남대학교출판부.

문옥표(1997), 「한국 인류학의 지역연구 동향」, 최협 편, 『인류학과 지역연구』, 나남출판.

박동성(2011), 「전후 일본에서의 해외지역 현지조사와 아시아 인식」, 『순천향인문과학논총』 제29집.

임경택(2008), 「한국인 인류학자들의 일본 연구」, 한국문화인류학회 엮음, 『문화인류학 반세기』, 소화.

전경수(1999), 『한국인류학 백년』, 일지사.

혼다 히로시(2010), 「일본 인류학에서의 한국 연구-1980년대 이후」, 『한국연구재단 Webzine 사회과학논단』 6호(8월).

張籌根(1974), 『韓国の民間信仰』, 동경: 金花舎.

Itoh Abito(1992), "The Style and Background of Japanese Studies in Korea", Harumi Befu and Josef Kreiner(eds.), *Otherness of Japan: Historical and Cultural Influences of Japanese Studies in Ten Counturies*, Monographien aus dem Deutsches Instutut für Japanstudies der Philipp-Franz-von-Suebold Band I, Tokyo.

17장

일본 인류학자의 한국 인식

1970년대 초 이후의 필드워크와 민족지적 지식의 축적

혼다 히로시

머리말

해방 후 한반도에서 일본 인류학자가 필드워크와 민족지적 연구를 재개한 것은 한일 국교정상화로부터 5년 남짓 경과한 1970년대 초 한국의 농촌에서였다.[1] 1973년에는 이미 일본과 한국의 인류학자·민속학자 8명의 논고를 수록한 『한국 농촌의 가족과 제의』가 간행되었는데, 편자인 나카네 지에中根千枝

1 '민족지'(民族誌, ethnography)란 20세기 초 이후의 사회·문화인류학(이 글에서는 '인류학'으로 약기)에서 연구자 자신이 직접 필드워크(참여 관찰과 연구협력자의 구술 기록을 중심으로 한 현장에서의 자료수집)를 진행하여 그 성과를 토대로 기록한 텍스트(분석·해석을 포함한 기술), 또 이러한 일련의 연구 방법을 가리키는 용어로 사용된다. 제목의 '민족지적 지식'이란 민족지적 연구방법에 따라 (가시적·물질적으로는) 텍스트로서 민족지 형태로 축적되어 온 지식을 의미한다.

(1973: 1)는 그 서문에서, 당시 일본의 농촌과 남서제도에 대한 활발한 조사연구와 비교하여, “이들 연구와도 밀접한 관련을 지닌 한국 농촌에 대해서 우리 일본 연구자들이 알고 있는 지식은 극히 빈약하다고 할 수 있다”[2]라고 쓰고 있다. 이러한 나카네의 반성적인 지적으로부터 40여 년이 경과했고 그 사이 적지 않은 인류학자들이 한국에서 조사연구를 실시했다. 그 연구대상도 초기에는 농촌·촌락의 사회조직과 의례·신앙에서 시작해, 도시부의 기독교나 무속의 다양한 전개, 이주·이동과 생계·생업의 영위, 나아가 다양하게 분화하는 사람들의 삶의 방식으로 폭넓은 전개를 보이고 있다. 이와 병행해서, 지역사회의 역사적 변화에 천착한 연구나 식민지성, 근대성을 반성적으로 재검토한 연구도 시도되게 되었다. 이 글에서는 40여 년간의 이러한 연구 전개 과정 속에서 다이나믹하게 변동하는 필드=현장과의 다양한 관계를 통해 일본의 인류학자가 한국 사회에 대해 어떠한 인식을 형성해왔는지 생각해보고자 한다.[3]

인류학자의 조사연구의 특색으로, 이론적인 관심이나 사회·문화 비교의 관점과 함께 연구대상으로 정한 필드에서 생활하는 사람들과 밀접한 상호 교섭을 통해 자료를 수집하고 인식을 구축해가는 점을 들 수 있다. 그중에서도 인

---

2 中根千枝 編(1973),『韓国農村の家族と祭儀』, 東京大学出版会.

3 이 글에서 ‘일본의 인류학자’로 표현하고 있는 것은 일본의 연구·교육기관이나 학회에서 주로 일본어로 성과를 발표하고 연구활동을 하고 있는 유학생이나 외국인 연구자, 또한 재일코리안 등 일본에서 나고 자란 비일본적(非日本籍)의 학생과 연구자를 포함한 것이다. 또 후술하게 될 야마우치 후미타카(山内文登)처럼 일본 출신으로 해외의 연구·교육기관에서 인류학을 공부하고 일본어 이외의 연구언어로 연구활동을 하고 있는 사람도 포함하고 있다. 한일 인류학계만 보더라도 상호 간에 활발한 학계 참여가 이루어지고 있고, 학술 활동에 명확한 국경선을 긋는 것이 어려운 현 상황을 고려해서, 여기서 ‘일본의 인류학자’라고 지칭하는 것도 엄밀한 경계 구분을 전제로 한 표현이 아님을 양해 바란다.

류학자의 통과의례로도 일컬어지는 필드에서의 장기체재조사, 즉 인류학적 필드워크는 그 자체가 이문화에서의 생활을 몸소 체험하도록 되어 있다. 한국 사회를 연구하는 일본의 인류학자들은 필드에서의 생활 체험을 하나의 기반으로 삼고, 나아가 직접적인 필드 이외의 친구·지인 및 한국 연구자들과도 밀접하게 교류하면서 한국에 대한 인식을 형성하고 수정해왔다. 그런 점에서 일본 인류학자의 한국 조사연구도 일한 교류를 통한 상호 인식 형성의 한 방법으로 자리매김할 수 있을 것이다.

여기서는 1970년대 초부터 2010년대 중반에 이르기까지 일본 인류학에 있어 한국 인식의 형성과 전개를, ① 농촌·촌락조사의 융성, ② 산업화·도시화를 배경으로 한 다양한 접근의 모색과 역사적 시각, ③ 분화하는 삶의 방식에 대한 (재)맥락화의 시도라는 세 가지 국면으로 나누어 생각해 보고자 한다. 이 구분은 대체로 시간적인 선후관계에 놓이고, 또 연구자들의 세대구분과도 대체로 일치하지만, 같은 시기·같은 세대 연구자들 간의 연구대상과 이론적 시각의 차이로도 나타나며, 또한 한 연구자의 연구 전개 과정이라는 형태를 띠기도 한다. 필자 자신도 농촌·촌락연구의 풍부한 성과에 접한 것을 계기로 초반에는 농촌에서 체재조사를 실시했지만, 산업화 과정에서의 급격한 사회경제적 변화를 목격하고 전후 제1세대 한국 연구자들과는 다른 접근을 모색하게 되었다. 최근에는 한국 사회를 살아가는 사람들의 다차원적으로 분화하고 착종錯綜하는 삶의 방식에 대해, 차이를 차이로서 받아들이면서 가교적으로 이해할 필요성을 강하게 느끼고 있다. 그런 점에서 이 세 가지 단계 구분은 필자의 연구와 한국 인식의 전개와도 중첩되는 것이다. 이하 필자의 조사연구 경험을 하나의 축으로, 각각의 국면에서 한국 사회에 대해 어떠한 인식이 만들어지고 또 그것이 어떻게 재수정되었는지 살펴보도록 하겠다.

농촌·촌락 조사의 융성

전후 일본 인류학자에 의한 최초의 한국 농촌조사는 1971년 여름 사토 노부유키佐藤信行와 이토 아비토伊藤亜人가 제주시 교외 오라 1동에서 실시한 1개월 정도의 단기조사였다. 이것은 제주도 출신 민속학자로 1970~1971년에 도쿄대학 대학원 사회학연구과 문화인류학 전문과정에 유학한 현용준의 소개에 따른 것이었다.[4] 이 3명은 모두 앞서 말한 『한국 농촌의 가족과 제의』의 기고자들이다. 단 현용준은 제주도의 무속, 사토는 제주도의 가족을 논한 데 반해, 이토는 전라남도 진도의 가족과 제의를 다루고 있다.[5] 진도는 한반도 남서부의 연해 도서부에 위치한 한국에서도 유수의 규모를 자랑하는 섬으로, 이토는 1972년 9월 진도군 읍내(조선시대 이후의 지방관청 소재지)에서 지역조사를 개시, 그 후 진도 남서부에 위치한 임회면 상만리라는 농촌으로 옮겨 체재조사를 실시했다. 일본인의 한국 농촌 장기조사로서는 이것이 전후 최초의 사례가 되었다.[6]

타이완 소수민족을 조사연구했던 스에나리 미치오末成道男도 이토와 같은 시기에 한국에서 조사를 개시했다. 스에나리의 경우, 1972년 3~4월과 같은 해 9~10월 경상북도 성주에서의 조사를 시작으로, 1980년대 초까지 경상북도 안동(1973. 10.~11.), 동해안 어촌 동포(1979. 3.~1980. 3.) 및 그 인근의 양

---

4 玄容駿(2010), 「玄容駿氏に聞く, 『済州島巫俗の研究』と人々の生活」, 『済州島研究』 2.

5 1973년 간행 시점에 현용준은 제주대 교수, 사토는 국제기독교대 교수, 이토는 도쿄대학 조교였다.

6 단 이토의 상만리 조사는 2~5개월 정도를 반복해서 체재하는 형태로, 1974년 말까지 총 4번의 조사를 실시했다. 伊藤亜人(1977), 「契システムにみられる*ch'inban-sai*の分析: 韓国全羅南道珍島における村落構造の一考察」, 『民族学研究』 41巻 4号, 171쪽.

반촌락(1982. 9.)에서 조사를 실시했다.[7] 같은 시기의 장기체재조사에는 이 밖에도 도쿄대학 졸업 후 토론토대학에서 유학한 시마 무쓰히코嶋陸奥彦가 1974년 8월부터 1975년 8월까지 전라남도 나주군 청산동에 체재했고,[8] 1978년 일본 문부성의 아시아제국파견유학생アジア諸国派遣留学生으로 한국에 유학한 시게마쓰 마유미重松真由美가 무속연구를 위해 같은 해 11월부터 1980년 4월까지 경기도 양주군 K마을에 체재했다.[9] 중부 인도와 태국 농촌에서 필드워크를 경험한 스기야마 고이치杉山晃一도 1979년부터 이듬해까지 10개월간 경상북도 경산군 덕천 1동에서 체재조사를 실시했다.[10] 스에나리나 스기야마와 같이 해외의 타 지역에서 이미 필드워크를 경험한 적이 있는 중견 연구자들뿐만 아니라, 해외에서의 본격적인 조사가 처음인 신진 연구자들도 정력적으로 한국연구에 임했음을 알 수 있다. 그들이 그 후 일본 인류학에서 한국연구를 이끌었을 뿐 아니라, 한국 및 해외 인류학자들과의 교류에도 힘을 기울여 일본 인류학에 있어 한국연구의 기초를 쌓았다.

그들 전후 제1세대 한국 연구자들은 모두 농촌조사에 주력했다. 왜 농촌을 (최초의) 조사지로 선정했는지에 대해, 이토는 진도에서의 조사 개시로부터 약 40년 후 당시를 회상하며 다음과 같이 쓰고 있다.[11]

---

7 中根千枝 編(1973), 앞의 책, 41~78쪽; 嶋陸奥彦·朝倉敏夫 編(1998), 『変貌する韓国社会: 1970~80年代の人類学調査の現場から』, 第一書房, 11쪽.

8 嶋陸奥彦(1976), 「「堂内」(Chib－an)の分析: 韓国全羅南道における事例の検討」, 『民族学研究』 41巻 1号.

9 嶋陸奥彦·朝倉敏夫 編(1998), 앞의 책, 117쪽.

10 嶋陸奥彦(2014), 「杉山晃一先生のご逝去を悼む」, 『韓国朝鮮の文化と社会』 13.

11 伊藤亜人(2013), 『珍島: 韓国農村社会の民族誌』, 弘文堂.

한국 사회를 연구하는 데는 여러 가지 방법을 생각할 수 있고 관찰 기술의 대상으로 다양한 수준을 상정할 수 있을 것이다. 그 가운데 주민들의 생활상에 직접적이면서 구체적으로 접근하고자 했을 때, 내게 있어 1970년대 한국에서 지속적인 참여관찰이 가능한 '지역사회'는 농촌이었고, 농촌을 제쳐두고 다른 현실적인 대상은 생각할 수 없었다. 토지와 직결된 농업을 기반으로 한 일상생활에는 사람들의 경험과 지식이 집적되어 있고, 또 사회생활에 있어서도 농촌은 자치적인 촌락조직이 가장 안정되어 있는 지역단위임에 틀림없다고 생각했다.

농촌조사가 우선시된 배경으로, 먼저 ① 당시의 인류학적 필드워크에서는 자율성이 높고 비교적 규모가 작은 지역커뮤니티에 들어가 생활하는 것이 주류였던 점, ② 서구의 인류학자로서는 한국에서 처음으로 본격적인 필드워크를 실시한 브랜트Vincent S. R. Brandt도 명시하고 있듯이[12] 북미 문화인류학을 중심으로 농민사회연구가 축적되어 있었던 점,[13] ③ 전술한 나카네의 지적과 같이 일본에는 전전부터 촌락사회에 대한 연구가 상당량 축적되어 있었던 점 등을 들 수 있다. 덧붙여 한국의 경우, 단순히 농민사회연구에 국한되지 않는 보다 풍부한 연구 가능성이 농촌에 잠재되어 있었기 때문이기도 하다. 즉, 농촌은 농업을 주생업으로 하는 이들이 생활하는 장소일 뿐만 아니라 전통적인 엘리트들의 활동무대이기도 했다.

앞서 말한 『한국 농촌의 가족과 제의』의 권말에 수록된 수필에서 나카네는

---

12 브랜트는 1966년에 충청남도 서산군(당시)의 반농반어촌 석포에서 1년 가까이 체재조사를 실시했다.

13 Vincent S. R. Brandt(1971), *A Korean Village: Between Farm and Sea*, Harvard University Press, pp. 19~36.

한국 학자들과의 교류에 대해 “오랜 유교문화를 통해 길러진 예절이 현대 생활 속에서도 일상생활의 윤활유와 같이 기능하고 있다”고 적고 있다.[14] 또한 그 이듬해 발표한 「사회인류학과 동아시아」라는 제목의 연구보고에서는 동아시아를 필드로 한 사회인류학적 연구의 과제로서, 늘 보다 보편적인 이론적 관심을 견지하고 연구를 전개해야 할 필요성과 함께, “복잡한 정치, 경제의 발전 역사 속에서 양성되고 유지되어 온 사고양식, 조직원리, 세계상의 인식방법 등을 찾아내는 방향으로 각각의 테마, 필드와 마주하는 것이 필요할 것이다”라고 이야기하고 있다.[15] 스에나리가 성주와 안동에서 조사한 촌락도, 이토가 조사한 상만리도, 그리고 시마가 조사한 청산동도, 조선시대 후기(17~19세기)에 중앙과 지방에서 특권적 신분을 향유하던 사족(국가의 문무관료를 배출한 가계), 소위 ‘양반’의 계보를 이어받은 이들이 집단적으로 거주하던 촌락이었다. 그들은 멀게는 고려시대, 혹은 그 이전까지 거슬러 올라가는 계보를 지니고, 역대 조상의 제사를 지내기 위한 부계친족단체(문중·종중)를 조직하며, 지방에서 유교전통의 담당자가 되어 있었다. 즉 그들은, 복합적 사회의 오랜 역사 속에서 길러진 사고양식·조직원리·세계인식을 계승하는 존재였다.

시마는 1978년 발표한 논고에서, 영국 사회인류학계에서 활발했던 아프리카의 법인적 단계혈통집단(리니지, lineage)에 관련된 논의나 중국 종족연구를 바탕으로 부계친족조직(시마의 용어로는 ‘동족조직’)과 지연성地緣性의 문제를 제기했다. 한국의 문중은 공유재산을 기반으로 한 친족단체로 큰 문중 속에 작은 문중이 속하는 중층적 구성을 띠는데, 상위문중의 경우 전국적인 규모로

---

14 中根千枝 編(1973), 앞의 책, 184쪽.

15 中根千枝(1974), 「社会人類学と東アジア」, 『民族学研究』 39巻 4号.

조직화되어 있어서 아프리카의 리니지나 중국의 종족과 같이 지역적으로 한정된 리니지로 파악하기가 어렵다. 시마는 청산동 주민이 소속된 제 문중의 사례를 검토하여 촌락이나 지역을 뛰어넘은 사람들의 이동(지리적 확산)과 하위문중의 형성에 대해 논하고,[16] 나아가 그 후 간행된 관련 논고에서 다른 촌락, 지역에 거점(지역적 핵)을 둔 상위문중과의 접합이나 다른 하위문중과의 연합에 대해서 논하고 있다.[17]

한편 스에나리는 지위가 낮은 지방 중소양반의 자손이 명문양반과의 교제나 통혼, 하위문중의 정비, 조상제사의 수행, 또한 유교적 윤리·도덕의 실천 등 '양반'에 부합한 거동을 통해 일족의 지위를 유지하고 지역내에서의 계속적인 서열 상승을 꾀하는 현상을 '양반'화라 명명하며 논하고 있다.[18] 이토도 상만리의 사례를 바탕으로 개인의 행동양식에 있어 '양반다움'의 추구에 대해 논하고 있다.[19] 이토는 또한 유교의례에 따른 조상제사에 대해, 토착적·지방적인 전통에 기반해 현실생활의 요청에 따라 다채로운 형식을 취하는 비유교적 제 의례들과 달리, 중국으로부터 도입된 독자체계에 기반한 기본적·획일적 형식이 존중되는 한편, 실제 제사를 둘러싼 역할이나 협력관계에는 세대·

---

16 嶋陸奥彦(1978), 「韓国の門中と地縁性に関する試論」, 『民族学研究』 43巻 1号.

17 嶋陸奥彦(1987), 「氏族制度と門中組織」, 伊藤亜人·関本照夫·船曳建夫 編, 『現代の社会人類学1 親族と社会の構造』, 東京大学出版会; 嶋陸奥彦(1994), 「親族制度からみた朝鮮社会の変動: 族譜の検討を中心に」, 溝口雄三·浜下武志·平石直昭·宮嶋博史 編, 『アジアから考える(6) 長期社会変動』, 東京大学出版会; 嶋陸奥彦(2010), 『韓国社会の歴史人類学』, 風響社, 1·2장.

18 末成道男(1987), 「韓国社会の「両班」化」, 伊藤亜人·関本照夫·船曳建夫 編, 『現代の社会人類学1 親族と社会の構造』, 東京大学出版会.

19 伊藤亜人(1980), 「両班の伝統と常民: 韓国社会の文化人類学的考察」, 『中央公論』 4月 特大号.

문중·친구·촌락 등 여러 가지 사회관계·사회상황을 맥락으로 지역사회의 특질이 강하게 반영된다고 말하고 있다.[20] 시마, 스에나리, 이토의 연구는 모두 특정 촌락·지역에 국한되지 않는, 보다 보편성이 높은 조직원리나 사고·행동양식의 수용과 토착화를 염두에 두면서, 농촌에서의 체재조사를 통해 수집한 상세한 자료의 분석을 시도하고 있다. 그 점에서 앞서 나카네가 제시했던 연구과제에 부응하는 것이었다고 할 수 있겠다.[21]

화제를 되돌려서, 유교전통과 신분서열 등으로 체현되는 위계적 관계성이 당시 인류학적 한국연구의 하나의 초점을 이루고 있었다면, 다른 한편에서는 촌락사회에 속한 사람들의 비교적 대등한 관계성이나 유교의례에서 배제된 기복적·현세이익적 신앙세계에 착목한 연구도 마찬가지로 시도되고 있었다. 이토는 농촌에서의 상부상조조직과 그 기반이 되는 친구·지인관계의 분석을 통해 촌락 내 제 문중 간의 이해대립관계나 감정적 대립을 억제하는, 중심성이 낮은(일부 사람이 중심적·지도적 인물로 돌출되지 않는) 사회 네트워크를 조명하고 있다.[22] 시마는 부계친족관계를 기반으로 하면서도 때로는 모계나 처계 등 비부계친족도 추가되는 근친 간의 유연성 높은 상부상조와 협력관계에 대해서 고찰을 덧붙이고 있다.[23] 시게마쓰는 무속의례를 둘러싼 여성의 사회관계

---

20 伊藤亜人(1983), 「儒礼祭祀の社会的脈絡: 韓国全羅南道珍島農村の一事例を通して」, 江渕一公·伊藤亜人 編, 『儀礼と象徴: 文化人類学的考察』, 九州大学出版会.

21 이 글에서는 상세히 언급하지 못했지만, 민족지적 연구에 기반한 동아시아 여러 사회의 비교연구도 이 시기에 시도되고 있다. Mutsuhiko Shima and Janelli Roger L., eds. (1998), *The Anthropology of Korea: East Asian Perspectives*, Senri Ethnological Studies No. 49, National Museum of Ethnology(Osaka) 등을 참조 바람.

22 伊藤亜人(1977), 앞의 책.

23 嶋陸奥彦(1976), 앞의 책.

를 고부관계, 동서관계 및 올케(형제의 처) – 시누이(남편의 여형제) 관계를 중심으로 논하고 있다. 시게마쓰에 따르면, 결혼을 계기로 시댁 여성들의 네트워크에 편입되는 기혼여성에게 시댁 여성들과의 관계는 처음에는 긴장을 수반하지만, 동서관계는 고부관계의 긴장을 완화시키는 자매 같은 관계가 되고, 또 다른 집으로 시집간 시누이와의 관계는 친정 엄마와 딸에 버금가는 친밀한 것이 된다고 한다.[24]

1926년부터 해방까지 식민지 조선의 게이죠제국대학京城帝国大学에서 교편을 잡았던 사회학자 아키바 다카시秋葉隆는 서양 근대문명 수용 이전의 조선사회를, 여성을 중심으로 한 '무격(무속)적巫覡的 고문화古文化'와 남성 중심의 '유교적 신문화'의 대립과 상보 관계로 이루어진 '이중조직'으로 보았다.[25] 이를 바탕으로 하면 전후 제1세대의 한국연구는 유교전통과 토착적 제 전통, 친족과 이웃, 혹은 위계적 관계성과 평등적 관계성 등 두 종류의 실로 엮여 지역이나 촌락 마다 다른 모양을 띠는 한국의 사회구조를, 개별 상황에서의 치밀한 관찰과 기술에 의해 실증적으로 규명한 것이었다고 할 수 있겠다. 또한 그것은 보편성 높은 대전통(도시·국가의 엘리트 문화, 지역·국가의 경계를 넘어 전파되는 문명)의 수용, 조선시대에 비롯된 신분전통, 혹은 전국적인 규모에서 조직화가 이루어지는 부계친족조직 등 동시대의 개별 촌락 내부에 한정되지 않는 시공간적 확대를 보여준 것이었다. 게다가 거기에는 시마의 지리적 확산과 문중의 형성·재편성에 관한 논의나 스에나리의 '양반'화론과 같이, 이른바 전통사회

24 重松真由美(1980),「賽神にみられる女性の社会関係: 韓国京畿道楊州郡における巫俗の一考察」,『民族学研究』45巻 2号.

25 秋葉隆(1934),「村祭の二重組織」,『朝鮮民俗』2.

의 역동성에 주목한 관점도 포함되어 있었다.[26]

다른 한편으로, 이 시기의 조사연구에는 당시 이미 본격화되고 있었던 산업화 및 인구의 도시 유출 과정에서 발생한 사회경제적 변화나 1970년대 전국적으로 추진된 지역·커뮤니티 개발계획인 새마을운동에 대한 언급이 별로 보이지 않는다. 또 본격적인 도시연구도 과제로서 남아 있었다. 이에 반해 다음에 서술할 1980년대 후반 이후 한국 사회 연구에서는 산업화 과정에서의 사회변화가 중요한 논점, 혹은 배경의 하나를 이루게 된다.

산업화·도시화를 배경으로 한 다양한 접근의 모색과 역사적 시각

1980년대 후반 이후 한국 사회 연구에서는 산업화·도시화 과정에서의 사회경제적 변화를 염두에 둔 민족지적 연구가 시도되는 한편, 한국 사회의 지속성을 역사적인 시각에서 고찰하는 역사인류학적 연구, 그리고 식민지기의 문헌·문자자료를 조회해서 근대성modernity이나 식민지성colonialism을 비판적으로 재검토하는 연구도 시도되었다. 먼저 1980년대 후반의 한국 사회가 일본의 인류학자에게 어떻게 경험되었는지 필자의 농촌조사 경험과 히데무라 겐지秀村研二의 개신교 교회 조사연구를 언급해두고 싶다.

필자는 1988년 8월부터 시게마쓰와 같은 파견유학생 제도로 한국에 유학

---

26 이 글에서 언급하지 못한 1980년대 한국연구 동향에 대해서는 伊藤亜人·杉山晃一(1986), 「朝鮮半島」, 日本民族学会 編, 『日本の民族学 1965~1983』, 弘文堂; 松本誠一(1988), 「日本における文化人類学的韓国調査の展開 1960~1980 付·韓国研究者別著述目録 日本人: 文化人類学·民俗学編 1965~1987」, 『東洋大学社会学部紀要』 25巻 2号; 嶋陸奥彦·朝倉敏夫 編(1998), 앞의 책 등을 참조 바람.

해서 1989년 7월부터 이듬해 8월까지 전라북도 남원군(1995년에 남원시와 통합)의 농촌 Y마을(가칭)에서 체재조사를 실시했다. 한국에서 민족지적 연구를 한다고 하면 우선 마을에 거주하는 것이 당연한 일처럼 여겨지고 있었고, 또 앞에서 제시한 전후 제1세대의 민족지적 연구의 영향으로 필자 자신도 농촌에서 필드워크를 진행하는 것을 왠지 당연한 일처럼 받아들이고 있었다. 그러나 당시 Y마을은 이미 청·장년층을 중심으로 한 대규모 인구 유출의 파도가 휩쓸고 지나간 다음으로, 30~40대 아들세대의 기혼자가 있는 세대는 오히려 소수였고, 더욱이 미혼인 아들·딸의 대부분은 고등학교 졸업과 동시에 부모 슬하를 떠나 일반·전문대학에 진학하거나 혹은 도시에서 취직하는 상황이었다. 도시에서 생계유지가 곤란해져 고향으로 돌아와 부모를 모시면서 농사를 짓는 사람도 있었지만 극히 일부에 불과했고, 마을의 장래는 그저 현재 마을에 거주하고 있는 기혼자들이 계속해서 나이를 먹어갈 뿐인 듯이 여겨졌다.

한편으로는 도시에서 생활하는 미혼·기혼 자녀들이 부모를 찾아오는 경우를 종종 볼 수 있었는데, 그로 인해 필자가 농촌에서 체재하면서도 도시에 사는 자녀 부부나 손자들과 안면을 익히게 된 예도 있었다. 그 과정에서, 산업화와 도시화가 급속히 진행된 탓에 오히려 가족의 친밀한 유대가 유지되는 것은 아닌가, 혹은 도시로 간 자녀의 생활기반이 안정되면서 재차 강화되는 것은 아닌가 하는 생각이 들기도 했다. 그러한 경험을 바탕으로 가족의 공식적인 관계성과 정서적 유대의 지속성, 과소화過疏化·고령화의 진행과 유교전통의 재생산에 초점을 맞춘 논고를 시도했다.[27]

---

27 本田洋(1993),「墓を媒介とした祖先の〈追慕〉: 韓国南西部一農村におけるサンイルの事例から」,『民族学研究』58巻 2号; 本田洋(1994),「韓国家族論の現在: 全羅北道南原郡一山間農村の事例から」,『朝鮮学報』152.

필자보다 몇 년 앞서 한국에서 필드워크를 개시한 히데무라 겐지는 1984년부터 진행한 동해안 어촌에서의 체재조사를 거쳐, 1988년부터는 서울의 개신교 교회에 대한 조사를 시작했다. 히데무라의 경우, 처음부터 기독교의 수용과 토착화를 연구 주제로 삼았는데, 도시 교회에 대한 조사를 통해 도시로의 인구 유입과 더불어 신자 수가 급속히 증가한 개신교계 제 교회의 역동적인 성장과 전개에 초점을 맞춘 연구를 진행하게 되었다.[28] 그 점에서 그는 산업화 과정의 도시적인 현상을 처음으로 본격적으로 다룬 일본 인류학자였다.[29]

히데무라의 개신교 교회 연구를 보면, 도시 교회의 커뮤니티적 기능, 여성신자의 높은 비율과 교회 활동에 대한 활발한 참여, '제사'(유교에 따른 조상의례)에서 절 금지 등 한편으로는 농촌생활이나 유교전통으로부터의 단절을 볼 수 있지만, 반면 이러한 이해는 어디까지나 일면적인 것으로, 교회 활동이나 신자의 사고·행동양식에서 여전히 농후한 지속성을 지니고 있음을 알 수 있다. 남성에 의한 공적인 역직(목사나 장로)의 독점과 여성 전도사와 기혼여성들이 중심이 되어 담당하는 '구역'(거주지에 따라 조직된 신자들의 소집단)에서의 신앙·포교 활동의 대조성에는 유교규범으로 뒷받침되는 남과 여, 공과 사의 영역 구분이 반영되어 있다. 또 지도자(목사)의 카리스마의 중요성, 신자들의 빈번한 교회 이동, 기독교 신앙과 유교적 행동양식의 접합 등에서도 농촌사회와의 연

---

28 秀村研二(1990), 「韓国教会にみるキリスト教と伝統文化」, 『社会科学ジャーナル』 28巻 2号; 秀村研二(2012), 앞의 책.

29 이 밖에 필자와 같은 세대의 일본 인류학자로서, 도사 마사키(土佐昌樹), 스즈키 후미코(鈴木文子), 야스다 히로미(安田ひろみ), 오카다 히로키(岡田浩樹), 오오노 유우지(大野祐二), 나카가와 유리(仲川裕里) 등도 1980년대 후반부터 1990년대 후반 사이에 한국에서 장기간 체재조사를 실시했다.

속성을 읽을 수 있다.[30] 아울러 기독교를 일종의 대전통으로 파악한 점, 또 개신교 교회의 기도 행위에서 무속신앙과 공통된 기복적·현세이익적 측면을 찾아낸 점 등 히데무라 역시도 한국 사회의 지속성에 초점을 맞춘 종교 실천의 이해를 시도하고 있다. 그와 대조적으로, 아미노 후사코網野房子의 진도 당골(세습무) 연구나 가와카미 신지川上新二의 점쟁이(공수나 기도를 하는 샤먼) 연구에서는, 근대화나 도시로의 인구 유출로 농촌사회를 기반으로 한 신앙이 약화되는 가운데 무당들이 전통문화의 담당자로서 재평가되거나[31] 의뢰자의 요구가 다양화됨에 따라 무속의례 또한 그에 발맞춰 재편성 되는 등을 알 수 있다.[32]

북미 문화인류학의 한국연구에서는 1980년대 후반 이후 개발경제학, 산업·노동사회학, 사회계급·계층론의 성과를 바탕으로 산업화와 도시 중산층에 관한 민족지적 조사연구가 활발해졌는데,[33] 이 시기 일본 인류학자들의 경우, 도시적인 현상을 논함에 있어서도 농촌·촌락사회에 대한 민족지적 지식과의 연속성에 비교적 관심이 강했음을 알 수 있다. 그것은 산업화 과정에서 나타난 사회경제적 변화를 농촌·촌락에서의 필드워크 경험을 연결하는 형태

30 秀村研二(2012), 앞의 책.

31 網野房子(1997), 「韓国一巫女の宗教的世界: 全羅南道珍島の事例から」, 『民族学研究』 62巻 3号.

32 川上新二(1999), 「降臨する神霊を通して見た韓国降神巫の類型分類に関する一考察」, 三尾裕子·本田洋編, 『東アジアにおける文化の多中心性』 東京外国語大学アジア·アフリカ言語文化研究所; 川上新二(2011), 『死者と生者の民俗誌: 韓国·珍島 巫女の世界』, 岩田書院.

33 Roger L. Janelli(1993), *Making Capitalism: The Social and Cultural Construction of a South Korean Conglomerate*, Stanford University Press; Seung-Kyung Kim(1997), *Class Struggle or Family Struggle?: The Lives of Women Factory Workers in South Korea*, Cambridge University Press; Lett Denise Potrzeba(1998), *In Pursuit of Status: The Making of South Korea's "New" Urban Middle Class*, Cambridge, Harvard University Asia Center 등.

로 재구성하고자 한 시도나,[34] 전통적인 사회조직과 문화전통의 형성과 전개를 역사적으로 천착하고자 한 연구들이 바로 이 시기에 시작된 것에서도 드러난다고 본다.

역사적 시각에 입각한 연구의 효시는 앞에서도 언급한 시마의 족보(부계친족 집단의 계보서)와 조선 호적(조선시대 호구 관리부)을 소재로 한 역사인류학적 연구였다. 그중에서도 16~19세기 경상도 대구부 월배지역 호적 사료의 데이터베이스화와 양적·질적 분석을 통해, 농촌 호戸 구성의 역사적 변화(한 쌍의 아들부부가 부모가구에 잔류하는 경향의 강화와 장남의 잔류 비율 상승), 지역을 초월한 높은 호 이동성(지리적 확산), 부계친족의 집단적 거주의 진행과 이동성의 역상관성을 지적한 점은 농촌의 전통적인 가족·친족 시스템이 조선 후기에 형성되었다는 것을 실증적으로 해명한 것이었다. 뿐만 아니라 한국 농촌사회의 민족지적 연구를, 누구도 피할 수 없는 이동이라는 운명을 기조로 재검토할 것을 촉구하는 것이기도 했다.[35]

시마의 역사인류학적 가족·친족 연구는 족보나 호적이라는 역사적 문헌자료를 민족지적 관점에서 분석한, 그 자신의 용어를 빌리자면 "그것이 쓰여진 시점에서는 동시대 기록이라는 점에 주목"하면서 "현재학現在学적 관점에서 분석대상으로 삼은" 것이었다.[36] 한편, 하라지리 히데키原尻英樹의 재일코리안 연구,[37] 이선애의 제주도 출신 해녀 연구,[38] 하야시 후미키林史樹의 시장 상인

---

34 嶋陸奥彦·朝倉敏夫 編(1998), 앞의 책.

35 嶋陸奥彦(2010), 앞의 책; 本田洋(2011), 「嶋陸奥彦 著『韓国社会の歴史人類学』」, 『文化人類学』 75巻 4号 참조 바람.

36 嶋陸奥彦(2010), 위의 책, 103쪽.

37 原尻英樹(1989), 『在日朝鮮人の生活世界』, 弘文堂.

38 李善愛(2001), 『海を越える済州島の海女: 海の資源をめぐる女のたたかい』, 明石書店.

연구[39] 등 생계수단이나 생업을 위한 여러 자원을 찾아 이동하는 사람들에 대해서 구술사적 수법을 병용하면서 민족지적으로 규명하는 연구도 적지 않게 시도되게 되었다. 필자가 조사한 남원지역의 목기木器 생산 사례에서도 원재료나 갈이틀의 동력원을 찾아 출신 촌락을 떠나 인근으로 이동하는 사례뿐 아니라, 개중에는 한반도 중남부 각지를 떠돌아다니는 기능공도 보였다. 또 숙련도가 높은 기능공이라 해도 원재료를 구하기 어려운 시기에는 농사 위주의 생계로 이행하거나, 목기 기능공에서 목재 수출업자로 전업하거나, 혹은 목기 가공 기술을 살려 연습용 야구 방망이나 집단체조에 쓰는 곤봉을 제조하는 예도 있었다.[40] 이동성이 높고, 유동적이면서 유연한 생업·생계를 영위해온 사람들에 대한 역사적 민족지들은 농촌사회에 관한 시마의 역사인류학적 연구와 더불어, 같은 촌락·지역에서 대대로 정주定住하며 농사를 지어온 사람들이 시마가 말하는 "행복한 소수자happy minorities"[41]였을 가능성을 시사할 뿐 아니라, 농민의 정주성을 전제로 한 한국 전통사회의 이해에도 재고를 촉구하는 연구들이 되고 있다.

1994년부터 1998년까지 도합 17개월간 제주도 북제주군 행원리라는 반농반어촌에서 체재조사를 진행한 이지치 노리코伊地知紀子는, 19세기 말 이후 마을 사람들의 생활 실천에 대해서, 돈벌이 혹은 기타 목적을 위한 일본으로의 이주·도항, 최다 행선지인 오사카에서의 생활, 그리고 마을에서의 생활 등 이

---

39 林史樹(2004), 『韓国のある薬草商人のライフヒストリー: 「移動」に生きる人々からみた社会変化』, 御茶の水書房.

40 本田洋(2007), 「韓国の地場産業と商品資源の構築: 南原の木器生産の事例から」, 小川了編, 『躍動する小生産物 資源人類学04』, 弘文堂.

41 嶋陸奥彦(1978), 앞의 책; 嶋陸奥彦(2010), 앞의 책, 209쪽.

동과 정주의 제상諸相을 서로 관련지어 논하고 있다. 그리고 사람들의 사회문화적 속성을 일원적, 고정적으로 파악하려 드는 근대적 혹은 식민지주의적 인식의 틀을 벗어난, 일상적 생활 실천의 창조성과 즉흥성을 포착해내고자 한다.[42] 한국·조선적 본질의 존재를 자명한 전제로 생각하는 나이브한 관점에 대한 비판과 그 근대적·식민지적 기원에 대한 내성적 재검토는, 경상북도 상주지역의 식민지 경험을 논한 이타가키 류타板垣竜太의 논고나, 식민지 조선의 녹음문화와 음반산업의 성립을 논한 야마우치 후미타카의 논고에도 두드러지게 나타나 있다. 두 논고 모두 식민지기 동시대 기록을 '현재학적 관점'에서 면밀히 분석한 것으로, 양쪽 다 저작의 제목에 '역사민족지'라는 타이틀을 달고 있다. 이타가키는 1920~1930년대를 중심으로, 신구 지역엘리트('유지'·'청년'으로 불리는 지역의 유력자나 지도자), 지역산업(양잠업, 주조업), 신구 교육(한자교육과 신식학교), 또 농촌에서 살아간 개인의 체험과 사회인식을, 〈근세〉적인 사회문화적 특징과 〈근대〉적 그것이 병존·접촉하고 교착하는 상황 속에서 자리매김하고 있다.[43] 야마우치는 당시 녹음문화와 음반산업을, 일본제국의 정치적 질서하에서 식민자(일본인)와 피식민자(조선인)가 비대칭적 관계성 속에 대면하는 하나의 접촉영역contact zone으로 파악하고, 비대칭적 지배구조의 거시적 역사와 간주관적間主觀的 사회관계의 미시적 역사라는 두 가지 접근을 교착시키면서 다성적多聲的 민족지로서의 서술을 시도하고 있다.[44]

---

42 伊地知紀子(2000), 『生活世界の創造と実践: 韓国·済州島の生活誌から』, 御茶の水書房.

43 板垣竜太(2008), 『朝鮮近代の歴史民族誌: 慶北尚州の植民地経験』, 明石書店.

44 山内文登(2009), 「일제시기 한국 녹음문화의 역사민족지: 제국질서와 미시정치」, 韓国学中央研究院 韓国学大学院 人類学専攻 博士学位論文.

이타가키의 경우, 1999년 12월부터 2001년 9월까지 22개월 남짓 상주지역에 살면서 관련된 다양한 역사자료를 섭렵하고 청취조사를 실시했다. 또 야마우치의 경우, 한국의 대학원에서 인류학을 공부하며 스스로를 일본과 한국(나아가 서구)의 인류학이라는 복수의 상이한 학적 필드가 교착하는 접촉영역에 두면서 역사적 접촉영역의 연구를 실시하고 있다. 그들의 연구에서는 한국이라는 필드가 민족지적·학문적 지식을 낳는 '대화의 장'으로서의 성격 또한 농후하게 지니고 있다.[45] 그런 점에서 일본 인류학자에 의한 한국 필드 경험의 질적 변용을 보여주는 예가 되고 있다.[46]

여기에서 거론한 1980년대 후반부터 2000년대 전반에 걸친 일본 인류학자들의 한국 사회 연구의 다양한 전개는, 한편으로는 산업화와 도시화 과정에서 크게 변화한 사회를, 전후 제1세대 연구자들이 경험한 농촌·촌락사회의 풍요로운 사회문화적 전통으로부터의 지속성과 변화를 염두에 두면서 미시적 또한 실증적으로 고찰한 것이고, 또 한반도에서 살아가는 사람들의 다양한 생활의 영위를, 산업화 과정의 이촌향도에 국한되지 않는 다방면적 이동과의 관련 속에서 재검토하려 한 것이었다. 그와 동시에, 한국 사회의 민족지를 역사적

---

45 山内文登(2006), 「相異なる〈フィールド〉を繋ぐ知の対話的生産に向けて: 日韓の植民地期歴史研究をめぐる「交流」への体験的試論」, 『韓国朝鮮の文化と社会』 5.

46 필자 자신도 '읍내'로 불리는 시가지를 생활과 사회활동의 거점으로 삼아온 이족가계(吏族家系: 조선 후기 지방관아에서 행정실무를 맡아보던 향리를 배출한, 사족 다음 가는 신분집단)와 근대 재지(在地) 엘리트에 대해 사회사적 연구를 시도한 적이 있다. 本田洋(2004), 「吏族と身分伝統の形成: 南原地域の事例から」, 『韓国朝鮮の文化と社会』 3; 本田洋(2007), 「地域開発と媒介者に関する試論: 韓国南原地域の事例」, 伊藤亜人·韓敬九 編, 『中心と周縁からみた日韓社会の諸相』(日韓共同研究叢書19), 慶應義塾大学出版会 등. 어떤 면에서는 이타가키의 식민지 시기 지역 사회 연구에서 자극을 받은 면도 있지만, 남원 지역 이족을 대상으로 한 필드워크가 가능했던 것은, 조선 후기 향리 연구의 선구자인 이훈상의 시사와 이족가계 후손 분들과의 행복한 만남에 기인한 부분이 컸다.

인 시각에서 새롭게 서술하고자 한 시도 가운데 근대성과 식민지성에 대해 비판적 질문을 던지는 역사민족지적 연구도 전개되었다. 그 배경에는 히데무라의 개신교 교회 조사나 이선애, 이지치의 다거점적 필드워크, 나아가 야마우치의 상이한 필드 = 대화의 장을 가교하는 학적 실천으로 상징되듯이, 한 마을에 장기간 거주하는 방법에 얽매이지 않고 한국 사회의 현실을 보다 능동적으로 포착하고자 한 주체적 모색이 있었다.

분화하는 삶의 방식의 (재)맥락화

앞에서 거론한 다양한 연구의 전개에 의해 일본 인류학자들의 한국 사회 인식은 인구의 이동성·유동성과 유연하고 창조적인 생계수단의 모색을 포함한 대상의 확대, 지속성과 변화에 대한 실증적 증거, 그리고 전통과 근대에 대한 비판적 시각을 얻었다. 한편, 이렇듯 인류학자들의 한국 인식이 재구축되는 것과 병행해서 한국 사회 자체도 더 크게 변화해갔다. 그 중요한 전기가 1997년의 금융·경제위기였다.

한국에서 'IMF'로 불리는 1997년의 금융·경제위기 당시, IMF(국제통화기금)의 개입으로 상징되는 미지의 강대한 힘에 의한 외부로부터의 위협에 대해[47] 온 국민이 일치단결해서 위기를 극복하자는 의식은 강하게 보였지만, 이것을

47 북미의 인류학자 켄들(Kendall)에 따르면, 연구협력자인 무당들은 금융·경제 위기로 경제적 곤궁에 빠진 의뢰자들에게, 'IMF'는 자신의 영적 능력으로는 제어가 안 되는 강한 신령적 작용을 미치는 것이라 설명했다고 한다. Laurel Kendall(2009), *Shamans, Nostalgias, and the IMF: South Korean Popular Religion in Motion*, University of Hawai'i Press, pp.129~153.

계기로 한국 사회, 혹은 한국인들의 삶의 방식 자체가 크게 바뀌리라는 인식은 그리 강하지 않았던 것으로 기억된다. 그러나 'IMF' 이전의 한국인들의 삶의 방식이 정치권력의 중심으로부터의 원근에 따라 좌우되던 것으로, 중심과의 거리나 권력자와의 커넥션의 유무에 따라 누릴 수 있는 경제적 권리나 공사公私의 편의에 큰 차이가 있었다고 한다면, 'IMF' 이후는 경제적 자본·자원을 둘러싼 경쟁이 삶의 방식을 결정짓게 되었다고 할 수 있겠다. 또 이 경쟁은 국민경제의 성장·발전이라는 종래의 틀 속에만 머무르지 않고, 바로 그 IMF의 개입으로 촉진된 규제완화, 시장개방, 그리고 신자유주의적 경제체제로의 편입을 통해 한국 사람들을 좋든 싫든 서구적 가치기준의 제도화·내면화, 또한 글로벌한 경제 경쟁에의 참여로 내몰게 되었다. 예를 들어 화이트컬러·전문직에서 영어 능력이 지나치게 중시되어 조기 해외유학으로 상징되는 유소년기 영어교육 과열현상이 생겨나게 된 것도 이 이후의 일이다.

이 과정에서 기존의 주류主流 대 반주류의 구도에도 변화가 생겼다. 1980년대 사회운동의 쟁점이었던 '민주화'가 고도 경제성장이 가져다준 이익의 재분배와 그것을 가능하게 할 사회 시스템의 변혁을 추구한 것이었던 데 반해,[48] 1990년대 중반 이후의 반주류는 글로벌 자본주의·신자유주의에 의해 강요된 경쟁적 삶의 방식으로부터 벗어나 대안적 삶의 방식을 강하게 지향하는 것이었다. 그와 동시에 주류 지향에 있어서는, 한정된 자원과 자본을 둘러싼 경쟁의 격화로 인해 경제적 격차가 더욱 더 커져갔다. 편의상 나누자면, 주류사회(주류 지향의 승자)/대안적 삶의 방식/(주류사회로부터의) 소외·주변화라는 분화가 보다 현저해졌다.

48 Roger L. Janelli(1993), 앞의 책; Seung-Kyung Kim(1997), 앞의 책을 참조 바람.

주변으로부터 국가사회의 중심이나 주류사회를 들여다보는 관점은 일본 인류학자의 기존의 한국연구에서도 종종 강조되었지만,[49] 가족으로부터 유리된 독거·빈곤노인이나 '노숙자', 화교나 외국인 거주자 등의 신구 소수집단, 더욱이 최근 증가한 '탈북자' 등 각기 다른 정치경제적 맥락과 개인적 배경에서 주류사회로부터 소외된 사람들을 대상으로 한 조사연구도 그 후 산발적으로 시도되었다. 또 1992년 한중 수교(국교정상화) 이후, 한국에서의 취업을 하나의 계기로 삼아 기존 거주지역인 동북 삼성을 떠나 국내·국외로 활발한 이동을 보이고 있는 중국 조선족을 대상으로 한 조사연구도 서서히 늘고 있다.[50]

주류사회를 이탈해서 대안적 삶의 방식과 관계성을 모색하는 실천으로는 필자가 2007년 조사를 시작한 '귀농'을 하나의 예로 들 수 있다. '귀농'이란 글자 그대로 해석하면 농업 혹은 농촌으로의 회귀를 의미하지만, 최근 한국 사회에서는 특히 '시골'·전원생활을 하기 위해 도시에서 농촌으로 이주한다는 의미로 쓰이는 것이 일반적이다. 한국에서는1997년의 금융·경제위기를 전후로 후자적 의미의 귀농이 서서히 늘어났다. 최근에는 많은 도시 거주자들이 시골생활에 동경을 품게 되어 귀농(최근에는 '귀농·귀촌'으로 불리는 경우가 많다)이 일종의 유행이 되고 있다. 필자의 주된 조사지인 지리산 산록 산내지역의 경우, 귀농 전문교육기관(실상사귀농학교)의 설립과 생태적·대안적 공동체 운동(인드라망생명공동체)의 거점 형성을 계기로, 이 학교를 수료한 사람들 일부와 활동가를 비롯한 이 운동의 찬동자들을 중심으로 도시 주민의 이주가 서서히 늘어났다. 그 수는 2000년대 중반에 이미 수십 호 규모에 이르렀고 최근에

49 伊藤亜人·韓敬九 編(2007), 『中心と周縁からみた日韓社会の諸相』을 참조 바람.

50 權香淑(2014), 「中国朝鮮族の再移動と家族分散: 生活戦略としての国籍·戸籍取得に着目して」, 『朝鮮史研究会論文集』 52.

는 산내면에서만 100호를 넘는다고 한다.[51]

귀농자 중에는 도시에서 나고 자란 사람들뿐 아니라 대학 진학이나 취직 때까지는 농촌에서 생활하던 사람들도 상당수 포함되어 있다. 그러나 후자의 경우에도 자기가 태어난 고향으로 재이주하는 경우는 소수에 불과해 산업화 과정에서 나타난 환류적還流的 재이주再移住(귀향)와는 성격을 달리하고 있다. 또 필자가 산내지역에서 만난 귀농자 중에는 이주 이전의 직업으로 회사원, 대학교수, 작가, 저널리스트 등 화이트컬러·전문직에 종사하던 사람들도 상당수 포함되어 있다. 그뿐 아니라, 필자가 친하게 지내는 연구자의 고등학교·대학교 동기나 선배, 필자의 대학 친구의 한국 어학연수 당시 하숙집 사람 등 알고 보니 같은 친구·지인을 통해 서로 연결되어 놀라는 때가 한두 번이 아니었다. 대부분 도시·직장생활이 힘들어져 이주를 결심하게 되었다는 점도 결코 남의 일처럼 여겨지지 않았다.

그들은 어떤 의미에서는 일본의 도시 거주자와 같은 고민과 어려움을 안고 있다고 할 수 있겠지만, 다른 한편으로는 도시에서 나고 자란 사람이나 농촌에서 태어났지만 어려서 도시로 이주한 사람들 중에 농촌적인 생활감각을 거의 상실한 사람이 적지 않음에 놀라지 않을 수 없었다. 예를 들어 2010년 산내로 이주한 40대 부부(1960년대 말 출생)는 시골생활에 익숙해지기 위해서 7개월간 전라남도 나주의 농촌에서 생활했는데, 처음에는 '시골 정서'를 몰라 당황하는 일이 종종 있었다고 한다. 나이 지긋한 마을 사람들은 이들을 좋든 싫든 '식구'처럼 대해줬는데, 갑자기 담장 안으로 들어와 거리낌 없이 들여다

51 本田洋(2012), 「韓国の帰農: 智異山麓山内地域の事例から」, 『韓国朝鮮文化研究』 11; 本田洋(2013), 「共同体はいかにたちあがるのか: 韓国の代案的共同体運動と帰農者」, 『韓国朝鮮文化研究』 12.

보는 일도 있고 때로는 오이 등의 먹거리를 가져다 주는 일도 있었다. 외출할 때 이웃집 주부에게 행선지를 말하면 마을 사람의 반 이상이 금방 알았다. 그 중에서도 예고 없이 불쑥 집에 찾아오는 일은 도시의 이웃관계와는 너무 달라 곤혹스러웠다고 한다.

이와 같은 '곤혹'의 한 가지 배경으로, 필자가 Y마을에서 체재조사를 하던 1980년대 후반까지만 해도 도시 거주자들 사이에서도 어느 정도 공유되던 농촌에서의 생활감각과 사람들 간의 가까운 거리가 불과 20여 년 만에 급속히 사라져버린 점, 그와 더불어 한국에서 살아가는 사람들의 삶의 방식이나 생활의 맥락이 여러 겹으로 분화·차이화差異化되어 상호 간의 '소통'이 곤란해진 점을 지적할 수 있을지도 모른다. 이와 병행해서, 인류학자의 필드 경험도 다양하게 분화되고 개별 독자성이 강해져 민족지 자료의 맥락화와 차이화된 제 자료의 가교적架橋的 이해가 점점 곤란해지고 있는 것이 아닌가 하는 생각이 든다. 예를 들어 사와노 미치코澤野美智子가 2010년부터 2012년에 걸쳐 전라도 지방과 서울에서 조사한 기혼 유방암 환자와 자조모임self-help group의 사례에서는, 유방암이라는 병이 서양의학적 지식체계와의 상호 간섭을 통해 재구축된 '민속'적 병인론病因論('화병', '한')을 원용援用해서 해석·이해되며, 그것을 토대로 자기 치료의 실천(한풀이)이 이루어진다. 또 유방암의 발견·치료와 재발 방지를 위한 자기 케어 과정에서, 기혼 여성환자는 때로 가족들의 케어 요구보다 자신에 대한 케어를 우선시켜 본인의 일상적인 치료·요양 행위에 가족을 끌어들인다. 나아가 그것은 시댁 식구[52] 를 포함한 가족의 관계성이

52 重松真由美(1980), 앞의 글에서의 논의를 참고 바람.

재편성되는 계기가 되기도 한다.[53] 귀농자의 대안적 삶의 모색과 기혼 유방암 환자의 자기 치료의 실천 사이에서 우리는 어떤 공통된 맥락을 찾아내면 좋을까? 개별 민족지 자료가 놓인 마크로/미크로적 맥락을 두루 찾아내고, 동시에 민족지 자료의 상호 대조와 인류학자 간의 대화를 통한 상이한 맥락의 가교가 절실히 요청된다고 할 수 있을 것이다.

맺음말

전후, 한국 사회를 대상으로 한 일본 인류학자들의 민족지적 연구의 재개로부터 40여 년의 세월이 지나는 동안, 한국 사회 자체도 크게 변했고 그와 병행해서 민족지적 지식의 축적과 인식 지평의 확대가 진행되어 왔다. 이 글에서는 일부만 언급하는 데 그쳤지만, 이와 같은 한국 인식의 구축과 재구축의 배경에는 인류학의 이론적 시각의 전개나 변천도 개재되어 있다. 전후 제1세대의 조사연구의 높은 오리지널리티를 담보했던 '한 마을에 장기간 체재한다'고 하는 민족지적 방법도 지금은 연구방법으로서 한계와 제약을 강하게 의식하게 되었다. 돌아보면, 사회문화의 지속성에 초점을 맞춘 역사인류학 혹은 역사민족지적 연구는 나카네의 지적이나 시마·스에나리의 초창기 연구에서 볼 수 있듯이 실은 전후 한국조사의 재개 시점에 이미 싹트고 있었다. 한편, 최근에는 이지치·이타가키·야마우치의 연구를 통해 명확한 형태를 갖추게 된 근대

53 澤野美智子(2013),「ケアの再構成を通した韓国の家族再考: 既婚女性の乳がん患者の事例」,『文化人類学』77巻 4号.

성, 식민지성에 대한 내성적 시각과 어떤 면에서 서로 공명하면서 한국 사회문화의 내셔널리티, 혹은 균질적인 일체성이라는 허구를 탈구축하는 듯한 다거점적 민족지 연구가 진전되고 있다.

1990년 여름 Y마을에서의 체재조사를 일단 끝낸 필자는 한국에서 생활한 경험의 길이만큼 한국 사회문화에 대한 인식이 깊어졌다고 실감하지는 못했다. 일본으로 귀국한 뒤에도 지리적 이점을 살려 종종 한국을 방문해서 단기간의 현지조사를 거듭했고, 인류학자에 한정되지 않고 일본과 한국의 한국 연구자들과 밀접한 교류를 진행했으며, 또 1990년대 한국 학계에서 의미 있는 성과를 많이 배출한 사회경제사·역사민속 분야에서의 연구성과 등도 접하면서, 나름의 한국 인식을 형성해 왔다. 필자뿐만 아니라 일본 인류학자에 의한 한국인식의 형성은, 필드와의 다양하고 지속적인 관계를 통한 경험의 축적에 덧붙여, 장기간에 걸쳐 계속해서 학적 관심을 유지하면서 공부와 대화를 거듭함으로써 이루어져 왔다. 그 배경에는 오랜 세월에 걸친 일한 간의 인적 교류가 있으며, 바로 그 교류 속에서 민족지적 연구가 전개되어 왔다. 그리고 이렇듯 축적해온 민족지적 지식은 연구자들만의 점유물이 아닐 것이다. 한국 사회와 한국 사람들과 다양한 형식으로 관계를 맺은 사람들에게도 이러한 민족지적 지식이 자신의 경험과 상호 대조함으로써 그 경험을 반성적으로 재해석하고 상호 인식을 더 깊게 하는 재료가 되기를 바라면서 이 글을 마무리하고자 한다.

참고문헌

山内文登(2009),「일제시기 한국 녹음문화의 역사민족지: 제국질서와 미시정치」, 韓国学中央研究院 韓国学大学院 人類学専攻 博士学位論文.

秋葉隆(1934),「村祭の二重組織」,『朝鮮民俗』2.

網野房子(1997),「韓国一巫女の宗教的世界: 全羅南道珍島の事例から」,『民族学研究』62巻 3号.

原尻英樹(1989),『在日朝鮮人の生活世界』, 弘文堂.

林史樹(2004),『韓国のある薬草商人のライフヒストリー:「移動」に生きる人々からみた社会変化』, 御茶の水書房.

秀村研二(1990),「韓国教会にみるキリスト教と伝統文化」,『社会科学ジャーナル』28巻 2号.

秀村研二(2012),「韓国プロテスタント教会の社会文化的特徴: 社会変化の視角から」,『韓国朝鮮の文化と社会』11.

本田洋(1993),「墓を媒介とした祖先の〈追慕〉: 韓国南西部一農村におけるサンイルの事例から」,『民族学研究』58巻 2号.

本田洋(1994),「韓国家族論の現在: 全羅北道南原郡一山間農村の事例から」,『朝鮮学報』152輯.

本田洋(2004),「吏族と身分伝統の形成: 南原地域の事例から」,『韓国朝鮮の文化と社会』3.

本田洋(2007),「地域開発と媒介者に関する試論: 韓国南原地域の事例」, 伊藤亜人·韓敬九 編,『中心と周縁からみた日韓社会の諸相』(日韓共同研究叢書19), 慶應義塾大学出版会.

本田洋(2007),「韓国の地場産業と商品資源の構築: 南原の木器生産の事例から」, 小川了 編,『躍動する小生産物 資源人類学04』, 弘文堂.

本田洋(2011),「嶋陸奥彦 著『韓国社会の歴史人類学』」,『文化人類学』75巻 4号.

本田洋(2012),「韓国の帰農: 智異山麓山内地域の事例から」,『韓国朝鮮文化研究』11.

本田洋(2013),「共同体はいかにたちあがるのか: 韓国の代案的共同体運動と帰農者」,『韓国朝鮮文化研究』12.

玄容駿(2010),「玄容駿氏に聞く,『済州島巫俗の研究』と人々の生活」,『済州島研究』2.
李善愛(2001),『海を越える済州島の海女: 海の資源をめぐる女のたたかい』, 明石書店.
伊地知紀子(2000),『生活世界の創造と実践: 韓国·済州島の生活誌から』, 御茶の水書房.
板垣竜太(2008),『朝鮮近代の歴史民族誌: 慶北尚州の植民地経験』, 明石書店.
伊藤亜人(1977),「契システムにみられる*ch'inban－sai*の分析: 韓国全羅南道珍島における村落構造の一考察」,『民族学研究』41巻 4号.
伊藤亜人(1980),「両班の伝統と常民: 韓国社会の文化人類学的考察」,『中央公論』4月 特大号.
伊藤亜人(1983),「儒礼祭祀の社会的脈絡: 韓国全羅南道珍島農村の一事例を通して」, 江渕一公·伊藤亜人 編,『儀礼と象徴: 文化人類学的考察』, 九州大学出版会.
伊藤亜人(2013),『珍島: 韓国農村社会の民族誌』, 弘文堂.
伊藤亜人·杉山晃一(1986),「朝鮮半島」, 日本民族学会 編,『日本の民族学 1965～1983』, 弘文堂.
伊藤亜人·韓敬九 編(2007),『中心と周縁からみた日韓社会の諸相』(日韓共同研究叢書 19), 慶應義塾大学出版会.
川上新二(1999),「降臨する神霊を通して見た韓国降神巫の類型分類に関する一考察」, 三尾裕子·本田洋編,『東アジアにおける文化の多中心性』東京外国語大学アジア·アフリカ言語文化研究所.
川上新二(2011),『死者と生者の民俗誌: 韓国·珍島 巫女の世界』, 岩田書院.
権香淑(2014),「中国朝鮮族の再移動と家族分散: 生活戦略としての国籍·戸籍取得に着目して」,『朝鮮史研究会論文集』52.
松本誠一(1988),「日本における文化人類学的韓国調査の展開 1960～1980 付·韓国研究者別著述目録 日本人: 文化人類学·民俗学編 1965～1987」,『東洋大学社会学部紀要』25巻 2号.
中根千枝 編(1973),『韓国農村の家族と祭儀』, 東京大学出版会.
中根千枝(1974),「社会人類学と東アジア」,『民族学研究』39巻 4号.
澤野美智子(2013),「ケアの再構成を通した韓国の家族再考: 既婚女性の乳がん患者の事例」,『文化人類学』77巻 4号.
重松真由美(1980),「賽神にみられる女性の社会関係: 韓国京畿道楊州郡における巫俗の一考察」,『民族学研究』45巻 2号.

嶋陸奥彦(1976), 「「堂内」(Chib－an)の分析: 韓国全羅南道における事例の検討」, 『民族学研究』 41巻 1号.
嶋陸奥彦(1978), 「韓国の門中と地縁性に関する試論」, 『民族学研究』 43巻 1号.
嶋陸奥彦(1987), 「氏族制度と門中組織」, 伊藤亜人·関本照夫·船曳建夫 編, 『現代の社会人類学1 親族と社会の構造』, 東京大学出版会.
嶋陸奥彦(1994), 「親族制度からみた朝鮮社会の変動: 族譜の検討を中心に」, 溝口雄三·浜下武志·平石直昭·宮嶋博史 編, 『アジアから考える(6) 長期社会変動』, 東京大学出版会.
嶋陸奥彦(2010), 『韓国社会の歴史人類学』, 風響社.
嶋陸奥彦(2014), 「杉山晃一先生のご逝去を悼む」, 『韓国朝鮮の文化と社会』 13.
嶋陸奥彦·朝倉敏夫 編(1998), 『変貌する韓国社会: 1970～80年代の人類学調査の現場から』, 第一書房.
末成道男(1987), 「韓国社会の「両班」化」, 伊藤亜人·関本照夫·船曳建夫 編, 『現代の社会人類学1 親族と社会の構造』, 東京大学出版会.
山内文登(2006), 「相異なる〈フィールド〉を繋ぐ知の対話的生産に向けて: 日韓の植民地期歴史研究をめぐる「交流」への体験的試論」, 『韓国朝鮮の文化と社会』 5.
Brandt, Vincent S. R.(1971), *A Korean Village: Between Farm and Sea*, Harvard University Press.
Janelli, Roger L. with Yim Dawnhee(1993), *Making Capitalism: The Social and Cultural Construction of a South Korean Conglomerate*, Stanford University Press.
Kendall, Laurel(2009), *Shamans, Nostalgias, and the IMF: South Korean Popular Religion in Motion*, University of Hawai'i Press.
Kim, Seung－kyung(1997), *Class Struggle or Family Struggle?: The Lives of Women Factory Workers in South Korea*, Cambridge University Press.
Lett, Denise Potrzeba(1998), *In Pursuit of Status: The Making of South Korea's "New" Urban Middle Class*, Cambridge, Harvard University Asia Center.
Shima, Mutsuhiko and Roger L. Janelli, eds.(1998), *The Anthropology of Korea: East Asian Perspectives*, Senri Ethnological Studies, No. 49, National Museum of Ethnology(Osaka).

집필자

이종구李鍾久 | **편집 책임, 서장 및 1장**

성공회대학교 사회과학부 교수

『일본의 도시사회』(공저, 서울대학교출판부, 2001), 「방송산업 비정규직 노동자의 실태-노동시장 구조와 고용관행」(『민주사회와 정책연구』 통권15호, 민주사회정책연구원, 2009), 「일본 오타지역의 마치고바와 숙련공의 성격 변화」(『사회와 역사』 제90집, 한국사회사학회, 2011), 『동아시아의 산업변동과 로칼리티』(공저, 한국학술정보, 2015)

이소자키 노리요磯崎典世 | **편집 책임, 서장 및 2장**

가쿠슈인대학 법학부 교수

『現代韓国の市民社会·利益団体－日韓比較による体制移行の研究』(공저, 木鐸社, 2004), 『労働と福祉国家の可能性－労働運動再生の国際比較』(공저, ミネルヴァ書房, 2009), 『シリーズ日本の安全保障6 朝鮮半島と東アジア』(공저, 岩波書店, 2015)

문경수文京洙 | 3장

리츠메이칸대학 국제관계학부 교수

『韓国現代史』(岩波書店, 2005), 『在日朝鮮人 歴史と現在』(공저, 岩波書店, 2015)

오하타 히로시大畑裕嗣 | 4장

메이지대학교 문학부 교수

「WTO농업문제에 관한 한일시민사회가 지닌 인식의 차이: 가상 대화에 의한 고찰」(『翰林日本学』 第12輯, 2007), 『現代韓国の市民社会論と社会運動』(成文堂, 2011)

기무라 간木村幹 | 5장

고베대학 대학원 국제협력연구과 교수

『民主化の韓国政治』(名古屋大学出版会, 2008), 『日韓歴史認識問題とは何か』(ミネルヴァ書房, 2014)

이지원李志遠 | 6장

한림대학교 일본학과 교수

『일본의 문화산업체계』(공저, 지식마당, 2005), 「역사적 관점에서 본 한일문화교류의 성격과 상호관계의 변화」(『翰林日本學』 제17집, 2010), 『오키나와로 가는 길』(공저, 소화, 2014)

김효진金孝眞 | 7장

서울대학교 일본연구소 교수

「일본 넷우익과 혐한·혐중의 내셔널리즘」(『전후 일본, 그리고 낯선 동아시아』, 박문사, 2011), 「서브컬처를 이용한 지역활성화의 가능성과 한계: 〈코미케 in 미토〉의 사례를 중심으로」(『일본연구』 57집, 한국외국어대학교 일본연구소, 2013), 「同人誌文化のグローバリゼーションと韓国の女性同人－2000年代以降を中心に」(『女性マンガ研究』, 青弓社, 2015)

구도완具度完 | 8장

환경사회연구소 소장

『한국 환경운동의 사회학』(문학과 지성사, 1996), 『마을에서 세상을 바꾸는 사람들』(창작과비평사, 2009), 『생태사회적 발전의 현장과 이론』(공저, 아르케, 2010)

세치야마 가쿠瀬地山角 | 9장

도쿄대학 대학원 종합문화연구과 교수

『東アジアの家父長制』(勁草書房, 1996), 『お笑いジェンダー論』(勁草書房, 2001)

아리타 신有田伸 | 10장

도쿄대학 사회과학연구소 교수

『韓国の教育と社会階層－「学歴社会」への実証的アプローチ』(東京大学出版会, 2006), 『就業機会と報酬格差の社会学(仮題)』(東京大学出版会, 근간)

최규승崔圭承 | 11장

시인, 『한일교육연구』 편집주간

『무중력 스웨터』(천년의시작, 2006), 『처럼처럼』(문학과지성사, 2012), 『시간 도둑』(지식을 만드는 지식, 2013)

임경택林慶澤 | 12장

전북대학교 일어일문학과 교수

『동북아 '집단'이해의 다양성』(공저, 아연출판부, 2011), 『유지와 명망가: 한일지역사회 구조에 대한 민족지적 비교』(공저, 이매진, 2013), 『일본인의 인류학적 자화상』(역서, 일조각, 2014), 『사전, 시대를 엮다』(역서, 사계절, 2014)

가부 다카요시加峯隆義 | 13장

큐슈경제조사협회 총무부 차장

『円高と九州経済』(공저, 九州経済調査協会, 2012), 『アジア最前線 ― 九州のグローバル戦略』(공저, 九州経済調査協会, 2013)

나카무라 야에中村八重 | 14장

계명대학교 외국어문학부 교수

『交渉する東アジア ― 近代から現代まで ―: 崔吉城先生古希記念論文集』(공저, 風響社, 2010), 『対馬の交隣』(공저, 交隣舎出版企画, 2014)

이시재李時載 | 15장

성공회대학교 NGO대학원 초빙교수, 가톨릭대학교 명예교수

『일본의 도시사회』(공저, 서울대학교출판부, 2001), 「일본의 외국인지방자치참가의 문제의 연구: 가와사키시의 외국인시민대표자회의의 성립 및 운영과정을 중심으로」(『국제지역연구』, 서울대학교 국제지역원, 2003), 「北東アジアにおける環境政策協力の新たなモデルの模索」(『韓国社会と日本社会の変容: 市民, 市民運動, 環境』, 慶応義塾大学出版部, 2005), 『생태사회적 발전의 현장과 이론』(공저, 아르케, 2010)

박동성朴東誠 | 16장

순천향대학교 국제문화학과 교수

『혼혈에서 다문화로』(공저, 일지사, 2008), 「일본사회의 공유자원 관리방식: 이즈 시모다시 지역의 사례 연구」(『한국문화인류학』 제42권 2호, 한국문화인류학회, 2012), 『인류학적 인식론을 위하여』(역서, 시그마프레스, 2012), 「지바산업(地場産業)의 역사화를 통한 지역표상화: 일본 야마가타현 텐도시의 장기말 산업」(『일본연구논총』, 현대일본학회, 2014)

혼다 히로시本田洋 | 17장

도쿄대학 대학원 인문사회계연구과 교수

「韓国の地場産業と商品資源の構築 ― 南原の木器生産の事例から」(『資源人類学04 躍動する小生産物』, 弘文堂, 2007), 「韓国の帰農 ― 智異山麓山内地域の事例から」(『韓国朝鮮文化研究』 11号, 2012)

찾아보기

ㅂ

ㅅ

ㅇ

ㅈ

A~Z

한일관계사 1965–2015

III 사회·문화

제1판 1쇄 발행 2015년 12월 15일
지은이 이종구·이소자키 노리요 외
기 획 동북아역사재단
펴낸이 주혜숙
펴낸곳 역사공간
주 소: 서울특별시 마포구 동교로 142-11 플러스빌딩 3층
전 화: 02-725-8806, 070-7825-9900
팩 스: 02-725-8801
이메일: jhs8807@hanmail.net
등 록: 2003년 7월 22일 제6-510호

ISBN 979-11-5707-070-1 94910
979-11-5707-067-1 94910(세트)

이 도서의 국립중앙도서관 출판예정도서목록(CIP)은 서지정보유통지원시스템 홈페이지(http://seoji.nl.go.kr)와 국가자료공동목록시스템(http://www.nl.go.kr/kolisnet)에서 이용하실 수 있습니다.(CIP제어번호: CIP2015033166)